Integriertes Turnaround-Management

T0326527

KMU-Forschung

Herausgegeben von Friederike Welter und Andreas Pinkwart

Band 1

PETER LANG

Frankfurt am Main · Berlin · Bern · Bruxelles · New York · Oxford · Wien

Susanne Kolb

Integriertes Turnaround-Management

Konzept zur nachhaltigen Überwindung
von Unternehmenskrisen in KMU

PETER LANG
Europäischer Verlag der Wissenschaften

Bibliografische Information der Deutschen Nationalbibliothek
Die Deutsche Nationalbibliothek verzeichnet diese Publikation
in der Deutschen Nationalbibliografie; detaillierte bibliografische
Daten sind im Internet über <http://www.d-nb.de> abrufbar.

Zugl.: Siegen, Univ., Diss., 2006

Gedruckt auf alterungsbeständigem,
säurefreiem Papier.

D 467
ISSN 1863-172X
ISBN 978- 3-631-55821-8

© Peter Lang GmbH
Europäischer Verlag der Wissenschaften
Frankfurt am Main 2006
Alle Rechte vorbehalten.

Printed in Germany 1 2 3 4 5   7

www.peterlang.de

Vorwort der Herausgeber

Wir freuen uns sehr, den ersten Band unserer Schriftenreihe „KMU-Forschung" vorlegen zu können. Die Schriftenreihe befasst sich mit den Problemen und Herausforderungen des Managements kleiner und mittlerer Unternehmen (KMU). Aus unterschiedlichen Blickwinkeln, sowohl aus mikro- als auch aus makroökonomischer Sicht wie auch aus regionaler Perspektive, werden die Besonderheiten von KMU sowie jungen Unternehmen im nationalen und internationalen Kontext beleuchtet. Es werden die unterschiedlichen Phasen des Lebenszyklus der KMU betrachtet – d.h. es werden Fragen der Unternehmensgründung und des Wachstums ebenso behandelt wie die Problematik des Unternehmensniedergangs und des Turnarounds.

Mit dem letztgenannten Themenkomplex befasst sich die vorliegende Arbeit von Susanne Kolb – der erste Band unserer Schriftenreihe und zugleich Dissertationsschrift der Autorin. Sie greift die aktuelle Problematik des Managements von Unternehmenskrisen im Mittelstand auf. Häufig geraten KMU in eine Krise, weil erforderliche strategische und operative Anpassungen an veränderte Rahmenbedingungen unterbleiben oder zu langsam vorangetrieben werden. Das erfolgreiche Management der Krise, die Herbeiführung eines Unternehmens-Turnarounds, stellt mittelständische Krisenunternehmen jedoch oft vor eine schier unüberwindbare Hürde, weil die erforderlichen Finanzmittel, Managementkapazitäten und Turnaround-Kenntnisse Engpassfaktoren darstellen. Unternehmensinsolvenzen und -liquidationen einhergehend mit erheblichen Risiken für Unternehmer, Arbeitnehmer und Gläubiger sind die nicht zu übersehenden negativen Folgen in der Praxis.

Im Zentrum der vorliegenden Arbeit steht die Entwicklung eines Konzepts des Integrierten Turnaround-Managements (ITM), das eine ganzheitliche und prozessorientierte Orientierungshilfe zur Bewältigung von Unternehmenskrisen bietet. Unter Bezugnahme auf die aus der Turnaround-Praxis und der genetischen BWL verfügbaren Erkenntnisse werden die wesentlichen Anforderungen an das Turnaround-Management in situativer, institutioneller, prozessualer und hierarchischer Hinsicht aufgezeigt. Die Belange der KMU finden in diesem Konzept besondere Berücksichtigung, auch wenn die grundsätzliche Problematik der Schlüsselrolle des Unternehmers bei KMU-Krisen und der Komplexität einer Turnaround-Situation keine Standardlösung erlauben. Die ganzheitliche Sichtweise des ITM ermöglicht es jedoch, die Perspektive und den Handlungsrahmen im Turnaround deutlich zu verbessern.

Susanne Kolb liefert mit ihrer Arbeit nicht nur einen wichtigen Beitrag zur Verbreite-
rung und Vertiefung der Turnaround-Management-Theorie, sondern bietet auch den
Turnaround-Akteuren in der Praxis einen ebenso umfangreichen und konkreten wie
in sich konsistenten Handlungsrahmen für die Bestgestaltung eines Unternehmens-
Turnarounds.

Siegen, im Juli 2006   Prof. Dr. Friederike Welter   Prof. Dr. Andreas Pinkwart

Vorwort

Unternehmenskrisen und ihre Bewältigung sind eine häufige Problemstellung für kleine und mittlere Unternehmen. Die Wissenschaft und darunter insbesondere die Betriebswirtschaftslehre greift diese Problematik jedoch nach wie vor nur unzureichend auf. Ziel dieser Arbeit ist es daher, nicht nur Handlungsempfehlungen für die Bestgestaltung des Krisenmanagements in KMU zu formulieren, sondern auch das Turnaround-Management stärker in der Wissenschaft zu verankern.

Wie immer gilt es an dieser Stelle denjenigen herzlich zu danken, die maßgeblichen Anteil am Zustandekommen dieser Arbeit hatten. Besonderer Dank gilt Herrn Prof. Dr. Andreas Pinkwart für die Übernahme des Erstgutachtens, wovon er sich auch durch seine zeitintensive Arbeit in der Bundes- und Landespolitik nicht abhalten ließ. Ihm verdanke ich die enge Verknüpfung meines wissenschaftlichen und praktischen Werdegangs mit dem Turnaround-Management. Frau Prof. Dr. Friederike Welter danke ich nicht nur für die Übernahme des Zweitgutachtens, sondern auch und insbesondere für ihre jederzeitige Diskussionsbereitschaft und äußerst wertvolle Kritik.

Der Wissenschaftsförderung der Sparkassen-Finanzgruppe e.V. danke ich zum einen für die Förderung des Forschungsprojekts „Turnaround-Management in kleinen und mittleren Unternehmen mit Hilfe der Balanced Scorecard", welches am Lehrstuhl PRO KMU an der Universität Siegen durchgeführt wurde. Das Projekt war nicht nur eine wertvolle Hilfestellung für die Konkretisierung meiner Forschungsidee, sondern dessen Ergebnisse sind auch in nicht unerheblichem Maße in die Arbeit eingeflossen und haben zur Praxisorientierung beigetragen. Zum anderen danke ich der Wissenschaftsförderung für die freundliche finanzielle Unterstützung der Publikation dieser Arbeit.

Den Partnern und Kollegen der Unternehmensberatung Struktur & Management, Landwehr, Faulhaber & Partner, Köln, möchte ich für die Möglichkeit danken, in vielen Projekten Turnaround-Management „live" erleben zu können, was dieser Arbeit (hoffentlich) einen hohen Realitätsbezug gegeben hat und dazu beigetragen hat, Turnaround-Management nicht nur aus der Sicht des „wissenschaftlichen Elfenbeinturms" zu betrachten.

Wenn man sich so intensiv mit Unternehmenskrisen beschäftigt, kommt man offensichtlich auch an der einen oder anderen persönlichen Krise nicht vorbei. Dafür, dass diese letztlich doch in einen erfolgreichen Turnaround endeten, sind neben der eigenen „Turnaround-Fähigkeit" auch viele liebe Menschen verantwortlich. Besonders möchte ich meiner Familie für ihre jederzeitige Unterstützung und ihr großes Vertrauen danken. Meinem Kollegen Daniel Heinemann danke ich herzlich für die gemeinsame Forschungsarbeit, unzählbare wertvolle Diskussionen und die ausführliche Kommentierung des Manuskripts. Schließlich gebührt Jens Schmidt größter Dank für akribisches Lesen, unermüdliche „Anfeuerung" und seine großartige persönliche Unterstützung.

Siegen, im Juli 2006   Susanne Kolb

Inhaltsverzeichnis

Abbildungsverzeichnis

Tabellenverzeichnis

Abkürzungsverzeichnis

Anm.	Anmerkung(en)
Aufl.	Auflage
Bd.	Band
BFuP	Betriebswirtschaftliche Forschung und Praxis
BSC	Balanced Scorecard
bspw.	beispielsweise
bzgl.	bezüglich
bzw.	beziehungsweise
CEO	Chief Executive Officer
DBW	Die Betriebswirtschaft
d.	des, der
d. h.	das heißt
div.	diverse(r,s)
DBW	Die Betriebswirtschaft
DSGV	Deutscher Sparkassen- und Giroverband
DStR	Deutsches Steuerrecht
DSWR	Datenverarbeitung, Steuer, Wirtschaft, Recht
erg.	ergänzte
erw.	erweiterte
et al.	et alii (und andere, lat.)
etc.	et cetera
EU	Europäische Union
F&E	Forschung und Entwicklung
f.	folgende [Seite]
F.A.Z.	Frankfurter Allgemeine Zeitung
ff.	folgenden [Seiten]
ggf.	gegebenenfalls
GmbH	Gesellschaft mit beschränkter Haftung
H.	Heft
HBR	Harvard Business Review
Hrsg.	Herausgeber
i. d. R.	in der Regel
i. e. S.	im engeren Sinne
IfM Bonn	Institut für Mittelstandsforschung Bonn
IGA	Internationales Gewerbearchiv
insb.	insbesondere
IT	Informationstechnologie
ITM	Integriertes Turnaround-Management
i. w. S.	im weiteren Sinne
Jg.	Jahrgang, Jahrgänge

Kap.	Kapitel
KSI	Krisen, Sanierungs- und Insolvenzberatung
KMU	Kleine(s) und mittlere(s) Unternehmen
lat.	lateinisch
MaK	Mindestanforderungen an das Kreditgeschäft der Kreditinstitute
Mio.	Million(en)
o. a.	oben angeführt
p. a.	pro anno
PIMS	Profit Impact of Market Strategies
resp.	respektive
ROA	Return on Assets
ROI	Return on Investment
s.	siehe
SGE	Strategische Geschäftseinheit
SME	Small and Medium Sized Enterprises
s. o.	siehe oben
Sp.	Spalte(n)
STRATOS	Strategic orientations of small and medium-sized enterprises
s. u.	siehe unten
T-BSC	Turnaround-Balanced Scorecard
u.	und
u. a.	unter anderem; und andere
u. ä.	und ähnliche(s)
überarb.	überarbeitete
UK	United Kingdom
USA	United States of America
USD	US-Dollar
usw.	und so weiter
u. U.	unter Umständen
Verf.	Verfasser(s)
vgl.	vergleiche
vs.	versus
WiSt	Wirtschaftswissenschaftliches Studium
z. B.	zum Beispiel
ZfB	Zeitschrift für Betriebswirtschaft
ZfBF	Zeitschrift für betriebswirtschaftliche Forschung
ZfKE	Zeitschrift für KMU und Entrepreneurship
zfo	Zeitschrift Führung + Organisation
ZO	Zeitschrift für Organisation

A. Einleitung

Die Erkenntnis scheint unbestritten, dass sich die Rahmenbedingungen für unternehmerisches Handeln in den letzten Jahren gravierend verändert haben. Ursächlich hierfür sind neben einer zunehmend **komplexer werdenden Unternehmensumwelt** ständige **Umweltveränderungen**. Beispielhaft seien hier die immer wieder zitierte Globalisierung sowie die fortschreitende technologische Entwicklung genannt, die sich bei den Unternehmen u. a. in verkürzten Produktlebenszyklen, erhöhtem Kapitalbedarf für Innovationen, veränderten Kundenbedürfnissen und steigendem Konkurrenzdruck niederschlagen.[1]

Unternehmen, die strategische und operative Anpassungen an veränderte Umweltbedingungen nur sehr langsam vorantreiben, erhöhen das Risiko, vom Markt verdrängt zu werden. Sie laufen Gefahr, Wettbewerbsvorteile und damit die Konkurrenzfähigkeit zu verlieren. Sinkende Umsätze, steigende Kosten und abnehmende Produktivität führen in der Folge dazu, dass zu geringe Erträge oder sogar Verluste erwirtschaftet werden. Die hohen Insolvenzzahlen spiegeln wider,[2] dass es vielen Unternehmen – und darunter insbesondere den kleinen und mittleren Unternehmen (KMU) – nicht gelungen ist, diesen Prozess der negativen Unternehmensentwicklung zu unterbrechen. Ihr Eigenkapital und die Liquiditätsreserven wurden sukzessive aufgebraucht und in letzter Konsequenz blieb nur die Insolvenz aufgrund Überschuldung und / oder Zahlungsunfähigkeit. Die Ursachen dafür sind sehr oft in **unzureichender Managementqualifikation und -fähigkeit** zu suchen.[3] Konkret liegen sie in einer falschen oder nicht vorhandenen strategischen Ausrichtung sowie operativen Ineffizienzen in den Unternehmensprozessen. Ein Großteil der Unternehmenskrisen ist somit „hausgemacht" und wäre im Vorfeld durch entsprechende Anpassungsprozesse vermeidbar gewesen.[4]

Doch selbst wenn sich eine Unternehmenskrise manifestiert, bedeutet dies nicht unausweichlich das endgültige Scheitern, sondern es besteht durchaus die Chance,

---

[1] DRUCKER (1969) spricht in diesem Zusammenhang von einem *„Age of Discontinuity"*, das sich durch eine erhöhte Variabilität der Systemkonstellationen und ein vermehrtes Auftreten neuartiger, überraschender Momente auszeichnet. Vgl. ausführlich zu aktuellen Entwicklungstendenzen und den daraus resultierenden Herausforderungen für kleine und mittlere Unternehmen ICKS (1997), S. 17 ff.

[2] In 2004 wurden 39.213 Unternehmensinsolvenzen in Deutschland gezählt. Seit 1994 hat sich damit die Anzahl der Unternehmensinsolvenzen mehr als verdoppelt; vgl. STATISTISCHES BUNDESAMT (2005a), S. 5 ff. Für 2005 rechnet CREDITREFORM (2005), S. 1 nur mit einer leichten Abschwächung auf 37.900 Insolvenzen.

[3] Vgl. PINKWART, KOLB (2003), S. 59 ff. und die dort zitierten empirischen Studien.

[4] Vgl. SCHARB (1994), S. 326.

durch einen „Unternehmens-Turnaround"[5] eine Trendwende herbeizuführen. Hier zeigt sich jedoch in der Praxis, dass eine Vielzahl von Turnaround-Versuchen scheitert und die Unternehmen letztlich doch Insolvenz anmelden bzw. liquidiert werden müssen. Nach Expertenschätzungen sind nur 20 Prozent aller Krisenunternehmen in der Lage, die Krise erfolgreich zu bewältigen.[6] Neben der grundsätzlichen Problematik, dass Gegenmaßnahmen oftmals zu spät eingeleitet werden, deuten Erkenntnisse aus Theorie und Praxis darauf hin, dass oftmals isolierte Maßnahmen ergriffen werden, die der Komplexität einer Turnaround-Situation nicht gerecht werden. Besondere Bedeutung kommt zudem der langfristigen Wirkung der Turnaround-Maßnahmen zu, um nicht nur eine vorübergehende Verbesserung der Unternehmensleistung, sondern eine nachhaltige Gesundung zu erzielen.[7] Dies sind nur einige Aspekte von vielen, die es im Turnaround zu beachten gilt. Ein Unternehmens-Turnaround ist für die Unternehmensführung insgesamt eine sehr komplexe Aufgabenstellung, deren Erfüllung spezifische Fähigkeiten und Kenntnisse erfordert. Es zeigt sich: *„Nicht die Krise selbst ist das Problem, sondern der Umgang mit ihr."*[8]

Die Teildisziplin der Betriebswirtschaftslehre, die sich mit der Krisenbewältigung auseinander setzt, die Unternehmenskrisenforschung, hat aber bislang noch wenig systematisches Wissen über den Niedergang und den Aufschwung von Unternehmen hervorgebracht. Im Besonderen gilt dies für den Turnaround von KMU.[9] Dabei sind gerade in KMU die Auswirkungen von Krisen sehr weitreichend. In der Regel wird nämlich nicht nur das Überleben des Unternehmens, sondern auch die wirtschaftliche Existenz des Unternehmers resp. der Unternehmerfamilie, die oftmals in einer engen Abhängigkeit zur Wirtschaftlichkeit des Unternehmens steht, in Frage gestellt. KMU weisen zudem Besonderheiten auf, die Turnaround-Maßnahmen, die üblicher-

---

[5] „Turnaround" stammt aus dem angloamerikanischen Sprachgebrauch und kann mit „Kehrtwende" übersetzt werden. Im Kontext der Unternehmensentwicklung ist damit eine substanzielle und nachhaltige positive Veränderung in der Unternehmensleistung gemeint; vgl. BIBEAULT (1982), S. 81. Vgl. auch Kap. C.1.1.

[6] Vgl. PLATT (2004), S. 139. Bei einer Befragung von Problemkreditspezialisten von Banken wurde festgestellt, dass rund die Hälfte aller Firmenkunden-Engagements, die aufgrund einer Unternehmenskrise in Rentabilitäts- und Zahlungsschwierigkeiten gerieten, trotz Intensivbetreuung von Seiten der Bank in die Insolvenz gehen mussten. Lediglich jedes fünfte Krisenunternehmen schaffte den Turnaround (Daten beziehen sich auf das Jahr 2003); vgl. WIESELHUBER & PARTNER (2004), S. 8. Vgl. des Weiteren MARX (2003), S. 17, der aus seiner Beratungspraxis nur rund ein Drittel aller Restrukturierungsprojekte als erfolgreich identifiziert, während rund ein Viertel aller Projekte endgültig scheitern.

[7] STRATEMANN (1994), S. 13: *„Fehlt ein geschlossenes Gesamtkonzept zur Krisenvorsorge oder gar -bewältigung, gibt man sich leicht mit partiellen Maßnahmen und kurzfristigen Teilerfolgen zufrieden."*

[8] STELTER (2003), S. 108.

[9] Vgl. CLASEN (1992), S. 10. KÜCK (1994), S. 272 fordert dementsprechend: *„Die Praxis und die Wissenschaft (...) würden gut daran tun, über Ansätze zur Bewältigung von Sanierungsstrategien in kleinen und mittleren Unternehmen nachzudenken. Auf jeden Fall besteht in diesem Bereich ein enormer Entwicklungsbedarf."*

weise auf Großunternehmen zugeschnitten sind, nicht ohne weiteres übertragbar machen.[10]

Es stellt sich nun konkret die Frage, welche Hilfsmittel oder Empfehlungen KMU an die Hand gegeben werden können, um solche kritischen Unternehmensphasen erfolgreich zu überwinden. Die einschlägige Literatur zum Thema Krisenmanagement bietet zwar zahlreiche Handlungsempfehlungen für Einzelmaßnahmen, die einen Beitrag für eine erfolgreiche Krisenbewältigung versprechen.[11] Allerdings fehlt eine **systematische Hilfestellung**, die den Turnaround-Prozess in seiner Gesamtheit unterstützt und genügend Flexibilität für eine Anpassung an individuelle Unternehmens- und Krisenmerkmale aufweist. Hinzu kommt, dass der Turnaround zumeist unter dem Aspekt der **akuten Unternehmenskrise**, also der Erfolgs- bzw. Liquiditätskrise diskutiert wird. Die Existenz strategischer Krisen findet zwar weithin Zuspruch, deren Bewältigung wird aber oftmals losgelöst von den fortgeschrittenen Krisenphasen gesehen, so dass der *„Bewältigungsbereich zeitlich und inhaltlich eingeschränkt"*[12] wird. Insofern fehlt eine Betrachtung, die dem prozessualen Charakter der Krise gerecht wird.[13] *„Gebraucht wird ein umfassender Ansatz, der der Lage des Unternehmens, dem Ausmaß der Krise und ihren spezifischen Auslösern angepasst ist."*[14]

An dieser Forderung setzt die vorliegende Untersuchung an. Es soll ein konzeptioneller Ansatz entwickelt werden, der unter kritischer Berücksichtigung bereits vorliegender theoretischer Erkenntnisse und praktischer Erfahrungen eine ganzheitliche Orientierungshilfe für die Unternehmensführung zur nachhaltigen Bewältigung von Unternehmenskrisen in KMU bietet. Die Basis der Konzeptentwicklung sind die besonderen Problemstellungen, denen sich KMU in Turnaround-Situationen sehr häufig gegenübersehen. Sie determinieren das Anforderungsprofil des hier so bezeichneten „Integrierten Turnaround-Managements" (ITM). Ziel der vorliegenden Arbeit ist somit die **Entwicklung einer prozessorientierten Vorgehensweise zur Gestaltung und Sicherung eines nachhaltigen Turnarounds**. Dabei sollen sowohl akute Unternehmenskrisenphasen wie die Erfolgs- und Liquiditätskrise als auch die vorgelagerte strategische Krise Berücksichtigung finden. Neben den Anforderungen an die Krisenerkennung und die Erstellung eines Turnaround-Konzepts rücken insbesondere Fragestellungen der Realisierung des Turnarounds in den Fokus dieser Arbeit. Bei letzterem handelt es sich um *„insgesamt einen theoretisch stark vernachlässigten*

---

[10] Vgl. CLASEN (1992), S. 358; TSCHEULIN, RÖMER (2003), S. 71.
[11] Vgl. stellvertretend KLETT (2006), S. 18 ff.
[12] KALL (1999), S. 13.
[13] Vgl. KLAR, ZITZELSBERGER (1996), S. 1866.
[14] SHUCHMAN, WHITE (1995), S. 34.

Bereich", wie GLESS feststellt.[15] Die vorliegende Ausarbeitung hat zum Ziel, einen Beitrag zur Schließung dieser Lücke zu liefern. Nebenfokus der Arbeit ist eine weitergehende Abgrenzung und Systematisierung des Turnaround-Managements als Forschungsgebiet.

Die vorliegende Arbeit gliedert sich in sechs Abschnitte. Abb. 1 gibt einen grafischen Überblick ihrer **Struktur**. Die Verknüpfung der einzelnen Kapitel durch Pfeile verdeutlicht, wie die einzelnen Untersuchungsschritte aufeinander aufbauen bzw. ineinander greifen.

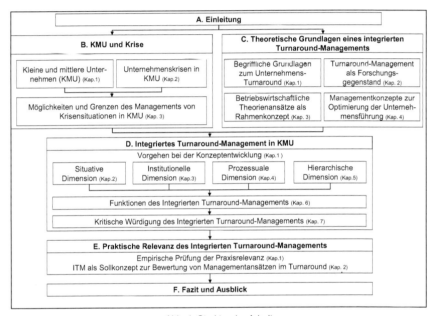

Abb. 1: Struktur der Arbeit

In Abschnitt B erfolgt eine detaillierte Auseinandersetzung mit zwei zentralen Untersuchungsgegenständen dieser Arbeit: den kleinen und mittleren Unternehmen sowie der Unternehmenskrise. Neben der Beschreibung der charakteristischen Merkmale

---

[15] GLESS (1996), S. 142. Vgl. auch BERGAUER (2001), S. 17; DIPPEL (2004), S. 170; KALL (1999), S. 13. Ähnlich argumentiert DAVID (2001), S. 484: *„Die betriebswirtschaftliche Forschung hat (..) bislang die Krisenbewältigung erst wenig durchdrungen."* BALGOBIN, PANDIT (2001), S. 301 betonen, dass der Forschungsschwerpunkt bislang eher auf der Erarbeitung von Turnaround-Strategien und -Maßnahmen gelegen hat: *„Whilst research on the content of successful turnaround strategies ('what to do') is common, research on the process by which such strategies are implemented ('how to do it') is rare."*

4

von KMU werden insbesondere deren Spezifika hinsichtlich Management und Krisengefährdung untersucht. Es werden die wissenschaftlichen Erkenntnisse zur Unternehmenskrise, welche als Ausgangspunkt eines Turnarounds verstanden wird, erläutert. Mit Abschnitt B wird zum einen die praktische Bedeutung einer wissenschaftlichen Auseinandersetzung mit diesem Themenkomplex herausgearbeitet. Zum anderen werden die Anforderungen an eine Modellierung eines erfolgversprechenden Konzepts des Turnaround-Managements im Lichte der Möglichkeiten und Grenzen des Managements von KMU in Krisensituationen definiert.

Abschnitt C legt die theoretischen Grundlagen für die Entwicklung eines Konzepts des integrierten Turnaround-Managements. Der Unternehmens-Turnaround, verstanden als spezielle Phase der Unternehmensentwicklung, wird definiert und von ähnlichen und verwandten Begriffen abgegrenzt. Es erfolgt eine Einordnung des Untersuchungsgegenstandes „Turnaround" in die betriebswirtschaftliche Krisenforschung sowie eine Bewertung des aktuellen Standes der Literatur. Es werden betriebswirtschaftliche Theorieansätze vorgestellt, die als gedankliches Rahmenkonzept für ein integriertes Turnaround-Management fungieren. Schließlich werden die Anforderungen und Besonderheiten von Managementkonzepten im Allgemeinen geklärt. Abgerundet wird diese Betrachtung um die Auflistung der spezifischen Anforderungen, die KMU an den Einsatz von Managementkonzepten stellen.

Abschnitt D stellt das Konzept des Integrierten Turnaround-Managements (ITM) vor. Anhand von vier Dimensionen werden die Besonderheiten und Anforderungen des Turnaround-Managements in KMU erarbeitet und die vorliegenden theoretischen und empirischen wissenschaftlichen Erkenntnisse sowie die Erfahrungen der Turnaround-Praxis systematisiert. Im Zuge einer theoretisch-intellektualistischen Herleitung[16] werden auf Basis dieser umfassenden Literaturauswertung Ad hoc-Hypothesen[17] über die erfolgskritischen Faktoren im Turnaround generiert, woraus Handlungsempfehlungen in Form von Funktionen zur Bestgestaltung des Turnaround-Managements in KMU abgeleitet werden. Hinsichtlich der ausgewählten Literatur ist anzumerken, dass neben Arbeiten zum Turnaround auch Untersuchungen zu verwandten Themenbereichen wie z. B. der Unternehmenskrise herangezogen werden, die einen Erklärungsbeitrag versprechen. An gegebener Stelle wird darüber hinaus

---

[16] Theorien können sowohl auf der Grundlage eines theoretisch-intellektualistischen als auch auf Basis eines feldorientiert-empirischen Vorgehens entwickelt werden. Dem komplexen Untersuchungsgegenstand des Turnarounds wird sich hier mittels der theoretisch-intellektualistischen Vorgehensweise genähert, indem zum einen themenbezogene Einzelhinweise aus Theorie und Praxis zusammengetragen und zum anderen die Erklärungsbeiträge übergeordneter Theorien durch deduktive Ableitung untersucht werden; vgl. SCHANZ (1988), S. 44 ff.; WOLF (2003), S. 27 f.

[17] Ad hoc-Hypothesen werden im Gegensatz zu nomologischen Hypothesen nicht aus Gesetzesaussagen abgeleitet. Erfüllen sie die Forderungen, explizit formuliert, prüfbar und relativ gut bestätigt zu sein und sind sie methodologisch einwandfrei entwickelt worden, haben aber auch sie eine Daseinsberechtigung bei der Theoriebildung; vgl. BRANDSTÄTTER (1993), S. 98 ff.

auf grundlegende theoretische Erkenntnisse anderer Forschungsrichtungen wie z.B. die Neue Institutionenökonomie rekurriert, sofern sie einen Erkenntnisfortschritt liefern. Dieses Vorgehen wird gewählt, da ein einziger Theorieansatz aufgrund der Komplexität des Untersuchungsgegenstandes zur Vertiefung des Turnaround-Verständnisses nicht ausreichend erscheint.

In Abschnitt E wird zunächst ein Untersuchungsdesign skizziert, mit dem eine empirische Überprüfung des theoretisch hergeleiteten Konzepts erfolgen könnte. In einem zweiten Schritt wird das ITM als Sollkonzept anderen ausgewählten Managementansätzen für den Turnaround gegenübergestellt, womit deren Eignung zur ganzheitlichen Bewältigung von Krisen überprüft wird. Ein Schwerpunkt liegt dabei auf der Turnaround-Balanced Scorecard. Abschließend werden in Abschnitt F die wichtigsten Ergebnisse noch einmal zusammengefasst und Ansatzpunkte für weitere Forschungsfragen aufgezeigt.

B. KMU und Krise

1. Kleine und mittlere Unternehmen

1.1 Quantitative Einordnung und gesamtwirtschaftliche Bedeutung

Kleine und mittlere Unternehmen[18] (KMU) stehen im Mittelpunkt der Betrachtung. Um die KMU näher zu spezifizieren, bedarf es einer **Abgrenzung** zu ihrem „Gegenstück", den Großunternehmen. Es findet sich in der wirtschaftswissenschaftlichen Literatur eine Fülle von Definitionen des Begriffs KMU mit teilweise divergierenden Abgrenzungen.[19] Üblicherweise wird eine Unterscheidung mittels quantitativer und qualitativer Kriterien getroffen.[20] Die **quantitativen Merkmale** stellen auf die unterschiedlichen Betriebsgrößen ab. Demnach umfasst der Begriff KMU die Gesamtheit aller Unternehmen und Freien Berufe, die eine bestimmte Größenordnung nicht überschreiten.[21] Zur quantitativen Abgrenzung der KMU von Großunternehmen werden aufgrund der eingeschränkten Datenverfügbarkeit üblicherweise die Mitarbeiteranzahl und / oder der Jahresumsatz herangezogen, aber auch Kriterien wie Kapitaleinsatz oder Anlagevermögen können zur Eingrenzung dienen. Stellvertretend wird hier die Einteilung des IfM Bonn vorgestellt (vgl. Tab. 1).[22]

Unternehmensgrößenklassen	Anzahl der Beschäftigten	Umsatz EUR / Jahr
großes Unternehmen	500 und mehr	über 50 Mio.
mittleres Unternehmen	10 – 499	1 bis 50 Mio.
kleines Unternehmen	< 10	bis 1 Mio.

Tab. 1: Quantitative Abgrenzung von KMU und Großunternehmen[23]

---

[18] Im deutschsprachigen Raum übliche Begriffe wie „Mittelstand" oder „mittelständische Unternehmen" werden hier synonym verwendet. Im internationalen Kontext findet sich die Bezeichnung „Small and Medium Sized Enterprises" (SME); vgl. THODE (2000), S. 169.

[19] Bereits 1962 präsentierte GANTZEL (1962), S. 293 ff. eine chronologische und alphabetische Auflistung von rund 190 Mittelstandsdefinitionen.

[20] Vgl. zu den qualitativen und quantitativen Abgrenzungsmerkmalen der KMU u.a. BUCHHART (2001), S. 51 ff.; BUSSIEK (1996), S. 17 ff.; CLASEN (1992), S. 17 ff.; GRUBER (2000), S. 16 ff.; GÜNTERBERG, WOLTER (2003), S. 1; HAAKE (1987), S. 12 ff.; HAMER (1990), S. 28 ff.; HINDERER (1984), S. 8 ff.; KRÄMER (2003), S. 8 ff.; KRATZ (1996a), S. 2 ff.; MUGLER (1998), S. 18 ff.; PFOHL (1997), S. 16 ff.; WELTER (2003), S. 28 ff.; WOSSIDLO (1993), Sp. 2889 ff.

[21] Vgl. GÜNTERBERG, WOLTER (2003), S. 1.

[22] Eine alternative Einteilung nimmt die Europäische Union vor. Seit 1. Januar 2005 werden Unternehmen mit bis zu 9 Mitarbeitern und weniger als 2 Mio. EUR Umsatz als Kleinstunternehmen bezeichnet. Kleine Unternehmen beschäftigen bis zu 49 Mitarbeiter (mittlere bis 249) und erwirtschaften bis zu 10 Mio. EUR (mittlere Unternehmen bis 50 Mio. EUR) Umsatz. Alternativ bzw. ergänzend zum Umsatz kann auch die Bilanzsumme als Bestimmungsgröße herangezogen werden; vgl. EUROPÄISCHE UNION (2003).

[23] Quelle: GÜNTERBERG, WOLTER (2003), S. 14.

Legt man diese Definition zugrunde, zählen in Deutschland rund 3,3 Mio. Unternehmen zu den KMU, die 99,7 % aller umsatzsteuerpflichtigen Unternehmen repräsentieren.[24] Damit stellen sie einen **elementaren Bestandteil der Volkswirtschaft** dar. Ihre Bedeutung resultiert aber nicht nur aus ihrer Quantität, sondern auch aus der Erfüllung wichtiger Funktionen und Aufgaben innerhalb einer Volkswirtschaft. Besonderes Gewicht haben sie in sozialer und beschäftigungspolitischer Hinsicht.[25] So tragen sie durch das Angebot einer großen Anzahl von Arbeitsplätzen entscheidend zu einer **Stabilisierung der gesellschaftlichen Ordnung** bei.[26]

Eine weitere wichtige Funktion nehmen KMU bei der **Sicherung der marktwirtschaftlichen Ordnung** ein. Sie verleihen dem System aufgrund ihrer Vielzahl und des breit gestreuten Eigentums Stabilität und erschweren Monopolisierungstendenzen und damit Machtkonzentrationen. Die Verteilung der Marktmacht auf viele kleine Anbieter fördert den Leistungswettbewerb durch Innovationen, Preiskonditionen u. ä.[27] Für die Verbraucher gewährleistet dies ein vielfältiges Angebot und stellt ihre Versorgung bei Nachfragestrukturänderungen sowie in kleinen, für Großunternehmen uninteressanten Marktsegmenten sicher.[28] Eine bedeutende Rolle nehmen KMU für eine **strukturelle und konjunkturelle Risikodiversifikation** ein. Je höher die Unternehmenskonzentration einer Volkswirtschaft oder einzelner Branchen ist, desto schädlicher sind die Auswirkungen von Unternehmenszusammenbrüchen. KMU verteilen dieses Risiko durch ihre kleine Betriebsgröße, ihre Vielzahl sowie ihre Tätigkeit in verschiedensten Wirtschaftszweigen. Dies unterstreicht: *„Kleine und mittlere Unternehmen sind Garanten des Wettbewerbs und unverzichtbare Kraft für die Aufrechterhaltung effizienter wirtschaftlicher Strukturen.“*[29]

Eine einfache quantitative Abgrenzung der KMU von den Großunternehmen ist regelmäßig mit **Unschärfen** verbunden. So hängt beispielsweise die Mitarbeiteranzahl eines Unternehmens auch von der jeweiligen Branche, der Arbeits- bzw. Kapitalin-

---

[24] Vgl. IFM BONN (2006). Die KMU tragen in Deutschland mit 48,8 % zur Bruttowertschöpfung aller Unternehmen bei bzw. erwirtschaften 40,8 % aller steuerpflichtigen Umsätze. Anders ausgedrückt bedeuten diese Zahlen allerdings, dass nur 0,3 % aller Unternehmen, nämlich die Großunternehmen, mehr als die Hälfte der Wertschöpfung erwirtschaften, was die gesamtwirtschaftliche Bedeutung des einzelnen KMU deutlich relativiert.

[25] KMU beschäftigen ca. 20 Mio. Arbeitnehmer, was etwa 70 Prozent der Gesamtbeschäftigung entspricht. Sie leisten den weitaus größten Beitrag zur Berufsausbildung, da rund 82 Prozent der Ausbildungsplätze von ihnen zur Verfügung gestellt werden; vgl. IFM BONN (2006). Die Bedeutung des Mittelstands als „Beschäftigungsmotor" wird gelegentlich allerdings auch kontrovers diskutiert; vgl. dazu TURK (2002), S. 268 f., nach dessen Auffassung KMU kein höheres Beschäftigungspotenzial als Großunternehmen aufweisen.

[26] Vgl. MUGLER (1998), S. 44.

[27] Vgl. PLEITNER (1995), S. 930; WOSSIDLO (1993), Sp. 2896.

[28] Vgl. BUSSIEK (1996), S. 21; WOSSIDLO (1993), Sp. 2896.

[29] KAYSER (1999), S. 39. Ähnlich ALBACH (1983), S. 870, der konstatiert: *„Das Thema ‚Die Bedeutung mittelständischer Unternehmen für die Marktwirtschaft' ist dazu angetan, uns von vorneherein auf eine falsche Fährte zu locken. Die mittelständischen Unternehmen sind die Marktwirtschaft."*

tensität oder den eingesetzten Produktionstechnologien ab.[30] Zudem berücksichtigt eine ausschließlich quantitative Betrachtung Abhängigkeitsverhältnisse nicht. Zunehmend bilden Großunternehmen dezentrale, rechtlich selbstständige Einheiten,[31] die hinsichtlich ihrer Betriebsgröße den KMU zuzuordnen wären. Aufgrund der starken Abhängigkeit zum Großunternehmen muss dieser Status aber in Frage gestellt werden.[32] Umgekehrt gibt es Unternehmen, die trotz einer Mitarbeiterzahl, die sie eigentlich als Großunternehmen klassifiziert, mittelständisch geprägte Strukturen aufweisen.

Trotz dieser Einwände bedient man sich in fast allen amtlichen Statistiken und wissenschaftlichen Untersuchungen der Mitarbeiterzahl als Abgrenzungsgröße. Für die quantitative Methode spricht, dass einige qualitative Merkmale der KMU, die nachfolgend noch vorzustellen sind, durch die geringe Betriebsgröße determiniert werden.[33] Insgesamt lässt sich aber feststellen, dass die quantitative Eingrenzung der Schwäche einer statischen Betrachtungsweise unterliegt und *„nur eine zweckorientierte, untersuchungsvereinfachende Näherung"*[34] erlaubt. Diese Abgrenzung hat für die vorliegende Arbeit daher lediglich **ergänzenden Charakter**, um eine genauere Vorstellung vom Untersuchungsobjekt zu liefern. Für die Zielsetzung, Handlungsempfehlungen zur Ausgestaltung des Turnaround-Managements in KMU zu erarbeiten, sind weniger ihre quantitativen als vielmehr die qualitativen Merkmale von Bedeutung, da diese einen nicht unerheblichen Einfluss auf den Handlungsspielraum im Turnaround haben können.

1.2 Qualitative Merkmale der KMU

Die quantitative Unterteilung könnte den Eindruck erwecken, dass KMU lediglich als „Miniaturausgaben" von Großunternehmen anzusehen sind. Dies ist aber nicht der Fall: Es lassen sich zahlreiche qualitative Merkmale identifizieren, die nur auf die

---

[30] Vgl. GÜNTERBERG, WOLTER (2003), S. 2; THOMAS (1994), S. 15. Umsatz- und Mitarbeiterzahlen fallen in Industrie und Großhandel üblicherweise höher aus als im Einzelhandel, Handwerk oder im Dienstleistungsbereich; vgl. THODE (2000), S. 170. Eine Übersicht zu branchenabhängigen quantitativen Klassifizierungen bietet z. B. PFOHL (1997), S. 11. Aber selbst eine an den Branchenspezifika orientierte Definition kann keinen Anspruch auf Allgemeingültigkeit erheben, da es Unternehmen gibt, die auch innerhalb der gleichen Branche klassenübergreifend einzustufen sind. Daher nimmt GANTZEL (1962), S. 288 auch an, dass *„keine quantitative Merkmale gefunden werden können, die die mittelständischen Unternehmungen aller oder einiger Wirtschaftszweige und Branchen kennzeichnen".*
[31] Vgl. REINEMANN (1999), S. 661.
[32] Wegen der zunehmenden Verflechtung über Konzernstrukturen und Netzwerke wird mittlerweile die Konzernunabhängigkeit als definitorisches Merkmal von KMU verstanden. Vgl. ausführlich zu dieser Problematik FEUERSTACK (2005), S. 46 ff.
[33] Vgl. HAAKE (1987), S. 15.
[34] KRATZ (1996a), S. 4.

Gruppe der KMU zutreffen resp. untypisch für Großunternehmen sind.[35] Diese Merkmale stellen insbesondere auf funktionale, organisatorische, gesellschafts- und haftungsrechtliche Aspekte ab.[36]

Ein wesentliches KMU-Charakteristikum ist die enge **Verflechtung zwischen dem Unternehmen und dem Unternehmer**,[37] die *„sich idealtypisch in der Einheit von Eigentum, Leitung, Haftung, Risiko"*[38] manifestiert.[39] Mit der Einheit von Eigentum und Risiko bzw. Haftung wird die Abhängigkeit der wirtschaftlichen Existenz des Unternehmers (und seiner Familie) von der Wirtschaftlichkeit des Unternehmens herausgestellt. Es bedeutet, dass ein mittelständischer Unternehmer sein Unternehmen *„auf eigene Rechnung und auf eigenes Risiko"*[40] führt. Als Kapitaleigner besteht eine Kapitalbindung und damit im Unterschied zu angestellten Managern aufgrund des persönlichen Risikos auch ein Kapitalinteresse.[41] Die Einheit von Leitung bzw. Führung und Eigentum wird auch mit der Bezeichnung **Eigentümerunternehmer** belegt. Darin kommt die zentrale Rolle zum Ausdruck, die der Unternehmer, der oftmals der Unternehmensgründer oder dessen Nachkomme ist, in allen betrieblichen Funktionsbereichen einnimmt. Er wirkt unmittelbar, selbstständig und verantwortlich auf alle strategisch bedeutsamen Vorgänge und Entscheidungen ein.[42] Der besondere, personale Charakter zeigt sich daran, dass das Unternehmen in seiner Betriebsleitung und Organisation auf den Unternehmer konzentriert und in seiner Stärke und Existenz schicksalhaft mit ihm verbunden ist.[43] Nicht selten ist daher der Unternehmenslebenszyklus eng an den Lebenszyklus des Unternehmers gekoppelt. Dies stellt einen deutlichen Unterschied zu managergeführten Unternehmen dar, deren angestellte Fremdmanager vertraglich für eine bestimmte Zeit verpflichtet sind.[44]

---

[35] Vgl. GRUBER (2000), S. 21.

[36] Die folgende Auflistung der Merkmale erhebt keinen Anspruch auf Vollständigkeit. Zudem muss auch nicht jedes dieser Merkmale auf ein KMU zutreffen bzw. kann ein Unternehmen nicht bereits bei Vorliegen nur weniger Merkmale als KMU klassifiziert werden; vgl. MUGLER (1998), S. 19. Es soll auch nicht der Eindruck erweckt werden, bei KMU handele es sich um eine homogene Gruppe. Tatsächlich lassen sich innerhalb der KMU wiederum vielfältige Unterschiede feststellen.

[37] Aus Vereinfachungsgründen wird hier die Bezeichnung Unternehmer verwendet, die geschlechtsneutral zu verstehen ist und selbstverständlich auch Unternehmerinnen einschließt. Dies soll ebenfalls nicht ausschließen, dass ein KMU von mehreren, gleichberechtigten Unternehmerpersonen geführt wird.

[38] GÜNTERBERG, WOLTER (2003), S. 2.

[39] Nach Berechnungen des IfM Bonn zählen fast 95 Prozent aller KMU zu dieser Gruppe der vollkommen selbstständigen Unternehmen; vgl. WOLTER, HAUSER (2001), S. 71.

[40] HAMER (1990), S. 87.

[41] Vgl. BUSSIEK (1996), S. 18. Zwar wird die Haftung durch die Rechtsform der GmbH, die eine immer größere Bedeutung als mittelstandstypische Rechtsform gewinnt, oftmals formal beschränkt (vgl. WELTER (2003), S. 29), allerdings zeigt sich in praxi, dass diese Einschränkung beispielsweise durch Einbringung privater Vermögenswerte zur Besicherung von Unternehmenskrediten gegenüber Kreditinstituten auch wieder weitgehend aufgehoben werden kann.

[42] Vgl. GÜNTERBERG, WOLTER (2003), S. 2.

[43] Vgl. BUCHHART (2001), S. 53; HAMER (1990), S. 31.

[44] Vgl. HAMER (1990), S. 87 ff.

Aus der engen Verzahnung von Unternehmer und Unternehmen folgt, dass sich das **Zielsystem** der KMU eng an der Persönlichkeit und den Wertevorstellungen des Unternehmers orientiert. Die Betriebsgröße sowie der persönliche Gestaltungsfreiraum ermöglichen es ihm, das Unternehmen in allen Bereichen selbst zu führen und das Geschehen und die Unternehmenskultur individuell zu prägen.[45] Aufgrund der großen Überschneidungen der privaten und der unternehmerischen Sphäre haben nichtökonomische Ziele in KMU große Bedeutung.[46] Im Unterschied zu Fremdmanagern verfolgen Eigentümerunternehmer deutlich stärker die Sicherung und Erhaltung der Unternehmensautonomie, wobei das Streben nach persönlicher Unabhängigkeit eine besondere Rolle spielt. Das Ziel der Gewinnsteigerung bzw. Einkommensmaximierung ist demgegenüber als nachrangig einzustufen.[47]

Aufgrund der besonderen Stellung des Unternehmers differieren auch die **Funktionen und Rollen**, welche die Unternehmensführung in KMU über- bzw. einnimmt, von denen der angestellten Manager in Großunternehmen. Während letztere in erster Linie informations- und entscheidungsbezogene Funktionen übernehmen, hat der Unternehmer in KMU eine größere Bedeutung als Sprecher (*„spokesperson"*), Unternehmer im eigentlichen Wortsinn *(„entrepreneur")*, Repräsentant *(„figurehead")* und Führer *(„leader")*, womit den interpersonellen Rollen in KMU wesentlich mehr Gewicht verliehen wird.[48] In KMU ist allgemein eine starke **Personenorientierung** festzustellen, die sich auch durch eine enge Beziehung der Unternehmensführung zu ihren Mitarbeitern sowie guten persönlichen Kontakten zu Geschäftspartnern auszeichnet.

Die **Organisationsstruktur** von KMU stellt sich überschaubar dar, da die Abteilungs- und Hierarchiebildung sowie der Formalisierungsgrad geringer ausgeprägt sind. Dies begünstigt Flexibilität aufgrund kurzer Kommunikations- und Entscheidungswege und

---

[45] Vgl. GRUBER (2000), S. 24; PLEITNER (1995), S. 931.

[46] Vgl. BEHRINGER (2004), S. 17.

[47] Vgl. BUSSIEK (1996), S. 19; FRÖHLICH, PICHLER (1988), S. 95; HRUSCHKA (1975), S. 238; STAHL (2003), S. 11 u. 24. Zu ähnlichen Ergebnissen gelangt die STRATOS-Studie (Strategic orientations of small and medium-sized enterprises). Sie ermittelte als wichtigste persönliche Ziele der befragten Unternehmer: (1) Freude an der Arbeit, (2) gute Produkte herstellen, (3) finanzielle Unabhängigkeit, (4) finanzielle Unabhängigkeit, (5) Selbstverwirklichung. Bei den Zielsetzungen des Unternehmens dominierten die Ziele (1) Überleben, (2) Gewinn, (3) Produktqualität sowie (4) finanzielle Unabhängigkeit des Unternehmens; vgl. BAMBERGER, PLEITNER (1988), S. 61 ff. Auch LETMATHE (2002), S. 72 ff. bestätigt die hohe Bedeutung von Persönlichkeits- und Unabhängigkeitszielen in KMU. Seine empirische Untersuchung zeigt zudem eine hohe Zielpräferenz für die Maximierung des Unternehmensgewinns bei gleichzeitig nachrangiger Bedeutung der persönlichen Einkommensmaximierung. LETMATHE wertet dies als Indiz dafür, dass ein Großteil des Unternehmensgewinns reinvestiert werden soll, um eine langfristige Unternehmensfortführung zu sichern.

[48] Vgl. PAOLILLO (1984), S. 61 f. Seine empirische Untersuchung basiert auf der Klassifikation von MINTZBERG, der neun verschiedene Rollen des Managements identifizierte (vgl. MINTZBERG (1975), S. 54 ff.). Vgl. zur Übersetzung der Begrifflichkeiten ins Deutsche MACHARZINA (2003), S. 550.

geringen Koordinationsbedarfs, führt jedoch typischerweise zu Funktionshäufungen.[49] So arbeitet der Unternehmer in KMU nicht wie bei Großunternehmen üblich in einem aus mehreren Spezialisten bestehenden Vorstand, dessen Mitglieder jeweils einem Ressort vorstehen, sondern ist für alle Unternehmensbereiche allein verantwortlich.[50] In KMU kommt einer breiteren Wissensbasis des einzelnen Mitarbeiters eine größere Bedeutung zu,[51] da Stäbe bzw. Spezialabteilungen seltener anzutreffen sind.

Die Ressourcenausstattung der KMU ist gegenüber den Großunternehmen wesentlich moderater. Dies macht sich z. B. im Bereich der Informations- und Kommunikationstechnologien sowie der Dokumentation bemerkbar,[52] was interne Prozesse sowie die Datenerhebung und –auswertung im Vergleich zu den Großunternehmen weniger standardisiert und damit aufwändiger ablaufen lässt. Im Besonderen sind aber die **Ausstattung mit finanziellen Ressourcen** sowie die Beschaffungsmöglichkeiten für Finanzierungsmittel beschränkt, da vielen KMU der Zugang zu organisierten Kapitalmärkten zur Eigenkapitalbildung nach wie vor verschlossen ist. Ursächlich hierfür sind die bevorzugte Wahl nicht kapitalmarktfähiger Rechtsformen sowie die Personenorientiertheit in KMU. Selbstständige geben aufgrund ihres Unabhängigkeitsstrebens Kontrollrechte nur ungern aus der Hand.[53] Daher ist für die meisten KMU die Innenfinanzierung, speziell in der Form der Selbstfinanzierung aus Gewinnen, die wichtigste Quelle zur Deckung des Kapitalbedarfs.[54] Das Selbstfinanzierungspotenzial, das von der Ertragslage und der Höhe der Kapitalentnahmen abhängt, ist bei KMU im Vergleich zu Großunternehmen allerdings eingeschränkter. Beispielsweise ist ein gewisses Maß an Kapitalentnahmen zur Finanzierung des Lebensunterhalts und der Altersversorgung des Unternehmers in KMU unverzichtbar und steht damit zur Selbstfinanzierung nicht zur Verfügung.[55] Folglich muss zusätzlicher Kapitalbedarf durch alternative Finanzierungsformen gedeckt werden. Die Fremdfinanzierung in Form von lang- und kurzfristigen Krediten über Kreditinstitute ist in diesem Zu-

---

[49] Vgl. FRÖHLICH, PICHLER, PLEITNER (2000), S. 22; PFOHL (1997), S. 19ff.

[50] Je nach persönlicher Ausbildung und Interessenlage ist es aber durchaus gängige Praxis, dass sich der Unternehmer auf einzelne Bereiche konzentriert. Können die dadurch in anderen Bereichen möglicherweise entstehenden Defizite nicht durch andere Mitarbeiter aufgefangen werden, kann eine einseitige Schwerpunktsetzung eine nicht unerhebliche Existenzgefährdung in sich bergen. Typisches Beispiel sind Ingenieure, die technisch orientiert sind und ihren Fokus auf Produktinnovationen und -verbesserungen legen, während sie kaufmännische Aufgaben vernachlässigen; vgl. BUSSIEK (1996), S. 42.

[51] Vgl. BUSSIEK (1996), S. 19 f.; WITT (1998), S. 16.

[52] Vgl. ARBEITSKREIS DER SCHMALENBACH-GESELLSCHAFT FÜR BETRIEBSWIRTSCHAFT E.V. (2003), S. 525.

[53] Vgl. KAYSER (1999), S. 38; MUGLER (1998), S. 25.

[54] Vgl. AHRWEILER, BÖRNER, GRICHNIK (2003), S. 384; HOMMEL, SCHNEIDER (2004), S. 579 f.

[55] Vgl. KAUFMANN, MIDDERMANN (1997), S. 71.

sammenhang besonders wichtig für KMU.[56] Typisch ist, dass sie nur zu wenigen oder sogar nur zu einem Kreditinstitut, der so genannten „Hausbank", Geschäftsbeziehungen pflegen.[57]

Die Beschränkungen in der Ressourcenausstattung determinieren die **Produktionsweise** sowie die Auswahl der **Absatzmärkte** von KMU. Kapitalintensive Leistungen und eine hohe Arbeitsteilung bleiben den Großunternehmen überlassen. Daher können KMU auch nicht in dem Maße von Kostendegressionseffekten wie Großunternehmen profitieren, die bei steigender Ausbringungsmenge Stückkostenreduzierungen realisieren (economies of scale).[58] Die Produktionsfunktion von KMU basiert stärker auf dem Faktor Arbeit als auf Kapital und setzt mehr variable Faktoren ein. Dies erlaubt eine größere Flexibilität für das Produktionsvolumen und ermöglicht eine signifikante Beeinflussung der Produktivität durch den Faktor Arbeit.[59] Da eine arbeitsintensive Produktion teurer als eine automatisierte Massenproduktion ist, bedienen KMU vorwiegend Märkte, in denen sie nicht in Konkurrenz zu Großunternehmen stehen oder in denen sie Produkt-, Kunden- oder Technologienischen besetzen können.[60] Die finanziellen Restriktionen erlauben es oft nicht, große und / oder überregionale Märkte zu bearbeiten.

Die Flexibilität der KMU erlaubt es ihnen prinzipiell, neue Ideen schneller aufzugreifen und umzusetzen. Insbesondere ihre **Kundennähe** ermöglicht es, zeitnah veränderte Marktanforderungen zu erkennen. Sind die operativen Prozesse zusätzlich flexibel ausgerichtet, können Kundenwünsche schnell umgesetzt werden.[61] Dies bedeutet, dass KMU relativ kurze Entwicklungszeiten benötigen und neue Aktivitäten problemloser in den Unternehmensablauf integrieren und zu niedrigeren Kosten realisieren können. Damit kann den KMU grundsätzlich eine hohe **Innovationsfähigkeit** zugesprochen werden. Allerdings erfolgt Forschung und Entwicklung in KMU eher diskontinuierlich, da institutionalisierte F&E-Abteilungen nicht die Regel sind.[62] Innovationen in KMU sind damit oftmals nicht das Ergebnis eines standardisierten Prozesses, sondern eher ein „Zufallsprodukt". Die Innovationsfähigkeit der KMU zeichnet sich nicht nur durch die angebotsorientierte Entwicklung neuer Produkte und Dienstleistungen aus, sondern auch durch die zeitnahe Berücksichtigung und qualitativ hochwertige Umsetzung von Kundenwünschen. ALBACH spricht in diesem Kontext

---

[56] Vgl. MIND (2001), S. 18; HOMMEL, SCHNEIDER (2004), S. 579 f. Der Fremdfinanzierungsanteil liegt bei KMU deutlich über dem von Großunternehmen. Bankkredite und Überziehungsrahmen sind dabei nach wie vor die bedeutendsten Finanzierungsformen; vgl. dazu EUROPÄISCHE GEMEINSCHAFTEN (2003), S. 7 und S. 21 ff.

[57] Vgl. EUROPÄISCHE GEMEINSCHAFTEN (2003), S. 22.

[58] Vgl. FRÖHLICH, PICHLER, PLEITNER (2000), S. 23; KRÄMER (2003), S. 19.

[59] Vgl. FIEGENBAUM, KARNANI (1991), S. 103.

[60] Vgl. HAMER (1990), S. 109.

[61] Vgl. ALBACH (1984b), S. 49.

[62] Vgl. GESCHKA (1997), S. 192 f.; PINKWART (2001a), S. 195 ff.

von der nachfrageorientierten Innovationsdynamik der KMU, welche die Imitation von Konkurrenzprodukten einschließt.[63]

Diese Charakteristika belegen die fundamentalen Unterschiede von KMU gegenüber Großunternehmen. Für unternehmerisches Handeln und die Reaktionsmöglichkeiten auf gegebene oder sich ändernde Rahmenbedingungen haben sie weitreichende Auswirkungen, die zum einen als Vorteile, häufig aber auch als Nachteile für KMU interpretiert werden können bzw. müssen.[64] Inwieweit sie auf die Bewältigung von Krisen in KMU Einfluss nehmen können, wird in Kap. 3 erörtert. Nachfolgend wird zunächst der Begriff der Unternehmenskrise erläutert und die besondere Problematik von Krisen in KMU aufgezeigt.

2. Unternehmenskrisen in KMU

2.1 Charakteristika von Unternehmenskrisen

Der Begriff „Krise" ist im täglichen Sprachgebrauch in vielfältiger Anwendung zu finden. Er definiert sowohl körperliche und seelische Krisen eines Individuums als auch weltweite Wirtschaftskrisen, staatspolitische Systemkrisen oder globale Umweltkrisen.[65] Zurückgehend auf den griechischen Wortstamm „krisis" ist unter einer Krise allgemein ein **Bruch in einer kontinuierlichen Entwicklung** zu verstehen. In engerer Definition markiert eine Krise den Wende- bzw. Höhepunkt einer gefährlichen Entwicklung. Sie weist einen destruktiven Charakter auf, da mit ihr eine konkrete Gefahr assoziiert wird. Kennzeichnend für eine Krisensituation ist, dass die weitere Entwicklung eine extreme Ambivalenz aufweist.[66] Dies beinhaltet auch die Chance auf eine positive, eventuell sogar bessere zukünftige Entwicklung. Im fernöstlichen Kulturbereich wird diese Option berücksichtigt, indem die Krise im weiteren Sinne als duale Einheit von Gefahr und Chance verstanden wird.[67] Diese recht allgemeine Definition hat dazu geführt, dass der Krisenbegriff in unterschiedlichste wissenschaftliche Disziplinen wie z. B. Medizin, Politologie und Wirtschaftswissenschaften übertragen und dort entsprechend seines Anwendungsbereiches konkretisiert wurde.[68]

Im Rahmen der Wirtschaftswissenschaften hat sich vorrangig die Volkswirtschaftslehre mit dem Forschungsbereich Krise auseinander gesetzt. Sie betrachtet die Krise insbesondere im Zusammenhang mit Konjunkturzyklen und definiert sie als Wende-

---

[63] Vgl. ALBACH (1984b),S. 49.
[64] Vgl. HAMER (1990), S. 85.
[65] Vgl. NARR (1973), S. 224.
[66] Vgl. KRYSTEK (1987), S. 3.
[67] Vgl. KRYSTEK (1994), S. 24; STIEGLER (1994), S. 9. So setzt sich das chinesische Schriftzeichen für „Krise" aus den Schriftzeichen für „Gefahr" und „Chance" zusammen.
[68] Vgl. BURTSCHER (1996), S. 30.

punkt zwischen Aufschwung- / Boomphasen und Rezessionen / Depressionen.[69] Zunehmend wird die Krise aber auch unter regionalen und strukturellen Aspekten diskutiert.[70] Die Betriebswirtschaftslehre hat den Begriff Krise übernommen, um ihn unter dem Terminus **Unternehmenskrise**[71] auf krisenhafte Entwicklungen und Situationen von Unternehmen zu übertragen. Dieser Begriff hat im Laufe der Zeit zahlreiche Beschreibungen und Definitionen erfahren, die sich vor allen Dingen in ihrem Präzisierungsgrad unterscheiden.

KRYSTEK formuliert folgende, umfassende **Definition** der Unternehmenskrise: *„Unternehmungskrisen sind ungeplante und ungewollte Prozesse von begrenzter Dauer und Beeinflußbarkeit sowie mit ambivalentem Ausgang. Sie sind in der Lage, den Fortbestand der gesamten Unternehmung substantiell und nachhaltig zu gefährden und sogar unmöglich zu machen. Dies geschieht durch die Beeinträchtigung bestimmter Ziele (dominanter Ziele), deren Gefährdung oder gar Nichterreichung gleichbedeutend ist mit einer nachhaltigen Existenzgefährdung oder Existenzvernichtung der Unternehmung als selbständig und aktiv am Wirtschaftsprozeß teilnehmender Einheit mit ihren bis dahin gültigen Zweck- und Zielsetzungen."*[72]

Diese Kennzeichen einer Unternehmenskrise werden von einer Vielzahl der Autoren genannt.[73] Sie repräsentieren damit die Schwerpunkte des betriebswirtschaftlichen Krisenverständnisses und werden nachfolgend vertiefend erläutert. Weitgehende Einigkeit herrscht in der Literatur darüber, dass eine Unternehmenskrise für das Unternehmen als Ganzes eine **existenzbedrohende Situation** darstellt. Die Existenzgefährdung wird als Definitionsmerkmal der Unternehmenskrise betont, um eine Aushöhlung des Krisenbegriffs zu verhindern, d. h. dass nicht jede Diskontinuität in

---

[69] Vgl. SCHMÖLDERS (1955), S. 8.

[70] Vgl. KRYSTEK (1987), S. 4. Vgl. ausführlich zur Problematik der Strukturkrisen z. B. EICKHOF (1982). Vgl. auch DÜRNHÖFER (1998), der sich mit Systembruchkrisen auseinander setzt.

[71] Eng verknüpft mit dem Begriff der Unternehmenskrise sind die Begriffe Risiko, Störung, Konflikt und Katastrophe, die einerseits einen völlig eigenständigen Charakter haben, andererseits aber auch Bestandteil bzw. Variante oder sogar Auslöser einer Unternehmenskrise sein können; vgl. dazu ausführlich KRYSTEK (1987), S. 7 ff.

[72] KRYSTEK (1987), S. 6 f. Der Hinweis auf Krisen als „ungeplante und ungewollte" Prozesse impliziert, dass die Möglichkeit gesehen wird, dass eine Krise bewusst herbeigeführt werden kann (z. B. um einen Betriebsteil leichter abstoßen zu können); vgl. z. B. GUY (1989), S. 25 zum so genannten „*intentional decline*". Dies ist zwar theoretisch denkbar und ist in der Praxis bisweilen auch anzutreffen. Für KMU dürfte dies aufgrund der damit verbundenen Risiken für das Unternehmen und den Unternehmer aber eher unwahrscheinlich sein (sofern man von kriminellen Handeln abstrahiert und ein bewusstes „in die Insolvenz gehen" unberücksichtigt lässt) und wird damit hier definitionsgemäß ausgespart; vgl. CLASEN (1992), S. 98. KRYSTEK (1994), S. 28 warnt eindringlich vor der bewussten Provokation einer Krise zur Durchsetzung von Wandel und Veränderungen im Unternehmen. Dies käme einem „*Spiel mit dem Feuer gleich*".

[73] Vgl. zur Definition und begrifflichen Abgrenzung der Unternehmenskrise u. a. BELLINGER (1962), S. 51; BERG, TREFFERT (1979), S. 460 f.; DIEZ (1988), S.15 ff.; GABELE (1981), S. 151; GRENZ (1987), S. 49; KRYSTEK (1987), S. 3 ff.; MÜLLER (1986), S. 33 ff.; MÜLLER-MERBACH (1977), S. 420; PINKWART (1992), S. 13 f.; RAUBACH (1983), S. 33 ff.; RÖTHIG (1976), S. 13 f.; WITTE (1981), S. 9 ff.

der Unternehmensentwicklung bereits als Krise bezeichnet werden soll.[74] Damit werden definitorisch punktuelle, negative Entwicklungen in Betriebsteilen oder Geschäftseinheiten ausgeschlossen, die nicht die Existenz des gesamten Unternehmens gefährden. Ältere Auffassungen engen den Tatbestand der Existenzbedrohung auf insolvenznahe Unternehmenssituationen ein, in denen negative ökonomische Auswirkungen bereits erkennbar sind. LE COUTRE begreift die Krise z. B. als Erkrankung, bei der *„Größe und Zusammensetzung von Vermögen und Kapital so verändert worden sind, daß*[75] *der Betrieb die ihm gestellten Aufgaben unter Einschluß der üblichen Risiken nicht mehr in normaler Weise erfüllen kann".*[76] Auch MÜLLER-MERBACH stellt eine ungewollte Ertrags- bzw. Liquiditätssituation, die eine (un)mittelbare Gefahr für den Unternehmensfortbestand bedeutet, in den Mittelpunkt seiner Definition.[77] Zwischenzeitlich hat sich aber die Auffassung durchgesetzt, dass sich die Existenzbedrohung in der **Gefährdung dominanter Ziele** manifestiert,[78] die für das Überleben des Unternehmens von entscheidender Bedeutung sind.[79] Zu diesen Zielen zählen nicht nur die Erhaltung der Zahlungsfähigkeit und Vermeidung einer bilanziellen Überschuldung sowie die Erwirtschaftung einer auskömmlichen Rendite auf lange Sicht, sondern auch der Aufbau und die Sicherung von Erfolgspotenzialen.[80] Wird eine Verfehlung dieser Unternehmensziele ignoriert oder werden entsprechende Gegenmaßnahmen nicht oder zu spät eingeleitet, ist das Überleben des Unternehmens ernsthaft gefährdet.

Unternehmenskrisen werden als **zeitlich begrenzte Prozesse** verstanden. Grundsätzlich können Krisen von verschiedener Dauer sein und sich mit unterschiedlicher Geschwindigkeit und Beschleunigung entwickeln.[81] Der Krisenbegriff subsumiert sowohl plötzlich auftretende Krisen wie sie beispielsweise durch Katastrophen[82] ausgelöst werden, als auch schleichend voranschreitende Krisenentwicklungen. Die meisten Unternehmenskrisen zeichnen sich durch solch einen (häufig langjährigen) Erosionsprozess aus, bei dem zunächst Erfolgspotenziale verfallen, in der Folge Verlus-

---

[74] Vgl. BURTSCHER (1996), S. 30. WITTE (1981), S. 10 warnt davor, *„alle unerwünschten und bewältigungsbedürftigen Probleme des Unternehmens als ‚Krise' zu bezeichnen",* da die Konsequenz in einer *„lediglich sprachlichen Umformulierung seit langem bekannter Problemfelder"* bestünde.

[75] Wörtliche Zitate werden entsprechend ihrer originalen Schreibweise wiedergegeben. Aus Vereinfachungsgründen wird darauf verzichtet mit der normalerweise üblichen Ergänzung [!] bzw. [sic!] auf Wörter hinzuweisen, die gemäß alter Rechtschreibregelung verfasst wurden.

[76] Zitiert nach FLEEGE-ALTHOFF (1930), S. 33.

[77] Vgl. MÜLLER-MERBACH (1977), S. 420.

[78] ULRICH (1970), S. 194 spricht in diesem Zusammenhang von „Basis-Zielen", deren *„Nichterfüllung zu für die Unternehmung oder die Entscheidungsinstanz nachteiligen ‚Sanktionen' führen würde".*

[79] BLEICHER (1979), S. 62 spricht alternativ von der *„Gefahr der Nachhaltigkeit disproportionaler Entwicklungen"* zwischen Umsystemanforderungen und intrasystemischen Potenzialbeständen.

[80] Vgl. MÜLLER (1986), S. 34.

[81] Vgl. BERG, TREFFERT (1979), S. 460.

[82] So lösten beispielsweise die Terroranschläge des 11. September 2001 auf das World Trade Center in New York und das Pentagon in Washington eine weltweite Krise der zivilen Luftfahrt aus.

te erwirtschaftet werden und schließlich die Zahlungsfähigkeit bedroht ist.[83] Im Verlauf dieser Krisenhistorie werden die noch zur Verfügung stehenden Ressourcen sukzessive aufgebraucht, so dass die Unternehmen im Falle einer Insolvenz wenig Chancen haben, ihre Wettbewerbsfähigkeit aus eigener Kraft wiederherzustellen.

In Analogie zur ursprünglichen Wortbedeutung ist der Ausgang einer Unternehmenskrise von **hoher Ambivalenz** geprägt, d. h. eine erfolgreiche Krisenbewältigung im Sinne eines Neubeginns ist ein ebenso denkbares Szenario wie der Unternehmenszusammenbruch in Form einer Insolvenz.[84] Zwischen diesen beiden finalen Entwicklungsstadien liegt jedoch eine Vielzahl möglicher Ausprägungen.[85] Die **schwierige Prognostizierbarkeit der künftigen Entwicklung** stellt ein entscheidendes Merkmal einer Unternehmenskrise dar[86] und ist ein Grund dafür, dass Krisen eine **spezifische Steuerungsproblematik** aufweisen, die nur eine begrenzte Beeinflussung des Prozessablaufes erlaubt. Daraus lässt sich ableiten, dass der Verlauf von Unternehmenskrisen zwar positiv beeinflussbar ist, ihre Bewältigung aber hohe Anforderungen an die **Managementqualität** stellt.[87] Typisch ist des Weiteren, dass der Beginn einer Krise der **subjektiven Wahrnehmung der Betroffenen** unterliegt. PINKWART stellt dazu fest: _„Die Unternehmenskrise (...) ist als ein dynamischer Prozeß zu verstehen, der sich über mehrere Perioden hinziehen kann, bis er als eine die Existenz des Unternehmens bedrohende Erscheinung überhaupt wahrgenommen wird."_[88] Bei einer solchen schleichenden Krisenentwicklung kann es passieren, dass die _„subjektive Wahrnehmung einer Krisenentwicklung ihrem ‚objektiven' Krisengrad hinterherhinkt"._[89] Für Krisen ist zudem charakterisierend, dass mit fortschreitendem Krisenverlauf der Gefährdungsgrad für das Unternehmen zunimmt, was einen **wachsenden Entscheidungs- und Handlungszwang**[90] unter stetig zunehmendem **Zeitdruck** induziert. Während des Krisenprozesses nehmen im Gegenzug die verfügbaren Handlungsalternativen sukzessive ab.[91] Dieser verstärkt die ohnehin hohen Anforderungen an das Management deutlich.

CLASEN befürwortet eine **spezifische Krisendefinition für KMU.**[92] Neben der Gefährdung der Autonomie eines Unternehmens („innerer Aspekt" einer Unterneh-

---

[83] Vgl. MÜLLER (1986), S. 56.

[84] KRYSTEK (1994), S. 24 spricht von den beiden Extremen _„Metamorphose"_ und _„Katastrophe"._

[85] Vgl. BEA, HAAS (1994), S. 486.

[86] Vgl. PINKWART (1992), S. 15.

[87] Vgl. KRYSTEK (1987), S. 6.

[88] PINKWART (1992), S. 15.

[89] BERG (1979), S. 135.

[90] Vgl. RÖTHIG (1976), S. 13, der von _„Entscheidungs- und Aktionszwang, der die Aktivierung des systemeigenen Potentials zur Problembewältigung erfordert"_ spricht.

[91] Dies führt zu einer _„fortgesetzten Vernichtung von Alternativen bis hin zum Prozeßergebnis";_ RÖTHIG (1976), S. 13.

[92] Vgl. CLASEN (1992), S. 67 ff.

menskrise) beinhaltet seine Krisendefinition einen so genannten „äußeren Aspekt", der die mit einer Krisensituation einhergehende Gefährdung der Verfügungsmacht der Anteilseigner beschreibt. Damit ist die Bedrohung der Fähigkeit gemeint, weitgehend ohne fremde Einflussnahme über das Unternehmen resp. das Eigentum zu verfügen.[93] Nach CLASEN ist dies für KMU im Unterschied zu Großunternehmen von besonderer Bedeutung, da bei ihnen der Eigentümer gleichzeitig oft der Unternehmer ist und wirtschaftlich vom Erfolg des Unternehmens abhängt. Der Bedeutung dieses Aspektes für die Unternehmerperson resp. den Gesellschafterkreis kann zugestimmt werden, so dass eine Ergänzung des o. a. Krisenbegriffs für KMU befürwortet wird. Dies darf allerdings nicht ausschließen, dass die Krise eines KMU durch eine Veränderung der bzw. einen Eingriff in die Eigentumsrechte bewältigt werden kann.[94]

Schließlich begreift ein **konstruktives Krisenverständnis** die Krise nicht nur als Bedrohung, sondern auch als Chance.[95] Dies kann bedeuten, dass die Krisensituation und der durch sie ausgelöste Handlungsdruck zum Anlass genommen wird, verkrustete Strukturen aufzubrechen und innovative, zukunftsorientierte Konzepte zur Wiedererlangung der Wettbewerbsfähigkeit zu erarbeiten und umzusetzen. *„Die Chance der Krise ist, dass sie unseren Blick (wieder) auf das Wesentliche lenkt."*[96]

2.2 Arten und Verlauf von Unternehmenskrisen

In der Praxis ist zu beobachten, dass es „die" Krise nicht gibt. Je nach Ausprägung der beschriebenen Merkmale können vielmehr **heterogene Krisentypen** identifiziert

---

[93] *„KMU befinden sich danach bereits dann in einer Unternehmenskrise, wenn die volle Verfügungsmacht der Anteilseigner über das Unternehmen durch Einschränkung oder Verlust derselben gefährdet ist.";* CLASEN (1992), S. 72 f.

[94] Vgl. dazu auch die kritischen Anmerkungen bei ACHILLES (2000), S. 18.

[95] Vgl. BUCHMANN (2002), S. 363; BLEICHER (1979), S. 64; KRYSTEK (1994), S. 26 ff.; PÜMPIN, PRANGE (1991), S. 231; STELTER (2003), S. 108 f. Diese Meinung wird nicht nur von der Wissenschaft vertreten, auch die Turnaround-Praxis sieht in der Krise die Chance, *„von Grund auf lernfähiger zu sein, und damit deutlich an Wettbewerbsstärke zu gewinnen"*; KRANZ, STEINBERGER (2003), S. 204; vgl. auch TEN BERGE (1989), S. 22 f.; SCHARB (1994), S. 325; WLECKE (2004), S. 68. Einen extremen Standpunkt vertreten PERLITZ, LÖBLER (1985), S. 424 ff., die Krisen sogar als notwendig erachten, um die Innovationskraft eines Unternehmens zu erhalten. Sie ermittelten bei Großunternehmen empirisch, dass in Krisensituationen die Risikofreude des Managements zunimmt, während in Chancensituationen risikoaverses Verhalten überwiegt („Risk-Return-Paradoxon"). Die Autoren interpretieren dies dahingehend, dass zunehmende Risikofreude in einer Krise zu einem Streben nach Produkt- und Prozessinnovationen führt, was einen Strukturwandel im Unternehmen auslösen kann. Dieser kann wiederum entscheidend zur Krisenbewältigung beitragen. Dass ihre These „Unternehmen brauchen zum Innovieren Krisen" auch auf KMU übertragbar ist, findet in einer späteren Untersuchung jedoch keine empirisch signifikante Bestätigung; vgl. PERLITZ, LÖBLER (1989), S. 71 ff. KRYSTEK (1994), S. 27 schränkt ihre dogmatische Aussage ein, indem er darauf hinweist, dass zwar unbestritten sei, dass Not erfinderisch mache. *„Dennoch sollte nicht erst sie erfinderisch machen. Vielmehr sollte Innovation – situationsunabhängig – zu einer permanenten und unabhängigen Führungsaufgabe werden."*

[96] MÜLLER-STEWENS (2003), S. 36.

werden. Daher versucht die Forschung eine weitergehende Klassifizierung von Unternehmenskrisen anhand bestimmter Kriterien vorzunehmen. Eine solche Klassifizierung ist sinnvoll, da unterschiedliche Krisentypen i. d. R. auch unterschiedlicher Maßnahmen zur Krisenbewältigung bedürfen. Tab. 2 gibt eine Übersicht möglicher Abgrenzungen.

Abgrenzung hinsichtlich...	Krisenarten
Stadium im Unternehmenslebens-zyklus / Richtung der Unternehmensentwicklung	Gründungs-, Wachstums-, Alterskrise Einführungs-, Expansions-, Kontraktions-, Absatzkrise Wachstums-, Stagnations-, Schrumpfungskrise
Krisenursachen	Endogene (z. B. Beschaffungs-, Absatzkrise), exogene Krise
Krisendauer	Temporäre, chronische Krise
Krisenausmaß	Potenzielle, latente, akute Krise
Art der bedrohten Unternehmensziele	Strategische Krise, Erfolgs-, Liquiditätskrise, Insolvenz

Tab. 2: Typologisierung von Unternehmenskrisen[97]

Beispielsweise werden Krisen aufgrund ihres Auftretens in bestimmten Stadien des Lebenszyklus bzw. der Richtung, in die sich ein Unternehmen entwickelt, voneinander abgegrenzt.[98] Die Einteilung in endogene und exogene Krisen beruht darauf, dass Krisen durch unterschiedliche Faktoren hervorgerufen werden können. Hierbei wird zwischen extern und intern induzierten Krisen differenziert. Die unterschiedliche Dauer von Krisen führt zur Abgrenzung von temporären und chronischen Krisen.[99] Bezüglich des **Krisenausmaßes** lassen sich potenzielle, latente und akute Krisen von der Normalsituation unterscheiden.[100] Während in der Normalsituation die Zielerreichung gegenwärtig und zukünftig gewährleistet ist, lässt eine potenzielle Krise negative Wirkungen auf überlebenskritische Ziele erwarten und stellt damit eine mögliche, aber noch nicht reale Krise dar.[101] Das Stadium der latenten Krise zeichnet sich

---

[97] Quelle: In Anlehnung an MÜLLER (1986), S. 53; LÖHNEYSEN (1982), S. 102 ff.

[98] Vgl. zu Wachstums- und Lebenszyklusmodellen als Erklärungsansätze für die Entstehung von Krisen Kap. C.2.1. Vgl. auch die Übersicht bei KRYSTEK (1989b), S. 188 ff.

[99] Eine chronische Krise ist beispielsweise durch eine langfristige Überdimensionierung des Produktionskomplexes mit fixkostengebundener Überkapazität gekennzeichnet, aufgrund dessen Rentabilität und Liquidität beeinträchtigt werden. Temporäre (oder auch momentane) Krisen können dagegen beispielsweise durch einen Technologiewechsel oder den Weggang wichtiger Mitarbeiter entstehen; vgl. BRETZKE (1984), S. 50 ff. und die dort zitierten Autoren.

[100] Vgl. LÖHNEYSEN (1982), S. 103 f. In der Literatur finden sich weitere, ähnliche Phasenmodelle der Krise: STAEHLE (1993), Sp. 2453 differenziert die latente und akute Krise sowie eine nachkritische Phase. KRYSTEK (1987), S. 29 ff. unterscheidet potenzielle, latente, akut beherrschbare sowie akut nicht beherrschbare Krisen.

[101] Vgl. KRYSTEK (1987), S. 29.

dadurch aus, dass die Krise verdeckt bereits vorhanden, aber noch nicht am ökonomischen Ergebnis des Unternehmens ablesbar ist. Latente Krisen existieren demnach real, sind im betroffenen Unternehmen aber noch nicht unbedingt bewusst wahrgenommen worden.[102] Für STAEHLE wird die latente Krisenphase dadurch charakterisiert, dass zwar das System nicht mehr im Gleichgewicht ist, geringe Korrekturmaßnahmen aber noch ausreichen, um die dringendsten Probleme zu lösen.[103] Die strategische Krise, die im Folgenden noch zu beschreiben ist, wird als latente Krise verstanden.[104] In der akuten Krise werden schließlich negative Auswirkungen der Krise auf das ökonomische Unternehmensergebnis sichtbar.

MÜLLER[105] entwickelte einen **Typologisierungsansatz**, der je nach den bedrohten Unternehmenszielen vier Krisenarten (strategische Krise, Erfolgs- und Liquiditätskrise, Insolvenz) voneinander unterscheidet.[106] Dieser Ansatz hat sowohl in der wissenschaftlichen Krisenliteratur als auch in der Unternehmenspraxis breite Anerkennung gefunden und ist in dieser Arbeit maßgebliche Grundlage der Betrachtung. Danach befindet sich ein Unternehmen in einer **strategischen Krise**, wenn der Aufbau oder die Verfügbarkeit von Erfolgspotenzialen (z. B. Technologievorsprung oder Kostenführerschaft) ernsthaft gefährdet ist oder Erfolgspotenziale bereits verloren wurden. Eine **Erfolgskrise**[107] ist durch eine deutliche Unterschreitung von Erfolgszielen gekennzeichnet, wozu Gewinn-, Umsatz- oder Rentabilitätsziele gezählt werden können.[108] Eine **Liquiditätskrise** liegt vor, wenn dem Unternehmen Zahlungsunfähigkeit

---

[102] Vgl. ZELEWSKI (1995), S. 898.

[103] Vgl. STAEHLE (1993), Sp. 2453.

[104] Vgl. KROPFBERGER (1999), S. 31 ff.; STAEHLE (1993), Sp. 2453. Divergierende Auffassungen betrachten die strategische Krise auch als akute Krise; vgl. DÜRNHÖFER (1998), S. 41. Auch THOM, ZAUGG (2002), S. 357 vertreten diese Ansicht, differenzieren aber zwischen akuter strategischer und latenter strategischer Krise.

[105] Vgl. MÜLLER (1986), S. 53 ff.

[106] GROß (2003), S. S129 f. ergänzt diese Aufteilung der Krisenarten nach den bedrohten Unternehmenszielen um ein weiteres Krisenstadium, die so genannte „Stakeholderkrise". Diese ist der strategischen Krise vorgelagert und durch ein verändertes Führungsverhalten gekennzeichnet. Gewissenhaftigkeit wird zunehmend durch Nachlässigkeit ersetzt, was die Entstehung eines diffusen Leitbildes, Deformation der Unternehmenskultur u. ä. fördert und einen Zersetzungsprozess in Gang setzt. Da die Abgrenzung zur strategischen Krise aber recht unscharf erscheint, soll dieses Krisenstadium hier nicht gesondert betrachtet werden, sondern als möglicher Bestandteil der strategischen Krise verstanden werden.

[107] Alternativ wird gelegentlich auch der Begriff der Ertragskrise verwendet.

[108] Die Definition macht deutlich, dass eine objektive Beurteilung, ob sich ein Unternehmen in einer strategischen oder einer Erfolgskrise befindet, von Externen kaum vorzunehmen ist. Diese Einschätzung ist abhängig von den individuellen Strategie- und Erfolgszielen sowie ihren Zielerreichungsgraden, die sich von Unternehmen zu Unternehmen deutlich unterscheiden können. So erscheint ein Unternehmen, das Gewinne erwirtschaftet, für Außenstehende i. d. R. als nicht krisengefährdet. Werden aber mit den Ergebnissen höher gesetzte interne Ziele deutlich verfehlt, kann das Unternehmen für sich selbst konstatieren, dass es sich in einer Erfolgskrise befindet. Hieran wird deutlich, wie stark die definitorische Abgrenzung einer Unternehmenskrise subjektiven Kriterien unterliegt. Letztlich entscheidet die Einschätzung der Existenzbedrohung, ob man von einer Krise sprechen muss oder ob es sich lediglich um eine Planunterschreitung handelt, welche keine Gefahr für den Unternehmensfortbestand darstellt.

und / oder Überschuldung drohen. Gelingt es nicht, diese Tatbestände nachhaltig zu beseitigen, muss das Unternehmen **Insolvenz** anmelden und unterliegt fortan den Bestimmungen des Insolvenzrechts. Durch die zeitliche Verknüpfung der Krisenarten entsteht ein Modell, das als Phasenschema interpretiert werden kann.[109] Dieser Krisenverlauf ist nicht zwangsläufig,[110] aber anhand dieses Phasenschemas lässt sich der in der Praxis wohl am häufigsten (zumindest in einer ex post-Betrachtung) zu beobachtende Krisenverlauf nachzeichnen.[111]

2.3 Volks- und betriebswirtschaftliche Bedeutung von Krisen in KMU

Um die gesamtwirtschaftliche Relevanz der Krisenthematik zu erläutern, wird immer wieder Bezug auf die Insolvenzstatistik genommen. Diese dokumentiert die Anzahl der Unternehmen, die aufgrund von Zahlungsunfähigkeit und / oder Überschuldung Insolvenz anmelden mussten. Die Statistik stellt jedoch nur einen Bruchteil des tatsächlichen Krisengeschehens dar, weil darin keine Informationen über Unternehmen enthalten sind, die eine Krise erfolgreich überwunden haben oder die noch in der Lage waren, still zu liquidieren.

Die Insolvenzstatistik zeigt, dass sich die Anzahl der gerichtlichen **Insolvenzverfahren** in Deutschland von 1991 bis 2005 mehr als vervierfacht hat. Abgesehen von einigen wenigen spektakulären Großinsolvenzen, die in der breiten Öffentlichkeit aufgrund ihrer Firmen- oder Markenbekanntheit, der hohen Anzahl gefährdeter Arbeitsplätze und drohenden Forderungsverlusten in Millionen- oder sogar Milliardenhöhe entsprechend Beachtung finden,[112] ist das Insolvenzgeschehen im Wesentlichen durch Zusammenbrüche von KMU geprägt.[113] Die **Insolvenzquote**, also die Anzahl der Insolvenzen pro 1.000 Unternehmen, zeigt, dass parallel auch die Insolvenzanfälligkeit der Unternehmen gestiegen ist. Kamen 1991 noch ca. vier Insolvenzen auf

---

[109] Vgl. KRYSTEK (1987), S. 26.

[110] So kann beispielsweise ein strategisch „richtig" positioniertes Unternehmen aufgrund einer Katastrophe unmittelbar in eine Liquiditätskrise geraten, ohne die Stadien der Strategie- oder Erfolgskrise zu durchlaufen. Dies kann z. B. Unternehmen betreffen, deren operativer Leistungserstellungsprozess durch Umweltkatastrophen (Hochwasser, Brand) längerfristig unterbrochen wird.

[111] Vgl. ENGBERDING (1998), S. 62; MÜLLER (1986), S. 56.

[112] Besondere Medienaufmerksamkeit fanden z. B. die Insolvenzen der Philip Holzmann AG, KirchMedia GmbH & Co. KGaA, Fairchild Dornier GmbH, Herlitz AG, Babcock Borsig AG im Jahr 2002 sowie der Grundig AG, Urban-Textil-Handel GmbH, Gold-Zack AG und Wienerwald AG im Jahr 2003. In 2004 waren zwar keine vergleichbaren Großinsolvenzen zu verzeichnen, aber mit Garant Schuh und Mode AG und der Hettlage KGaA waren alteingesessene Traditionsunternehmen betroffen, deren Insolvenz auch überregional Resonanz fand; vgl. CREDITREFORM (2004), S. 22 f. Ähnliches galt in 2005 für Walter Bau AG, Agfa Photo GmbH oder die Drogeriemarktkette „Ihr Platz"; vgl. CREDITREFORM (2005), S. 22 ff.

[113] In 2005 betrafen nur 0,7 % aller Insolvenzen Unternehmen, die mehr als 100 Mitarbeiter beschäftigten; vgl. CREDITREFORM (2005), S. 13.

1.000 Unternehmen, so waren es in 2005 dreizehn.[114] Somit lässt sich der Insolvenz-anstieg nicht durch die absolute Zunahme des Unternehmensbestandes erklären. Hinzu kommt, dass sich der Anteil der Insolvenzen am gesamten Liquidationsge-schehen in den letzten Jahren deutlich erhöht hat.[115] Offensichtlich wächst die Be-deutung der Insolvenz als Liquidationsform, was größere finanzielle Schwierigkeiten beim Marktaustritt vermuten lässt.[116] Stark ansteigende Insolvenzzahlen können Konzentrationstendenzen begünstigen und damit eine sich selbst verstärkende Dy-namik entfalten.[117] Problematisch sind Insolvenzen zudem, wenn sie Unternehmen betreffen, die grundsätzlich wettbewerbsfähig sind oder deren Wettbewerbsfähigkeit mit entsprechenden Gegenmaßnahmen und einem angemessenen Aufwand wieder-hergestellt werden könnte. Ökonomisch unbegründete Insolvenzen verschwenden Ressourcen und begünstigen die Bildung von Oligopol- resp. Monopolmärkten.[118]

Zwar verursacht die Insolvenz eines einzelnen KMU gesamtwirtschaftlich gesehen einen vergleichsweise geringen Schaden. Insolvenzen gewinnen jedoch dann an Bedeutung, wenn sie einen starken Anstieg bzw. eine starke Häufung aufweisen und ihre **negativen ökonomischen Auswirkungen** auf die Volkswirtschaft zunehmen.[119] Von Insolvenzen sind neben den Gläubigern, die immense finanzielle Schäden durch Forderungsausfälle erleiden, insbesondere Arbeitnehmer betroffen, die ihre Arbeits-plätze verlieren.[120] Besonders spürbar sind die negativen Auswirkungen von Insol-venzen auf **betriebswirtschaftlicher Ebene**. Sowohl bei Großunternehmen als auch bei KMU sind die Shareholder sowie das Unternehmensumfeld, die Stakeholder, von einer Insolvenz finanziell und / oder leistungswirtschaftlich unmittelbar betroffen. Da-zu zählen u. a. die Gesellschafter, deren Anteile an Wert verlieren, Mitarbeiter, deren Arbeitsplätze gefährdet sind, die Unternehmerfamilie, deren Existenzgrundlage be-droht ist, Fremdkapitalgeber und Lieferanten, denen Forderungsausfälle drohen,

---

[114] Vgl. CREDITREFORM (2005), S. 10.

[115] Der Anteil der Insolvenzen an den Liquidationen (Gewerbeabmeldungen) hat sich von 4,9 % in 1999 auf 7,4 % in 2004 erhöht; vgl. PINKWART, KOLB (2003), S. 25. Vgl. zu den Daten der Gewer-beabmeldungen STATISTISCHES BUNDESAMT (div. Jg.) und STATISTISCHES BUNDESAMT (2005b).

[116] Vgl. MAY-STROBL, PAULINI (1996), S. 2.

[117] Vgl. BUCHHART (2001), S. 93; Mugler (1998), S. 48.

[118] Vgl. BUCHHART (2001), S. 92 ff.

[119] In 2004 meldeten private und öffentliche Gläubiger offene Forderungen gegenüber insolventen Unternehmen von mehr als 39 Mrd. EUR an. Die durchschnittlich nur sehr geringe quotale Zutei-lung des Restvermögens nach Verfahrensbeendigung lässt erwarten, dass die Gläubiger den Großteil dieser Forderungen nicht realisieren werden können. So lagen die Gläubigerbefriedi-gungsquoten in der Vergangenheit nur zwischen 5 und 10 Prozent; vgl. PINKWART, KOLB (2003), S. 54.

[120] In 2004 waren laut STATISTISCHES BUNDESAMT (2005a), S. 10 ca. 200.000 Arbeitsplätze von Insol-venzen betroffen. Die tatsächliche Anzahl der betroffenen Arbeitsplätze dürfte jedoch höher sein, da ein Großteil bereits im Vorfeld der Insolvenz abgebaut wurde, um Kapazitätsanpassungen vor-zunehmen, Kostenentlastungen zu erreichen und damit die Ertragslage wieder zu verbessern. CREDITREFORM (2004), S. 17 schätzt die Anzahl der betroffenen Arbeitsplätze in 2004 demnach auf über 600.000. In 2005 ist eine leichte Abschwächung auf ca. 560.000 Arbeitsplätze zu verzeich-nen; vgl. CREDITREFORM (2005), S. 18.

Kunden, die eine Beschaffungsquelle verlieren, und Kommunen, denen Gewerbesteuereinnahmen entgehen. Die Unterschiede zwischen KMU und Großunternehmen liegen hierbei weniger in der Art der Betroffenheit als vielmehr im Ausmaß und der Breitenwirkung der wirtschaftlichen Folgen.

Für KMU ist typisch, dass mit einer Insolvenz enorme **Belastungen des Eigentümerunternehmers** verbunden sind. Der Erhaltung des Unternehmens sowie der Unabhängigkeit des Unternehmens und des Unternehmers wird ein besonders hoher Stellenwert beigemessen. Die ausgeprägte Entscheidungsfreiheit, Eigenständigkeit und Selbstständigkeit wird durch eine Insolvenz, bei der sämtliche wirtschaftliche Aktivitäten durch die Zahlungsunfähigkeit nahezu unmöglich werden, stark beschnitten.[121] Das unternehmerische Handeln wird aber nicht nur durch die fehlende Liquidität eingeschränkt, sondern auch formal durch die Einleitung des gerichtlichen Verfahrens, mit dem die Verfügungsgewalt in der Regel auf einen Insolvenzverwalter übergeht. Firmiert das insolvente KMU in der Rechtsform einer Personengesellschaft oder Einzelunternehmung, wird nicht nur das noch vorhandene Unternehmensvermögen zur Deckung der Verbindlichkeiten herangezogen, sondern auch das **Privatvermögen des Unternehmers**.[122] Somit riskiert der Unternehmer im Falle einer Unternehmensinsolvenz nicht nur den Verlust des Unternehmens und des darin gebundenen Kapitals, sondern auch die Beeinträchtigung des privaten Eigentums. Mit einer Insolvenz sind meist langfristige Zahlungsverpflichtungen des Eigentümerunternehmers verbunden. Typischerweise verfügt er nicht über ein breit gestreutes Anlageportfolio, so dass mit der Unternehmensinsolvenz die Haupteinnahmequelle wegfällt.[123] Oft muss der Unternehmer aus diesen Gründen letztlich auch die Privatinsolvenz beantragen.[124] Die Bedeutung einer Insolvenz liegt für KMU demnach *„in der tiefgreifenden Reduktion der individuellen wirtschaftlichen Handlungs- und Entscheidungsfreiheit"*.[125]

Die negativen Folgen von Unternehmenskrisen (und darunter speziell die von Insolvenzen) auf mikro- und makroökonomischer Ebene sind damit evident. Da eine große Anzahl lebensfähiger KMU für die Krisenfestigkeit einer Volkswirtschaft generell eine sehr große Bedeutung hat,[126] muss es gesamtwirtschaftliches Ziel sein, wettbewerbsfähige Unternehmen am Markt zu erhalten und „unnötige" Insolvenzen zu ver-

---

[121] Vgl. BALLARINI (1998), S. 163.

[122] Dieses ist bei Kapitalgesellschaften jedoch nicht unbedingt vor dem Zugriff der Gläubiger geschützt, da der Unternehmer oftmals sein Privatvermögen zur Unternehmenskreditbesicherung heranzieht.

[123] Vgl. BEHRINGER (2004), S. 20 f.

[124] In 2004 wurden 19.383 Insolvenzen von ehemals selbstständig Tätigen gezählt, die ein Regelinsolvenzverfahren durchlaufen; vgl. STATISTISCHES BUNDESAMT (2005a), S. 8.

[125] BALLARINI (1998), S. 165.

[126] Vgl. HRUSCHKA (1975), S. 249.

meiden.[127] Sieht man von der Möglichkeit der staatlichen Intervention ab,[128] muss die Sicherstellung des Unternehmenserhalts in erster Linie auf einzelwirtschaftlicher Ebene erfolgen. Das kann durch die Antizipation von Krisen und deren Vermeidung im Vorfeld ihrer Manifestierung geschehen. Aber auch Unternehmen, die sich in einer Krise oder sogar der Insolvenz befinden, können ihre Wettbewerbsfähigkeit durch einen nachhaltigen Unternehmens-Turnaround wiedererlangen. Dies unterstützen empirische Untersuchungen, die zu dem Ergebnis kommen, dass viele Insolvenzen durch ein zeitnahes Eingreifen durchaus vermeidbar wären.[129] *„No business that is performing poorly is doomed to failure."*[130]

2.4 Krisenanfälligkeit von KMU

Die Krisengefährdung von KMU ist nicht nur an den Insolvenzdaten abzulesen, auch wissenschaftliche Untersuchungen haben sich mit diesem Thema auseinander gesetzt und eine im Vergleich zu Großunternehmen höhere Gefährdung empirisch belegt. Analysen, die sich mit Gesetzmäßigkeiten im Zusammenhang mit der Überlebenswahrscheinlichkeit von Unternehmen befassen, haben zwei zentrale Begriffe geprägt: „liability of newness" und „liability of smallness".[131] Deren Ergebnisse sind insbesondere für neu gegründete Unternehmen, aber auch für KMU von Bedeutung. Die **liability of smallness**, auch als *„Hypothek der Kleinheit"*[132] bezeichnet, beschreibt den Zusammenhang zwischen der Unternehmensgröße zum Zeitpunkt der Gründung und der Überlebenswahrscheinlichkeit von Unternehmen. Es wurde fest-

---

[127] Damit ist nicht gemeint, dass die Unternehmensinsolvenz als Instrument zur Sicherung der Funktionsfähigkeit des Marktes auf gesamtwirtschaftlicher Ebene in Frage gestellt wird. Prinzipiell wird angenommen, dass Insolvenzen als alltäglicher Bestandteil des Wirtschaftsgeschehens anzusehen sind und dass ihnen eine marktbereinigende Funktion zukommt. Unternehmen, denen es nicht gelingt, sich an veränderte Rahmenbedingungen anzupassen, werden durch die Insolvenz vom Markt genommen und neuen oder bereits bestehenden Unternehmen wird die Möglichkeit gegeben, die freigesetzten Produktionsfaktoren aufzunehmen. Hinter dieser Annahme steht die Auffassung, dass durch Insolvenzen Grenzanbieter aus der Marktwirtschaft ausscheiden. Aus dieser Sicht sind Insolvenzen einzelner Unternehmen folglich auch nicht als Problem anzusehen, sondern sind für eine effizienten Ressourceneinsatz und die Wertschöpfungsmaximierung durchaus notwendig. Vgl. BUCHHART (2001), S. 90. ALBACH (1979), S. 10 stellt dementsprechend fest: *„Der Ernstfall [Insolvenz, Anm. d. Verf.] ist nötig, um den Ernstfall zu verhindern. Der Ernstfall des Unternehmens ist für das Gesamtsystem nur ein Schadensereignis. Derartige Schadensfälle sind die billigste Form, den Ernstfall des Systems zu vermeiden. Der Ernstfall des Unternehmens ist der Normalfall des Systems."* Im Scheitern des sozialistischen Wirtschaftssystems, in dem der Untergang der volkseigenen Betriebe nicht zugelassen wurde, sieht er den empirischen Beleg dafür, dass der Tod von Unternehmen eine notwendige Bedingung für das Überleben des Gesamtsystems ist (vgl. ALBACH (1992), S. VII).
[128] Vgl. zur staatlichen Intervention bei Unternehmenskrisen Kap. B.2.4.
[129] Vgl. u. a. PINKWART, KOLB (1999), S. 72 ff.; RESKE, BRANDENBURG, MORTSIEFER (1978), S. 212.
[130] THIÉTART (1988), S. 42.
[131] Vgl. ALDRICH, AUSTER (1986), S. 173 ff.; BRÜDERL, SCHÜSSLER (1990), S. 530 ff.; PINKWART (2002), S. 60; WOYWODE (1998), S. 38 ff.
[132] PINKWART (2002), S. 60.

gestellt, dass kleinere Unternehmen tendenziell eine geringere Überlebenswahrscheinlichkeit aufweisen als größere Unternehmen gleichen Alters. Ursächlich dafür sind größenbedingte Nachteile, die KMU gegenüber Großunternehmen haben. Dazu zählen Kapitalmarktrestriktionen, denn KMU verfügen nicht über die gleichen Möglichkeiten der Kapitalbeschaffung wie Großunternehmen. Hinzu kommen Kostenvorteile der Großunternehmen in Produktion, Forschung und Entwicklung sowie Vertrieb.[133] Zusätzlich sind Großunternehmen aufgrund des höheren Diversifikationsgrades ihrer Aktivitäten weniger abhängig von Marktveränderungen und können das Kapitalverlustrisiko intern verteilen und institutionalisieren.[134] KMU sind demgegenüber krisenanfälliger, da sie nur ein eingeschränktes Produktportfolio anbieten und / oder regional begrenzte bzw. Nischenmärkte fokussieren. Damit reduzieren sich die Möglichkeiten der Risikodiversifikation und erhöht sich das unternehmensspezifische Risiko.[135] SCHMIDT führt in diesem Zusammenhang das Problem der Unteilbarkeit (im Sinne von Unveränderlichkeit von Eigenschaften oder Mindestgrößen) in den Bereichen Investition, Personal und Finanzen an. Er zeigt empirisch, dass KMU aufgrund ihrer größenbedingten Besonderheiten größere Anpassungsschwierigkeiten bei Wachstumsprozessen bewältigen müssen.[136]

Die **liability of newness**[137] beschreibt, dass junge Unternehmen tendenziell häufiger aus dem Markt ausscheiden als alte Unternehmen. Dieser Zusammenhang, den auch die Insolvenzstatistik zeigt,[138] wird u. a. damit erklärt, dass junge Unternehmen aufgrund ihrer Neuheit Legitimation und Reputation erst erwerben müssen (z. B. Aufbau von Beziehungen zu Kunden, Lieferanten und Kapitalgebern) und damit einen Wettbewerbsnachteil gegenüber den älteren, am Markt arrivierten Unternehmen haben. Auch können sie nicht auf vergleichbare Erfahrungen zurückgreifen und müssen sich Know-how erst selbst aneignen oder extern hinzukaufen.[139] Zu vergleichbaren Ergebnissen kommen HUNSDIEK, MAY-STROBL, die ebenfalls eine sinkende Marktaustrittsrate mit zunehmendem Unternehmensalter konstatieren und dies u. a. mit Feh-

---

[133] Vgl. WOYWODE (1998), S. 39 f.
[134] Vgl. ALBACH (1979), S. 20.
[135] Vgl. AHRWEILER, BÖRNER (2003), S. 30; BEHRINGER (2004), S. 20.
[136] Vgl. SCHMIDT (1984), S. 182 ff.
[137] In diesem Kontext wird auch die „liability of adolescence" beschrieben (Der Begriff geht auf FICHMAN, LEVINTHAL (1991) zurück). Diese beruht auf der Erkenntnis, dass es auch nicht-monotone Beziehungen zwischen Alter und Überlebenswahrscheinlichkeit von Unternehmen gibt. Danach nimmt die Wahrscheinlichkeit des Scheiterns in den ersten Jahren zunächst ab, um dann mit zunehmendem Alter wieder zu steigen. Erklärt wird dies mit einem positiven Anfangsbestand an Ressourcen, der eine betriebswirtschaftlich sinnvolle Liquidation auf einen späteren Zeitpunkt verschiebt. Hinzu kommt, dass es einige Zeit dauert, bis man den Erfolg bzw. Misserfolg eines Unternehmens einschätzen kann. Folglich wird ein rationaler Gründer erst abwarten, bis genügend Informationen vorliegen, anhand derer er die Qualität der Gründung richtig einschätzen kann; vgl. BRÜDERL, SCHÜSSLER (1990), S. 533; BRÜDERL, PREISENDÖRFER, ZIEGLER (1996), S. 61.
[138] Vgl. DEUTSCHE BUNDESBANK (2003), S. 34.
[139] Vgl. STINCHCOMBE (1965), S. 148 ff.

lern in der Gründungskonzeption (z. B. Fehleinschätzung der Marktstruktur) begründen.[140]

Offensichtlich ist die Gefahr des Scheiterns während der Gründungsphase besonders hoch. Zunehmend sind aber auch ältere Unternehmen, die bereits seit mehreren Jahren oder sogar Generationen am Markt aktiv waren, von Insolvenzen betroffen. War vor einigen Jahren das Insolvenzgeschehen nur zu fast zwanzig Prozent durch Pleiten älterer Unternehmen bestimmt, so betrug dieser Wert in 2005 über 43 Prozent.[141] Hier liegt die Vermutung nahe, dass altersbedingte Probleme wie insbesondere die **Nachfolgeregelung** Schwierigkeiten aufwerfen.[142] Während die Kontinuität der Unternehmensführung in Großunternehmen vergleichsweise unproblematisch durch Anstellung eines neuen Fremdmanagers gewährleistet wird, stellt die Suche nach einem adäquaten Interessenten für die Übernahme eines KMU eine besondere Herausforderung dar. Eine systematische und frühzeitige Planung des Nachfolgeprozesses wird von Seiten des Übergebers häufig vernachlässigt. Das verringert die Chance, einen geeigneten Nachfolger zu finden und einen reibungslosen Übergang auf die neue Unternehmensführung zu gewährleisten.[143]

Nicht nur die Gründung und die Sicherstellung der Nachfolge stellen kritische Abschnitte der Unternehmensentwicklung dar, sondern auch die **Gestaltung von Wachstumsphasen**. Insbesondere der Übergang vom KMU zum Großunternehmen birgt eine größere Krisenanfälligkeit. Diese so genannte Wachstumskrise, welche durch ein Absinken der bisherigen Wachstumsrate einhergehend mit einer Verschlechterung der Ergebnissituation gekennzeichnet ist, tritt dann auf, wenn Unternehmen eine bestimmte Betriebsgröße erreichen, die in finanzieller und organisatorischer Hinsicht einer veränderten Führungsform bedarf. ALBACH, BOCK, WARNKE zeigten empirisch, dass eine kritische Wachstumsschwelle bei Unternehmen mit 500 bis 749 Mitarbeitern auftritt, da in dieser Größenordnung eine zunehmende Organisationskomplexität festzustellen ist. Diese Wachstumsphase ist typischerweise durch den Übergang von einer personalen zur formalen Führung bestimmt, d. h. es werden

---

[140] Vgl. HUNSDIEK, MAY-STROBL (1986), S. 110 ff.

[141] Vgl. STATISTISCHES BUNDESAMT (2005a), S. 12. Gemäß der amtlichen Statistik zählen Unternehmen, die weniger als acht Jahre bestehen, zu den jüngeren Unternehmen. Entsprechend sind ältere Unternehmen länger als acht Jahre am Markt tätig. Einschränkend muss angemerkt werden, dass bei einer Großzahl der Insolvenzen eine Altersangabe fehlt. Insofern müssen diese statistischen Angaben mit Vorsicht interpretiert werden. Nichtsdestotrotz ist der Trend erkennbar, dass zunehmend ältere Unternehmen insolvent werden. Vgl. für Daten des Jahres 2005 CREDITREFORM (2005), S. 12.

[142] Nach Berechnungen des IfM Bonn müssen in Deutschland in den Jahren 2005 – 2009 in rund 354.000 KMU Nachfolgeregelungen getroffen werden. Ca. 8,3 % (knapp 30.000) dieser Unternehmen werden stillgelegt werden müssen, weil kein Nachfolger gefunden werden kann; vgl. FREUND (2004), S. 66 u. 74.

[143] Vgl. PINKWART (2001b), S. 12 f.; SCHERER (2003), S. 159 f.; SCHRÖER, FREUND (1999), S. 1 ff.

formale Planungs-, Kontroll- und Berichtssysteme eingerichtet bzw. grundlegend verändert.[144]

Ein weiteres Charakteristikum der KMU, das ihre Krisengefährdung erhöht, ist der **Eigenkapitalmangel**.[145] Der deutsche Mittelstand verfügt im internationalen Vergleich sowie im Vergleich zu Großunternehmen über ein niedrigeres Eigenkapital.[146] Während dies in prosperierenden Unternehmensphasen aufgrund günstigerer Beschaffung von Fremdkapital oder aus steuerlichen Erwägungen vordergründig opportun sein kann,[147] führt es in wirtschaftlich erfolglosen Phasen schnell zu bilanzieller Überschuldung,[148] da den Unternehmen das finanzielle Polster fehlt, um eine länger andauernde Ertragsschwäche zu kompensieren.[149] Ein schwaches konjunkturelles Umfeld, das sich durch Nachfragezurückhaltung der Konsumenten negativ auf Absatz und Umsatz der Unternehmen auswirkt, verschärft diese problematische Entwicklung bei vielen KMU. Können keine entscheidenden Ertragsverbesserungen und damit auch Eigenkapitalerhöhungen durch Selbstfinanzierung erzielt werden, ist die Forcierung einer krisenhaften Entwicklung sehr wahrscheinlich.

Der **größere Fremdfinanzierungsanteil** in KMU begünstigt ebenfalls ihre Krisenanfälligkeit. Er verursacht einerseits einen höheren Verschuldungsgrad mit entsprechender Zinsbelastung und andererseits eine größere Abhängigkeit vom Kreditvergabeverhalten der Kreditinstitute.[150] Beides kann eine krisenhafte Entwicklung beschleunigen. Die Zinskosten belasten das Unternehmensergebnis und die Liquidität insbesondere bei Zahlungsengpässen zusätzlich (z. B. aufgrund Ausnutzung / Überziehung der Kontokorrentkreditlinie). Eine starke Abhängigkeit von den Fremdkapi-

---

[144] Vgl. ALBACH, BOCK, WARNKE (1984), S. 779 ff. Eine weitere kritische Wachstumsschwelle, die definitionsgemäß aber schon die Großunternehmen betrifft, wurde bei Unternehmen der Größenklasse von 1.250 bis 2.500 Mitarbeitern identifiziert. Hier zeigt sich eine steigende Absatzkomplexität, da die originären Absatzmärkte kein weiteres Umsatzpotenzial aufweisen und daher neue Märkte erschlossen werden müssen. Zur Sicherstellung der Produktkontinuität muss die Generierung von Nachfolgeprodukten durch ausreichende F&E-Aktivitäten sichergestellt werden.

[145] ALBACH, HUNSDIEK, KOKALJ (1986), S. 49 ff. zeigen empirisch, dass die Insolvenzgefahr unabhängig von der Unternehmensgröße mit abnehmender Eigenkapitalquote zunimmt.

[146] Vgl. DEUTSCHE BUNDESBANK (2003), S. 42 ff.; EUROPÄISCHE GEMEINSCHAFTEN (2003), S. 21. In 2003 mussten 37,9 % Prozent aller KMU ohne Eigenkapital auskommen, d. h. sie wiesen faktisch eine Unterbilanz aus. Auch wenn sich dieser Wert seit einigen Jahren stetig verbessert hat (zum Vergleich 1997: 45,1%), so zeigt er doch eindrucksvoll, wie viele KMU einer Periode der Ertragsschwäche nur wenig entgegenzusetzen haben; vgl. DSGV (2005), S. 23. Dass der empirische Nachweis einer Eigenkapitallücke bei KMU einigen methodischen Problemen unterliegt, zeigt BUCHHART (2001), S. 120.

[147] Vgl. ausführlich zu den Ursachen der niedrigen Eigenkapitalquote in deutschen KMU KREDITANSTALT FÜR WIEDERAUFBAU (2003), S. 82 ff.

[148] Vgl. STÄGLICH (2003), S. 352 f. Bei Kapitalgesellschaften ist ein negatives Eigenkapital bzw. Überschuldung ein verpflichtender Insolvenzantragsgrund. Eine hohe Eigenkapitalausstattung verhindert bzw. verzögert zumindest daher den Eintritt einer Überschuldung.

[149] Vgl. KRYSTEK (1987), S. 70; PINKWART, KOLB (2003), S. 61.

[150] Vgl. KAUFMANN, MIDDERMANN (1997), S. 69 ff.

talgebern führt dazu, dass Unternehmen in Krisensituationen in hohem Maße auf deren Unterstützung angewiesen sind.[151] Mittelständische Unternehmen sind vielfach der Auffassung, dass die restriktive Kreditvergabepolitik der Kreditinstitute eine Krisenentstehung begünstige.[152] Tatsächlich haben sich die Rahmenbedingungen für die Mittelstandsfinanzierung in den letzten Jahren erheblich verändert. Vor allen Dingen die Basel-II-Richtlinien haben dazu geführt, dass die Vergabe sowie die Verzinsung von Krediten zunehmend nach Bonitätsgesichtspunkten resp. dem individuellen Kreditrisiko ausgerichtet wird. Daraus resultieren deutlich strengere Bonitätsanforderungen, die insbesondere bei eigenkapital- und ertragsschwachen Firmen den Finanzierungsspielraum einengen und einen Krisenverlauf ggf. forcieren.[153]

Neben dem höheren Risiko in eine Krise zu geraten, haben KMU im Vergleich zu Großunternehmen zudem größere Schwierigkeiten bei der Krisenbewältigung. Die organisatorischen, rechtlichen und finanziellen Gestaltungsspielräume sind für KMU in der Krise deutlich beengter. So sind ihr Kapitalverlustrisiko bzw. die Probleme bei der Beschaffung notwendiger Finanzierungsmittel für einen Turnaround größer. KMU können nicht im vergleichbaren Maße mit **staatlicher Unterstützung** rechnen.[154] Aufgrund ihrer überregionalen und arbeitsmarktpolitischen Bedeutung verfügen Großunternehmen quasi über eine „Bestandsgarantie". Die Aussicht, viele Arbeitnehmer entlassen zu müssen, können Großunternehmen in Krisenzeiten als Druckmittel einsetzen, so dass sie in stärkerem Maße von politischer und öffentlicher Unterstützung sowie staatlichen Subventionen profitieren.[155] Aufgrund der geringen Bedeutung des einzelnen Unternehmens und dem damit fehlenden „Erpressungspotenzial" sind KMU in Krisenzeiten dagegen meist auf sich selbst bzw. privatwirtschaftliche Unterstützung angewiesen.[156]

Insgesamt wird deutlich, dass Krisen für KMU eine potenzielle Herausforderung sind, mit der sie sich in allen Phasen der Unternehmensentwicklung auseinander setzen müssen. Insbesondere im Hinblick auf die zunehmende Dynamik und Komplexität der Unternehmensumwelt ist zu erwarten, dass Anpassungsprozesse unter Zeitdruck zu einer stetigen Managementaufgabe für die Unternehmensführung in KMU werden. Zwar ermöglicht die Flexibilität der KMU es ihnen grundsätzlich, Maßnahmen zu ergreifen, die eine unmittelbare Wirkung auf die Unternehmensleistung entfalten. Ande-

---

[151] Vgl. KAUFMANN, MIDDERMANN (1997), S. 78.
[152] Vgl. PAUL, STEIN, HORSCH (2002), S. 578.
[153] Vgl. PINKWART, KOLB (2003), S. 62.
[154] Vgl. zu den einzelnen staatlichen Finanzhilfen ENGBERDING (1998), S. 278 ff.
[155] Vgl. KAUFMANN, MIDDERMANN (1997), S. 73; ähnlich ALBACH (1983), S. 872; SPRINK (1986), S. 20. Vgl. zur Diskussion der Sinnhaftigkeit staatlicher Eingriffe im Turnaround BURGER (1995), S. 26 f.; SPRINK (1986), S. 140 ff. GISCHER, HOMMEL (2003), S. 950 ff. zeigen am Beispiel der gescheiterten Sanierung der Philipp Holzmann AG, dass staatliche Eingriffe den Auslesemechanismus des Marktes behindern können und damit volkswirtschaftlich schädlich sind.
[156] Vgl. ALBACH (1983), S. 872; CLASEN (1992), S. 5 f.

rerseits lässt aber ihre Anfälligkeit für einen schnellen Zusammenbruch eine langsamere Anpassungsgeschwindigkeit üblicherweise auch nicht zu.[157] Aus makro- wie auch aus mikroökonomischer Sicht wird damit „*die Relevanz adäquater Führung der mittelständischen Unternehmungen sichtbar*".[158] Nachfolgend wird daher untersucht, welchen allgemeinen Restriktionen die Führung in Krisensituationen von KMU unterliegt und welche Chancen bestehen.

3. Möglichkeiten und Grenzen des Managements von Krisensituationen in KMU

Im Folgenden werden jene Aspekte **der Unternehmensführung bzw. des Managements in KMU** hervorgehoben, die eine besondere Relevanz für Krisensituationen haben können und damit bei der Ableitung von Handlungsempfehlungen zur Ausgestaltung des Managements von KMU in Unternehmenskrisen nicht vernachlässigt werden dürfen. Auf Basis der bislang erarbeiteten Erkenntnisse zu den Charakteristika der KMU und den Krisenmerkmalen soll eine erste grobe Einschätzung der Möglichkeiten und Grenzen des Managements von Krisensituationen in KMU vorgenommen werden. Die zentrale Rolle des Unternehmers und die begrenzten Ressourcen beeinflussen das Management von in KMU in vielerlei Hinsicht. Tab. 3 listet typische Merkmale der KMU sowie deren konträre Erscheinungsformen bei Großunternehmen auf.

Die Aufzählung hat den Charakter eines Negativkatalogs, der den KMU eine unprofessionelle Unternehmensführung attestiert.[159] Diese Betrachtungsweise unterliegt der Kritik, zu undifferenziert zu sein, da erfolgreiche mittelständische Unternehmen diesen Kriterienkatalog widerlegen. Sie implementieren Großbetriebsysteme, die sie ihren Bedürfnissen anpassen, und sind trotzdem in der Lage, die Stärken der KMU, wie Flexibilität, kurze Entscheidungswege und motivierte Mitarbeiter aufrechtzuerhalten.[160] Da hier allerdings erfolglose KMU im Fokus stehen, scheint eine Auseinandersetzung mit den auf empirischem Wege bei einer vergleichsweise hohen Anzahl der KMU vorgefundenen Führungsspezifika sinnvoll. Dies gilt im Besonderen, da viele Krisen auf Managementdefizite zurückzuführen sind.[161]

---

[157] „*The size of smaller firms permits faster action and the vulnerability of these firms to rapid collapse usually precludes a leisurely pace.*"; KIERULFF (1981), S. 493.
[158] PLEITNER (1995), S. 930.
[159] Vgl. KAYSER (1997), S. 89.
[160] Vgl. HECHTFISCHER (2004), S. 309.
[161] Vgl. PINKWART, KOLB (2003), S. 59.

Kleine und mittlere Unternehmen	Großunternehmen
Führung durch Eigentümerunternehmer	Führung durch angestellte Manager
mangelnde / einseitige Unternehmensführungskenntnisse	fundierte Unternehmensführungskenntnisse
technisch orientierte Ausbildung	gutes technisches Wissen in Fachabteilungen / Stäben verfügbar
unzureichendes Informationswesen zur Nutzung vorhandener Flexibilitätsvorteile	ausgebautes formalisiertes Informationswesen
Patriarchalische / personenbezogene Führung	Führung nach Managementprinzipien
kaum Gruppenentscheidungen	häufig Gruppenentscheidungen
große Bedeutung von Improvisation / Intuition	geringe Bedeutung von Improvisation / Intuition
kaum Planung	umfangreiche Planung
Überlastung durch Funktionshäufung (wenn Arbeitsteilung, dann personenbezogen)	hochgradig sachbezogene Arbeitsteilung
unmittelbare Teilnahme am Betriebsgeschehen	Ferne zum Betriebsgeschehen
Führungspotenzial nicht austauschbar	Führungspotenzial austauschbar

Tab. 3: Vergleich KMU und Großunternehmen im Bereich des Managements[162]

Für das Management hat die herausragende Bedeutung der Unternehmerperson die Konsequenz, dass in KMU eine personenbezogene Führung vorherrscht, bei der Entscheidungen weniger in Gruppen herausgebildet werden, als vielmehr die Entscheidungskompetenz zentralisiert beim Unternehmer liegt. Für Krisensituationen, in denen Zeitdruck herrscht und schnelles Handeln gefordert ist, können die flachen Hierarchien und der geringe Formalisierungsgrad der KMU auf der einen Seite von Vorteil sein, weil sie eine unbürokratische und rasche Entscheidungsfindung begünstigen.[163] Auf der anderen Seite hängt damit die Güte der Entscheidungen maßgeblich von den fachlichen sowie den Führungsqualitäten des Managements ab. Das Fehlen interner Stäbe oder Fachabteilungen, deren analytischen Tätigkeiten als Vorbereitung und zur Absicherung von Managemententscheidungen dienen, erschwert eine weitergehende Objektivierung.[164]

---

[162] Quelle: PFOHL (1997), S. 19.
[163] Vgl. HAMER (1987), S. 135.
[164] Vgl. ARBEITSKREIS DER SCHMALENBACH-GESELLSCHAFT FÜR BETRIEBSWIRTSCHAFT E.V. (2003), S. 525.

Dass der Unternehmer in KMU unmittelbar am Betriebsgeschehen teilnimmt und nicht selten sogar in operative Tätigkeiten eingebunden ist, kann zwar in der Krise den Vorteil haben, dass er einen umfassenden, persönlichen Einblick in alle Unternehmensbereiche und damit auch in die potenziellen Krisenherde hat. Allerdings bedeutet die Übernahme operativer Aufgaben neben den eigentlichen Führungsaufgaben für ihn eine **Funktionshäufung und damit starke Arbeitsbelastung.** In Krisensituationen ist ein weiterer Anstieg dieses hohen psychischen und physischen Belastungsniveaus zu erwarten, wobei der existenzbedrohende Charakter der Krise eine besondere Stresssituation erzeugt. Hier macht sich die begrenzte Unternehmensgröße negativ bemerkbar, da Aufgaben nur eingeschränkt delegiert werden können. Großunternehmen sind in der Hinsicht im Vorteil, da sie über Spezialabteilungen mit entsprechendem Know-how (z. B. Planungs-, Controllingabteilungen, Inhouse Consultants) verfügen, die sich ausschließlich mit solchen Problemstellungen auseinander setzen können. Krisen in mittelständischen Unternehmen bedeuten dagegen häufig, dass die Unternehmensführung auch die Aufgaben des Krisenmanagements übernehmen muss.[165] Demzufolge ist es fraglich, inwieweit das Krisenmanagement allein aus Kapazitätsgründen durch die Unternehmensführung ohne interne oder externe Unterstützung darstellbar ist. Hinzu kommt, dass spezifisches Krisen-Know-how mangels entsprechender Erfahrungen meist weder bei der Unternehmensführung noch bei den Mitarbeitern vorhanden ist.[166] Der Zukauf externen Know-hows unterliegt indes wiederum den finanziellen Grenzen der KMU und zusätzlich der Bereitschaft des Unternehmers, Hilfe anzunehmen.

Aus der zentralen Bedeutung des Unternehmers in mittelständischen Unternehmen resultiert, dass er einen der wichtigsten, wenn nicht sogar den entscheidenden Erfolgsfaktor darstellt. Im Umkehrschluss bedeutet dies, dass er zum entscheidenden **Misserfolgsfaktor** werden kann, wenn er den Anforderungen an seine Person und Funktionen nicht genügt.[167] Die Krisenursachenforschung bestätigt nicht umsonst die Dominanz des Managements als krisenverursachenden Faktor.[168] PLEITNER beschreibt die Wichtigkeit des Unternehmers in KMU für den Erfolg plakativ mit den Worten: *„Er kann beides sein, Held oder Versager.“*[169] Die Erfüllung des Anforderungsprofils durch den Unternehmer entscheidet in einer Krisensituation folglich maßgeblich über die weitere Entwicklung des Unternehmens. Schließlich führt der starke Zuschnitt des Unternehmens auf die Unternehmerperson dazu, dass das **Führungspotenzial** gar nicht bzw. nur unter erheblichen Schwierigkeiten austauschbar ist. Dem stehen die Eigentumsrechte des Unternehmers entgegen.[170] Die gängige

---

[165] Vgl. CLASEN (1992), S. 8 f.
[166] Vgl. TSCHEULIN, RÖMER (2003), S. 79; WIESELHUBER & PARTNER (2002a), S. 26.
[167] Vgl. FRÖHLICH, PICHLER, PLEITNER (2000), S. 26; PLEITNER (1995), S. 931.
[168] Vgl. zu Krisenursachen Kap. D.2.2.1.
[169] PLEITNER (1998), S. 236.
[170] Vgl. KRANZUSCH, MAY-STROBL (2002), S. 23.

Praxis in Großunternehmen, das Management in Krisensituationen auszutauschen oder um Krisenspezialisten zu ergänzen, ist in KMU daher nicht ohne weiteres realisierbar.

Mit dem Eigentum bzw. der Kapitalherrschaft ist auch die Unabhängigkeit der Unternehmensführung verbunden. Kontrollinstanzen wie Aufsichts- oder Beiräte, die von Kapitaleignern regelmäßig eingerichtet werden, um angestellte Manager zu überwachen, sind in eigentümergeführten KMU eher unterrepräsentiert. Ähnliches gilt für die Selbstkontrolle durch Einrichtung von Controllingabteilungen, Installierung von Steuerungssystemen, Standardisierung des Berichtswesens u. ä.[171] Gegenüber den Großunternehmen weisen KMU in dieser Hinsicht eine so genannte **„Managementlücke"** auf.[172] Die Nutzung betriebswirtschaftlicher Instrumentarien ist aufgrund einseitiger bzw. mangelnder Unternehmensführungskenntnisse vergleichsweise unterentwickelt.[173] Beispielsweise zeigen viele KMU Defizite bei den internen Informations-, Controlling- und Planungssystemen. Hier zeigt sich noch eine deutliche Diskrepanz zwischen dem eigenen Anspruch an die Ausgestaltung des Controllingsystems und dessen Realisierungsgrad im Unternehmen. Es werden eher Instrumente des Finanzcontrollings sowie Kostenrechnungsinstrumente installiert, wohingegen strategische Instrumente wie beispielsweise die Balanced Scorecard oder die GAP-Analyse nur geringe Verbreitung besitzen.[174] Eine Unternehmensplanung, wie sie in Großunternehmen explizit mittels standardisierter und formalisierter Methoden erarbeitet und kontrolliert wird, ist in KMU eher implizit „im Kopf des Unternehmers" existent.[175] Geplant wird bevorzugt unter kurz- und mittelfristigen Gesichtspunkten, so dass in KMU eher eine taktische denn eine strategische Unternehmensführung verfolgt wird.[176] Diese Aspekte zusammengenommen führen zu einem Informationsdefizit, das durch Erfahrung und Intuition kompensiert werden muss. In Krisen bedeutet dies allerdings, dass die notwendige Datenbasis sowie das erforderliche Planungs-Know-how zur Erstellung eines Turnaround-Konzepts im Unternehmen nicht ad hoc vorhanden sind. Der Aufbau eines aussagefähigen Controllingsystems erfordert Zeit und Ressourcen, die insbesondere in einer fortgeschrittenen Krisenphase meist nicht mehr verfügbar sind.

---

[171] Vgl. BUSSIEK (1996), S. 19.

[172] Vgl. TYTKO (1999), S. 50.

[173] Eine Befragung unter 300 mittelständischen Unternehmen ergab, dass die Unternehmensführungen Professionalisierungsbedarf in den Bereichen Strategie, Finanzen, Personal, Marketing und Prozesse haben; vgl. o.V. (2001), S. 52 f.

[174] Vgl. OSSADNIK, BARKLAGE, LENGERICH (2004), S. 626 ff. Vgl. auch KOSMIDER (1994), S. 96 ff., der in einer älteren Untersuchungen zu vergleichbaren Ergebnissen kommt.

[175] Vgl. BEHRINGER (2004), S. 18.

[176] Vgl. CLASEN (1992), S. 19; HAMER (1987), S. 134. In erfolgreichen Unternehmensphasen kann der Verzicht auf detaillierte Planung sogar als Vorteil der KMU interpretiert werden, da sie sich eine hohe Flexibilität für kurzfristige Anpassungen auf Umweltveränderungen erhalten, die durch formalisierte Planungsmethoden beeinträchtigt werden könnte; vgl. ACKELSBERG, ARLOW (1985), S. 62 f.

Aufgrund der oftmals über viele Jahre aufgebauten **engen Arbeitgeber-Arbeitnehmer-Beziehung** fühlt sich der Unternehmer im besonderen Maße für die Mitarbeiter verantwortlich. Das patriacharlische Selbstverständnis sowie die regionale Einbindung in kommunale Strukturen und die daraus erwachsende soziale Verantwortung begrenzen aber den Aktionsradius in der Krise. Sie erschweren den in Krisen oft unvermeidlichen Eingriff in die Personalstruktur des Unternehmens.[177] Auch die Mitarbeiter zeichnen sich durch eine **intensive Verbundenheit** mit dem Unternehmer, hohe Identifikation mit dem Unternehmen und ein stark ausgeprägtes Verantwortungsbewusstsein für ihre Arbeit aus.[178] Dies kann in Krisen zu einer überdurchschnittlichen Einsatzbereitschaft motivieren. Aus Sicht der Mitarbeiter ermöglicht die Überschaubarkeit des Betriebs sowie die Nähe zur Unternehmensführung und den relevanten Funktionsbereichen, dass negative Veränderungen und deren mögliche Auswirkungen von ihnen eher wahrgenommen werden.[179] Daraus erwächst die Gefahr, dass insbesondere hoch qualifizierte Mitarbeiter, die frühzeitig die Existenzbedrohung erkennen, das Unternehmen verlassen.[180] Die starke Personenorientierung in KMU manifestiert sich zudem in guten Kontakten zu Geschäftspartnern wie Kunden, Lieferanten und Banken, zu denen sie oft langjährige und stabile Beziehungen aufbauen.[181] Das im Laufe der Zeit gewachsene **Vertrauensverhältnis** kann dazu beitragen, dass die Geschäftspartner auch in Krisensituationen ihre Geschäftsbeziehungen zum Unternehmen aufrechterhalten und ggf. sogar selbst einen Beitrag zu einem erfolgreichen Turnaround leisten.[182]

In KMU sind in Krisensituationen darüber hinaus die strategischen Handlungsalternativen zur Krisenbewältigung eingeschränkt. Großunternehmen steht aufgrund ihres höheren **Diversifikationsgrades** ein breiteres Handlungsspektrum zur Verfügung (z. B. Verkauf / Schließung von Betriebsteilen oder Geschäftsbereichen, Einstellung von Produktlinien, Rückzug aus Teilmärkten).[183] Allerdings erlaubt die stärker auf den Produktionsfaktor Arbeit ausgelegte Wirtschaftstätigkeit der KMU tendenziell eine größere Flexibilität bei notwendigen Anpassungen der Kapazitäten und Betriebsabläufe.[184]

---

[177] Vgl. Arbeitskreis Der Schmalenbach-Gesellschaft für Betriebswirtschaft e.V. (2003), S. 525.

[178] Vgl. Bussiek (1996), S. 50.

[179] Chowdhury, Lang (1996a), S. 171: „...small firms tend to be more tightly integrated entities (...), where employees can better perceive the severity of a declining firm's situation and its potential outcomes."

[180] Vgl. Töpfer (1986a), S. 77.

[181] Vgl. Amboise, Muldowney (1986), S. 11.

[182] Vgl. Krimphove, Tytko (2002), S. 7.

[183] Vgl. Kranzusch, May-Strobl (2002), S. 25; Chowdhury, Lang (1996a), S. 176..

[184] Vgl. Fiegenbaum, Karnani (1991), S. 103.

Zusammenfassend lassen sich folgende potenzielle **Grenzen bzw. Engpassfaktoren des Managements von Krisensituationen in KMU** festhalten:

- Die Unternehmerperson(en) stellt bzw. stellen in fachlicher, physischer und psychischer Hinsicht einen Engpassfaktor dar.
- Die Möglichkeiten der Austauschbarkeit der Unternehmensführung sind begrenzt.
- Die Delegationsmöglichkeiten (an Stabstellen / Abteilungen / externe Dienstleister) sind eingeschränkt.
- Die Möglichkeiten des Ad-hoc-Zugriffs auf eine umfassende Informationsbasis (Controlling- / Planungssystem) sind unzureichend.
- Im Analyse- und Planungsbereich fehlen Methoden- und Anwendungs-Knowhow.
- Krisenerfahrung ist üblicherweise nicht vorhanden.
- Enge menschliche und regionale Beziehungen erschweren Eingriffe in die Unternehmenssubstanz.
- Der geringe Diversifikationsgrad bietet nur einen beschränkten Handlungsspielraum für strategische Anpassungen.

Es lassen sich aber auch Aspekte identifizieren, die **das Management von Krisensituationen in KMU positiv beeinflussen** können:

- Die starke Bindung der Mitarbeiter an das Unternehmen kann als Motivationsfaktor dienen.
- Flache Hierarchien und kurze Entscheidungswege begünstigen schnelle Entscheidungen.
- Zu Kunden, Lieferanten und zur Hausbank bestehen aufgrund langjähriger Geschäftsverbindungen Vertrauensbeziehungen. Dies kann motivierend auf deren Unterstützungsbereitschaft im Turnaround wirken.
- Die eher arbeitsintensive Produktionsorientierung sowie flexible Organisationsstrukturen begünstigen die Durchführung von Anpassungsprozessen.

Es zeigt sich, dass sich KMU insbesondere durch ihre beschränkte Ressourcenausstattung sowie die Sonderstellung des Unternehmers in Krisensituationen anderen bzw. zusätzlichen Herausforderungen gegenübersehen als dies in Großunternehmen der Fall ist. Dies erfordert ein an die spezifischen Bedürfnisse der KMU angepasstes Management der Unternehmenskrise.

C. Theoretische Grundlagen eines integrierten Turnaround-Managements

1. Begriffliche Grundlagen zum Unternehmens-Turnaround

1.1 Bedeutung und Problematik einer Begriffsdefinition

Der etymologische Ursprung des Wortes „**Turnaround**" liegt im angloamerikanischen Sprachgebrauch und kann wörtlich mit „Wende", „Umkehr" oder „Richtungsänderung" übersetzt werden. In der Betriebswirtschaft ist damit allgemein die Kehrtwende von einer Abschwung- („decline") hin zu einer Aufschwungphase („recovery") in der Unternehmensentwicklung gemeint.[1] Der Turnaround besitzt den Charakter einer beschleunigten Umbruchphase, die zeitlich limitiert ist, im Laufe des Unternehmenslebenszyklus aber mehrmals auftreten kann.[2] Er ist als Sonderanlass[3] zu verstehen, der einen erheblichen Einfluss auf die Geschäftstätigkeit des Unternehmens hat.[4] Sonderanlässe oder Schlüsselereignisse, denen für die Unternehmensexistenz eine entscheidende Bedeutung zukommt, zeichnen sich durch eine besondere Investitions- und Risikohöhe, starken Bedarf an Prognosedaten und hoch entwickelten Informationssystemen sowie die Notwendigkeit der Delegation von Aufgaben und Verantwortung an interne oder externe Projektstellen aus.[5] Diese allgemeine Umschreibung vermittelt eine Vorstellung vom Wesen des Turnarounds, bedarf allerdings einer weitergehenden Präzisierung, um ihn von ähnlichen Entwicklungsphasen (z. B. Wachstum und Schrumpfung) exakter abzugrenzen.

Der Begriff Turnaround kann aus **zwei Perspektiven** interpretiert werden.[6] Eine eher statische Betrachtungsweise beschreibt damit zum einen die Ausgangssituation eines Unternehmens, die aufgrund der vorangegangenen oder noch andauernden Abschwungphase durch einen Veränderungsbedarf gekennzeichnet ist. Zum anderen bezeichnet der Turnaround die angestrebte zukünftige Unternehmenssituation.[7] Eine prozess- bzw. handlungsorientierte Sicht subsumiert unter Turnaround die zwischen dem Erkennen des Veränderungsbedarfs und dem Erreichen des angestrebten Ziels

---

[1] MÜLLER (1986), S. 16 spricht in diesem Zusammenhang von *„das Ruder herumreißen"*.

[2] Vgl. ZUBERBÜHLER (1989), S. 9.

[3] Vgl. BURTSCHER (1996), S. 63.

[4] Vgl. ACHLEITNER, WAHL (2003), S. 13; RECHSTEINER (1994), S. 24.

[5] Vgl. RECHSTEINER (1994), S. 24; SIEGWART, CAYTAS, MAHARI (1988a), S. 45. Andere Schlüsselereignisse sind z. B. Gründung, Going public, Going private, Desinvestitionen, Akquisitionen, Fusionen.

[6] Vgl. KÖPPEL (1994), S. 9; NOTHARDT (2001), S. 6; SHORT, PALMER, STIMPERT (1998), S. 155; SLOMA (1985), S. 11.

[7] Sinnbildlich für Turnaround-Beginn und -Ende: *„Von der Pleite zur Goldgrube"*; SIRKIN, STALK (1991), S. 23.

verlaufende Entwicklung, was auch als Turnaround-Prozess verstanden wird.[8] Im Folgenden sollen beide Betrachtungsweisen berücksichtigt werden.

Die Turnaround-Forschung ist durch **viele Systematisierungsversuche** gekennzeichnet und bemüht, die theoretische Fundierung zu verbessern. Allerdings hat sich bislang noch keine weitgehend anerkannte Theorie des Turnarounds durchgesetzt.[9] Ebenso wenig konnte eine einheitliche Begrifflichkeit gefunden werden. *„Ein Blick in die Literatur zeigt, dass es keine einheitliche Theorie des Turnarounds gibt. Ebenso wenig existieren eine gemeinsame Klassifikation oder ein Beurteilungssystem und es gibt auch kein allgemein anerkanntes Vokabular zu diesem Bereich."*[10] Gerade die Begriffsfindung und deren Definition sind aber für eine solide Theoriebildung unerlässlich, um eine präzise Vorstellung vom Wesen des jeweiligen Sachverhalts zu liefern. Ohne ein gemeinsames Verständnis der verwendeten Termini wird die Vergleichbarkeit empirischer Ergebnisse erschwert und die Gefahr von Fehlinterpretationen nimmt zu. Daher sind die Begriffsbildung und -bestimmung als elementare Basis der Theoriebildung zu verstehen.[11] Die Turnaround-Forschung hat auf dieser untersten Stufe der Theoriebildung offenbar noch Nachholbedarf. Darin wird einer der wesentlichen Gründe gesehen, warum die Erforschung des Niedergangs und des Aufschwungs von Unternehmen noch nicht weiter fortgeschritten ist.[12]

In der Literatur findet sich eine Vielzahl unterschiedlich weit gefasster Definitionen des Turnarounds. Gemeinsam ist ihnen das Merkmal des positiven Umschwungs aus einer Negativentwicklung der Unternehmensleistung heraus. SCHENDEL, PATTON, RIGGS definieren den Turnaround z. B. als *„a decline and recovery in performance".*[13] Die Unterschiede und Abweichungen der diversen Definitionen liegen im Wesentlichen in der Spezifizierung von zwei Bestimmungsfaktoren, die den Turnaround als Phase der Unternehmensentwicklung inhaltlich bzw. zeitlich abgrenzen und beschreiben. Die Faktoren **Turnaround-Erfordernis** und **Turnaround-Ziel** geben Auskunft über Ausgangs- und Endsituation und grenzen damit den Turnaround als Unternehmensphase ein. Abb. 2 stellt die Kernfragen dar, die zur Definitionsfindung des Turnarounds beantwortet werden müssen.

---

[8] Vgl. NOTHARDT (2001), S. 6 ff. Für ALBACH (2000), S. 86 ist der Turnaround ein *„discontinuous process of change".*
[9] Vgl. dazu u. a. BÖCKENFÖRDE (1996), S. 5.
[10] SHUCHMAN, WHITE (1995), S. 27.
[11] Vgl. SCHANZ (1988), S. 17 ff.; WOLF (2003), S. 2 f. und 7.
[12] *„The logic is simple: better definitions of turnaround will lead to more representative samples, the analysis of which will lead to better explanations.";* PANDIT (2000), S. 47; ähnlich PEARCE, ROBBINS (1993), S. 626 ff.
[13] SCHENDEL, PATTON, RIGGS (1976), S. 3. Vgl. ähnliche Definitionen bei BIBEAULT (1982), S. 81; HOFER (1980), S. 20; HOFFMANN (1989), S. 47; PANT (1987), S. 26. PINKWART (2000a), S. 165 versteht den Turnaround als *„Prozess einer Wendung aus der Krise hin zum Besseren".*

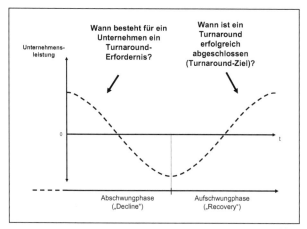

Abb. 2: Bestimmungsfaktoren des Unternehmens-Turnarounds[14]

Insbesondere zur Durchführung empirischer Untersuchungen müssen diese Faktoren operationalisiert werden. In der **empirischen Turnaround-Forschung** bestehen
jedoch Schwierigkeiten, wenn es darum geht, das Turnaround-Erfordernis und den
Turnaround-Erfolg resp. das Turnaround-Ziel zu quantifizieren.[15] Die Wissenschaft
hat Probleme, sich auf eine einheitliche Ausgangsbasis zu einigen. Differenzen der
Forschungsmeinungen treten bereits bei der Festlegung auf, wann ein Unternehmen
ein Turnaround-Erfordernis aufweist. So werden wirtschaftlicher Abschwung und
Turnaround auf unterschiedlichste Art und Weise definiert und gemessen, u. a. anhand der Entwicklung des Vermögens, des Marktanteils, des Aktienkurses oder der
Größe der Belegschaft.[16] Die meisten empirischen Studien zum Turnaround-Erfolg
nutzen die Unternehmensprofitabilität als Messgröße bzw. abhängige Variable. Zur
Operationalisierung nutzen sie betriebswirtschaftliche Erfolgskennzahlen wie z. B.
den ROI und dessen absolute bzw. relative Veränderungen im Zeitablauf.[17] Danach
gilt ein Turnaround als erfolgreich abgeschlossen, wenn (gemessen am jeweiligen
Indikator) nach einer Phase der Abwärtsentwicklung eine Verbesserung über einen

[14] Quelle: In Anlehnung an NOTHARDT (2001), S. 7.
[15] Vgl. ausführlich zum Problem der Definitionsbestimmung des Turnarounds KRUEGER, WILLARD
(1991), S. 26 ff.; vgl. des Weiteren allgemein zur Problematik der Messung des Misserfolgs von
KMU WATSON, EVERETT (1993), S. 35 ff.
[16] Vgl. GREENHALGH (1983), S. 158 ff. Vgl. LOHRKE, BEDEIAN (1998), S. 8 f. und WINN (2002), S. 6086 f.
für einen tabellarischen Überblick ausgewählter empirischer Studien zum Turnaround und den jeweils zugrunde liegenden definitorischen Abgrenzungen für den Turnaround-Beginn sowie dessen
erfolgreichen Abschluss. Vgl. ebenso die Übersicht bei LOHRKE, BEDEIAN, PALMER (2004), S. 80.
[17] Der Return on Investment (ROI) wird in den betreffenden Studien verstanden als Unternehmensge-
winn in Relation zum investierten, betriebsnotwendigen Vermögen.

bestimmten Zeitraum zu erkennen ist.[18] Beim Vergleich der zeitpunktbezogenen Größen können jedoch Interpretationsschwierigkeiten entstehen.[19] Der Rückgriff auf bilanzielle Daten als **Referenzgrößen** ist zudem insofern problematisch, als diese Daten die Wettbewerbsfähigkeit eines Unternehmens nicht zeitnah beurteilen. Auch wenn ein Unternehmen bereits seit längerer Zeit nicht mehr konkurrenzfähig ist, zeigen sich bilanzielle Auswirkungen erst mit einer gewissen Verzögerung. Hinzu kommt die Tendenz von Managern, in Abschwungsphasen Bilanzspielräume auszunutzen, um Unternehmensergebnisse optisch zu verbessern ("window-dressing").[20]

Diese Aspekte weisen auf die Schwierigkeiten und möglicherweise auch Grenzen der empirischen Turnaround-Forschung hin. Die definitorische Eingrenzung wird umso problematischer, je heterogener sich die untersuchten Fälle darstellen. Da in der vorliegenden Arbeit ein Managementkonzept für ein möglichst breites Spektrum an Krisenarten und -verläufen entwickelt werden soll, wird auf eine Quantifizierung der Bestimmungsfaktoren verzichtet. Es wird vielmehr der Versuch unternommen, eine **allgemein gültige Definition** auf Basis qualitativer Merkmale festzulegen. Die beiden Bestimmungsfaktoren Turnaround-Erfordernis und Turnaround-Ziel sind dafür maßgeblich und werden nachfolgend detailliert vorgestellt und diskutiert, um anschließend eine eigene Definition zu formulieren.

1.2 Turnaround-Erfordernis

Zunächst ist für die Definition entscheidend, wann das Erfordernis für ein Unternehmen besteht, einen Turnaround zu vollziehen. Zu diesem Bestimmungsfaktor lassen sich in der Literatur u. a. folgende, divergierende Definitionen finden: Während GLESS z. B. feststellt, dass *„man die Turnaround-Situation nicht als Krisensituation bezeichnen"*[21] kann, befindet BURTSCHER, dass *„...das Vorliegen einer schon ausgebrochenen (akuten) Krise als relevantes Bezugsobjekt des unternehmerischen Turnarounds angesehen wird."*[22] Ähnlich argumentieren BALGOBIN, PANDIT, die einen Turnaround *„as the recovery of a firm's economic performance following an existence-threatening*

---

[18] Vgl. CHOWDHURY, LANG (1996a), S. 170.

[19] NOTHARDT (2001), S. 76 illustriert dies an einem Beispiel: Ein Unternehmen mit hohen Verlusten zu Beginn des Turnarounds im Zeitpunkt t_0 und einem positiven Unternehmensergebnis sowie einem aufgrund der Verluste reduziertem Kapital im Messzeitpunkt t_{0+n} weist eine stärkere prozentuale Verbesserung des ROI auf, als ein Unternehmen, das niedrigere Ausgangsverluste hat, folglich noch über mehr Kapitalreserven verfügt und nach dem Turnaround die gleichen absoluten Ergebnisse wie das erste Unternehmen erwirtschaftet. Gemäß dem methodischen Vorgehen würde dem ersten Unternehmen ein erfolgreicherer Turnaround zugeschrieben als dem zweiten.

[20] Vgl. PANDIT (2000), S. 34 ; KRAUS, GLESS (2004), S. 128.

[21] GLESS (1996), S. 45.

[22] BURTSCHER (1996), S. 63. Vgl. ähnlich COENENBERG, FISCHER (1993), S. 2; S. 5; MÜLLER (1986), S. 16; PÜMPIN, PRANGE (1991), S. 185.

decline"[23] verstehen. HAMBRICK wiederum klammert die Existenzgefährdung aus, indem er bereits ein inakzeptables, anhaltend niedriges Niveau der Unternehmensleistung als Turnaround-Situation ansieht.[24] Diese Beispiele verdeutlichen, dass es teilweise stark abweichende Auffassungen bezüglich des **Grades der Existenzgefährdung** gibt, der vorliegen muss, um eine Turnaround-Situation zu induzieren. Die Beantwortung der Frage, ob eine Existenzgefährdung überhaupt vorliegen bzw. wie stark sie für ein Turnaround-Erfordernis sein muss, steht in engem Zusammenhang mit der grundsätzlichen Frage, ob eine Unternehmenskrise Ausgangspunkt eines Turnarounds ist und wenn ja, wie die Unternehmenskrise definiert wird.

Da sich die meisten Autoren mit dem Turnaround im Kontext der Krisenbewältigung beschäftigen, wird hier davon ausgegangen, dass eine Unternehmenskrise als Ausgangspunkt eines Turnarounds resp. als **Auslöser eines Turnaround-Erfordernisses** anzusehen ist.[25] Dieser Ansicht wird auch gefolgt, da erst die Besonderheiten einer Krisensituation die Ausgestaltung des Turnarounds bzw. dessen Managements bestimmen. Würden auch Situationen ohne existenzbedrohenden Charakter als Ausgangspunkt eines Turnarounds angesehen, wären Überschneidungen mit dem strategischen Management, Business Reengineering, Change Management und ähnlichen Managementkonzepten unvermeidbar und damit eine eindeutige Abgrenzung des Untersuchungsgegenstandes nicht möglich. Letztlich würde dies zu einer „Verwässerung" der Turnaround-Literatur führen.[26]

Die Begriffe Unternehmenskrise und Turnaround-Situation werden hier damit weitgehend synonym angewandt, da die Krisenmerkmale auch als konstitutive Merkmale einer Turnaround-Situation verstanden werden. Allerdings soll der Begriff **Turnaround-Situation** zusätzlich implizieren, dass ein Turnaround-Erfordernis bereits erkannt wurde. Er wird somit eher im Kontext der Unternehmensführung benutzt. Der Begriff der Unternehmenskrise ist demgegenüber weiter gefasst, da eine Krise auch dann vorliegen kann, wenn der Veränderungsbedarf noch nicht festgestellt wurde (zumindest in einer ex post-Betrachtung), und wird vor allem in institutioneller bzw. organisatorischer Hinsicht verwendet.

---

[23] BALGOBIN, PANDIT (2001), S. 301.
[24] Vgl. HAMBRICK (1985), S. 10-2. Vgl. ähnlich MOLDENHAUER (2004), S. 28.
[25] Vgl. u. a. ARPI, WEJKE (1999), S. 3 f.; BERGAUER (2001), S. 10 f.; BERKTOLD (1999), S. 102; BÖCKEN-FÖRDE (1996), S. 8; BURTSCHER (1996), S. 63 f.; CLASEN (1992), S. 3; KALL (1999), S. 6; KELBER (2004), S. 3; KÖPPEL (1994), S. 10; KRAFT (2001), S. 63; LEUPIN (1998), S. 3; LORENZ (1998), S. 2; MACHARZINA, DÜRRFELD (2001), S. 766; PINKWART (2000), S. 165; PINKWART, KOLB (2000), S. 4 ff.; PÜMPIN, PRANGE (1991), S. 185; SCHWARZECKER, SPANDL (1993), S. 72; SEIDEMANN, SANDS (1991), S. 44; ZWICK (1992), S. 16. Abweichend dazu legt FRANCESCHETTI (1993), S. 1 eine weite Fassung des Turnarounds zugrunde, die auch suboptimale und veränderungsbedürftige Unternehmenssituationen als Ausgangspunkt sieht.
[26] Vgl. KALL (1999), S. 7.

Abb. 3 stellt unter Rückgriff auf die Typologisierungsansätze von MÜLLER und LÖH-NEYSEN[27] die verschiedenen Krisenarten als Auslöser eines Turnaround-Erfordernisses dar. Im Verlauf einer Unternehmenskrise über die Stadien der strategischen, Erfolgs- und Liquiditätskrise bzw. latenten und akuten Krise nimmt die Unternehmensleistung sukzessive ab. Der Grad der Existenzbedrohung steigt parallel stetig an und die verbleibende Reaktionszeit, um Gegenmaßnahmen vorzunehmen bzw. diese auch wirksam werden zu lassen, nimmt analog ab. Letzteres geht mit einer sinkenden Anzahl zur Verfügung stehender operativer und strategischer Handlungsalternativen einher. Dies bedeutet, dass die Handlungskonsequenzen der eingeleiteten Maßnahmen ihre ökonomische Wirkung umso kurzfristiger entfalten müssen, je weiter eine Unternehmenskrise voranschreitet.[28]

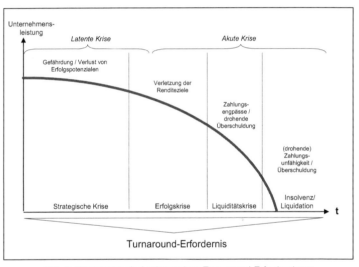

Abb. 3: Krisenarten als Auslöser eines Turnaround-Erfordernisses

1.3 Turnaround-Ziel

Der zweite Bestimmungsfaktor ist das Turnaround-Ziel, also die Festlegung, wann ein Turnaround erfolgreich abgeschlossen ist. Bezüglich des Ziels ist den verschiedenen Definitionsansätzen in der Literatur gemeinsam, dass das Turnaround-Erfordernis überwunden und der Fortbestand des Unternehmens gesichert werden soll. Unterschiede findet man vor allen Dingen bei der Konkretisierung dieses Ziels.

---

[27] Vgl. die Ausführungen zu diesen Ansätzen in Kap. B.2.2.
[28] Vgl. KOLB, HEINEMANN (2004), S. 683.

Während einige Autoren relativ pauschale, weit interpretierbare Ziele nennen,[29] formulieren andere konkretere, operationalisierbare Turnaround-Ziele.[30] Grundsätzliche Unterschiede bestehen bei den Definitionen darin, inwieweit die Autoren den Turnaround lediglich als Überwindung einer Krisensituation verstehen oder die nachhaltige Gesundung des Unternehmens hervorheben. Zu letzteren zählt z. B. BIBEAULT, der unter einem erfolgreichen Turnaround einen substanziellen und anhaltend positiven Umschwung in der Unternehmensleistung nach einer längeren Periode rückläufiger Profitabilität versteht.[31] Mit der Betonung des **substanziellen Umschwungs** wird deutlich, dass nach seiner Auffassung der Turnaround nur dann erreicht ist, wenn der Unternehmensbestand langfristig gesichert ist. ZWICK verfasst seine Definition noch konkreter, indem er als Turnaround-Ziel sowohl die Überwindung der existenzbedrohenden Situation als auch die Wiederherstellung der Wettbewerbsfähigkeit benennt.[32]

Diesen Definitionen wird hier gefolgt, da für einen erfolgreichen Turnaround eine langfristige Perspektive unabdingbar erscheint.[33] Wie später noch gezeigt wird, liegt ein Problem vieler gescheiterter Turnaround-Versuche in der Betonung kurzfristiger Erfolge und damit in der Vernachlässigung einer Langfristperspektive. Zielrichtung des Turnarounds muss daher die **Nachhaltigkeit** sein, d. h. die Überlebens- und Ertragsfähigkeit des Unternehmens muss auch in der Zukunft gesichert sein. PINKWART unterscheidet demnach auch in ein primär an den Symptomen der Krise ansetzendes reaktives Turnaround-Management und ein auf die nachhaltige Beseitigung der tiefer liegenden Ursachen gerichtetes proaktives Turnaround-Management.[34] In der Betriebswirtschaft wird Nachhaltigkeit seit einiger Zeit als Ausdruck für langfristig wirkende Entscheidungen und Maßnahmen verwendet.[35] Eine wirtschaftlich nachhaltige Unternehmensführung erfordert, die in der Zukunft zu erwartenden Free Cashflows

---

[29] HOFFMANN (1989), S. 7 befindet beispielsweise: „*Turnaround cycles are generally depicted as a decline and recovery in the firm's performance.*"; vergleichbar auch SCHENDEL, PATTON, RIGGS (1976), S. 3.

[30] So z. B. AROGYASWAMY, BARKER, YASAI-ARDEKANI (1995), S. 497: „*Turnaround occurs when the once threatened firm's economic performance returns to a profitable level that is both sustained over a long period and rewards the firm's owners with a satisfactory rate of return.*"

[31] Vgl. BIBEAULT (1982), S. 81.

[32] Vgl. ZWICK (1992), S. 9.

[33] Vgl. SLATTER (1984), S. 15 f., der von „*sustainable recovery*" spricht.

[34] Vgl. PINKWART (2000), S. 166.

[35] Nachhaltigkeit ist ein Begriff, der ursprünglich aus der Forstwirtschaft bekannt ist und mit dem ein Bewirtschaftungsprinzip gemeint war, wonach innerhalb eines Zeitraums nicht mehr Holz gerodet werden soll als im gleichen Zeitraum nachwachsen kann. Um den weltweiten Beeinträchtigungen der ökologischen Umwelt aufgrund der extensiven Nutzung der Ressourcen entgegenzuwirken, wurde 1992 auf der UN-Konferenz über Umwelt und Entwicklung in Rio de Janeiro das Konzept des „Sustainable Development" als übergeordnetes Leitprinzip anerkannt. Seitdem haben sich Sustainability resp. Nachhaltigkeit als Schlagwörter in den verschiedensten Forschungsbereichen etabliert; vgl. KIRCHGEORG (2004), S. 373; SCHMID-SCHÖNBEIN, RUFER, BRAUNSCHWEIG (2004), S. 16. Eng verbunden sind mit Nachhaltigkeit auch die Begriffe Beständigkeit und Dauerhaftigkeit; vgl. LAWRENZ (2003), S. 23.

ohne Erhöhung des finanziellen Risikos mindestens stabil zu halten (ausgehend von der Normalsituation eines Unternehmens). Dies verlangt die Erhaltung und Nutzung langfristiger Erfolgspotenziale, welche die Wettbewerbsfähigkeit auch zukünftig sicherstellen.[36]

KELBER weist bezüglich einer Definitionsfindung ergänzend darauf hin, dass die Sicherstellung des Unternehmensfortbestands als Turnaround-Ziel sowohl die Erhaltung des Betriebs als auch die des Rechtsträgers impliziert. Dies lässt die Möglichkeit außer Acht, dass die Übertragung des Betriebs bzw. von Betriebsteilen auf einen neuen Rechtsträger aus insolvenz-, gesellschafts-, arbeits- oder steuerrechtlichen Gründen vorteilhaft sein und damit einen Turnaround begünstigen kann.[37] Für KELBER ist deshalb einschränkend die *„Erhaltung (des überwiegenden Teils) des betrieblichen Systems"*[38] Bestandteil des Turnaround-Ziels. Dem soll hier gefolgt werden, da keine Turnaround-Maßnahmen, die zur Erhaltung des Unternehmens als organisatorische Einheit beitragen können, definitorisch vorab ausgeschlossen werden sollen. Insofern wird die Erhaltung des Rechtsträgers des Krisenunternehmens nicht als zwingend für einen erfolgreichen Turnaround angesehen. Angemerkt sei, dass das Ziel der Erhaltung des überwiegenden Teils des betrieblichen Systems durchaus die Option beinhaltet, die Kapazität des Unternehmens anzupassen (z. B. durch Stilllegung von Betriebsteilen), sofern dies für einen Turnaround als betriebswirtschaftlich notwendig erachtet wird.

In diesem Zusammenhang ist allgemein anzumerken, dass betriebswirtschaftliche Erwägungen selbstverständlich Grundlage des Turnaround-Managements sein müssen. Dazu gehört, dass ein Turnaround-Management nur dann initialisiert werden sollte, wenn der Fortführungswert des Unternehmens über dem Zerschlagungswert liegt. Sofern die **Turnaround-Fähigkeit und –Würdigkeit** nicht attestiert werden kann, ist die Liquidation des Unternehmens einem Turnaround-Versuch aus ökonomischer Sicht vorzuziehen.[39] Krisen- bzw. Turnaround-Management darf in diesem Sinne nicht als Selbstzweck verstanden werden, sondern sollte ausschließlich in denjenigen Krisenunternehmen zum Einsatz kommen, bei denen eine reelle Chance auf Krisenüberwindung und nachhaltige Wiederherstellung der Wettbewerbsfähigkeit gegeben ist.

---

[36] Vgl. RUFER, HUBER (2001), S. 187.
[37] Vgl. KELBER (2004), S. 97.
[38] KELBER (2004), S. 97.
[39] Vgl. zum Begriff der Turnaround-Fähigkeit und –Würdigkeit und deren Bestimmung Kap.D.4.4.

1.4 Management des Unternehmens-Turnarounds

Die aktive Ausgestaltung[40] des zeitlich begrenzten **Turnaround-Prozesses**, die durch Planung, Steuerung und Kontrolle der damit verbundenen Aktivitäten und Ereignisse gekennzeichnet ist, wird als **Turnaround-Management** bezeichnet. Es ist als Bestgestaltung des Turnaround-Prozesses, dessen Anfangs- und Endpunkte durch die Erkennung eines Turnaround-Erfordernisses und das Erreichen des Turnaround-Ziels markiert werden, zu verstehen. Typisch ist, dass das Turnaround-Management Zwangscharakter besitzt, da sein Unterlassen den Fortbestand des Unternehmens kurz- oder mittelfristig gefährdet.[41] Die Unternehmenssituation verlangt einzigartige Maßnahmen, die sich von Aktivitäten in stabilen Unternehmensphasen deutlich unterscheiden.[42] Turnaround-Management ist zudem eine Führungsaufgabe, die sich nicht auf einzelne Betriebsteile oder Funktionsbereiche beschränkt, sondern das gesamte KMU umfasst.[43]

In der Literatur lassen sich auch hinsichtlich der Definition des Turnaround-Managements **unterschiedliche Ansätze** finden. Abweichungen liegen wiederum im jeweiligen Konkretisierungsgrad, aber auch in der unterschiedlichen Betonung spezifischer Inhalte. Z. B. beschreibt BURTSCHER den Turnaround als Vorgang *„der sämtliche Maßnahmen im finanz- und / oder leistungswirtschaftlichen Bereich kennzeichnet".*[44] BERKTOLD sieht das Turnaround-Management *„durch Maßnahmen zur strukturellen und strategischen Neuausrichtung definiert".*[45] Wesentliche Aufgabe des Turnaround-Managements ist es, das **Turnaround-Konzept** zu erarbeiten. Darin werden die **Turnaround-Strategie** festgelegt und die **Turnaround-Maßnahmen** bestimmt, deren Umsetzung eine Verbesserung der Unternehmensperformance bewirken sollen. Im Rahmen der Ausführungen zur Unternehmenskrise wurde gezeigt, dass ein Großteil der Unternehmen ausgehend von einer strategischen Krise in Rentabilitäts- und Liquiditätsschwierigkeiten geraten. Es liegt daher nahe, dass die Turnaround-Situation erst dann überwunden ist, wenn aufgrund einer strategischen Neuausrichtung Erfolgspotenziale aufgebaut bzw. gesichert werden. Der Aufgabe des Turnaround-Managements, die strategische Ausrichtung des Krisenunternehmens zu überprüfen und gegebenenfalls anzupassen, wird somit eine besonders wichtige Funktion zugesprochen. So konstatiert z. B. ZUBERBÜHLER: *„Das Turnaround-*

---

[40] Die Betonung der aktiven Gestaltung des Prozesses schließt eine „zufällige" Verbesserung der Unternehmensleistung aus. *„While a firm's fortune may improve due to natural selection or luck, ‚turnaround' implies management action.";* KRUEGER, WILLARD (1991), S. 28.

[41] Vgl. MACHARZINA, DÜRRFELD (2001), S. 767; KHARBANDA, STALLWORTHY (1987), S. 3; WINN (2002), S. 6087.

[42] Vgl. BIBEAULT (1982), S. 1.

[43] Vgl. PLEITNER (1999), S. 214.

[44] BURTSCHER (1996), S. 64. Vgl. auch KRAFT (2001), S. 63.

[45] BERKTOLD (1999), S. 102.

Management ist eine strategische Spezialaufgabe zur Krisenbewältigung."[46] Die Betonung der strategischen Komponente erweist sich als Schwerpunkt des wissenschaftlichen Verständnisses von Turnaround-Management.[47] PINKWART unterstreicht dies, indem er unter Turnaround-Management *„alle Maßnahmen der Unternehmensführung (..), die darauf gerichtet sind, den Fortbestand eines Unternehmens durch einen grundlegenden Wandel der Unternehmensstrategie und der betrieblichen Strukturen dauerhaft zu sichern"*, versteht.[48]

Wie die Ausführungen zum Turnaround-Management in Abschnitt D noch zeigen werden, handelt es sich bei dieser Führungsaufgabe um eine sehr **komplexe Problemstellung**, die nicht allein auf originär betriebswirtschaftliche Fragen begrenzt ist. So gehören u. a. Aufgaben der Kommunikation, Information und Motivation dazu, die für den Turnaround-Erfolg von Bedeutung sind. Neben der Wahl und Umsetzung radikaler, häufig innovativer Lösungsansätze zeichnet sich das Turnaround-Management insbesondere durch die höhere Geschwindigkeit der Implementierung aus.[49] Folglich sollte eine Definition des Turnaround-Managements nicht auf finanz- und leistungswirtschaftliche bzw. strategische und strukturelle Maßnahmen begrenzt werden.[50] Hier wird die Ansicht vertreten, dass dies den hohen Anforderungen, die an das Turnaround-Management gestellt werden, nicht ausreichend gerecht wird. Nicht umsonst zählt SCHWEIZER *„das Turnaround Management zu den anspruchsvollsten und kreativsten unternehmerischen Führungsaufgaben."*[51]

Das Turnaround-Management kann nicht nur in inhaltlicher Hinsicht definiert, sondern auch aus institutioneller Sicht betrachtet werden. Gemeint sind damit Institutionen bzw. Personen, die das Turnaround-Management ausüben. In der Krise zeigt sich die Besonderheit, dass je weiter die Krise fortschreitet, zunehmend Externe Einfluss auf das Management nehmen. Zudem verlangt der Turnaround die Delegation von Aufgaben und Verantwortungen. Dies verdeutlicht, dass die Funktion des Turnaround-Managements nicht ausschließlich durch die Unternehmensführung wahrgenommen werden kann, sondern teilweise oder sogar ganz von anderen Personen(gruppen) übernommen werden muss. Das lässt eine definitorische Einschrän-

---

[46] ZUBERBÜHLER (1989), S. 9.

[47] SCHAAF (1993), S. 74 stellt z. B. fest, dass der Begriff des Turnarounds auf die Steuerung des Unternehmens bezogen eine Unternehmensneuorientierung enthält. Ähnlich RECHSTEINER (1994), S. 28 f., der konstatiert, *„dass beim Turnaround die strategische Dimension Oberhand gewinnt über finanzielle und operationelle Maßnahmen"* und dass es darum geht, *„bestehende Sachzwänge, Strategien und Strukturen aufzugeben, neue Werte zu institutionalisieren und neue Ziele vorzugeben"*. Vgl. des Weiteren BERKTOLD (1999), S. 102; COENENBERG, FISCHER (1993), S. 2; PINKWART (2000), S. 165.

[48] PINKWART (2000), S. 165 (in Anlehnung an COENENBERG, FISCHER (1993), S. 2).

[49] Vgl. PÜMPIN, PRANGE (1991), S. 200; KALL (1999), S. 74.

[50] Vgl. zu beispielhaften finanz-, leistungswirtschaftlichen und strategischen Maßnahmen HORST (2000), S. 38 ff.

[51] SCHWEIZER (1990), S. 287.

kung des institutionellen Turnaround-Managements auf die Unternehmensführung als unzureichend erscheinen, so dass hier eine Ausweitung auf den allgemeinen Terminus „Entscheidungsträger" befürwortet wird.[52]

1.5 Definition und Begriffsabgrenzung

Bei der Definitionsfindung hat sich zum einen gezeigt, dass die Unternehmenskrise als Ausgangspunkt eines Unternehmens-Turnarounds verstanden wird, was eine Existenzbedrohung für das Unternehmen impliziert. Darin sind strategische Krisen eingeschlossen, die zwar kurzfristig keine akute Gefahr für das Unternehmen darstellen, aufgrund der Bedrohung der Erfolgspotenziale mittel- bis langfristig aber sehr wohl die Existenz des Unternehmens in Frage stellen. Zum anderen ergab die Diskussion des Turnaround-Ziels, dass es nicht ausreicht, lediglich die Überwindung des Turnaround-Erfordernisses anzustreben, sondern dass auch die nachhaltige Wiederherstellung der Wettbewerbsfähigkeit verfolgt werden muss. Eine definitorische Beschränkung des Turnaround-Managements auf bestimmte Tätigkeiten wird im Hinblick auf die Vielfältigkeit der Aufgaben nicht als sinnvoll erachtet. Aufgrund dieser Erkenntnisse liegt dieser Arbeit folgendes Verständnis des Unternehmens-Turnarounds und des Turnaround-Managements zugrunde: [53]

*Der **Turnaround** ist ein zeitlich begrenzter Prozess innerhalb der Unternehmensentwicklung, während dessen das Unternehmen eine Wende zum Besseren vollzieht. Er wird durch eine Unternehmenskrise ausgelöst und ist je nach Krisenphase durch einen unterschiedlichen Grad der Existenzbedrohung für das gesamte Unternehmen gekennzeichnet. Ziel des Turnarounds ist es, das Turnaround-Erfordernis zu überwinden, das betriebliche System (überwiegend) zu erhalten und die Wettbewerbsfähigkeit zum Zwecke der nachhaltigen Lebens- und Entwicklungsfähigkeit des Unternehmens im marktwirtschaftlichen Umfeld wieder sicherzustellen. Das **Turnaround-Management** umfasst im Rahmen dieses Prozesses alle aktiv eingeleiteten Maßnahmen und Aktivitäten der Entscheidungsträger, die darauf gerichtet sind, das Turnaround-Ziel zu erreichen.*

Aus Sicht der Betriebswirtschaftslehre soll das Turnaround-Management hier als **angewandte Führungslehre** verstanden werden, welche die zielorientierte Führung von Unternehmen in Krisen- bzw. Turnaround-Situationen zum Inhalt hat.

---

[52] Vgl. BÖCKENFÖRDE (1996), S. 8.
[53] Vgl. zu einzelnen Definitionsbestandteilen COENENBERG, FISCHER (1993), S. 2; KELBER (2004), S. 97; ZWICK (1992), S. 9.

In der betriebswirtschaftlichen Literatur finden sich im Zusammenhang mit Unternehmenskrisen und deren Bewältigung neben dem Begriff des Turnarounds auch Termini wie „Sanierung", „Krisenmanagement" oder „Restrukturierung",[54] die teilweise auch synonym verwendet werden. Üblicherweise werden die Formen der Krisenbewältigung in Abhängigkeit vom Bedrohungsausmaß der Krisenphase, in der sich ein Unternehmen befindet, voneinander abgegrenzt. Allerdings hat sich in dieser Hinsicht bislang noch keine einheitliche Forschungsmeinung durchgesetzt.[55] Demzufolge verwundert es nicht, dass die **unscharfe Trennung und Definition der Begrifflichkeiten** die Theoriebildung erschwert und zu einer recht beliebigen Verwendung in Wissenschaft und Praxis führt.[56] Dies erhebt die Forderung nach einer eindeutigen Begriffsabgrenzung.[57]

Der Begriff **Sanierung** leitet sich vom lateinischen Wort „sanare" ab, was gleichbedeutend mit „heilen", „gesund machen" oder „wieder leistungsfähig machen" ist. In der Betriebswirtschaftslehre wird der Begriff auf Maßnahmen bezogen, die zur Gesundung eines Unternehmens führen sollen.[58] Es herrscht weitgehende Einigkeit, dass für eine Sanierung eine akute Existenzgefährdung gegeben sein muss. Definitionsgemäß ist der Begriff Sanierung auf Unternehmen, die sich in einer strategischen Krise befinden, demzufolge nicht anzuwenden.[59] Üblicherweise wird der Sanierungsbegriff noch weiter spezifiziert. In einer engen Auslegung bezieht er sich nur auf finanzwirtschaftliche Maßnahmen zur Rettung des Krisenunternehmens, mit denen eine drohende Insolvenz vermieden werden soll (Sanierung i. e. S.).[60] Sanierung i. w. S. schließt demgegenüber auch leistungswirtschaftliche, rechtliche und organisatorische Maßnahmen ein,[61] so dass eine größere Übereinstimmung mit dem Termi-

---

[54] Vgl. BIRKER (2000), S. 348. Es werden auch die Begriffe „Revitalisierung" (vgl. BERKTOLD (1999), S. 105 ff.) und „Reorganisation" (vgl. KRETSCHMER (1984), S. 31 ff.; KRYSTEK (1985), S. 583 ff.) benutzt, die aber aufgrund ihrer selteneren Anwendung im Kontext der Krisenbewältigung nicht näher erläutert werden sollen.

[55] BÖCKENFÖRDE (1996), S. 8 ordnet den Turnaround z. B. der strategischen Krise und der Erfolgskrise zu, während gemäß seiner Auffassung die Sanierung Krisenbewältigungsmaßnahmen in der Liquiditätskrise und der Insolvenz umfasst. Konträr dazu ordnet BURTSCHER (1996), S. 65 sowohl den Turnaround als auch die Sanierung ausschließlich der akuten Krisenphase zu.

[56] Vgl. NOTHARDT (2001), S. 11.

[57] „Es bleibt der Wissenschaft vorbehalten, eine einheitliche Definition zu finden, die dem alltäglichen Gebrauch dieser Begriffe [Turnaround und Sanierung, Anm. d. Verf.] die Basis gibt."; BÖCKENFÖRDE (1995), Sp. 1859.

[58] Vgl. BECKMANN, PAUSENBERGER (1961), S. 79; BURGER (1995), S. 11.

[59] Vgl. abweichend dazu LAFRENZ (2004), S. 15 f.

[60] Vgl. BIRKER (2000), S. 345 ff. SIEGWART, CAYTAS, MAHARI (1988b), S. 1 begreifen Sanierung als formellen Vorgang zur Korrektur einer Überschuldungssituation. Turnaround-Management ist für sie dagegen ein materieller Vorgang, der eine Sanierung als ersten Schritt durchaus beinhalten kann.

[61] Vgl. BECKER (1986), S. 62 f.; BÖCKENFÖRDE (1996), S. 7.

nus des Turnarounds erzielt wird. Im Unterschied zum Turnaround kann eine Sanierung in der Regel nicht mehr aus eigener Kraft erfolgen.[62]

Unter dem Begriff **Krisenmanagement** wird in einer engen Definition die Bewältigung einer existenzbedrohenden Unternehmenskrise verstanden. Dies wird auch mit der Bezeichnung „reaktives Krisenmanagement" belegt, da es eine Reaktion auf eine bereits vorhandene Krise darstellt. In einer Erweiterung des Betrachtungszeitraums und der Zielsetzung wird unter Krisenmanagement aber nicht nur reaktives Handeln, sondern auch „proaktives Krisenmanagement" verstanden.[63] Während sich ein Unternehmen in einer Normalsituation resp. potenziellen Krise befindet, beinhaltet dies alle antizipativen und prophylaktischen Maßnahmen, die dazu dienen, Krisen im Vorfeld ihrer Manifestierung zu unterbinden. Als proaktives Krisenmanagement soll hier auch das Gegensteuern in einer frühen Phase der strategischen Krise verstanden werden, in der auf Basis qualitativer, schwacher Signale die Gefährdung von strategischen Erfolgspotenzialen erkannt und beseitigt wird. Sobald aber Probleme nicht mehr nur antizipiert werden, sondern bereits vorliegen, erhält Krisenmanagement einen reaktiven Charakter. Dazu zählen auch strategische oder latente Krisen, bei denen Erfolgspotenziale bereits verloren wurden (z. B. Verlust der Technologieführerschaft), was sich aber noch nicht auf monetärer Ebene ausgewirkt hat. Im Rahmen dieser Arbeit wird in Anlehnung an die weite Auslegung Krisenmanagement als übergeordneter Begriff angesehen, der die verschiedenen Krisenbewältigungsformen vereint und zusätzlich die Krisenvermeidung beinhaltet.

Besondere begriffliche Verwirrung herrscht in der Literatur um die sehr weit gefasste Bezeichnung **Restrukturierung**.[64] Ursprünglich entstammt der Begriff der organisatorischen Forschung und hatte keinen direkten Bezug zur Unternehmenskrise.[65] Er hat den Charakter eines Oberbegriffs, der alle Formen des gewollten, tief greifenden Wandels eines Unternehmens umfasst.[66] Restrukturierungen sind Anpassungen an sich verändernde Umweltbedingungen, um die Substanz des Unternehmens langfristig zu sichern.[67] Dieser Terminus subsumiert sowohl einfache Umorganisationen als

---

[62] Vgl. MACHARZINA, DÜRRFELD (2001), S. 767.

[63] Vgl. KROPFBERGER (1999), S. 39 ff., der reaktives und pro-aktives Krisenmanagement differenziert. Andere Autoren sprechen von reaktivem vs. aktivem Krisenmanagement; vgl. GLESS (1996), S. 43; KRYSTEK (1987), S. 105 ff. Hierbei handelt es sich aber weniger um inhaltliche Differenzen als vielmehr nur um eine andere Begrifflichkeit. BURTSCHER (1996), S. 69 f. ergänzt die Unterteilung um das pro-reaktive Krisenmanagement. Abweichende Begrifflichkeiten finden sich außerdem bei CLASEN (1992), S. 119 f., der die Unterscheidung in situatives und präsituatives Krisenmanagement trifft.

[64] Vgl. KRAFT (2001), S. 64. Während z. B. BÖCKENFÖRDE (1996), S. 9 Restrukturierung mit Turnaround gleichsetzt (vgl. ähnlich MACHARZINA, DÜRRFELD (2001), S. 766), verwenden KRAUS, GLESS (2004), S. 119 f. Sanierung und Restrukturierung synonym.

[65] Vgl. GLESS (1996), S. 42.

[66] Vgl. KELBER (2004), S. 98 f.; RECHSTEINER (1994), S. 26.

[67] Vgl. ACHLEITNER, WAHL (2003), S. 8 ff.

auch Maßnahmen der Krisenbewältigung,[68] so dass im Unterschied zum Turnaround und der Sanierung nicht unbedingt eine Unternehmenskrise der Auslöser von Restrukturierungsmaßnahmen sein muss.[69] Zudem erstreckt sich eine Restrukturierung nicht zwangsläufig auf alle Unternehmensbereiche.[70]

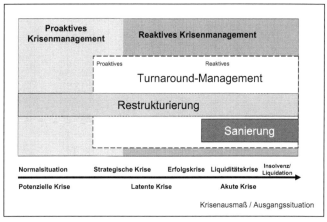

Abb. 4: Abgrenzung der Krisenbewältigungsarten

Die **Übergänge zwischen den vorgestellten Begrifflichkeiten** sind fließend. Während die Sanierung tendenziell auf die Bestandssicherung und die Restrukturierung auf die Substanz- bzw. Ertragssicherung und damit beide eher auf eine Vergangenheits- und Gegenwartsbewältigung gerichtet sind, liegt ein wichtiger Schwerpunkt des Turnaround-Managements auf der Sicherung der zukünftigen Wettbewerbsvorteile des Unternehmens. Damit stellt das Turnaround-Management eine Führungsaufgabe dar, die Elemente der Sanierung und Restrukturierung durchaus beinhalten kann.[71] Eine **Abgrenzung der Begriffe** hinsichtlich der Krisenphasen, die Ausgangssituation der jeweiligen Krisenbewältigungsart sind, stellt Abb. 4 dar. Turnaround-Management ist demgemäß im Wesentlichen redundant mit dem reaktiven Krisenmanagement, kann aber in sehr frühen Krisenstadien auch proaktiv eingesetzt werden. In diesem speziellen Fall kann es als **proaktives Turnaround-Management** zur Vermeidung der Manifestierung einer Krise verstanden werden. Die Sanierung bezieht sich demgegenüber ausschließlich auf akute Krisenphasen, während die Re-

---

[68] Vgl. FRANCESCHETTI (1993), S. 12.

[69] Vgl. ACHLEITNER, WAHL (2003), S. 13.

[70] Vgl. CLASEN (1992), S. 145; PLEITNER (1999), S. 214.

[71] Vgl. ACHLEITNER, WAHL (2003), S.13; RECHSTEINER (1994), S. 24 ff. Umgekehrt setzt eine Sanierung, die längerfristig erfolgreich wirken soll, einen Turnaround voraus; vgl. SIEGWART, CAYTAS, MAHARI (1988b), S. 1.

strukturierung bereits in Phasen des Normalzustandes zur Anwendung kommen kann.

In Abgrenzung zu anderen aus der Managementliteratur bekannten **Veränderungskonzepten** wie dem Business Reengineering, dem Innovationsmanagement oder der Organisationsentwicklung, die zwar einen fundamentalen Wandel im Unternehmen anstreben (vgl. Abb. 5), aber keinen direkten Bezug zur Unternehmenskrise aufweisen, zeichnet sich das Turnaround-Management dadurch aus, dass die vorzunehmenden Veränderungen in größeren Sprüngen vollzogen werden müssen und es einen geringeren antizipativen Charakter hat.[72] Große Sprünge bedeuten in diesem Zusammenhang, dass die Veränderungen revolutionärer Natur sind.[73] Veränderungskonzepte, die in vielen, kleineren Sprünge umgesetzt werden, haben eher evolutionären Charakter. In revolutionären Umbruchphasen finden grundlegende Lernprozesse in einer Organisation statt, um sich an veränderte interne und externe Bedingungen anzupassen. Dabei werden die Verhaltensgrundsätze der Organisation, die in evolutionären Phasen unverändert bleiben, angepasst.[74]

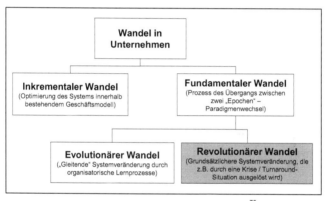

Abb. 5: Formen des Unternehmenswandels[75]

Die vorgenommene Abgrenzung der Begriffe erscheint theoretisch sinnvoll, ist in der Praxis aber sehr schwierig und oftmals nur ex post exakt vorzunehmen. Hier wird daher die Ansicht vertreten, dass ähnliche Sachverhalte auch unter einer einheitlichen Begrifflichkeit untersucht werden sollten. Das Turnaround-Management wird bewusst als Option der Krisenbewältigung gewählt und den alternativen Begriffen

---

[72] Vgl. THOM, ZAUGG (2002), S. 358 f.
[73] Vgl. MILLER, FRIESEN (1984), S. 217 ff.
[74] Vgl. BERKTOLD (1999), S. 137 ff.
[75] In Anlehnung an MÜLLER-STEWENS, LECHNER (2005), S. 560 ff.

vorgezogen, um das Management von Krisen unabhängig von der Krisenphase mit einem **einheitlichen Begriff** belegen zu können. Für die durchgängige Verwendung der Begriffe Turnaround und Turnaround-Management spricht außerdem, dass er in den letzten Jahren auch im deutschsprachigen Raum eine zunehmende Verbreitung in der Praxis gefunden und gegenüber den verwandten Termini an Bedeutung gewonnen hat.[76] Insbesondere der Bezeichnung Sanierung haftet aufgrund der Nähe zum Insolvenzrecht und der Assoziation mit Versagen und Misserfolg ein negatives Image an.[77] Dies hat dazu geführt, dass einschneidende Maßnahmen immer öfter mit dem Etikett des Turnaround-Managements versehen werden, um ihre Glaubwürdigkeit und Durchschlagskraft zu erhöhen.[78]

2. Turnaround-Management als Forschungsgegenstand

2.1 Einordnung in die betriebswirtschaftliche Forschung

Wie die vorangegangenen Überlegungen gezeigt haben, steht der Unternehmens-Turnaround in direktem Zusammenhang mit der Unternehmenskrise. Diese besondere Phase der Unternehmensentwicklung steht im Mittelpunkt der Forschungsbemühungen der **Unternehmenskrisenforschung**.[79] Der Turnaround bzw. das Turnaround-Management werden nachfolgend thematisch in dieses Forschungsfeld eingeordnet.

Es lassen sich zwei übergeordnete Ansätze der betriebswirtschaftlichen, anwendungsorientierten Krisenforschung identifizieren (vgl. Abb. 6). Zum einen gibt es die Krisen- bzw. Insolvenzursachenforschung, die nach Erklärungsansätzen für die Krisenentstehung sucht. Zum anderen beabsichtigt das Unternehmenskrisenmanagement, Handlungsempfehlungen zum Umgang mit Krisensituationen zu entwickeln. Die Krisenbewältigung als Teildisziplin des Krisenmanagements befasst sich mit dem Management manifester Krisen („reaktives Unternehmenskrisenmanagement"). Ebenfalls zum Krisenmanagement gehört das proaktive Unternehmenskrisenmanagement, das als eigenständige Forschungsrichtung die Antizipation und Prophylaxe von Krisen umfasst. Gemäß der hier getroffenen Abgrenzung ist das Turnaround-Management im Wesentlichen als reaktive Form der Krisenbewältigung einzuordnen. In sehr frühen Stadien von strategischen Krisen zeichnet sich das Turnaround-Management gleichwohl durch einen stärker antizipativen Charakter aus. Daher wird

---

[76] Vgl. RECHSTEINER (1994), S. 27.

[77] Vgl. BÖCKENFÖRDE (1996), S. 6; BOEMLE (1995), S. 546; KRAFT (2001), S. 62 f.; MACHARZINA, DÜRRFELD (2001), S. 767.

[78] Vgl. SCHWEIZER (1990), S. 287.

[79] Im Folgenden wird vereinfachend von Krisenforschung gesprochen. Der Begriff Krise findet in den verschiedensten Disziplinen breite Anwendung. Streng genommen beinhaltet die Krisenforschung demnach auch Forschungsbereiche aus der Politologie, Psychologie u. ä.

hier zusätzlich das proaktive Turnaround-Management benannt, das dem Forschungszweig der Krisenantizipation /-prophylaxe zugeordnet wird. Nachfolgend
werden die Forschungsbereiche näher vorgestellt.

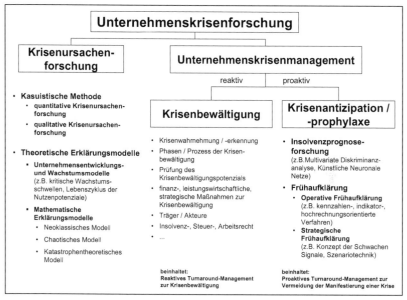

Abb. 6: Teildisziplinen der Unternehmenskrisenforschung

Die moderne Managementforschung bedient sich der Erfolgsfaktorenanalyse, um
aus der Menge aller Einflussgrößen für den Unternehmenserfolg diejenigen Bestim-
mungsgrößen zu identifizieren, die den Erfolg eines Unternehmens langfristig entscheidend beeinflussen.[80] Ziel dieser Forschungsrichtung ist es, Handlungsempfehlungen für eine erfolgreiche Unternehmensführung zu formulieren. Einen vergleichbaren Zweck verfolgt die **Krisen- bzw. Insolvenzursachenforschung.** Sie sucht
nach den Faktoren, die in der Vergangenheit Ursache für die Entstehung von Krisen
und Insolvenzen waren. Aus den ermittelten Misserfolgsfaktoren werden im Umkehrschluss Erfolgsfaktoren als „Antipode" abgeleitet,[81] die zur Krisenvermeidung besonderer Aufmerksamkeit der Unternehmensleitung bedürfen. Während die Insolvenzursachenforschung das insolvente Unternehmen in den Mittelpunkt ihrer Untersuchungen stellt, betrachtet die Krisenursachenforschung zusätzlich auch Unternehmen, die
sich in einem der Insolvenz vorgelagerten Krisenstadium befinden oder denen eine

---

[80] Vgl. GRUBER (2000), S. 53; PINKWART, KOLB (2003), S. 55.
[81] Vgl. GÜNTHER, SCHEIPERS (1993), S. 448.

51

Krisenbewältigung erfolgreich gelungen ist.[82] Folglich kann die Insolvenzursachenforschung als Teildisziplin der Krisenursachenforschung verstanden werden.[83]

Die Krisenursachenforschung lässt sich in theoretische Erklärungs- bzw. Hypothesenmodelle und kasuistische Methoden einteilen.[84] Letztere können wiederum in quantitative und qualitative Methoden differenziert werden. Die **quantitative Ursachenforschung** erhebt auf Basis statistischer Daten der amtlichen Insolvenzstatistiken oder von Wirtschaftsauskunfteien signifikante Besonderheiten von Krisenunternehmen. Sie unterstellt einen ursächlichen Zusammenhang zwischen strukturellen Daten (z. B. Rechtsform, Unternehmensalter, Branchenzugehörigkeit, Mitarbeiterzahl) und dem Misserfolg von Unternehmen.[85] Da die eigentlichen Ursachen auf diesem Wege jedoch kaum erfasst werden können, haben die Ergebnisse lediglich deskriptiven Charakter.[86] Die **qualitative Ursachenforschung**[87] erweitert ihre Erhebungen um Informationen, die aus konkreten Fallanalysen (z. B. Insolvenzakten) oder Befragungen von Experten (z. B. Insolvenzverwalter, Unternehmensberater, Kreditinstitute) und unmittelbar von einer Unternehmenskrise betroffenen Personen(gruppen) wie Gesellschaftern, Geschäftsführern oder Mitarbeitern gewonnen werden. Diese Vorgehensweise ermöglicht dezidiertere Aussagen zu potenziellen Krisenursachen(bereichen) und dürfte in Anbetracht des zugrunde liegenden Expertenwissens eher dazu beitragen, die Komplexität von Krisenursachen zu erfassen.[88] Sie unterliegt aber der Schwäche der subjektiven Wahrnehmung und der unterschiedlichen Interessenlagen der Befragten. Hinzu kommt die häufig begrenzte Anzahl untersuchter Fälle, was die Repräsentativität und Vergleichbarkeit der Ergebnisse zumindest in Frage stellt.

Trotz aller Einschränkungen ist es das Verdienst der kasuistischen Methoden, dass erste quantifizierte Erkenntnisse über die Art und Bedeutung von Krisenursachen

---

[82] Vgl. HESSELMANN (1995), S. 8. Aufgrund der geringen Datenverfügbarkeit über positiv verlaufene Krisen beschränkt sich die Ursachenforschung häufig auf das insolvente Unternehmen als Analyseobjekt. Hierüber liegen aus amtlichen Insolvenzstatistiken und Gerichtsakten weitgehend objektivierte und damit vergleichbare Informationen vor; vgl. PINKWART, KOLB (2003), S. 55.

[83] Hier werden daher hauptsächlich die Begriffe Krisenursachenforschung und Krisenursachen verwendet, welche die Begriffe Insolvenzursachenforschung und die Insolvenzursachen jeweils einschließen.

[84] Vgl. GÜNTHER, SCHEIPERS (1993), S. 448.

[85] Vgl. KRYSTEK, MÜLLER (1995a), S. 28.

[86] Es lassen sich zwar Wirtschaftsbereiche (Baugewerbe / Verkehr- und Nachrichtenübermittlung) oder Rechtsformen (GmbH) identifizieren, die aufgrund ihrer am Unternehmensbestand gemessenen hohen relativen Insolvenzhäufigkeit besonders krisengefährdet erscheinen. Alleine aus diesen strukturellen Merkmalen kann aber noch kein ursächlicher Zusammenhang mit einer Krise hergestellt werden. Allenfalls können sie als Symptome mit beschränktem Aussagegehalt verstanden werden; vgl. BEA, KÖTZLE (1983), S. 566.

[87] Vgl. zu qualitativen, empirischen Untersuchungen die Übersicht bei PINKWART, KOLB (2003), S. 87 ff.

[88] Vgl. KRYSTEK, MÜLLER (1995a), S. 28.

sowie Ansätze zu Krisentypologisierungen vorliegen.[89] Allerdings besteht aufgrund ihrer statischen bzw. zeitpunktorientierten Betrachtung ein Erklärungsdefizit hinsichtlich der Entwicklung, die zur Krisenentstehung führt. Diese Lücke versuchen theoretische Modelle zu schließen, die zur Erklärung **Unternehmensentwicklungs- und Wachstumsmodelle**[90] heranziehen und dabei den gesamten Krisenentwicklungsprozess abbilden.[91] Sie basieren darauf, dass eine Unternehmensentwicklung nicht stetig verläuft, sondern durch sich abwechselnde Phasen des Wachstums, der Konsolidierung und der Schrumpfung gekennzeichnet ist.[92] Man geht davon aus, dass die Phasen jeweils unterschiedliche Anforderungen an die Führung und Organisation eines Unternehmens stellen. Werden diese Ansprüche nur unzureichend erfüllt, können Krisen entstehen. Diese können in jeder Phase des Lebenszyklus auftreten.[93] In den Krisenmodellen werden z. B. das Erreichen einer bestimmten Unternehmensgröße, Fehler des Managements sowie Veränderungen des Unternehmensumfelds als entwicklungsrelevante Faktoren verstanden.[94] Es soll aber nicht der Eindruck entstehen, dass Unternehmenskrisen als vorherbestimmte Ereignisse anzusehen sind. Die Unternehmensentwicklung wird vielmehr stark von Managemententscheidungen bestimmt, so dass auch die Krisenentstehung durch sie beeinflusst werden kann.[95] Insofern liefern die Modelle einen Erklärungsbeitrag für die Entstehung von Krisen, können aber keine Allgemeingültigkeit für sich in Anspruch nehmen.

Um Entwicklungsverläufe bzw. im Speziellen krisenhafte Entwicklungen von Unternehmen zu erklären, wurden des Weiteren **mathematische Modelle** entwickelt, die auf unterschiedlichen theoretischen Ansätzen basieren. Auf ALBACH geht z. B. das neoklassische Modell zurück, das mit Hilfe linearer und nicht-linearer Gleichungen das dynamische Entscheidungsverhalten von Industrieunternehmen abbildet. Auf Grundlage dieses Modells können Bedingungen simuliert werden, welche die Insolvenz von Unternehmen auslösen.[96] CHANDLER, SCHÖNBRUNN entwickelten aufbauend auf der Katastrophentheorie ein analytisches Modell zur Ermittlung des Fortführungspotenzials von Unternehmen in Krisensituationen.[97] PINKWART untersuchte den

---

[89] Vgl. GRENZ (1987), S. 68; vgl. Kap. D.2.2.1 ausführlicher zu den Erkenntnissen der Ursachenforschung.

[90] Vgl. z. B. ALBACH (1976), S. 686 ff.; ALBACH, BOCK, WARNKE (1984), S. 779; ALBACH, BOCK, WARNKE (1985), S. 121 ff.; ARGENTI (1976), S. 148 ff.; BLEICHER (1979), 62 ff.; BLEICHER (1983), S. 403 ff.; BUCHELE (1967), S. 9 ff.; GREINER (1972), S. 40 ff.; LIPPITT, SCHMIDT (1967), S. 104 ff.; PÜMPIN, PRANGE (1991), S. 211 ff.

[91] Vgl. LAFRENZ (2004), S. 156 ff.

[92] Vgl. ALBACH (1993), Sp. 4420.

[93] Vgl. RAMAKRISHNAN, SHAH (1989), S. 27.

[94] Vgl. JÄGER (1998), S. 72.

[95] Vgl. ALBACH (1986), S. 8; KRYSTEK (1989b), S. 190; PINKWART (1992), S. 16; PÜMPIN, PRANGE (1991), S. 211.

[96] Vgl. ALBACH (1987), S. 18 ff.; ALBACH (1993), Sp. 4429 ff.

[97] Vgl. CHANDLER, SCHÖNBRUNN (1982); vgl. die kritische Würdigung dieses Ansatzes bei PINKWART (1993), S. 884 ff.

Beitrag der Chaostheorie zur Erklärung von Unternehmenskrisen. Er weist analytisch auf Basis nichtlinearer Differentialgleichungen nach, dass Strategieänderungen im Unternehmen ohne Außen- bzw. Zufallseinwirkung zu diskontinuierlichem oder irregulärem Verhalten und damit in einen chaotischen Bereich führen können, in dem Routineentscheidungen des Managements versagen. Letztlich kann dadurch der Unternehmenszusammenbruch ausgelöst werden.[98]

Zum Krisenmanagement gehört das proaktive Management, das auch als **Krisenantizipation und –prophylaxe** verstanden wird. Der Zusatz „proaktiv" verdeutlicht, dass das Krisenmanagement keine Reaktion auf eine bereits existente Krise darstellt, sondern impliziert vielmehr Handeln im Krisenvorfeld. Die Krisenantizipation und –prophylaxe soll durch die so genannte **Frühaufklärung** erreicht werden.[99] Sie beabsichtigt, zukünftige Entwicklungen und Ereignisse zu antizipieren, um zeitnah agieren zu können. Ziel ist es, eine „*überraschungsfreie Unternehmensentwicklung*"[100] zu ermöglichen. Neben der operativen Frühaufklärung, die auf Basis kennzahlen-, hochrechnungs- und indikatororientierter Verfahren Kenngrößen entwickelt, die Negativentwicklungen frühzeitig anzeigen sollen, hat insbesondere die strategische Frühaufklärung Eingang in die Krisenforschung gefunden. Sie beruht auf dem Konzept der schwachen Signale,[101] welches annimmt, dass Diskontinuitäten in der Unternehmensentwicklung nicht plötzlich auftreten, sondern das Ergebnis einer Ursache-Wirkungskette sind. Diese zeitlich vorgelagerten Phänomene können in Form schwacher qualitativer Signalen wahrgenommen und interpretiert werden.[102] Die Frühaufklärung als letzte Entwicklungsstufe nach der Frühwarnung und der Früherkennung hat nicht nur die frühzeitige Ortung von Bedrohungen (und Chancen) zum Gegenstand, sondern beinhaltet auch den Aspekt der Initiierung von Strategien und Handlungsprogrammen.[103] Diesem Gedanken folgend ist das Turnaround-Management in sehr frühen Krisenstadien ebenfalls als antizipatives Management zu verstehen.

---

[98] Vgl. PINKWART (1992), S. 20 ff. Chaotisches Verhalten ist u. a. auf Nichtlinearitäten in dynamischen Systemen und eine sensible Abhängigkeit von Anfangsbedingungen und Kontrollparametern zurückzuführen. Damit ist Chaos in diesem Sinne nicht mit Unordnung oder Regellosigkeit gleichzusetzen.
[99] Vgl. für einen Überblick BAUER (2005), S. 281 ff.
[100] KRYSTEK, MÜLLER-STEWENS (1993), S. 5.
[101] Das Konzept der schwachen Signale geht auf ANSOFF (1975) zurück.
[102] Vgl. PINKWART (1992), S. 20; PINKWART, KOLB (1999), S. 15 ff.
[103] Vgl. KRYSTEK, MÜLLER-STEWENS (1993), S. 20 f.

Zur Krisenantizipation zählt ebenfalls die **Insolvenzprognose**.[104] Es wurden verschiedene mathematisch-statistische Methoden entwickelt,[105] mit deren Hilfe die Wahrscheinlichkeit einer Unternehmensinsolvenz auf Basis von z. B. Jahresabschlussdaten prognostiziert werden soll. Diese Verfahren werden insbesondere zur Diagnose der Insolvenzgefährdung bei fremden Unternehmen herangezogen und zielen auf einen verbesserten Gläubigerschutz.[106] Sie haben in der Kreditwirtschaft weite Verbreitung gefunden, wo sie zur Risikoeinschätzung von Kreditengagements und damit zur Minimierung des Kreditausfallrisikos genutzt werden. Für diese Methoden gelten die o. a. Einschränkungen der quantitativen Krisenursachenforschung, denn bezüglich der ursächlichen Auslöser einer Krise werden keine exakten Aussagen getroffen. Es werden vielmehr diejenigen Krisenanzeichen in Form von Kennzahlen ermittelt, die möglichst frühzeitig mit einer hohen Trefferquote eine drohende Insolvenz prognostizieren.[107] Weitergehende Ansätze implementieren auch qualitative Faktoren, um die Insolvenzprognosewahrscheinlichkeit zu erhöhen.[108]

Die Bandbreite der **Krisenbewältigung** reicht von der Weiterführung des Unternehmens durch einen erfolgreichen Turnaround bis zur zwangsweisen Liquidation.[109] Im Einzelnen beschäftigt sich die Forschung mit der Wahrnehmung von Krisen, der phasenorientierten Aufarbeitung des Krisenprozesses, der Prüfung des Fortführungspotenzials und der Identifizierung finanz-, leistungswirtschaftlicher und strategischer Maßnahmen zur erfolgreichen Krisenbewältigung. Im Fokus steht aber nicht nur das Krisenunternehmen, sondern auch die mittel- und unmittelbar am Krisenprozess beteiligten Personen und Institutionen. Darüber hinaus werden insolvenz-, arbeits- und steuerrechtliche Fragestellungen behandelt.

Um dem Ziel gerecht zu werden, ein umfassendes Konzept zur Krisenbewältigung zu erarbeiten, müssen im Folgenden Anleihen aus allen Bereichen der Unternehmenskrisenforschung genommen werden. Die Krisenursachenforschung liefert trotz der aufgeführten Mängel wertvolle Hinweise über typische Entstehungsbereiche und Ursachen von Krisen. Deren Kenntnis ist Grundlage der Ausgestaltung des Turnaround-Managements eines jeden individuellen Krisenfalls.[110] Die Erkenntnisse der Turnaround-Forschung stellen die wissenschaftliche Hauptbasis der vorliegenden Ausarbeitung dar. Der Rückgriff auf Sanierungs- und Restrukturierungsliteratur ist

---

[104] Einen umfassenden Überblick der Insolvenzprognosemethoden bieten z. B. TYTKO (1999), S. 167 ff. und WILDEN (2004), S. 97 ff.; vgl. auch die vertiefenden Beiträge im Herausgeberband HAUSCHILDT, LEKER (2000).
[105] Z. B. Multivariate Diskriminanzanalysen oder Künstliche Neuronale Netze; vgl. zur Diskriminanzanalyse als Insolvenzprognosemodell insbesondere ALTMAN (1968), S. 590 ff.
[106] Vgl. MÜLLER (1986), S. 22.
[107] Vgl. PINKWART, KOLB (2003), S. 56.
[108] Vgl. die Z-/Q-Methode von HESSELMANN (1995).
[109] Vgl. FELDBAUER-DURSTMÜLLER (2003), S. 136.
[110] Vgl. RESKE, BRANDENBURG, MORTSIEFER (1978), S. 3.

aufgrund der engen Verwandtschaft sinnvoll und notwendig. Schließlich sollten Erkenntnisse der Frühaufklärungsforschung berücksichtigt werden, um ein Managementkonzept entwickeln zu können, das auch nach erfolgreichem Turnaround im Unternehmen eingesetzt wird und der Frühaufklärung künftiger krisenhafter Tendenzen
im Sinne eines proaktiven Turnaround-Managements dienen kann.

2.2 Stand der Turnaround-Forschung

Trotz der Aktualität und Wichtigkeit der Thematik findet der Unternehmens-
Niedergang und -Turnaround in der wirtschaftswissenschaftlichen Literatur vergleichsweise wenig Beachtung. Die Wissenschaft hat sich in der Vergangenheit stärker mit der **Gestaltung von Gründungs- und Wachstumsprozessen** von Unternehmen auseinander gesetzt, während der Turnaround häufig nur indirekt Eingang in
die Betriebswirtschaftslehre fand, indem unter den Schlagworten Strategische Neuausrichtung, Reorganisation, Business Reengineering, Change Management etc.
diverse Ansätze zur Sicherung bzw. Wiederherstellung der Wettbewerbsfähigkeit und
Gestaltung des Unternehmenswandels propagiert wurden.[111] Ausgangsbasis für diese Betrachtungsweise waren aber meist Unternehmen, deren Ertrags- und Liquiditätssituation ausreichend Ressourcen für interne Anpassungsprozesse bereit hält.
Eine Turnaround-Situation und speziell ihre Bewältigung waren bislang im deutschsprachigen Raum[112] nur in vergleichsweise geringem Umfang Gegenstand von Forschungsbemühungen und finden erst in letzter Zeit vor der Folie schlechter konjunktureller Rahmenbedingungen und steigender Insolvenzzahlen wieder mehr Beachtung.[113] Folglich muss die Turnaround-Forschung hierzulande als noch recht **junge
Disziplin der Betriebswirtschaftslehre** angesehen werden.[114] Im angloamerikanischen Raum hat sie dagegen eine längere Tradition und hat auch eine größere Anzahl an Publikationen hervorgebracht. Nichtsdestotrotz konstatieren auch dort Wissenschaftler, dass *„despite over two decades of research effort, our understanding of
corporate turnaround is very incomplete".*[115]

---

[111] Vgl. SHUCHMAN, WHITE (1995), S. 27; NEUMAIR (1999), S. 293: *„The study of corporate success and
growth has dominated the literature on strategic management and organisations studies. The phe-
nomena of organisational decline and failure have, in contrast, been largely neglected."*
[112] Die meisten Veröffentlichungen sind im amerikanischen Forschungsraum entstanden. Im deutschsprachigen Gebiet haben sich insb. Forscher der Universität St. Gallen (Schweiz) mit dieser Thematik befasst.
[113] Vgl. GLESS (1996), S. 106. Aktuell sind mehrere deutschsprachige Dissertationen (z.B. KELBER
(2004); KRAFT (2001); LAFRENZ (2004); MOLDENHAUER (2004)) sowie Herausgeberbände (z.B. BICK-
HOFF ET. AL. (2004); BRÜHL, GÖPFERT (2004); BUTH, HERMANNS (2004); SCHMEISSER ET AL. (2004) zu
verschiedenen Aspekten des Krisenmanagements veröffentlicht worden.
[114] Vgl. BICKHOFF, EILENBERGER (2004), S. 3.
[115] PANDIT (2000), S. 51.

Die Literatur, die sich mit dem Unternehmens-Turnaround beschäftigt, lässt sich in drei Kategorien einordnen.[116] Erstens gibt es **praxisorientierte Veröffentlichungen**, die von Turnaround-Experten oder praxisnahen Wissenschaftlern verfasst werden.[117] Im Stil von Erfahrungsberichten bereiten sie erfolgreiche Turnarounds fallstudienartig als Best-Practice-Beispiele auf oder geben Turnaround-Know-how aus eigener praktischer Erfahrung in Form von Handlungsempfehlungen weiter. Diese Literatur ist i. d. R. durch einen narrativen Stil gekennzeichnet und gibt mit Checklisten und Fallbeispielen praktische Hilfestellung zur Krisenbewältigung. Sie unterliegt der Kritik, dass die ausgesprochenen Empfehlungen nur unzureichend systematisiert werden und Wirkungszusammenhänge darin nicht genügend Berücksichtigung finden.[118] Trotzdem bietet das umfangreiche Erfahrungswissen eine wertvolle Basis für eine Auseinandersetzung mit der Thematik. Eine zweite Gruppe von Veröffentlichungen kann zur **rechtswissenschaftlichen Literatur** gezählt werden.[119] Sie beschäftigen sich vor allen Dingen mit den Besonderheiten der Krisenbewältigung im Rahmen des Insolvenzrechts, aber auch mit spezifischen arbeits- und steuerrechtlichen Problemen im Kontext der Unternehmenskrise. Die Verfasser sind meist Insolvenzverwalter, Juristen oder Rechtswissenschaftler. Üblicherweise sprechen diese Autoren aber nicht von Turnaround, sondern benutzen den Sanierungsbegriff. Drittens setzt sich die **betriebswirtschaftliche Literatur** mit dem Turnaround auseinander. Sie versucht, allgemein gültige Aussagen zum Turnaround abzuleiten und den Turnaround-Prozess und seine Phasen zu bestimmen und modellhaft abzubilden.[120] Des Weiteren wird versucht, erfolgversprechende Strategien und Maßnahmen im Turnaround zu identifizieren.[121] Neben diesen generellen Untersuchungsansätzen gibt es Beiträge, die spezielle Teilprobleme des Turnarounds fokussieren.[122] Weitere Publikationen

---

[116] Die Einteilung der Literatur in die folgenden Kategorien ist nicht überschneidungsfrei und erfolgt hier nach dem jeweiligen Schwerpunkt.

[117] Vgl. u. a. FAULHABER, LANDWEHR (2005); FECHNER (1999); GOLDSTON (1992); GRÖPPER (1999); HESS ET AL. (1998); MÜLLER-GANZ (2004); NUENO (1993); SCHOPFLOCHER (1995); SHUCHMAN, WHITE (1995); SILVER (1992); SLOMA (1985) sowie die Beiträge in den Herausgeberbänden DROEGE & COMP. (2003) und SIEGWART ET AL. (1990).

[118] Vgl. DIPPEL (2004), S. 170; KALL (1999), S. 11.

[119] Vgl. u. a. BRAUN, UHLENBRUCK (1997); BRÜCHNER (1999); EHLERS, DRIELING (1998); KAUTZSCH (2001); RITTER (2000); WELLENSIEK (2002) sowie die Beiträge in den Herausgeberbänden BECK, MÖHLMANN (2000) und BERTL ET AL. (1998).

[120] Vgl. z. B. BIBEAULT (1982); CHOWDHURY (2002); GRINYER, MCKIERNAN (1990); ROBBINS, PEARCE (1992); STOPFORD, BADEN-FULLER (1990). Siehe auch die Übersicht einiger Quellen in Tab. 4.

[121] Vgl. z. B. HAMBRICK, SCHECTER (1983); HOFER (1980); ROBBINS, PEARCE (1992); SCHENDEL, PATTON, RIGGS (1976), THIÉTART (1988).

[122] Vgl. z. B. KALL (1999) und SANDFORT (1997), die das Turnaround-Controlling fokussieren. ACHILLES (2000) setzt sich mit der Kommunikation im Turnaround auseinander. HARKER (1998), KÖPPEL (1994) , PINKWART (2000a) thematisieren marketing-spezifische Aspekte. Share- und Stakeholder der Krisenunternehmen stehen im Mittelpunkt der Arbeiten von FRANCESCHETTI (1993), LAFRENZ (2004), NOTHARDT (2001).

thematisieren den Turnaround in speziellen Branchen und Regionen.[123] Ingesamt überwiegen in der Turnaround-Literatur funktions- resp. prozessbezogene Arbeiten, wobei nur wenige Autoren die Besonderheiten des Turnarounds von KMU berücksichtigen.[124]

Wie GLESS feststellt *ist bisher nur ansatzweise geklärt, welche Instrumente der Betriebswirtschaftslehre in der Unternehmenskrise eine besondere Bedeutung erlangen."*[125] Prinzipiell können im Verlauf eines Unternehmens-Turnarounds je nach Schwerpunktsetzung und Problemlage eine Vielzahl der in der Betriebswirtschaftslehre propagierten Managementkonzepte oder -instrumente zum Einsatz kommen. Diese sind aber in der Regel nicht zur ganzheitlichen Steuerung des Prozesses geeignet, sondern liefern nur punktuell wertvolle Unterstützung bei Analyse-, Planungs- und Umsetzungsaufgaben. Zudem sind diese Methoden üblicherweise nicht speziell auf Krisensituationen ausgerichtet, sondern werden zur Erreichung bestimmter Ziele (z. B. strategische Neuausrichtung, Gestaltung von Internationalisierungs- / Wachstumsprozessen) während „Normalphasen" der Unternehmensentwicklung empfohlen. Einige Autoren haben hier einen Nachholbedarf erkannt und Konzepte entwickelt, die speziell in Turnaround-Situationen zum Einsatz kommen sollen.

Ein Großteil der Ansätze ist den praxisorientierten Publikationen zuzurechnen. Die meisten verfolgen mit einem prozessualen Aufbau die **Abbildung des gesamten Turnaround-Prozesses**. Die Problemstellungen der einzelnen Prozessabschnitte werden beschrieben und Lösungsansätze dafür präsentiert.[126] Die verschiedenen Ansätze variieren hinsichtlich ihres Detaillierungsgrads und der Schwerpunktsetzung. Sie präsentieren in der Regel keine spezifischen betriebswirtschaftlichen Instrumente zur Krisenbewältigung, sondern greifen auf das bekannte Instrumentarium zur Analyse, Planung, Umsetzung und Kontrolle zurück. Ihnen ist zudem gemeinsam, dass KMU-spezifische Belange nicht explizit berücksichtigt werden. Die meisten Vorschläge gehen davon aus, dass das Management ausgetauscht werden sollte, was in KMU mit erheblichen Schwierigkeiten verbunden ist. Die Fokussierung auf Großunternehmen bedingt zudem, dass hauptsächlich Probleme des Fremdmanagements diskutiert werden, während die spezifische Problematik des Unternehmers (persönliche Existenzbedrohung, Rollenkonflikte) weitgehend unberücksichtigt bleibt.[127]

---

[123] Vgl. z. B. KELBER (2004) und MOLDENHAUER (2004), die den Turnaround von Unternehmen der New Economy untersuchen. Nach der deutschen Wiedervereinigung wurden Arbeiten veröffentlicht, die sich mit der Anpassung ostdeutscher Wirtschaftsstrukturen an die Marktwirtschaft durch die Treuhandanstalt auseinander setzen; vgl. DÜRNHÖFER (1998); GLESS (1996); GUNZENHAUSER (1995); SCHULTEN (1995); ZWICK (1992).

[124] Vgl. BOYLE, DESAI (1991); CHOWDHURY, LANG (1993, 1996a und 1996b); CLASEN (1992); LORENZ (1998); PINKWART, KOLB (2000); PINKWART, KOLB, HEINEMANN (2005).

[125] GLESS (1996), S. 104.

[126] Vgl. z. B. BÖCKENFÖRDE (1996), S. 47 ff.; GUY (1989), S. 55 ff.; PLATT (2004), S. 75 ff.

[127] Vgl. CLASEN (1992), S. 162 f.

Fremdkapitalgeber und Gesellschafter stehen als relevante Anspruchsgruppen weniger im Mittelpunkt der Betrachtung. Dafür werden Probleme von Publikumsgesellschaften, welche unter den KMU seltener anzutreffen sind, erörtert.

CLASEN nimmt diese Kritikpunkte auf und präsentiert ein sehr umfassendes Konzept, dass speziell auf die **Belange von KMU** ausgerichtet ist.[128] Es handelt sich ebenfalls um einen phasenorientierten Ansatz, der die Abschnitte Identifikations-, Initialisierungs- und Stabilisierungsphase unterscheidet. Der Autor beschreibt sehr detailliert die Aufgaben, die das Turnaround-Management in den einzelnen Abschnitten bewältigen muss. Dazu präsentiert er eine Fülle von Hilfsmitteln (z. B. Schemata, Kataloge und Checklisten). Der Schwerpunkt seines Modells liegt auf der Ableitung geeigneter Turnaround-Maßnahmen.[129] Er fokussiert die akuten Krisenphasen, nimmt also weniger Bezug auf strategische Krisen. Zu honorieren ist sicherlich der umfassende und sehr detaillierte Ansatz, den CLASEN verfolgt. Alle relevanten Problemstellungen werden mehr oder weniger umfassend erörtert und Lösungsvorschläge dazu erarbeitet. Zugleich ist er einer der wenigen Autoren, der die spezifischen Anforderungen von KMU thematisiert. Die Schwäche seines Konzepts liegt in einer fehlenden Verknüpfung der einzelnen Teilschritte. Es fehlt ein übergeordnetes Leitkonzept, das den Prozess nicht nur in einzelne Abschnitte einteilt, sondern diese auch inhaltlich miteinander verknüpft. Zudem folgen die Turnaround-Phasen in linearer Abfolge, was Vor- und Rückkopplungen ausblendet.

Neben den modellhaften Ansätzen existieren einige Ansätze, bei denen bereits bekannte betriebswirtschaftliche Konzepte bzw. Instrumente auf die Besonderheiten von Krisensituationen angepasst werden. Einige Autoren empfehlen beispielsweise **Modifikationen der Balanced Scorecard** zur Krisenbewältigung. Das ganzheitliche Konzept zur strategischen Unternehmenssteuerung soll helfen, den Turnaround-Prozess strategisch auszurichten und zu steuern.[130] SCHULTEN empfiehlt alternativ PORTERS **Wertkette**[131] zur Optimierung der Krisenhandhabung.[132] Der Schwerpunkt

---

[128] CLASEN (1992), S. 157 spricht selbst von einem „unternehmerorientierten" Konzept des Turnaround-Managements.

[129] Vgl. CLASEN (1992), S. 163 ff.

[130] Vgl. HAGHANI, PIELER (2004), S. 307 ff.; PINKWART, HEINEMANN, KOLB (2005), S. 77 ff.; PRILLER, RATHNOW (2004), S. 102 ff. Vgl. auch die detaillierten Ausführungen und kritischen Anmerkungen zu den Instrumenten in Kap. E.2.1.

[131] Vgl. zum originären Modell der Wertkette PORTER (1999b), S. 63 ff.

[132] Vgl. SCHULTEN (1995), S. 252 ff. PORTERS Wertkette untersucht in ihrer originären Form die Geschäftstätigkeit des Unternehmens in Abhängigkeit von den Wirkungsbeziehungen mit seiner Umwelt. Mit dieser verknüpfenden Sichtweise soll ein umfassendes Bild der Wettbewerbssituation ermittelt werden, das als Grundlage für eine wettbewerbsstrategische Ausrichtung dient. Dem existenzbedrohenden Charakter von Unternehmenskrisen trägt SCHULTEN Rechnung, indem er dem Modell eine zeitliche Dimension hinzufügt, welche die Bedeutung operativer Problemstellungen hervorheben soll. Des Weiteren werden Turnaround-Potenziale und zu erwartende Reaktionswiderstände in der Wertkette deutlich gemacht.

dieses Instruments liegt auf der Optimierung der Analyse- und Konzeptionsphase des Turnarounds. Die Komplexität des Turnaround-Managements wird auf ein Entscheidungsmodell reduziert, das Krisenursachen und adäquate Gegenmaßnahmen fokussiert. Der Umsetzungsprozess wird damit nicht ausreichend berücksichtigt.

Insgesamt liefern die Konzepte und Instrumente **wertvolle Ansatzpunkte zur Unterstützung des Turnaround-Prozesses**. Die prozessorientierten Ansätze erörtern phasenspezifische Problemstellungen und geben entsprechende Handlungsempfehlungen. Die Ansätze, welche spezifische Kriseninstrumentarien entwickeln, verdeutlichen, dass eine Anpassung des betriebswirtschaftlichen Standardinstrumentariums für Krisensituationen notwendig ist. Allerdings scheinen die vorliegenden Ansätze bislang nicht in der Lage zu sein, die Phasen des Turnaround-Prozesses hinreichend miteinander zu verknüpfen, sondern leisten einen **Beitrag zur Verbesserung einzelner Teilabschnitte**. Die meisten Konzepte haben zudem gemeinsam, dass sie die spezifischen Problemlagen von KMU außer Acht lassen und eher unternehmensgrößenunabhängig bzw. auf Großunternehmen ausgerichtet sind.

Wissenschaftliche Untersuchungen zum Turnaround, die sich auf **empirische Auswertungen** stützen, versuchen durch den Vergleich erfolgreicher mit erfolglosen Turnarounds erfolgversprechende Strategien und Maßnahmen zu identifizieren und daraus Handlungsempfehlungen abzuleiten. Die Grundgesamtheit der untersuchten Fälle ist i.d.R. relativ überschaubar, wobei sich die meisten Untersuchungen mit größeren Unternehmen befassen.[133] Die Probleme der empirischen Turnaround-Forschung sind vergleichbar mit denen der Krisenursachenforschung: heterogene, komplexe Untersuchungsobjekte erschweren die Vergleichbarkeit und damit die Generalisierungsmöglichkeiten.[134] Zudem gestaltet sich die Datenerhebung mangels offizieller Statistiken sowie der allgemein eingeschränkten Auskunftsbereitschaft von Krisenunternehmen schwierig. Tab. 4 gibt einen Überblick der empirischen Turnaround-Studien, die auf einer größeren Anzahl untersuchter Fälle basieren und listet deren wichtigste Ergebnisse stichpunktartig auf.[135]

---

[133] CHOWDHURY, LANG (1996a), S. 169: „*There is only a very small body of empirical research on turnaround of small firms, …*".

[134] Auf die grundsätzliche Problematik der quantitativen Bestimmung von Turnaround-Erfordernis und -Ziel wurde bereits hingewiesen. Die Untersuchungen von ROBBINS, PEARCE (1992) und BARKER, MONE (1994), die beide dieselben Daten verwenden, aber zu recht unterschiedlichen Interpretationen gelangen, dokumentieren die Schwierigkeiten der empirischen Turnaround-Forschung.

[135] Vgl. für eine Übersicht von fallstudienbasierten Untersuchungsansätzen PANDIT (2000), S. 45.

Autor(en)	Untersuchungs-sample	Analyseziel	Zeitraum (Land)	Datenquelle	Wesentliche Erkenntnisse für das Turnaround-Management
SCHENDEL, PATTON (1976)	72 Unternehmen (36 T / 36 NT)	Unterschiedliche Kennzeichen erfolgreicher / erfolgloser Turnarounds; Einfluss von Turnaround-Strategien auf Erfolg	1952-1971 (USA)	Öffentliche Datenbank; Sekundärquellen für qualitative Analyse	▪ Massive Bedrohung oder Schock sind als Auslöser für Gegenmaßnahmen erforderlich. ▪ Signifikante operative und strategische Veränderungen werden für einen Turnaround als erforderlich erachtet.
SCHENDEL, PATTON, RIGGS (1976)	54 Industrieunternehmen (T)	Ermittlung von Krisenursachen; Einfluss von Turnaround-Strategien und Umweltveränderungen / -ereignissen auf Erfolg	1952-1971 (USA)	Öffentliche Datenbank	▪ Die Umwelt hat nur im Zusammenspiel mit internen Schwächen (falsche Strategie oder Schwächen bei der Strategieimplementierung) einen krisenverursachenden Charakter. ▪ Turnarounds gelingen durch Managementaktionen und nicht durch günstige Umweltereignisse. ▪ Signifikante operative und strategische Veränderungen werden für einen Turnaround als erforderlich erachtet. ▪ Operative Probleme erfordern operative Maßnahmen. ▪ Krisen, die durch strategische Fehler verursacht wurden, erfordern strategische Reaktionen.
BIBEAULT (1982)	81 Reife-Unternehmen (T), 16 Turnaround-Experten	Ermittlung von Krisenursachen; Identifizierung Turnaround-Typen; Analyse des Turnaround-Prozesses; Erfolgsfaktoren des Turnarounds	1967-1976 (USA)	Fragebögen; öffentliche Datenbanken	▪ Erfolgsfaktoren des Turnarounds: Neues, kompetentes Management, ökonomisch gesundes Kerngeschäft, adäquate „Brückenfinanzierung", Steigerung der Mitarbeitermotivation ▪ Turnarounds scheitern an: Ineffektivem Management, unzulänglichen finanziellen Ressourcen, schlechter Turnaround-Strategie
HAMBRICK, SCHECTER (1983)	260 SGE (reife Industrieprodukte)	Einfluss von Turnaround-Strategien auf Erfolg	70er Jahre (USA)	PIMS-Datenbank	▪ Identifikation erfolgversprechender Turnaround-Strategien bzw. Strategiebündel, deren Auswahl signifikant von der Unternehmenssituation (Marktanteil, Kapazitätsausnutzung) abhängt: Vermögens- / Kostenreduzierung; ausgewählte Kürzungen bzw. Beschneidungen im Markt- / Produktbereich, „piecemeal"-Strategie (keine umfassende Strategie, nur wenige Modifikationen)
SLATTER (1984)	40 Unternehmen (30 T / 10 NT)	Ermittlung von Krisenursachen; Einfluss von Krisenursachen und Turnaround-Strategien auf Erfolg	1961-1976 (USA/UK)	Fragebögen; öffentliche Datenbanken	▪ Erfolgversprechende Turnaround-Strategien: Managementwechsel, stark zentralisiertes Finanzcontrolling, organisationale Veränderungen und Dezentralisation, Produkt- / Marktneuausrichtung, verbessertes Marketing, Wachstum durch Akquisition, Vermögensreduktion, Kostenreduktion, Investitionen, Umschuldung

Autor(en)	Untersuchungssample	Analyseziel	Zeitraum (Land)	Datenquelle	Wesentliche Erkenntnisse für das Turnaround-Management
O'NEILL (1986b)	51 Kreditinstitute (31 T / 20 NT)	Prüfung der Übertragbarkeit der empirischen Erkenntnisse für Industrieunternehmen auf den Dienstleistungssektor (Kreditinstitute)	1959-1978 (USA)	Öffentliche Datenbanken	• Übertragbarkeit auf Dienstleistungsbranche wird bestätigt. • Turnaround bei Kreditinstituten hängt von einer kombinierten Strategie aus Kostenreduzierung und Umsatzausweitung ab.
THIÉTART (1988)	217 SGE (in 6 Clustern – abh. von Produktalter, Kundentyp etc.)	Einfluss von Turnaround-Strategien auf Erfolg (je SGE-Cluster)	k.A.	PIMS-Datenbank	• Zielkonflikte von Turnaround-Strategien sind unvermeidbar. • Einzelne Strategien reichen für einen erfolgreichen Turnaround nicht aus; es wird eine Kombination von verschiedenen Strategien benötigt. • Erfolgreiche Strategien sind der strategischen Situation des Unternehmens und seines Wettbewerbsumfeld angepasst (Umweltorientierung).
PANT (1991) / PANT (1987)	137 Industrieunternehmen (64 T / 73 NT)	Einfluss von Kontextvariablen (Unternehmens- und Branchenstruktur) auf Turnaround-Erfolg	1970-1982 (USA)	Öffentliche Datenbanken	• Turnaround gelingt kleineren Unternehmen eher als Großunternehmen. • Branchen mit hohen F&E-Aufwendungen begünstigen Turnaround-Versuche (in solchen Branchen gelingt es vergleichsweise leichter, die relative Wettbewerbsposition zu verbessern).
ROBBINS, PEARCE (1992)	32 Unternehmen der Textilindustrie (T)	Einfluss von Turnaround-Strategien („Retrenchment") auf Erfolg	1976-1985 (USA)	Öffentliche / Unternehmensdatenbank	• Retrenchment als unverzichtbarer, integraler Baustein erfolgreicher Turnaround-Strategien • Identifikation von Retrenchment als Turnaround-Phase und -Strategie
MEYER (1993)	180 SGE (66 T / 43 mäßige Rendite / 71 NT)	Einfluss von Turnaround-Strategien auf Erfolg	k.A. (div.)	PIMS-Datenbank	• Betonung kurzfristiger Ergebnisverbesserungen als Turnaround-Ziel kann langfristig kontraproduktiv wirken (Kosteneinsparungen im F&E- und Marketingbereich führen langfristig zu einer deutlichen Verschlechterung der Produktqualität und des Images) = „Scheinturnaround"
BARKER, MONE (1994)	32 Unternehmen der Textilindustrie (T)	Einfluss von Turnaround-Strategien („retrenchment") auf Erfolg	1976-1985 (USA)	Öffentliche Datenbank	• Alternative Interpretation der Datenbasis von ROBBINS, PEARCE (1992): Retrenchment als alleinige Turnaround-Strategie muss nicht zu größerem Turnaround-Erfolg führen. • Auswahl und Abgrenzung des Untersuchungssamples als wichtiges Problem der empirischen Turnaround-Forschung

Autor(en)	Untersuchungssample	Analyseziel	Zeitraum (Land)	Datenquelle	Wesentliche Erkenntnisse für das Turnaround-Management
CHOWDHURY, LANG (1994)	172 produzierende KMU (< 500 MA; älter als 5 Jahre; öffentl. gehandelt) (48 T / 124 NT)	Einfluss von Kontextfaktoren (Organizational Slack, Kapitalintensität) und Turnaround-Strategien auf Erfolg	1984-1987 (k.A.)	Öffentliche Datenbank	▪ Unternehmen mit hohem Slack erzielen eine größere Performanceverbesserung als diejenigen mit niedrigerem Slack-Niveau. ▪ Niedrige Kapitalintensität begünstigt eine Performanceverbesserung.
PARKER, KEON (1994)	71 KMU der Textilindustrie (erfolgreiche Unternehmen in einer Krisenbranche)	Einsatz von Kostensenkungs- und Differenzierungsstrategien in Krisenbranchen; Auswirkungen der Strategien auf die Unternehmensleistung	k.A. (USA)	Fragebögen	▪ Kostensenkungsstrategien werden öfter eingesetzt als Differenzierungsstrategien. ▪ Kostensenkungsstrategien sind mit überdurchschnittlicher Unternehmensperformance verknüpft. ▪ Für allgemeine Differenzierungsstrategien konnte dagegen kein Zusammenhang mit einem Leistungsanstieg ermittelt werden, wohl aber für „Joint-Venture-Strategien".
GOPINATH (1995)	192 KMU (von 9 Kreditinstituten als Problemkredite identifiziert)	Strategien der Kreditinstitute im Umgang mit Kreditkunden (KMU) im Turnaround; Einfluss von Kontextfaktoren	k.A. (USA, Kanada)	Fragebögen, persönl. Interviews	▪ Identifikation vier typischer Strategien von Kreditinstituten als Reaktion auf Problemkredite ▪ Unternehmensgröße, Art bzw. Höhe der Kreditbeziehrung, Annahme des Kreditinstituts über Krisenursachenherkunft (intern / extern), Bedrohungsausmaß der Krise und Kooperationsbereitschaft des Kunden als Determinanten der Strategiewahl
CHOWDHURY, LANG (1996a)	153 produzierende KMU (< 500 MA; älter als 5 Jahre; öffentl. gehandelt) (27 T / 126 NT)	Einfluss von Turnaround-Strategien auf kurzfristigen Turnaround-Erfolg; Unterschiede zu Großunternehmen	1984-1987 (k.A.)	Öffentliche Datenbank	▪ Erfolgreicher Turnaround von KMU als Kombination von drei Strategien: Erhöhung der Mitarbeiterproduktivität, Vermögensabbau / -verkauf, Verlängerung von Zahlungszielen ▪ Im Unterschied zu Großunternehmen sind vergleichbare Kürzungen / Beschneidungen im Produkt- / Marktbereich aufgrund des geringeren Angebotsumfangs und Aktionsradius nicht möglich.
BARKER, DUHAIME (1997)	120 produzierende, börsennotierte Unternehmen (T)	Messung der strategischen Veränderung in Abhängigkeit von Kontextfaktoren	1974-1988 (USA)	Öffentliche Datenbank, Experten-Panel, Fragebögen	▪ Das Ausmaß strategischer Veränderungen während eines Turnarounds variiert mit dem strategischen Veränderungsbedarf des Unternehmens und seinen Kapazitäten bzw. Möglichkeiten solche Veränderungen zu implementieren. ▪ Das strategische Veränderungsausmaß hängt von den Krisenursachen ab.
MUELLER, BARKER (1997)	66 öffentl. gehandelte Unternehmen (33 T / 33 NT)	Analyse der Unternehmensführung im Turnaround (z. B. Zusammensetzung, Größe, Wechsel)	1977-1993 (USA)	Öffentliche Datenbanken	▪ Starker externer Einfluss im Aufsichtsrat wirkt sich positiv auf den Unternehmens-Turnaround aus. ▪ Erfolgreiche Turnaround-Unternehmen entwickeln Strukturen, die schnelle Entscheidungen begünstigen und eine externe Sichtweise einschließen.

Autor(en)	Untersuchungs-sample	Analyseziel	Zeitraum (Land)	Datenquelle	Wesentliche Erkenntnisse für das Turnaround-Management
BARKER ET AL. (1998)	68 öffentl. gehandelte Unternehmen (34 T / 34 NT)	Analyse der Turnaround-Strategie „Downsizing"	1977-1993 (USA)	Öffentliche Datenbanken	• Zwischen Downsizing und Turnaround-Ergebnis wird kein positiver oder negativer Zusammenhang festgestellt. • Erfolgreiche Turnarounds zeichnen sich vielmehr durch Umsatzzuwächse aus.
BERKTOLD (1999)	40 SGE von Industrieunternehmen	Ermittlung von Ausgangssituationen und Strategien für „Revitalisierungen" von SGE	Uneinheitlich (D)	Fragebögen	• Revitalisierungen weisen typische Ausgangssituationen und Strategien auf. • Erfolgreiche Revitalisierungen bedingen einen revolutionären Wandel in der Organisation, bei der die technischen, politischen und kulturellen Systeme verändert werden.
BERGAUER (2001)	30 Industrieunternehmen (> 35 Mio. EUR Jahresumsatz) (T)	Analyse der Rahmenbedingungen, Ziele, Vorgehens- und Verhaltensweisen, Turnaround-Maßnahmen und des Turnaround-Erfolgs	1992-1997 (D)	Wirtschaftspresse, Geschäftsberichte, persönliche Interviews	Merkmale erfolgreicher Krisenbewältigungen (Auswahl): • Simultane Verfolgung kurz- und langfristig orientierter Kosten-, Zeit- und Qualitätsziele; Einsatz von sowohl Konsolidierungs- als auch Neuausrichtungs- und Wachstumsmaßnahmen • Streben nach Unabhängigkeit • Neue Schlüsselpersonen; Führungspersönlichkeit(en) als dominante(r) Verantwortliche(r); dynamisches Führungsverhalten (an den Krisenphasen orientiert) • Aufbau einer zeitlich befristeten Projektorganisation • Personelle und inhaltliche Kontinuität im Prozess • Offene Informations- und Kommunikationspolitik gegenüber den Stakeholdern während des ganzen Prozesses • Konstruktives Krisenverständnis
NOTHARDT (2001)	95 Unternehmen (55 T; 40 NT)	Einfluss von Kontextfaktoren und Turnaround-Strategien auf Erfolg	1987-1994 (D)	Öffentliche Datenbanken	• Starke Bedrohung beeinflusst den Turnaround-Prozess negativ • Reduzierung der Personalkosten begünstigt den Turnaround, Umsatzzuwächse zeigen aber eine noch signifikanterer positive Wirkung auf die Turnaround-Wahrscheinlichkeit. • Unternehmenskontext (Qualität des Managements, Unternehmensgröße, Personalintensität) hat entscheidenden Einfluss auf den Turnaround-Erfolg. Strukturelle Branchenprobleme wirken negativ auf den Turnaround-Prozess. • Intensive Stakeholderbeziehungen begünstigen den Turnaround.

Autor(en)	Untersuchungs-sample	Analyseziel	Zeitraum (Land)	Datenquelle	Wesentliche Erkenntnisse für das Turnaround-Management
SUDARSANAM, LAI (2001)	166 börsenno-tierte Unterneh-men (97 T; 69 NT)	Einfluss von Turnaround-Strategien auf Erfolg; Häufigkeit, Zeitpunkt und Intensität des Ein-satzes der Strategien	1985-1993 (UK)	Öffentliche Daten-banken, Ge-schäftsberichte	▪ Erfolglose Turnarounds sind weniger effektiv bei der Stra-tegieimplementierung und unternehmen intensivere Re-strukturierungsanstrengungen. ▪ Erfolgreiche Turnarounds übernehmen eher wachstums- und marktorientierte Strategien, während erfolglose Turna-rounds stärker „fire-fighting-strategies" verfolgen.
BARKER, PATTER-SON, MUELLER (2001)	154 börsenno-tierte Unterneh-men (45 T, 109 NT)	Einfluss von verschiedenen Kon-textfaktoren (z. B. Alter der Fir-menstrategie, Unternehmensgrö-ße, externer Einfluss im Aufsichts-rat) auf das Ausmaß der personel-len Veränderungen in der Unter-nehmensführung	1975-1989 (USA)	Öffentliche Daten-banken; Interviews	▪ Geringere personelle Veränderungen im Management erfolgen in größeren Unternehmen und in Unternehmen, die seit längerem dieselbe strategische Ausrichtung verfol-gen. ▪ Eine stärkere externe Kontrolle des Aufsichtsorgans geht mit größeren Managementveränderungen einher. ▪ Größere personelle Veränderungen sind mit stärkeren Veränderungen der Wettbewerbsstrategie sowie der inter-nen Strukturen und der Kontrolle verbunden.
BARKER, BARR (2002)	29 produzieren-de, öffentl. geren-handelte Unter-nehmen	Einfluss der lokalen Herkunft, dem das Management die Krisenent-stehung zuschreibt (extern vs. intern) auf den Grad der strategi-schen Reorientierung; Einfluss div. Faktoren (z. B. Wechsel Manage-ment) auf die Interpretation der Krisenursachenherkunft	1975-1989 (USA)	Öffentliche Daten-banken; persönli-che / telefonische Interviews	▪ Manager, die Krisenursachen eher internen Schwächen zuschreiben, nehmen größere strategische Veränderungen vor als diejenigen, die die Krisenursachen externen Fakto-ren zuordnen. ▪ Die Lokalisierung der Krisenursachen hängt von Manage-mentwechsel und Unternehmensgröße ab.
LAFRENZ (2004)	40 börsennotier-te Unternehmen	Identifizierung von „Sanierungs-gestalten"; Einfluss der Sanie-rungsgestalten auf den Sharehol-der Value	1993-2002 (D)	Geschäftsberichte, Turnaround-Konzepte; öffentl. Datenbanken	▪ Steigerung des Shareholder Values wird als geeignetes Sanierungsziel angesehen. ▪ Die Erfolgswirkung von Sanierungsmaßnahmen hängt von internem und externem Unternehmenskontext sowie Inter-dependenzen mit anderen Maßnahmen ab. ▪ Identifikation von vier „Sanierungsgestalten" ▪ Unternehmensgröße wirkt in Abhängigkeit von der jeweili-gen Sanierungsgestalt auf den Erfolg.

Tab. 4: Empirische Studien zum Unternehmens-Turnaround

Legende:

SGE: Strategische Geschäftseinheiten; T: erfolgreicher Turnaround; NT: nicht erfolgreicher Turnaround

Die vorliegenden Erkenntnisse der Turnaround-Forschung fließen in das Konzept des Integrierten Turnaround-Managements ein. Zusätzlich erscheint die kritische Auseinandersetzung mit **Erklärungsbeiträgen anderer Forschungsrichtungen** hilfreich, um das Verständnis des Unternehmens-Turnarounds zu vertiefen und die Entwicklung der Turnaround-Forschung zu fördern.[320] Bislang wurde nur in wenigen wissenschaftlichen Arbeiten zum Turnaround eine Verknüpfung zu anderen theoretischen Ansätzen hergestellt.[321] Dementsprechend fordert GLESS eine „...notwendige *Offenheit, die Ergebnisse anderer Forschungsrichtungen in der zukünftigen Sanierungsforschung zu berücksichtigen.*"[322] Folglich wird nachfolgend dort, wo andere Forschungsrichtungen einen zusätzlichen Erklärungsbeitrag versprechen, eine Verbindung hergestellt.

3. Betriebswirtschaftliche Theorieansätze als Rahmenkonzept

3.1 Systemtheoretischer Ansatz

Zur Auseinandersetzung mit dem Untersuchungsgegenstand des Turnaround-Managements erscheint die Einordnung in einen **grundlegenden theoretischen Rahmen** sinnvoll. Die vorliegende Untersuchung basiert auf einem systemtheoretisch orientierten Verständnis, das Unternehmen als System begreift.[323] Unter einem System versteht man allgemein eine Ansammlung von Elementen, die sich in gegenseitigen Wechselwirkungen befinden. Es kann in Subsysteme untergliedert werden und seinerseits Bestandteil eines übergeordneten Systems sein. Unternehmen werden formal als offene Systeme bezeichnet, da sie mit ihrer Umwelt auf materiellem, sozialem und kulturellem Wege interagieren.[324] Inhaltlich können Unternehmen als ökonomische, sozio-technische Systeme gekennzeichnet werden.[325] Das System Unternehmen kann grundsätzlich in zwei Subsysteme untergliedert werden: das Führungssystem gestaltet und steuert das Unternehmen und das Ausführungssystem setzt dessen Entscheidungen in operative Handlungen um.[326]

---

[320] Dies gilt umso mehr, als die empirische Turnaround-Forschung aufgrund der Heterogenität und Komplexität des Untersuchungsgegenstandes offenbar gewissen Grenzen unterworfen ist.

[321] Vgl. PANDIT (2000), S. 48.

[322] Vgl. GLESS (1996), S. 19

[323] Die Systemtheorie befasst sich mit der Fragestellung, wie Beziehungen innerhalb von realen Systemen hoher Komplexität ablaufen (vgl. GÄLWEILER (1987), S. 286) und wie diese Systeme wissenschaftlich erfasst und modellhaft abgebildet werden können; vgl. ULRICH (1984), S. 177. Kern der Systemtheorie ist die Erforschung von Gemeinsamkeiten dynamischer komplexer Systeme, ihrer Struktur, ihres Verhaltens sowie ihrer Entwicklung; vgl. KIRCHHOF (2003), S. 30. Vgl. auch ALBACH, ALBACH (1989), S. 1 f. und 7 ff. zum Unternehmen als offenes, dynamisches System.

[324] Vgl. MACHARZINA (2003), S. 70.

[325] Vgl. BLEICHER (1979), S. 8.

[326] Vgl. SANDFORT (1997), S. 45.

Neben der Sicherung ihrer Überlebensfähigkeit besteht das Hauptproblem sozialer Systeme in der **Bewältigung der Komplexität** der Umwelt.[327] Umgangssprachlich wird der Begriff Komplexität verwendet, um die Kompliziertheit, Unübersichtlichkeit und Unverständlichkeit eines Sachverhaltes auszudrücken.[328] Die Wissenschaft versteht darunter abstrakt ausgedrückt, dass reale Systeme viele Zustände und Zustandskonfigurationen aufweisen können.[329] Dies resultiert aus der Interaktion von Systemen und ihren Elementen. Je größer die Zahl und Vielfalt der Systemzustände, desto schwieriger erweist sich die Erfassung und Beherrschung eines Systems. Es ergeben sich vielfältige, schwer zu prognostizierende Verhaltensmöglichkeiten.[330] Trotz ihrer kleineren Betriebsgröße sind auch KMU als komplexe Systeme zu begreifen. WELTER argumentiert dies mit den vielfältigen Rollen, die Unternehmer und Mitarbeiter in einem KMU einnehmen, sowie der Ansicht, dass der Unternehmer als Individuum selbst ein komplexes System und menschliches Handeln allgemein als komplex anzusehen sei.[331]

Die systemtheoretische Sicht auf das Turnaround-Management wird hier angewandt, da das Verständnis von Unternehmen als offene Systeme, die einen hohen Komplexitätsgrad aufweisen, in Turnaround-Situationen im Besonderen zutreffend zu sein scheint.[332] Turnaround-Situationen bzw. Krisen beziehen sich auf soziale Systeme und können in verschiedenen Systemhierarchieebenen auftreten (z. B. im System „Unternehmen" oder im Subsystem „Geschäftsfeld").[333] LUHMANN bezeichnet sie als *„heikle Situationen in System / Umwelt-Beziehungen, die den Fortbestand des Systems oder wichtiger Systemstrukturen unter Zeitdruck in Frage stellen."*[334] Die systemtheoretische Sichtweise zeigt die Mehrdimensionalität und Interdependenz von Problemen auf.[335] Die Probleme, die zu Unternehmenskrisen führen, sind vielseitig und mit verschiedensten Aktivitäten und Funktionen im Unternehmen verknüpft. Eine punktuelle Herangehensweise birgt die Gefahr, dass diesen Problemen nicht ausreichend entgegengewirkt wird.[336] Die Vielzahl sich ständig verändernder Einflussfaktoren und Interdependenzen, die es zu berücksichtigen gilt, sowie die Vielfältigkeit denkbarer Lösungsmöglichkeiten erfordern eine holistische und integrierende Sicht-

---

[327] Vgl. BUTEWEG (1988), S. 14.

[328] Vgl. CEZANNE (1999), S. 71; MALIK (2002), S. 185.

[329] WELTER (2003), S. 82 benennt detailliert als Merkmale komplexer Systeme Anpassungsfähigkeit, Emergenz, Geschichtlichkeit, Irreversibilität, Nichtlinearität, Offenheit, Rekursivität, Rückkopplungen, Selbstorganisation und Selbstreferenz.

[330] Vgl. BLEICHER (2004), S. 37; MALIK (2002), S. 37 und 186.

[331] Vgl. WELTER (2003), S. 84 f.

[332] Vgl. BEA, HAAS (1994), S. 486. Vgl. zur Komplexität der Unternehmenskrise als Untersuchungsgegenstand ausführlich HASITSCHKA (1988), S. 12 ff.

[333] Vgl. GAREIS (1994), S. 19.

[334] LUHMANN (1999), S. 327.

[335] Vgl. KRUMMENACHER (1981), S. 32.

[336] „A piecemeal approach to the solution of such problems will at best be less than satisfactory and at worst, harmful to the viability of an entire operation."; RAMAKRISHNAN, SHAH (1989), S. 26 f.

weise des Unternehmens und dessen Managements. Diese Betrachtungsweise entspricht dem systemorientierten Managementansatz, dessen zugrunde liegende Denkstruktur wie folgt charakterisiert werden kann:[337]

- **Ganzheitliches Denken in offenen Systemen:** Das Unternehmen wird in seiner Verflechtung mit der Umwelt betrachtet. Die Systemanalyse beginnt daher grundsätzlich mit der Erhebung der Umweltanforderungen. Situationen werden in ihrer Vielschichtigkeit erfasst und in einem umfassenderen Zusammenhang gesehen. Ziel ist es, die isolierte Betrachtung bzw. Ausblendung von Teilaspekten zu vermeiden.

- **Analytisches und synthetisches Denken zugleich:** Der Fokus wird auf die Problemfelder gerichtet. Vertiefende Analysen werden nur dort vorgenommen, wo es auf Detailwissen ankommt. Anderenfalls wird das Vorhandensein von „black boxes" pragmatisch akzeptiert (Trennung von Wesentlichem und Unwesentlichem).

- **Dynamisches Denken in kreisförmigen Prozessen:** Es wird Abstand von monokausalen Erklärungsansätzen oder linearen Ursache-Wirkungsketten genommen. Systemorientiertes Denken bedeutet Denken in Verknüpfungen und beinhaltet die Akzeptanz nicht-linearer Prozesse. Führungsfunktionen werden daher als Phasen innerhalb eines Regelkreises, der mit den ausführenden Prozessen im Unternehmen über Anordnungen und Rückmeldungen der Istwerte permanent verknüpft ist, verstanden.

- **Denken in Strukturen und informationsverarbeitenden Prozessen:** Darin kommt die Bedeutung von Strukturen (z. B. Ablauf-, Aufbauorganisation) und Informationen für das Verhalten von Menschen und Unternehmen zum Ausdruck. Es ist ein dynamisches Denken in zusammenhängenden Vorgängen und Abläufen und kein Betrachten statischer Zustände.

- **Interdisziplinäres Denken:** Verschiedene Betrachtungsweisen werden zunächst bewusst unterschieden, um anschließend wieder miteinander verknüpft zu werden. Im Unternehmen sollen damit verschiedene Standpunkte oder Sichtweisen (betriebs- und volkswirtschaftliche, technisch-naturwissenschaftliche und gesellschaftlich-soziale Erkenntnisse) den Problemlösungsprozess befruchten.

- **Pragmatisches Denken:** Es wird akzeptiert, dass komplexe Situationen nicht vollständig durchschaubar und beherrschbar sind.

Diese **Grundprinzipien des systemorientierten Managements** bilden ein Rahmenkonzept, das im Folgenden bei der Entwicklung des Konzepts des Integrierten Turnaround-Managements gedankliche Berücksichtigung finden soll. Aufgabe der systemorientierten Betriebswirtschaft ist es weniger fertige Problemlösungen anzu-

---

[337] Vgl. ULRICH, KRIEG (1974), S. 11 f.; ULRICH (1984), S. 52 ff.; BLEICHER (2004), S. 53 f.

bieten, als vielmehr Modelle zu entwickeln, die genügend Ausgangsvarietät besitzen, um sich selbstdifferenzierend weiter zu entwickeln.[338] In der vorliegenden Untersuchung soll daher eine Konzeption entwickelt werden, die nicht die Empfehlung von Einzelmaßnahmen zur Bestgestaltung eines Turnarounds zum Ziel hat, sondern auf die Schaffung von Rahmenbedingungen für die vorzunehmenden Entscheidungen und Handlungen, die Koordination der Maßnahmen sowie deren effiziente Umsetzung gerichtet ist.[339] Dies stellt die Bedeutung der Unternehmensführung für die Koordination des Unternehmens und seiner Umwelt heraus.[340]

3.2 Situativer Ansatz

Neben der systemtheoretisch orientierten Sichtweise des Turnaround-Managements soll des Weiteren der situative Ansatz Berücksichtigung finden. Eine Turnaround-Situation unterscheidet sich in einigen Punkten maßgeblich von anderen Situationen oder Phasen innerhalb der Unternehmensentwicklung. Erst durch Kenntnis dieser Besonderheiten ist es möglich, geeignete Strategien und Maßnahmen zur Krisenbewältigung abzuleiten.[341] Ein wichtiges Element des Turnaround-Managements ist daher die **Ausgangssituation bzw. der Kontext**, die durch die Ausprägung verschiedener Faktoren beschrieben werden.[342] Diese Sichtweise folgt dem situativen Ansatz,[343] dessen Grundkonzeption auf der Annahme beruht, dass die Gestaltung von Strukturen und Prozessen im Unternehmen von den jeweiligen Kontextfaktoren abhängig ist. Welche Form der Unternehmensführung geeignet ist, wird durch eine Vielzahl in einer Wechselbeziehung stehenden internen und externen Variablen beeinflusst.[344] Damit werden universell gültige Verhaltensweisen oder Gestaltungsformen negiert, die in allen Unternehmenssituationen erfolgversprechend sind. Traditionelle „one best way"-Aussagen sollen damit relativiert werden.[345] Situative Ansätze sind somit *„ultimately directed toward suggesting organizational designs and managerial actions most appropriate for specific situations".*[346] Es wird dementsprechend die Auffassung vertreten, dass eine Turnaround-Situation spezielle Anforderung an das Management stellt, so dass Erkenntnisse über das Management anderer Unter-

---

[338] Vgl. ULRICH (1984), S. 47.

[339] Vgl. MENSCH (1991), S. 94.

[340] Vgl. MACHARZINA (2003), S. 72.

[341] Vgl. SLATTER, LOVETT (1999), S. 53.

[342] Vgl. LAFRENZ (2004), S. 153; HORST (2000), S. 128. KHANDWALLA (2001), S. 307: „A turnaround is a response to a sickness situation. Therefore, the dimensions of this situation are of obvious contextual importance."

[343] Vgl. LINDE (1994), S. 50. Vgl. ausführlich zum situativen Ansatz auch GLESS (1996), S. 122 ff.

[344] Vgl. WOLF (2003), S. 153; DRAZIN, VAN DE VEN (1985), S. 514 f.; JENNER (2003), S. 204; KRYSTEK (1989a), S. 30.

[345] Vgl. STAEHLE (1999), S. 49. KAST, ROSENZWEIG (1979), S. 486: „There is no ‚one best way‘ to organize and manage."

[346] KAST, ROSENZWEIG (1974), S. 505.

nehmenssituationen bzw. -phasen nur bedingt bzw. nur mit Modifikationen übertragbar sind. „Turnarounds must call for a different way of thinking and different types of actions than do other strategic situations."[347]

Empirische Untersuchungen des situativen Forschungsansatzes versuchen, den Erfolg von Handlungsalternativen (Gestaltungsvariablen) in Abhängigkeit von bestimmten Kontextvariablen zu bewerten. Die Kontextvariablen beschreiben die Situation eines Unternehmens, während die Gestaltungsvariablen die möglichen Entscheidungsalternativen der Entscheidungsträger repräsentieren.[348] Einige Untersuchungen der **empirischen Turnaround-Forschung** basieren auf diesem methodischen Ansatz, bei dem die Wahl und der Erfolg von Gestaltungsvariablen (bestimmte Turnaround-Maßnahmen oder –Strategien) unter gegebenen Rahmenbedingungen, die als unabhängige Kontextvariablen definiert werden, gemessen werden. Theoretisch ist die Anzahl der Faktoren, die eine Ausgangssituation beschreiben, unendlich. Folglich konzentrieren sich die empirischen Untersuchungen auf eine handhabbare Anzahl von Faktoren, deren Beziehungen zueinander analysiert werden. Dies unterliegt zwar der Kritik, dass jeweils nur ein Ausschnitt der Realität betrachtet wird, ist aber dennoch zu empfehlen, um einen höheren Generalisierungsgrad der Aussagen zu erreichen.[349]

In diesen Untersuchungen wird die Relevanz unterschiedlicher Kontextfaktoren für den Turnaround-Erfolg analysiert. Neben statischen, unternehmensinternen Faktoren wie der Unternehmensgröße oder dem Diversifikationsgrad finden beispielsweise auch Faktoren, die das Wettbewerbsumfeld des Unternehmens beschreiben, Eingang in die Betrachtung.[350] Ein weiterer Bereich, dessen Bedeutung als Kontextfaktor für das Turnaround-Management diskutiert wird, sind die Ursachen, die zur Entstehung einer Unternehmenskrise führen.[351] Neben der Turnaround-Forschung, welche die Wahl und die Wirkung von Turnaround-Maßnahmen in Bezug auf die zugrunde liegenden **Krisenursachen** betrachtet, setzt sich vor allen Dingen die klassische Krisen- und Insolvenzursachenforschung mit den Krisenursachen auseinander. Diese stellt allerdings keine unmittelbare Beziehung zwischen den Krisenursachen und den Turnaround-Maßnahmen sowie deren Erfolg her, sondern ermittelt auf empirischem Wege, welche Faktoren vergleichsweise oft eine Unternehmenskrise herbeiführen, bzw. entwickelt Modelle, mit denen die Entstehung und der Verlauf von Krisen abge-

---

[347] HAMBRICK (1985), S. 10-2; ähnlich DIPPEL (2004), S. 170; VOGEL (1987), Sp. 1785.

[348] Vgl. HORST (2000), S. 129.

[349] Vgl. GLESS (1996), S. 125; LAFRENZ (2004), S. 201.

[350] Vgl. dazu auch die Übersicht bei HOFFMANN (1989), S. 49 ff., der die Erkenntnisse älterer empirischer Untersuchungen über den Einfluss verschiedener Variablen auf die Krisenentstehung und die Wahl von Turnaround-Strategien sowie den Turnaround-Erfolg auflistet.

[351] Bereits SCHENDEL, PATTON, RIGGS diskutieren in ihrer frühen Studie die Relevanz von Krisenursachen als Kontextfaktoren des Turnarounds; vgl. SCHENDEL, PATTON, RIGGS (1976), S. 3 ff.; LAFRENZ (2004), S. 154.

bildet werden. Daraus werden Maßnahmen im Sinne von Handlungsempfehlungen abgeleitet, welche die identifizierten Problembereiche beseitigen bzw. potenzielle Schwachstellen für die Krisenprophylaxe benennen sollen.

Auch wenn die Erkenntnisse der situativen (Turnaround-)Forschung nicht dazu führen dürfen, eine mechanistische, ausschließlich kontextgeleitete Adaption der identifizierten erfolgreichsten Maßnahmenbündel (in der Vergangenheit) für Turnaround-Unternehmen zu postulieren,[352] so geben sie zumindest einen Eindruck, welche Faktoren potenziell Einfluss auf das Turnaround-Management nehmen. Dies erlaubt wiederum Annahmen darüber, welche Faktoren oder Bereiche innerhalb und außerhalb des Unternehmens bei der Analyse sowie der Konzepterstellung und -umsetzung beachtet werden müssen. Die Qualität des Turnaround-Managements kann somit durch Fokussierung auf erfolgskritische Bereiche verbessert werden. Insofern wird hier die Berücksichtigung des situativen Ansatzes bei der Entwicklung eines Konzepts des Integrierten Turnaround-Managements ausdrücklich gefordert. Für ein integriertes Konzept scheinen also beide Sichtweisen – der situative Ansatz ebenso wie die holistische Sicht der Systemtheorie – notwendig zu sein.

4. Managementkonzepte zur Optimierung der Unternehmensführung

4.1 Begriff und Beispiele von Managementkonzepten

Ziel der Untersuchung ist die Erarbeitung eines Managementkonzepts zur Bewältigung von Unternehmenskrisen. Daher soll an dieser Stelle kurz der Begriff „**Managementkonzept**" erläutert werden. Eine allgemein gültige Definition lässt sich in der Betriebswirtschaftslehre nicht finden, auch wenn der Begriff sehr häufig plakativ verwendet wird.[353] Es lassen sich jedoch einige Kriterien identifizieren, die Managementkonzepte allgemein charakterisieren:[354] So werden sie in der Regel aus praktisch bewährten Erfahrungen gewonnen, die systematisch interpretiert und verallgemeinert werden. Viele Konzepte entstammen der Beratungspraxis und zeichnen sich durch

---

[352] Vgl. GLESS (1996), S. 123 f.; KIESER, WALGENBACH (2003), S. 473; OELSNITZ (1994), S. 84. Daran setzt auch eine grundsätzliche Kritik am situativen Ansatz an: Auch wenn er die Abkehr von einem universell gültigen Managementprinzip propagiert, sucht der situative Ansatz letztlich ebenfalls nach der optimalen Führungsform – wenn auch situationsspezifisch. Wahlmöglichkeiten und Spielräume, die eine Situation in der Regel bietet, werden damit ausgeklammert; vgl. SCHREYÖGG (1995), Sp. 1003.

[353] Vgl. HOFMANN (2002), S. 5.

[354] Vgl. zu den folgenden Ausführungen HOFMANN (2002), S. 7 ff.; STÖLZLE (1999), S. 145 und die dort zitierte Literatur. Gelegentlich wird auch ein definitorischer Unterschied zwischen „Konzept" und „Konzeption" hergestellt. Danach ist der Anteil an Erfahrungswissen bei Konzeptionen geringer und die Gestaltungsaussagen werden stärker auf deduktivem Wege abgeleitet. Des Weiteren ist ein unmittelbarer Handlungsbezug nicht unbedingt erforderlich, Konzeptionen stehen insofern theoretischen Erklärungsmustern näher als Konzepte; vgl. STÖLZLE (1999), S. 146. Von einer entsprechenden begrifflichen Unterscheidung wird hier abgesehen.

entsprechende Anwendungsnähe aus. Managementkonzepte verfolgen einen umfassenden Ansatz, der mehrere oder sogar alle Funktionsbereiche eines Unternehmens einschließt. Sie versuchen also, das systemorientierte Denken praktisch umzusetzen. Managementkonzepte sind mehr als Bezugsrahmen zur Prozessstrukturierung zu verstehen und weniger als Arbeitsanweisung, die in jedem Fall identisch angewendet werden kann. Sie zeichnen sich demnach nicht durch eine vorgefertigte Lösung für ein konkretes Problem aus, die auf alle Unternehmen jedweder Größe, Struktur oder Branche beliebig übertragbar ist, sondern bieten vielmehr einen heuristischen Rahmen[355] und müssen in Abhängigkeit der jeweiligen unternehmensinternen und -externen Kontextfaktoren des Unternehmens sowie der Erwartungshaltungen der Anspruchsgruppen individuell ausgestaltet werden.[356] Managementkonzepte tragen folglich situativen Anforderungen der Unternehmen Rechnung. Schließlich halten sie Methoden und Instrumente bereit, die zur einfacheren Umsetzung der in einem Konzept enthaltenen Gestaltungsaussagen eingesetzt werden können.[357]

Häufig erfolgt eine **Vermischung der Begriffe** Managementkonzept und Managementsystem, -methode oder -instrument. Prinzipiell ist allen gemein, dass sie eine Unterstützung für den Manager bzw. das Management zur besseren Erfüllung der Unternehmensführungsaufgaben darstellen. Eine wirklich trennscharfe Abgrenzung der Begriffe scheint zumindest in der Praxis aufgrund der häufig redundanten Verwendung nicht möglich zu sein. Für die vorliegende Arbeit soll zumindest eine tendenzielle Abgrenzung insofern vorgenommen werden, als Systeme, Methoden oder Instrumente zur technischen und inhaltlichen Umsetzung von Managementkonzepten gedacht sein sollen.[358] Während Managementkonzepte also ein Rahmenkonzept vorgeben, nach dem die Unternehmenssteuerung erfolgen soll, bieten Managementsysteme, -methoden und -instrumente konkrete Hilfestellungen zur Prozessunterstützung (z. B. Managementinformationssysteme, Anreiz- und Belohnungssysteme) und Erarbeitung von Teilschritten (z. B. Analyse- und Planungsinstrumente wie z. B. SWOT-Analyse, Portfoliotechnik, Szenariotechnik, Gap-Analyse).

---

[355] Vgl. zum Begriff der Heuristik exemplarisch OLBRICH (2005), S. 141 ff.

[356] Vgl. MÜLLER-STEWENS, LECHNER (2005), S. 104.

[357] Vgl. HOFMANN (2002), S. 7.

[358] Methoden und Instrumente können in Abgrenzung zu Managementkonzepten als *„Handlungsregeln für ein strukturiertes Vorgehen interpretiert werden, um einen Anfangszustand in einen gewünschten Endzustand überführen zu können."*; HOFMANN (2002), S. 27. REUTER (2003), S. 61 grenzt Managementsysteme von Managementkonzepten ab, indem sie Konzepte als gedankliche Bezugsrahmen für die Art und Weise, wie ein Management und dessen Ziele zu realisieren sind, begreift und Managementsysteme als die *„Gesamtheit aller Regelungen, Vorgaben, Strukturen, Verfahren, Maßnahmen und Methoden zur systematischen Realisierung eines Managements und zur effizienten Erfüllung entsprechender Anforderungen und Ziele"* versteht. REUTER betont damit den vergleichsweise höheren Detaillierungs- bzw. Konkretisierungsgrad von Managementsystemen.

Die betriebswirtschaftliche Forschung und insbesondere auch die Unternehmens-bzw. Beratungspraxis haben eine **Vielzahl an Managementkonzepten** hervorge-bracht, die sich u. a. hinsichtlich der Erfolgsfaktoren unterscheiden lassen, auf deren Basis das Management reformiert werden soll.[359] So geben einige Managementkon-zepte eine prinzipielle „Marschrichtung" vor, nach der ein Unternehmen geführt wer-den sollte, um erfolgreich zu sein. Ein solches bekanntes Managementkonzept, das auch in der Praxis Anerkennung gefunden hat, ist der Shareholder Value-Ansatz, der die Steigerung des Unternehmenswerts als oberstes Unternehmensziel definiert und alle Aktivitäten und Prozesse daran ausrichtet.[360] Des Weiteren existieren Konzepte, welche die strategische Ausrichtung des Unternehmens allgemein unterstützen (Un-ternehmensmission und -vision, strategische Planung, Wachstumsstrategien) oder zur Optimierung operativer Prozesse beitragen sollen (Outsourcing, Outplacement, Benchmarking, Kundensegmentierung).[361] Diese finden nicht selten als Element Ein-gang in übergeordnete Managementkonzepte. Darüber hinaus gibt es Management-ansätze, die ein **ganzheitliches Vorgehen** propagieren und mehrere Sichtweisen miteinander verknüpfen. Unter Ganzheitlichkeit ist insbesondere die Berücksichti-gung von Wechselwirkungen und Interdependenzen zu verstehen. Gegenstand ganzheitlicher Managementkonzepte ist das Unternehmen in seiner Gesamtheit. Dies erfordert sowohl die Ausweitung des Konzepts auf alle internen Bereiche und Ebenen als auch die Einbeziehung von Austauschverhältnissen mit der und Bezie-hungen zur Umwelt.[362] HAMMER, CHAMPY entwickelten beispielsweise mit dem Busi-ness Reengineering einen Ansatz, in dem ein radikales Redesign aller Unterneh-mensprozesse gefordert wird.[363] Auch die Balanced Scorecard (BSC) verfolgt einen ganzheitlichen Ansatz zur Managementprofessionalisierung. Sie hat als Konzept zur strategischen Unternehmenssteuerung seit Mitte der 1990er Jahre nicht nur Anklang in der Forschung, sondern auch Eingang in das Management vieler Unternehmen gefunden. Die Bandbreite der Managementkonzepte ist also insgesamt sehr umfas-

---

[359] Vgl. GONSCHORREK, GONSCHORREK (1999), S. 5.

[360] Vgl. RAPPAPORT (1999). Analog (bzw. konträr) dazu gibt es den Stakeholder-Ansatz, der die Anfor-derungen und Bedürfnisse der Stakeholder in die Unternehmensführung einbezieht (vgl. zum Sta-keholder-Begriff FREEMAN (1984), S. 25). Ein weiterer bekannter Ansatz ist das Modell der Kern-kompetenzen („core competencies" oder „core strengths"), welche *„the collective learning in the organization, especially how to coordinate diverse production skills and integrate multiple streams of technologies"* darstellen (PRAHALAD, HAMEL (1990), S. 82; vgl. auch HAMEL, PRAHALAD (1995), S. 333 ff.) Das Konzept basiert auf der Annahme, dass die Fähigkeit, diese Prozesse effizienter als die Wettbewerber durchführen zu können, einen entscheidenden Wettbewerbsvorteil bilden kann. Einen prozessorientierten Grundgedanken verfolgt auch das „Six Sigma-Konzept", das aktuell brei-te Aufmerksamkeit findet. Es ist ein formalisiertes Managementkonzept zur Verbesserung der Pro-zessqualität, dessen Fokus auf Kosteneinsparungen und der Erhöhung der Kundenzufriedenheit liegt; vgl. HARRY, SCHROEDER (2001).

[361] Vgl. MÜLLER-STEWENS, LECHNER (2005), S. 104; RIGBY (2001), S. 143.

[362] Vgl. REUTER (2003), S. 62.

[363] Damit verbunden sind die Formulierung neuer Visionen und Ziele, Rekonstruktion der Prozesse, Neubelebung der Strukturen und Produkte sowie die Entwicklung neuer Anreizsysteme für die Mit-arbeiter; vgl. HAMMER, CHAMPY (2001), S. 69 ff.; GONSCHORREK, GONSCHORREK (1999), S. 69 ff.

send und reicht von in einzelnen Funktionsbereichen zum Einsatz kommenden Optimierungsansätzen bis zu ganzheitlichen Unternehmenssteuerungsmodellen.[364]

Mit dem Einsatz solcher Managementkonzepte ist die Erwartung verknüpft, das Management zu verbessern. Aufgrund ihrer wissenschaftlichen Herleitung oder erfolgreichen praktischen Erprobung soll die Qualität von Entscheidungen und deren Umsetzung im Unternehmen erhöht und damit in letzter Konsequenz das Unternehmensergebnis positiv beeinflusst werden.[365] Empirische Untersuchungen unterstützen diese Erwartung, indem sie belegen, dass beispielsweise Unternehmen, die strategisches Management betreiben oder Managementinstrumente wie Planungs- und Controllinginstrumente einsetzen, vergleichsweise erfolgreicher sind. Dieser Zusammenhang wurde in einigen Studien auch für die Gruppe der mittelständischen Unternehmen festgestellt.[366]

Managementkonzepte unterliegen aber durchaus auch einigen **Kritikpunkten.** Neben kritischen Anmerkungen, die sich auf das einzelne Konzept beziehen, werden Managementkonzepte allgemein bisweilen als Modeerscheinungen bezeichnet.[367] Um eine weite Verbreitung zu erreichen und sie gegenüber anderen Konzepten abzugrenzen, werden sie häufig plakativ mit Schlagworten und kühnen Versprechungen „verkauft". Damit wird ein „Heldenmythos" geschaffen, dessen Anspruch die Realität der Konzeptumsetzung häufig nicht gerecht werden kann.[368] Dies kann in der Praxis die überzogene Erwartung schüren, dass allein der Einsatz eines Konzepts ausreiche, um die komplexe und dynamische Unternehmensrealität ausreichend zu reflektieren und Management zu einer „einfacheren" Aufgabe zu machen. Schließlich bleibt die allgemeine Forderung, dass Managementkonzepte immer unternehmensindividuell auszugestalten sind, um spezifischen situativen Aspekten zu genügen. Eine einfache Adaption von beispielhaften oder ähnlich gelagerten Fällen wird sehr wahrscheinlich nicht zum erwünschten Ergebnis führen. Dies impliziert einen nicht unerheblichen Analyse-, Planungs- und Abstimmungsaufwand, der bei der Entwicklung solcher Konzepte im Unternehmen zu erwarten ist und keinesfalls unterschätzt

---

[364] Vgl. den umfassenden Überblick zu Managementkonzepten bei GONSCHORREK, GONSCHORREK (1999), S. 29 ff.

[365] Vgl. MÜLLER-STEWENS, LECHNER (2005), S. 103.

[366] Vgl. SCHWENK, SHRADER (1993), S. 53 ff.; DASCHMANN (1994), S. 171 ff.; KEßLER, FRANK (2003), S. 251; KRÜGER (1988), S. 38 ff.; POHL, REHKUGLER (1989), S. 6 ff. Hierbei ist allerdings einschränkend anzumerken, dass die Erfolgsfaktorenforschung hinsichtlich ihres methodischen Vorgehens gewissen Grenzen unterliegt, was durch divergierende und teilweise sich widersprechende Ergebnisse verschiedener Studien dokumentiert wird; vgl. dazu die allgemeine Kritik an der Erfolgsfaktorenforschung bei NICOLAI, KIESER (2002), S. 579 ff. Keinen Zusammenhang zwischen Planung und finanziellem Unternehmenserfolg stellten z. B. ROBINSON, PEARCE (1983), S. 197 ff. fest. Vgl. auch WELTER (2003), S. 35 ff. für einen umfassenden Überblick zu KMU-Studien, die diesen Zusammenhang überprüfen.

[367] KIESER (1996), S. 21 spricht von „Moden & Mythen". Vgl. auch ESCHENBACH, KUNESCH (1996), S. 8.

[368] Vgl. STÖLZLE (1999), S. 145; HOFMANN (2002), S. 20.

werden darf. Nicht unberücksichtigt bleiben darf außerdem, dass es bei vielen KMU neben den ressourcenbedingten **Einsatzhemmnissen** (geringe Finanzmittelausstattung, fehlende Managementkapazität) Akzeptanzbarrieren geben kann, die verhindern, dass Managementkonzepte oder -instrumente zum Einsatz kommen. So ist mit solchen Konzepten in der Regel die Offenlegung von strategischen und finanziellen Informationen verbunden. Viele Unternehmer scheuen aber eine zu große Transparenz dieser Daten und legen daher z. B. keinen Wert auf eine explizite Strategieformulierung und -kommunikation.[369]

4.2 Integrierte Managementkonzepte

Die steigende Komplexität und Dynamik der Umwelt mindern den Nutzen partieller Managementkonzepte, die spezifische Problemstellungen eines Unternehmens aufgreifen. Dies hat dazu geführt, dass zunehmend so genannte „integrierte Managementkonzepte" propagiert werden, die auf **Gesamtunternehmensebene** zum Einsatz kommen und **übergeordneten Charakter** haben. „Integrieren" bedeutet das *„Einfügen von etwas in ein grösseres Ganzes, oder etwas weiter gefasst, Zusammenfügen von vorher getrennten ‚Dingen' zu einem Ganzen. Diese ‚Dinge' gehen dabei nicht unter, sondern sie bilden nachher Teile einer größeren Gesamtheit".[370]* Integration ist insofern als (Wieder-)Herstellung eines Ganzen aus Differenziertem zu verstehen. Daraus können Synergieeffekte entstehen, die isolierte Ansätze nicht bieten.[371] Die zugrunde liegende These dieses Ansatzes folgt dem Aristotelischen Satz, dass das Ganze mehr sei als die Summe seiner Teile.

Mit einem integrierten Konzept sollen alle relevanten Managementprobleme eines Unternehmens Berücksichtigung finden.[372] Integrierte Konzepte sind somit als *„Bezugsrahmen zur ganzheitlichen Analyse, Gestaltung, Lenkung und Entwicklung eines Unternehmens zu interpretieren."[373]* Sie stellen eine Systematik für die Gedankenführung bereit, die es dem Manager erleichtern soll, von isolierten Teillösungen Abstand zu nehmen, indem er anhand einer vorgegebenen Struktur für seinen Denk- und Dialogprozess Gesamtzusammenhänge erkennt und Interdependenzen von Entscheidungen in seine Überlegungen einbezieht.[374] *„Auf wissenschaftlicher Ebene bedeutet die Entwicklung von integrierten Managementkonzepten die Notwendigkeit, eine die*

---

[369] Vgl. SCHLÜCHTERMANN, POINTNER (2004), S. 27.

[370] ULRICH (1984), S. 261.

[371] Für BLEICHER (2001), S. 17 ist die Entwicklung eines integrierten Managements ein *„eigentlicher, Stoßkraft verleihender Wettbewerbsfaktor".*

[372] Vgl. HOFMANN (2002), S. 21. BLEICHER (2004), S. 589: *„Integration erfolgt durch die ganzheitliche Betrachtung und gegenseitige Abstimmung von Problemlösungen im gesamten Netzwerk (...)."*

[373] HOFMANN (2002), S. 21.

[374] Vgl. BLEICHER (2001), S. 17.

Isolation verschiedener Perspektiven überwindende, pluralistische und offene Wissenschaftskonzeption zu forcieren."[375]

Insgesamt wird die Verbundenheit integrierter Managementkonzepte mit dem systemorientierten Ansatz deutlich. Die begriffliche Abgrenzung zwischen **Integration und Ganzheitlichkeit** scheint in diesem Zusammenhang noch unklar zu sein. Der Begriffe sind zwar eng miteinander verknüpft, sind aber nicht deckungsgleich. Vielmehr gilt: *„Systeme erlangen Ganzheitlichkeit durch die Integration ihrer Elemente.*"[376] Gemäß diesem systemorientierten Verständnis ist Ganzheitlichkeit die angestrebte Eigenschaft eines Managementkonzepts, die durch die Integration der relevanten Elemente erzielt werden kann. Eine ganzheitliche Gestaltung eines Konzepts bedeutet, dass alle für eine spezifische Aufgabenstellung relevanten Einflussfaktoren und deren Wirkungen berücksichtigt werden.[377] Dies impliziert auch, dass situative Faktoren entsprechende Berücksichtigung finden.

HOFMANN benennt mehrere Dimensionen, die für ein integriertes Konzept aufeinander abgestimmt werden müssen. Neben der inhaltlichen **Abstimmungsdimension** unterscheidet er die institutionelle (Organisationseinheiten), die funktionale (funktionsbereichsorientierte Sichtweise) und die instrumentelle Abstimmungsdimension (Informationsverarbeitung). Zusätzlich benennt HOFMANN noch die prozess- oder ablauforientierte Integrationsdimension, da das Konzept auf die Unternehmensprozesse anzupassen ist. Der integrative Gedanke betrifft zudem nicht nur die internen Abläufe und Strukturen im Unternehmen, sondern berücksichtigt zusätzlich die externe Umweltperspektive, was seinen Ausdruck in einem umweltorientierten Abstimmungsprozess finden muss.[378] Mit der Forderung nach Integration ist auf inhaltlicher Ebene auch die Zielsetzung verbunden, im Unternehmen isoliert eingesetzte Konzepte zu verknüpfen.

Integrierte Managementkonzepte unterliegen aber auch gewissen Kritikpunkten: Probleme werden in einer durch den zusätzlichen Arbeitsaufwand zunehmenden Bürokratisierung gesehen. Dies kann die Kosten-Nutzen-Relation solcher Konzepte negativ beeinflussen. Der Arbeitsaufwand und die Komplexität des Systems lassen zudem Widerstände von Seiten der Mitarbeiter erwarten, die sich in zeitlicher und intellektueller Hinsicht überfordert sehen. Gerade in KMU könnte aufgrund der schwa-

---

[375] HOFMANN (2002), S. 26.
[376] BLEICHER (2004), S. 589.
[377] Vgl. WOJDA, BURESCH (1997), S. 27.
[378] Vgl. HOFMANN (2002), S. 21 f. Ein systemübergreifendes integriertes Managementsystem ist beispielsweise das St. Galler Managementkonzept, dessen gedanklicher Bezugsrahmen und systemtheoretisches Grundverständnis beim Konzept des Integrierten Turnaround-Managements aufgegriffen wird. Vgl. zum St. Galler Managementkonzept BLEICHER (2004). Siehe auch Kap. C.3.

chen Ressourcenausstattung hierin eine besondere Problematik liegen.[379] Zur Sicherstellung des erfolgreichen Einsatzes eines Managementkonzepts in KMU, sollte demnach bei der Konzeptentwicklung auf ihre spezifischen Anforderungen Rücksicht genommen werden. Diese Anforderungen werden nachfolgend vorgestellt.

4.3 Anforderungen an ein integriertes Managementkonzept für KMU

Aufgrund ihrer größenbedingten Besonderheiten ist zu erwarten, dass KMU die üblicherweise für Großunternehmen entwickelten Managementkonzepte nicht ohne weiteres übernehmen können. Ganzheitliche Managementkonzepte, die unternehmensweit zum Einsatz kommen bzw. das gesamte Unternehmen abbilden sollen, lassen für KMU zusätzliche Belastungen erwarten. Folgende Aspekte erscheinen daher unverzichtbar, um einen Ansatz zu entwickeln, der die Besonderheiten von KMU ausreichend berücksichtigt:[380]

- **Anpassungsfähigkeit / Flexibilität:** Das Managementkonzept muss Anpassungsfähigkeit gegenüber dem sich stetig verändernden Anforderungsprofil der Umwelt und eine nach innen gerichtete Flexibilität bezüglich möglicher Veränderungen der internen Anforderungen aufweisen.
- **Offenheit / Vollständigkeit:** Es müssen sämtliche Aspekte der Führung abgedeckt werden (z. B. alle Führungsebenen und alle Phasen der Unternehmensentwicklung). Mit Offenheit des Konzepts ist gemeint, dass die Möglichkeit der Ausbaubarkeit gegeben ist (Hinzufügen weiterer Elemente).
- **Robustheit:** Das Verfahren muss mit den begrenzten Ressourcen der KMU auskommen. Zudem ist Praktikabilität erforderlich, um die eingeschränkte zeitliche Kapazität des Managements nicht zu überfordern.
- **Einfachheit / Verständlichkeit:** Zwar sollen ganzheitliche Konzepte Komplexität bewältigen können, trotzdem müssen sie bezüglich ihrer Zielsetzung, ihres Inhalts und ihres Aufbaus verständlich vermittelbar sein. Auf eine übertriebene „Akademisierung" (z. B. hoher theoretischer Anspruch, komplizierte und fremdsprachliche Begrifflichkeiten) sollte verzichtet werden, weil dies die Akzeptanz der Unternehmensführung und insbesondere der Mitarbeiter stark beeinträchtigen kann.
- **Akzeptanz:** Die Effizienz eines Managementkonzepts hängt stark von seiner Akzeptanz beim Management und den Mitarbeitern sowie den sonstigen Anspruchsgruppen ab, die davon berührt werden. Das bedeutet z. B., dass das Managementkonzept sich durch Einfachheit und Verständlichkeit auszeichnen und der Unternehmenskultur angepasst sein sollte.

---

[379] Vgl. HOFMANN (2002), S. 25.
[380] Vgl. CLASEN (1992), S. 159 ff.; REUTER (2003), S. 62 ff.; SCHLÜCHTERMANN, POINTNER (2004), S. 27 f.; SEGHEZZI (1997), S. 17 f.; THEILE (1996), S. 93 f.

- **Motivation:** Das Konzept sollte Aspekte beinhalten, die motivatorische Wirkung auf die Mitarbeiter und das Management entfalten (z. B. Stärkung der Eigenverantwortung).

- **Kommunizierbarkeit:** Die Ergebnisse und ihr Zustandekommen müssen sowohl innerhalb des Unternehmens nachvollziehbar und kommunizierbar sein als auch einfach für Externe aufzubereiten und zu transportieren sein.

Des Weiteren ist zu berücksichtigen, dass es sich um einen **branchenübergreifenden Ansatz** handeln sollte. Das Konzept soll nicht auf den Einsatz in bestimmten Branchen beschränkt sein. Folglich muss das Konzept so flexibel gestaltbar sein, dass branchenspezifische Schwerpunktsetzungen beim Turnaround-Management berücksichtigt werden können.[381] Schließlich ist in technischer Hinsicht zu beachten, dass – gemäß dem originären Anspruch integrativer Systeme – **bestehende Managementsysteme** in das ITM integriert werden können. Das ITM soll als übergeordnetes System Informationen aus den im Unternehmen vorhandenen Informationssystemen (z. B. Rechnungswesen, Controlling, Warenwirtschaftssystem, Produktionsplanungs- und Steuerungssystem, Betriebsdatenerfassung) aufnehmen und damit als Filter funktionieren, der die für die Steuerung des Gesamtunternehmens relevanten Daten aus den Subsystemen extrahiert und zusammenführt.

---

[381] Typischerweise wird ein Turnaround-Management in Dienstleistungsunternehmen stärker im Personal- und Angebotsbereich eingreifen. Bei Handelsunternehmen treten Aspekte kostengünstiger Beschaffung und Logistik hinzu, während bei Produktionsunternehmen ein zusätzlicher Fokus auf einem effizienten Herstellungsprozess liegt; vgl. KLAR, ZITZELSBERGER (1996), S. 1869.

D. Integriertes Turnaround-Management in KMU

1. Vorgehen bei der Konzeptentwicklung

Die bislang erarbeiteten Erkenntnisse zur Unternehmenskrise und zum Unternehmens- Turnaround lassen bereits erkennen, dass es sich beim Turnaround-Management um eine komplexe Aufgabenstellung handelt, die nicht auf einzelne Prozessschritte oder Funktionsbereiche (Subsysteme) eines Unternehmens begrenzt ist, sondern systemübergreifend anzusetzen ist. Zu Beginn der Entwicklung des Konzepts des Integrierten Turnaround-Managements (ITM) soll daher herausgearbeitet werden, welchen **potenziellen Problemen und Schwierigkeiten** sich das Management in KMU während des Turnaround-Prozesses gegenübersieht. Dazu wurden vorliegende theoretische und praktische Erkenntnisse hinsichtlich des Erfolgs und des Scheiterns von Turnaround-Versuchen bzw. der Unterschiede von erfolgreichen und erfolglosen Turnarounds gesammelt, ausgewertet und systematisiert. Eine Systematisierung des Turnaround-Managements erfolgt üblicherweise nach inhaltlichen (d. h. welche Maßnahmen und Strategien im Turnaround anzuwenden sind), prozessualen und institutionellen Gesichtspunkten.[1] Auch die fokussierte Betrachtung einzelner Funktionsbereiche wird gelegentlich vorgenommen.[2] Hier wird davon abweichend eine Systematisierung vorgeschlagen, die sich dem Untersuchungsgegenstand Turnaround aus verschiedenen Perspektiven bzw. Dimensionen nähert. Dies erscheint notwendig, um den systemorientierten resp. ganzheitlichen Ansprüchen zu genügen. Dem Umstand, dass – im Einklang mit dem situativen Ansatz – das Management durch den internen und externen Unternehmenskontext beeinflusst wird, soll hier explizit Rechnung getragen werden, in dem eine situative Dimension des Turnaround-Managements betrachtet wird.[3]

Konkret werden vier **Dimensionen** unterschieden, welche (1) die Kontextfaktoren der Turnaround-Situation (situative Dimension), (2) die Führung des Turnarounds und seine Beteiligten (institutionelle Dimension), (3) den Turnaround-Prozess (prozessuale Dimension) sowie (4) die hierarchisch aufeinander aufbauenden Arten des Turnaround-Managements (hierarchische Dimension) abbilden (vgl. Abb. 7). Eine inhaltliche Dimension, die viele Autoren in den Mittelpunkt ihrer Betrachtung stellen, wird aufgrund der anderen Schwerpunktsetzung dieser Untersuchung nicht gesondert thematisiert, sondern im Rahmen der Diskussion der anderen Dimensionen im

---

[1] In der Literatur finden sich verschiedene Ansätze zur Systematisierung des Turnaround- bzw. Krisenmanagements: KALL (1999), S. 70 ff. grenzt z. B. eine prozessuale und eine inhaltliche Dimension voneinander ab. BÖCKENFÖRDE (1996), S. 50 ff. unterscheidet das methodische, institutionelle und inhaltliche Element. KRUMMENACHER (1981), S. 32 ff. fokussiert das Krisenverständnis des Managements, den Gestaltungsaspekt sowie den Lenkungsaspekt.

[2] Vgl. die Auflistung entsprechender Quellen in Kap. C.2.2.

[3] Vgl. auch Kap. C.4.2 zu den Abstimmungsdimensionen integrierter Managementkonzepte.

jeweiligen Zusammenhang berücksichtigt.[4] Im Ergebnis werden damit auf analytischem Wege die **zentralen Problembereiche bzw.** Anforderungen je **Dimension** ermittelt.

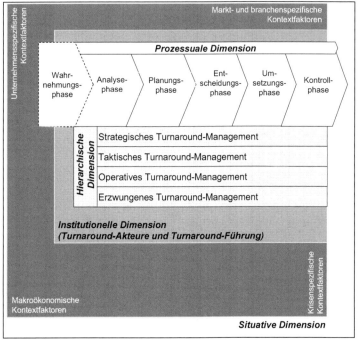

Abb. 7: Dimensionen des Integrierten Turnaround-Managements

In einem zweiten Schritt werden die dimensionenspezifischen Erkenntnisse genutzt, um darauf aufbauend Handlungsempfehlungen abzuleiten, die als Elemente des ITM zu verstehen sind.[5] Begreift man die Dimensionen aus systemtheoretischer Sicht als Elemente eines Führungssystems im Turnaround, so bedürfen sie der **Integration**, damit das System „Ganzheitlichkeit" erlangt.[6] Ein Managementkonzept, das diesem Anspruch genügen will, muss folglich alle Dimensionen des Turnaround-Manage-

---

[4] Schwerpunktmäßig werden die inhaltlichen Aspekte des Turnaround-Managements im Rahmen der hierarchischen Dimension (Kap. D.5) sowie der institutionellen Dimension (Kap. D.3.2.2 Turnaround-Führung als Funktion) dargestellt.

[5] Vgl zur Vorgehensweise ähnlich MENSCH (1991), S. 97.

[6] Vgl. BLEICHER (2004), S. 589.

ments integrieren. Dies betrifft die situativen Gegebenheiten[7] ebenso wie die institutionellen, prozessualen und hierarchischen Elemente. Abb. 8 stellt die Integrationsfelder des Turnaround-Managements auf oberster Ebene dar. Integriert man die Anforderungen der vier Dimensionen in ein Managementkonzept, sind die Grundlagen für
ein ganzheitliches, erfolgversprechendes Turnaround-Management-Konzept gelegt.
Die Grafik bringt zum Ausdruck, dass die Dimensionen nicht überschneidungsfrei
sind, sondern miteinander in einem engen Wirkungs- und Bedingungszusammen-
hang stehen. Für die Integration bedeutet dies, dass Elemente nicht isoliert aus den
Dimensionen herausgegriffen werden sollten, um sie in ein Konzept zu integrieren.
Es müssen dabei immer mögliche Interdependenzen und Wechselwirkungen mit den
anderen Dimensionen beachtet werden.

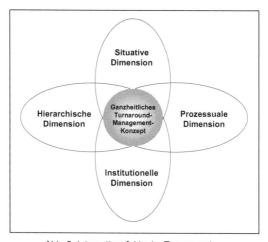

Abb. 8: Integrationsfelder im Turnaround

Der integrative Anspruch bedeutet, dass die Handlungsempfehlungen nicht dimensi-
onsspezifisch hergeleitet werden (können), sondern vielmehr, dass die Anforderungen der vier Dimensionen auf einer übergeordneten Ebene zusammengeführt werden müssen. Konkret werden hier zehn **„Funktionen" des ITM** benannt, die für einen erfolgversprechenden Turnaround erfüllt werden müssen. Beide Entwicklungs-
schritte, die Analyse sowie die Ableitung von Handlungsempfehlungen, werden als
Bestandteil des Konzepts verstanden. Dies mag verwundern, da der analytische
Schritt auf den ersten Blick lediglich als Vorbereitung bzw. Herleitung der Handlungsempfehlungen dient. Hier wird allerdings die Ansicht vertreten, dass aus Praxis-

---

[7] Vgl. zur Bedeutung der situativen Gegebenheiten für einen ganzheitlichen Gestaltungsansatz WOJ-
DA, BURESCH (1997), S. 28 f.

sicht das Wissen um potenzielle Problembereiche zum einen das Verständnis für die Sinnhaftigkeit von Empfehlungen erhöhen kann und zum anderen an sich eine positive Wirkung auf das Management entfalten kann, da es für mögliche Störbereiche sensibilisiert wird.

2. Situative Dimension

2.1 Turnaround-Kontext

Die situative Dimension des Turnaround-Managements wird durch verschiedene Kontextfaktoren beeinflusst (vgl. Abb. 9).[8] Ein Teil dieses **Turnaround-Kontexts** wird durch die Krisenursachen bestimmt, die in der Vergangenheit begründet wurden. Krisenverstärkende Faktoren, die den Krisenverlauf forcieren, können ebenfalls direkt oder indirekt auf den gegenwärtigen Kontext einwirken. Hinzu treten die gegenwärtigen Kontextfaktoren, die zum einen durch die Krise bedingt sind (krisenspezifische Kontextfaktoren) oder zum anderen unabhängig von der Unternehmenssituation Rahmenbedingungen setzen (makroökonomische und markt- / branchenspezifische Faktoren).

Unternehmensspezifische Kontextfaktoren können einerseits Ergebnis des Krisenverlaufs sein (z. B. limitierte Ressourcen), andererseits aber lediglich strukturelle Merkmale des Unternehmens darstellen, die situationsabhängig als Vor- oder Nachteil zu interpretieren sind. Gegenwärtige Kontextfaktoren stellen potenzielle Krisenursachen der Zukunft dar. Umgekehrt repräsentiert zumindest ein Teil der Krisenursachen den Unternehmenskontext der Vergangenheit. Der Turnaround-Kontext ist daher nicht als statisch zu begreifen, sondern ist vielmehr durch eine hohe Dynamik gekennzeichnet. Nachfolgend werden wesentliche empirische Erkenntnisse zu den Krisenursachen präsentiert, wobei zwischen originären Ursachen sowie krisenverstärkenden Faktoren differenziert wird.[9] Anschließend werden aus den empirischen und theoretischen Erkenntnissen der Turnaround-Forschung und des strategischen Managements weitere relevante Kontextfaktoren identifiziert und vorgestellt. In einem weiteren Schritt wird untersucht, welche Besonderheiten und Schwierigkeiten bei der

---

[8] Vgl. LAFRENZ (2004), S. 183 f., der krisenbezogene, interne strategische und externe strategische Faktoren differenziert. GLESS (1996), S. 280 ff. unterscheidet die Kontextkomponenten Alpha-Feld (globale Rahmenbedingungen / mit dem Unternehmen in Beziehung stehende regulative Gruppen), Beta-Feld (Wettbewerbsintensität / Branchentyp), Gamma-Feld (Sachverhalte im Krisenunternehmen) und Delta-Feld (Wettbewerbsposition des Unternehmens).

[9] Für einen detaillierten Einblick in die empirischen Erkenntnisse der Krisenursachenforschung wird auf die zusammenfassenden Darstellungen mehrerer Studien bei GRENZ (1987), S. 68 ff.; GÜNTHER, SCHEIPERS (1993), S. 448 ff.; KREHL (1985), S. 56 ff.; KRYSTEK (1987), S. 45 ff.; PINKWART, KOLB (2003), S. 87 ff. verwiesen. Zudem wurden in Kap. B.2.4 Aspekte erläutert, die eine Krisengefährdung von KMU induzieren.

Wahrnehmung dieses Kontexts durch die verschiedenen Akteure zu beobachten sind und welche Auswirkungen dies auf den Turnaround haben kann.

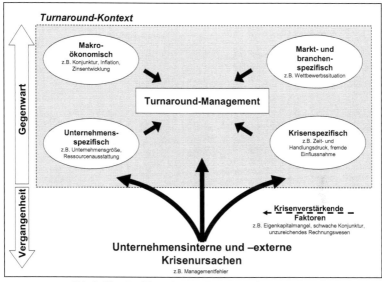

Abb. 9: Situative Dimension des Turnaround-Managements

2.2 Kontextfaktoren des Turnaround-Managements

2.2.1 Krisenursachen als Einflussfaktoren der Ausgangssituation

2.2.1.1 Typische Krisenursachen von KMU

Neben einzelnen Krisenursachen hat die Krisenursachenforschung einige allgemein gültige Merkmale identifiziert. Danach entstehen Krisen meist nicht nur aufgrund einer einzelnen Ursache, sondern sind das Ergebnis des Zusammenwirkens mehrerer Faktoren, deren individueller Beitrag für die Krisenentstehung jeweils sehr unterschiedlich sein kann.[10] Diese **Multikausalität** von Krisenursachen wird durch ihre **Multilokalität** ergänzt, d. h., dass die Ursachen üblicherweise mehreren Entstehungsbereichen zuzuordnen sind. Dabei wird zwischen innerbetrieblichen (endoge-

---

[10] Vgl. KRYSTEK (1987), S. 67; KRYSTEK, MÜLLER (1995b), S. 25; WEISEL (1982), S. 256. ZELEWSKI (1995), S. 899 f. führt als Beispiel für Multikausalität an, dass technische Krisenursachen (Defekte von Produktionsanlagen) in engem Zusammenhang mit betriebswirtschaftlichen Ursachen (Kosteneinsparung bei Maschinenwartungen) stehen.

nen) und zwischen- bzw. überbetrieblichen (exogenen) Bereichen differenziert.[11] Zudem ist zu beobachten, dass Krisenursachen zeitlich verschoben und in unterschiedlicher Intensität auftreten. Ihre sachlichen und zeitlichen Verknüpfungen können im Zeitablauf zu Multiplikator- und Akzeleratoreffekten führen, die eine beschleunigte Krisenentwicklung hervorrufen.[12] Viele kleine Fehlentwicklungen und alte Probleme der Vergangenheit wachsen im Zeitverlauf zu einem großen Fehlerpotenzial an und kulminieren aufgrund von Wechselwirkungen mit anderen Systemkomponenten bzw. Ereignisketten in einer existenzbedrohenden Krise.[13] Letzteres ist ein weiteres Charakteristikum von Krisenursachen: die **Mehrstufigkeit**. Die Wirkung einer Krisenursache auf einer Ebene kann gleichzeitig die Ursache für eine Auswirkung auf einer nachgelagerten Ebene sein. Krisenursachen sind demzufolge nicht als einstufige Ereignisse zu verstehen, sondern als mehrstufige Ursache-Wirkungsketten. Folglich besteht eine große Schwierigkeit darin, Interdependenzen zwischen den einzelnen Faktoren zu erkennen.[14]

Die empirische Forschung kommt zu dem Ergebnis, dass die Krisenentstehung in erster Linie dem **unternehmensinternen Bereich**, also dem Bereich innerhalb der unmittelbaren Einflusssphäre des Unternehmens, zuzurechnen ist.[15] In erster Linie werden als Scheiterungsgründe **Führungsfehler** genannt.[16] Das Management hat demnach *„seiner Entscheidungsgewalt oder Einflußnahme unterliegende Abläufe und Strukturen in der Unternehmung nicht den Handlungserfordernissen der jeweiligen Situation entsprechend geplant, gesteuert und kontrolliert (..)".*[17] Neben fachlichen Mängeln werden auch unzureichende soziale Kompetenzen als Ursachen an-

---

[11] Vgl. KRYSTEK (1987), S. 67; vgl. zur Multilokalität die vorgenommenen Einteilungen u. a. bei ENDRESS (1979), S. 40 ff.; FLEEGE-ALTHOFF (1930), S. 84; HAHN (1958), S. 60 ff.; KEISER (1966), S. 98 ff.; RESKE, BRANDENBURG, MORTSIEFER (1978), S. 55 ff.; RINKLIN (1960), S. 46 ff.

[12] Vgl. KELBER (2004), S. 62; TÖPFER (1986b), S. 161.

[13] Vgl. ALBACH (1979), S. 17; HAUSCHILDT (1983), S. 144; PINKWART (1993), S. 874; PINKWART, KOLB (2003), S. 58; STAEHLE (1993), Sp. 2454; WINN (2002), S. 6088.

[14] Vgl. TÖPFER (1986b), S. 159 ff.; SCHILLER, TYTKO (2001), S. 59.

[15] Vgl. stellvertretend KUCHER, MEITNER (2004), S. 718; SHELDON (1994), S. 533.

[16] Vgl. z. B. MÜLLER (1986), S. 367, der die Meinung *„Unternehmungskrisen sind Managementkrisen"* durch seine empirischen Untersuchungen bestätigt sieht. Ähnlich auch VOGELSANG (1988), S. 100, der feststellt: *„Die Ursachen von Krisen sind zahlreich und vielschichtig; alle lassen sich (...) auf einen einzigen Faktor zurückführen: partielles oder totales Versagen der Unternehmensleitung."* vgl. ebenso BERGAUER (2001), S. 51; FRANKE (1997), S. 69; FRIEDRICH ET AL. (1997), S. 171 ff.; HESSELMANN (1995), S. 58 ff.; JAEGER (1986), S. 32; KRYSTEK (1987), S. 69; KÜCK (1994), S. 267; RESKE, BRANDENBURG, MORTSIEFER (1978), S. 172; SCHLEBUSCH, VOLZ, HUKE (1999), S. 453; TÖPFER (1991), S. 213; WIESELHUBER & PARTNER (2003), S. 26; WINTER (1999), S. 225 f. Dass Managementfehler als Hauptursache von Krisen angesehen werden, ist keine neue Erkenntnis, sondern wurde bereits in sehr frühen Arbeiten hervorgehoben (vgl. KEISER (1966), S. 114; LE COUTRE (1926), S. 63; RINKLIN (1960), S. 45 ff.). Auch im angloamerikanischen Raum wird diese Meinung mehrheitlich vertreten; vgl. z. B. ARGENTI (1976), S. 123; BALGOBIN, PANDIT (2001), S. 303; BARROW (1993), S. 42; BIBEAULT (1982), S. 35 ff.; BOYLE, DESAI (1991), S. 36 ff.; CHARAN, USEEM (2002), S. 36 („..., *most companies founder for one simple reason: managerial error"*); GASKILL, VAN AUKEN, MANNING (1993), S. 24 ff.; KHARBANDA, STALLWORTHY (1987), S. 40; SCHERRER (1989), S. 32.

[17] MÜLLER (1986), S. 366.

geführt.[18] Letztlich können Fehlentwicklungen so immer auf falsche oder unterlassene[19] Entscheidungen des Managements zurückgeführt werden.[20] Dies ist zwar insofern nachvollziehbar, als der Mensch im Unternehmen-Umwelt-System der Einzige
ist, der willentlich auf das Geschehen Einfluss nehmen kann.[21] Eine alleinige Schuld-
zuweisung an die Unternehmensführung erscheint jedoch zu undifferenziert und wenig konstruktiv, zumal Misserfolge ex ante durchaus auf gut überlegten und begrün-
deten Entscheidungen beruht haben können.[22] Zudem ist es fraglich, inwieweit das
Management das Unternehmen „nach außen wie innen beliebig steuern kann".[23] Die
systemtheoretische Sicht verneint eine solche **vollständige Steuerbarkeit komplexer sozialer Systeme**.[24] Gerade vor dem Hintergrund stetig zunehmender Komplexität und Dynamik der Umwelt sowie Problemvernetztheit scheint der Glauben an eine
Omnipotenz des Managements tatsächlich nicht sehr realitätsnah zu sein.[25]

Um konkrete Handlungsfelder für die Krisenbewältigung bzw. –vermeidung ableiten
zu können, scheint es dennoch erforderlich zu sein, die Krisenursache „Management" (vgl. Abb. 9) detaillierter zu untersuchen. Dies empfiehlt sich besonders für
den Untersuchungsgegenstand der KMU, da sich bei ihnen die Managementfähigkeit
als spezieller Problemursachenbereich darstellt.[26] Diese Erkenntnis korrespondiert
mit den Überlegungen, dass der Unternehmer in KMU den wichtigsten Erfolgsfaktor
repräsentiert und damit auch zum entscheidenden Misserfolgsfaktor werden kann.
Ein weiteres Argument für eine tiefer gehende Analyse der Managementfehler ist die
bei KMU begrenzte Austauschbarkeit der Führung. Sind Managementfehler für die
Krisenentstehung in einem individuellen Krisenfall verantwortlich, so erzwingt dies
quasi eine Auseinandersetzung mit den Stärken und Schwächen der Unternehmensführung.

Unzulänglichkeiten im Management zeigen sich zum einen in einer unklaren oder gar
nicht vorhandenen **strategischen Ausrichtung** des Unternehmens. Zum anderen

[18] Vgl. KRYSTEK, MÜLLER (1995c), S. 21; KÜCK (1994), S. 269.
[19] Entscheidungsstau und Entscheidungsschwäche sind wesentliche Probleme der Führung bei mittelständischen Krisenunternehmen; vgl. WIESELHUBER & PARTNER (2002a), S. 11.
[20] Vgl. dazu die beispielhafte Ursache-Wirkungskette bei TÖPFER (1986b), S. 164, der eine Insolvenz
über mehrere Ursache-Wirkungsschritte auf unzureichende Qualifikation des Managements zu-
rückführt.
[21] Vgl. GÜNTHER, SCHEIPERS (1993), S. 59.
[22] Vgl. STAEHLE (1993), Sp. 2454.
[23] ENGBERDING (1998), S. 42.
[24] Vgl. MAUL (1993), S. 726; OELSNITZ (1994), S. 287.
[25] Vgl. KRYSTEK, MÜLLER (1995a), S. 29; PINKWART, KOLB (2003), S. 59 f.
[26] Vgl. HÜBNER, THOMAS (2003), S. 29 f. Der Unternehmensführung kommt als Krisenursache mit abnehmender Unternehmensgröße eine steigende Bedeutung zu. Empirisch zeigen RESKE, BRAN-
DENBURG, MORTSIEFER (1978), S. 191 ff., dass bei kleinen Unternehmen mit bis zu 50 Mitarbeitern
die Führung Hauptkrisenursache ist, bei KMU mit 50 bis 99 Beschäftigten der Absatz als Problembereich in den Vordergrund rückt und bei Unternehmen ab 100 Beschäftigten der überbetriebliche
Bereich an Bedeutung gewinnt.

resultieren aus ihnen operative Ineffizienzen, die allgemein geringe Produktivität, hohe Gemeinkosten und unflexible Geschäftsprozesse zur Folge haben.[27] Die Managementdefizite machen sich in allen Funktionsbereichen des Unternehmens bemerkbar, häufig wird jedoch der **Absatzbereich** hervorgehoben. Gerade dort wirken sich eine fehlende strategische Ausrichtung sowie deren nachhaltige Umsetzung im operativen Geschäft negativ aus.[28] Gleichzeitig bildet dieser Bereich die qualitative Interaktion des Unternehmens mit seiner Umwelt ab und wird durch diese maßgeblich bestimmt.[29] Zentrale Erfolgsfaktoren sind die **Geschäftsfelder**, in denen ein Unternehmen tätig ist. Neben den künftigen Erfolgspotenzialen und dem Finanzmitteleinsatz determinieren die gewählten Produkt-Markt-Kombinationen die Anfälligkeit für externe Auslöser von Unternehmenskrisen (s. u.). Fehlentscheidungen bei der Geschäftsfeldwahl können in der Regel nur unter hohen finanziellen Belastungen korrigiert werden.[30] Aber auch eine unzureichende Marktbearbeitung kann eine Krisenentstehung begünstigen. So kann bei Krisenunternehmen oft ein Circulus vitiosus festgestellt werden, der seinen Anfang in mangelnder Kundennähe, vergleichsweise schlechtem Service und unzureichender Konkurrenzbeobachtung in den angestammten Märkten nimmt. Daraus resultierend fehlen dem Unternehmen Alleinstellungsmerkmale und es verfügt über keine strategischen Wettbewerbsvorteile mehr.[31]

Des Weiteren bietet die **interne operative Umsetzung der Produkt- / Marktstrategie** vielfältige, potenzielle Schwachstellen, die eine Unternehmenskrise entstehen lassen oder zumindest zu ihrer Entstehung beitragen können. Dies können Mängel in der Produktion (z. B. falsche Kapazitätsauslastung, unrationelle Leistungserstellung, falsche Make-or-buy-Entscheidungen, veraltete Technologie), in der Beschaffung und Logistik (z. B. Lagerhaltungsprobleme, Abhängigkeit von Lieferanten), im Personalbereich (z. B. fehlende Personalplanung und -entwicklung, keine flexible Anpassung des Personalstamms an Kapazitätsveränderungen), in der Forschung & Entwicklung (z. B. geringe / ungeplante Innovationstätigkeit) sowie in der organisatori-

---

[27] Vgl. BRÜHL (2004), S. 12 ff.

[28] Vgl. HAUSCHILDT (1983), S. 146. Vgl. auch HESSELMANN (1995), S. 85, der im Bereich der von ihm so benannten „Marktposition" u. a. den Bekanntheitsgrad und das Image des Unternehmens, die Qualität und Attraktivität der Produkte sowie Kundennähe, Beratung und Service als besonders erfolgskritisch identifiziert. SCHMIDT, FREUND (1989), S. 126 f. bestätigen die Bedeutung des Absatzbereichs als kritischen Unternehmensbereich. Sie identifizieren in ihrer empirischen Untersuchung zahlreiche typische Eigenschaften, die krisengefährdete von erfolgreichen Unternehmen signifikant unterscheiden. Dabei zeigt sich, dass die Krisensituation der Unternehmen aus einer Verschlechterung der Wettbewerbsposition sowie aus dem Schrumpfen des relevanten Marktes resultiert.

[29] Vgl. HESSELMANN (1995), S. 80; PINKWART (2000a), S. 167.

[30] Vgl. KRYSTEK, MÜLLER (1995b), S. 26 f. Eine Befragung von Insolvenzverwaltern ergab, dass bei 77 Prozent der von ihnen betreuten Unternehmen Probleme im Hauptgeschäftsfeld ausschlaggebend für die Insolvenz waren; vgl. WIESELHUBER & PARTNER (2003), S. 19.

[31] Vgl. PINKWART (2000a), S. 167. Im Absatzbereich machen sich zudem eine falsche Markteinschätzung, unzureichende Neukundenakquisition, fehlerhafte Preis- und Produktpolitik oder Mängel im Vertriebsweg negativ bemerkbar; vgl. PINKWART, KOLB (2003), S. 60.

schen Gestaltung (z. B. zu hoher Verwaltungsaufwand, unübersichtliche Organisation) sein.[32]

Hohe Bedeutung als Krisenursache kommt dem **Finanzbereich** zu.[33] Bei Unternehmen, die bereits eine längere Krisenhistorie aufweisen, ist eine geringe Eigenkapitalquote oftmals das Ergebnis kumulierter Verluste, die das Eigenkapital reduziert bzw. sogar aufgebraucht haben. Somit verwundert es nicht, dass bei vielen insolventen Unternehmen die Eigenkapitalproblematik festgestellt wird.[34] Als Krisenursache ist dies aber weniger anzusehen, sondern vielmehr als krisenverstärkender Faktor oder Symptom einer Krise.[35] Das lässt sich auch damit belegen, dass umgekehrt ein hohes Eigenkapital die Krisenanfälligkeit nicht signifikant senkt.[36] Neben der Finanzierungsstruktur bilden die Ertragslage sowie Forderungsverluste zwei wesentliche Parameter der finanziellen Unternehmenssituation. Gerade für KMU, die nur eine geringe Kundenstreuung aufweisen, ist das Zahlungsverhalten ihrer Kunden eine erfolgskritische Größe.[37] Kundeninsolvenzen machen sich negativ bemerkbar, wenn die dadurch entstehenden Forderungsausfälle die Erträge des Unternehmens überproportional belasten.[38] Prinzipiell ist aber auch hier das Management in der Verantwortung, das durch unzureichendes Debitorenmanagement und / oder den Aufbau von Abhängigkeiten von nur wenigen Kunden die Ausfallwahrscheinlichkeit der Forderungen erhöht.

Bei der Krisenentstehung spielen ebenfalls Faktoren eine Rolle, die dem **unternehmensexternen oder exogenen Entstehungsbereich** zuzurechnen sind. Sie sind vom Unternehmen nur begrenzt bzw. längerfristiger beeinflussbar und stellen damit quasi vorgegebene Rahmenbedingungen für unternehmerisches Handeln dar.[39] Ein wichtiger Entstehungsbereich der externen Krisenursachen ist das Markt- und Wett-

---

[32] Vgl. PINKWART, KOLB (2003), S. 62. Die Liste potenzieller Krisenursachen im internen Leistungserstellungsprozess lässt sich beliebig erweitern; vgl. stellvertretend HAUSCHILDT (1983), S. 144 und RESKE, BRANDENBURG, MORTSIEFER (1978), S. 60 ff.

[33] In Kap. B.2.4 wurde bereits auf die Krisenanfälligkeit von KMU aufgrund einer geringen Eigenkapitalquote bzw. hohen Verschuldungsgrades hingewiesen.

[34] Etwa 85 Prozent aller insolventen Firmen weisen Eigenkapitalmangel auf; vgl. HAUSCHILDT (2000), S. 4.

[35] Vgl. BRETZ (1998), S. 263; BINDEWALD (2004), S. 83; KRYSTEK (1987), S. 70. Ein niedriges Eigenkapital kann eine Krise z. B. auch dadurch forcieren, dass F&E-Anstrengungen für notwendige Produktinnovationen nicht finanziert werden können; vgl. SCHMIDT, FREUND (1989), S. 126.

[36] Vgl. ENDRESS (1979), S. 46; FRIEDRICH ET AL. (1997), S. V; KRYSTEK, MÜLLER (1995b), S. 28.

[37] Vgl. BRETZ (1998), S. 269 ff.

[38] Vgl. FRIEDRICH ET AL. (1997), S. 14, die eine Modellrechnung dazu aufstellen: Bei einer durchschnittlichen Umsatzrendite von nur 2 Prozent muss ein Unternehmen einen Mehrumsatz von 2,5 Mio. EUR erwirtschaften, um einen Forderungsausfall von 50.000 EUR kompensieren zu können.

[39] „...die externe Situation kann einmal dadurch indirekt beeinflusst werden, daß eine Organisation andere Organisationen – ihre Konkurrenten beispielsweise – zu einem bestimmten Verhalten veranlaßt und zum anderen dadurch, daß sie ihre Ziele und damit ihre Beziehungen zur Umwelt ändert, sich gewissermaßen eine neue Umwelt sucht."; KIESER, KUBICEK (1977), S. 192 f.

bewerbsumfeld. Dort einzuordnende Krisenursachen werden auch als zwischenbe-
triebliche[40] Ursachen verstanden und beziehen sich auf die Situation des Unternehmens innerhalb seiner Branche.[41] Dies betrifft sowohl die Beziehung zu Kunden und
Wettbewerbern auf dem Absatzmarkt als auch zu Lieferanten und Kapitalgebern auf
den Beschaffungsmärkten. Typische Faktoren, die diesem Entstehungsbereich zugerechnet werden können, sind Änderungen im Kundenverhalten und den -bedürf-
nissen, Preissteigerungen, zunehmende Wettbewerbsintensität, neue Substitutionsprodukte, Marktsättigung etc.[42]

Zum exogenen Entstehungsbereich gehören zudem **überbetriebliche Faktoren**, die
sich auf das Verhältnis des Unternehmens zu seiner Gesamtumwelt beziehen[43] wie
beispielsweise konjunkturelle Entwicklungen, strukturelle Veränderungen, Wechselkursveränderungen, relevante wirtschafts-, sozial- und umweltpolitische Entscheidungen, Gesetzesänderungen. Auch einmalige, unvorhersehbare Ereignisse wie
Unglücksfälle, Naturkatastrophen, Terroranschläge, Insolvenzen von Konzerngesell-
schaften etc., die unmittelbar negativ auf die Ertrags- und Liquiditätslage wirken, zählen zu diesem Entstehungsbereich.[44] Aufgrund ihrer geringeren Betriebsgröße und
des niedrigeren Diversifikationsgrades reagieren KMU auf solche überbetrieblichen
Faktoren vergleichsweise stärker als Großunternehmen.[45] Insbesondere **konjunkturelle Einbrüche** werden sehr häufig als negative externe Einflussfaktoren des Krisengeschehens genannt.[46] Eine Verschlechterung des gesamtwirtschaftlichen Um-
feldes wirkt allerdings weniger krisenverursachend als vielmehr verstärkend („Kataly-
sator") auf eine (latent) bereits vorhandene Krise und deckt dadurch Mängel im unternehmensinternen Bereich auf.[47] Vergleichbares gilt für **strukturelle Veränderungen**, die insbesondere in den letzten Jahren maßgeblichen Einfluss auf die wirtschaftliche Entwicklung genommen haben. Technologische Basisentwicklungen, die

---

[40] Vgl. zur Einteilung der Krisenursachen in inner-, zwischen- und überbetriebliche Ursachen RESKE,
  BRANDENBURG, MORTSIEFER (1978), S. 55 ff.
[41] Vgl. BÖCKENFÖRDE (1996), S. 28.
[42] Vgl. BRÜHL (2004), S. 5 ff.
[43] Vgl. BÖCKENFÖRDE (1996), S. 27.
[44] Vgl. KRYSTEK, MÜLLER (1995d), S. 17.
[45] Vgl. HOWALDT (1994), S. 208.
[46] Vgl. z. B. ENDRESS (1979), S. 43 f.; GÖSCHE (1985), S. 170; KUCHER, MEITNER (2004), S. 718. Ex
  post können makroökonomische Variablen wie die gesamtwirtschaftliche Kapitalrendite, der Geld-
  marktzins und die Inflationsrate das Insolvenzgeschehen erklären; vgl. LEHMENT, BLEVINS, SJOVOLL
  (1997), S. 4 ff.
[47] Vgl. BURTSCHER (1996), S. 52; CEZANNE (1999), S. 15; FRANKE (1997), S. 66; PINKWART, KOLB
  (2003), S. 64. Die Rolle der Konjunktur als Krisenverursacher wird auch kontrovers diskutiert; vgl.
  HESSELMANN, STEFAN (1990), S. 37 und SANDFORT (1997), S. 20. Dass eine schwache Konjunktur
  ursächlich für die Krisenentstehung ist, lässt sich aber dadurch widerlegen, dass Krisen auch in
  Hochkonjunkturphasen vorkommen und ansonsten gesunde Unternehmen Abschwungphasen o-
  der Rezessionen unbeschadet überstehen. Einige Unternehmen wirtschaften unter diesen schwierigen Rahmenbedingungen sogar besonders erfolgreich; vgl. BURKHARDT, MAIER (1993), S. 16 ff.;
  LURIE, AHEARN (1990), S. 27; SIMON (1997), S. 20.

tief greifende Änderungen des Produktionsprozesses und / oder des Nachfrageverhaltens nach sich ziehen, sind ein Beispiel dafür. Auch der sektorale Strukturwandel von der Industrie- zur Dienstleistungs- bis hin zur Informationsgesellschaft sowie die Globalisierung durch Liberalisierung der Güter- und Kapitalmärkte, Privatisierung und Öffnung neuer Märkte haben gravierende Veränderungen im Wettbewerbs- und Nachfrageverhalten für die Unternehmen zur Folge.[48]

Solche **Diskontinuitäten** geben die Rahmenbedingungen vor, an die sich Unternehmen anpassen müssen. Auf diese Faktoren hat die Unternehmensführung keinen unmittelbaren Gestaltungseinfluss, sondern sie kann nur durch ein entsprechendes proaktives Krisenmanagement versuchen, die negativen Auswirkungen solcher Umstände auf das eigene Unternehmen zu minimieren. Krisenverstärkenden Faktoren wie dem Strukturwandel, der konjunkturelle Entwicklung oder Markt- und Branchenveränderungen kommt allein keine krisenverursachende Funktion zu. Erst im Zusammenspiel mit anderen Faktoren entfalten sie eine katalysatorische Wirkung, welche die Manifestierung einer Unternehmenskrise initiiert bzw. den Krisenverlauf beschleunigt.[49] Diejenigen Unternehmen, die auf diese Veränderungen falsch, zu langsam oder gar nicht reagieren, riskieren einen Misfit zwischen Umwelt-, Unternehmensstruktur- und Strategievariablen mit der Gefahr, dass Unternehmensziele verfehlt werden.[50] Eine Unternehmenskrise entsteht folglich aufgrund der ungenügenden Anpassungsfähigkeit an veränderte Umweltbedingungen.[51]

Die vorangegangenen Ausführungen lassen den Schluss zu, dass es eine Vielzahl unterschiedlicher Krisenursachen gibt, deren Entstehungsbereiche zum großen Teil im Unternehmen selbst zu suchen sind. Krisenursachen sind insofern als *„Defizite im Kompetenzprofil von Unternehmen"*[52] zu verstehen. Dem Management kommt als Entscheidungsträger dabei eine besonders kritische Rolle zu. Nichtsdestotrotz haben unternehmensexterne Faktoren für die Krisenentstehung eine nicht zu unterschätzende Bedeutung: Ist die Anpassungsfähigkeit und –geschwindigkeit an sich verändernde Rahmenbedingungen im makroökonomischen sowie Markt- / und Branchenumfeld zu gering, wirken externe Einflussfaktoren krisenverstärkend. Umweltveränderungen machen somit Defizite im Kompetenzprofil häufig erst sichtbar.[53]

---

[48] Vgl. ENGBERDING (1998), S. 26 ff.; ausführlich dazu auch STAEHLE (1999), S. 627 ff.
[49] Die allgemeine Diskussion, inwieweit die exogenen Faktoren, die nicht im unmittelbaren Einflussbereich der Unternehmensleitung liegen bzw. gar nicht beeinflussbar sind, als Krisenursachen anzusehen sind, lässt sich vermutlich nicht abschließend lösen. Negiert man den krisenverursachenden Charakter der exogenen Faktoren, muss die Krisenentstehung wieder letztlich dem Management angelastet werden. Dies wirft wiederum die Problematik der Annahme einer völligen Steuerbarkeit komplexer Systeme auf.
[50] Vgl. MACHARZINA (1984), S. 6.
[51] Vgl. BÖCKENFÖRDE (1996), S. 27.
[52] BEA, HAAS (1994), S. 487.
[53] Vgl. BEA, HAAS (1994), S. 487; SANDFORT (1997), S. 21; SCHENDEL, PATTON, RIGGS (1976), S. 11.

2.2.1.2 Auswirkungen der Krisenursachen auf den Turnaround-Kontext

Endogene und exogene Ursachen beeinflussen sich offenbar gegenseitig und müssen immer im Zusammenhang gesehen werden.[54] Unternehmenskrisen sind demzufolge durch eine hohe Komplexität gekennzeichnet und jede Turnaround-Situation stellt aufgrund ihrer individuellen Ursache-Wirkungskomplexe einen spezifischen Einzelfall dar.[55] Dies senkt die Aussagekraft generalisierender Handlungsempfehlungen mit Hilfe von Checklisten u. ä. deutlich. Aufgrund der prinzipiellen Heterogenität der KMU sowie der Verschiedenartigkeit der Krisenursachenbündel ist immer eine **unternehmensindividuelle Kausalanalyse** erforderlich.[56]

Insgesamt determinieren die Krisenursachen direkt bzw. indirekt über ihre Wirkungen die aktuelle Situation des Unternehmens und erlangen somit erhebliche Bedeutung für den Turnaround-Kontext.[57] Auch wenn die Krisenursachenforschung der Beschränkung unterliegt, dass Ursache-Wirkungsbeziehungen nicht eindeutig nachweisbar sind und Zusammenhänge zwischen den Ursachen und kumulierenden oder kompensierenden Effekten nicht aufgezeigt werden,[58] liefern die Ergebnisse einen Eindruck, welche Faktoren zur Entstehung einer Krise beitragen und damit den Kontext des Turnaround-Managements mitgestalten können. Das Wissen um typische Krisenursachen ist zudem für die Entwicklung eines Managementkonzepts von Nutzen, das auch nach der Turnaround-Bewältigung als Instrument der Unternehmenssteuerung dienen soll. Es hilft, relevante Suchbereiche zu identifizieren, die es permanent zu überwachen und zu kontrollieren gilt.

---

[54] Vgl. BÖCKENFÖRDE (1996), S. 35; HORST (2000), S. 20; SLATTER (1984), S. 62.

[55] „No two turnaround situations are ever exactly alike."; FINKIN (1985), S. 24. Vgl. ähnlich RAMAKRISHNAN, SHAH (1989), S. 26.

[56] Vgl. BUCHHART (2001), S. 235.

[57] In der Literatur herrscht allgemein weitgehend Einigkeit darüber, dass die Analyse der Krisenursachen für die Wahl geeigneter Gegenmaßnahmen und damit den Turnaround-Erfolg besonders erfolgskritisch ist; vgl. z. B. BEA, HAAS (1994), S. 487; BERGAUER (2001), S. 46; BURGER (1995), S. 88; CLASEN (1992), S. 253 f.; FECHNER (1999), S: 49; GROß (1988), S. 27; KALL (1999), S. 59; KELBER (2004), S. 61; KRYSTEK (1987), S. 32 f.; MAKRIDAKIS (1991), S. 24; MÜLLER (1986), S. 344; PANDIT (2000), S. 39; PINKWART, KOLB (2000), S. 53 f.; RESKE, BRANDENBURG, MORTSIEFER (1978), S. 3; SANDFORT (1997), S. 13; SCHAAF (1993), S. 75; SHELDON (1994), S. 534; SHUCHMAN, WHITE (1995); S. 32; TÖPFER (1986b), S. 159; WLECKE (2004), S. 42. LAFRENZ 2004), S. 182 merkt bezüglich der Bedeutung der Krisenursachen für den Unternehmens-Turnaround einschränkend an, dass für die Wahl von Turnaround-Maßnahmen weniger die ursächlichen Gründe als vielmehr deren aktuelle Wirkungen relevant sein könnten. Eine konträre Ansicht vertritt BECKER (1978), S. 673 f., der die Auffassung ist, dass die Ursachenforschung für die Behebung von Krisen geringere Bedeutung habe und sich Praktiker damit nicht „aufhalten" sollten. Auch BÖCKENFÖRDE (1996), S. 81 schwächt die Bedeutung der Krisenursachenanalyse ab mit der Begründung, dass es nicht zweckmäßig sei, *„die möglichen Krisenursachen weiter zu analysieren, weil Aussagen über Krisenursachen ohnehin vergangenheitsorientiert, subjektiv und damit sehr unterschiedlich sind und sie erfahrungsgemäß mehr Rechtfertigungen bzw. Schuldzuweisungen aufweisen als objektive Sachkenntnis."*

[58] Vgl. LAFRENZ (2004), S. 160; WAGENHOFER (1993), Sp. 4381; ZELEWSKI (1995), S. 901.

Vor dem Hintergrund, dass falsche bzw. nicht getroffene Entscheidungen die Krisen-entstehung begünstigen bzw. forcieren, muss dem Aspekt der **Lernfähigkeit des Managements und der Organisation** für die Ausgestaltung des Turnaround-Managements besondere Aufmerksamkeit gewidmet werden.[59] Das Turnaround-Management hat nur dann Aussicht auf Erfolg, wenn sich das Unternehmen bzw. seine Führung selbstkritisch der Vergangenheit stellt[60] und bereit ist, in der Gegen-wart und Zukunft aus diesen Fehlern zu lernen und das Management entsprechend zu professionalisieren. Bleibt eine Veränderung aus, ist die Entstehung einer neuen Krise wahrscheinlich.

Die Krisenursachen sind für das Turnaround-Management zudem insofern von Be-deutung, als unterschiedliche Ursachen auch **differenzierte Gegenmaßnahmen** erfordern.[61] Die empirische Turnaround-Forschung untersucht verschiedene Krisen-ursachen daraufhin, inwieweit sie als Kontextfaktoren Einfluss auf die Wahl der Turn-around-Maßnahmen haben bzw. das Turnaround-Management im Allgemeinen be-einflussen. Besonderer Fokus wird dabei auf die Auswirkungen der Krisenursachen-herkunft gelegt, d.h. es wird der Frage nachgegangen, ob es für das Turnaround-Management einen Unterschied macht, je nachdem ob die Krisenentstehung eher externen oder eher internen Ursachen zuzurechnen ist. KHANDWALLA stellt in dieser Hinsicht z.B. fest, dass das Erfordernis, endogene Krisenursachen beseitigen zu müssen, tendenziell interne Meinungsverschiedenheiten provozieren kann. Damit wird die Fähigkeit zur Motivation und Überzeugung der Mitarbeiter, den Turnaround zu unterstützen, besonders erfolgskritisch.[62] BARKER, DUHAIME ermitteln, dass Unter-nehmen, deren Krise auf unternehmensinterne Ursachen zurückzuführen ist, größere strategische Veränderungen vornehmen als Unternehmen, deren Krise branchenin-

---

[59] Einige Autoren sehen das Scheitern von Unternehmen in engem Zusammenhang mit dem organi-sationalen Lernen und Verhalten (vgl. NEUMAIR (1998), S. 140 ff.; SHORT, PALMER, STIMPERT (1998), S. 155; STARBUCK, GREVE, HEDBERG (1978), S. 113 ff.). Krisen deuten oft auf ein „Kulturde-fizit" im Unternehmen hin, wonach die im Management und bei den Mitarbeitern vorherrschenden Denk- und Handlungsmuster den sich stetig wandelnden Umweltbedingungen nicht mehr gerecht werden (vgl. AMSTUTZ (1997), S. 38). NEUMAIR (1998), S. 140 ff. identifiziert mittels theoretischer Herleitung fünf Krisenursachen (congenital defect, fatal search, momentum, convergence, lethar-gy), welche die Lernfähigkeit den Lernwillen von Unternehmen thematisieren. Diese Aspekte deuten auf ein von ihm so bezeichnetes „dysfunctional learning" (NEUMAIR (1998), S. 117) hin, das die Umsicht von Unternehmen senkt und damit eine Krisengefährdung induziert. NEUMAIR be-zeichnet diese Krisenursachen als Ursachen zweiten Grades und betrachtet sie als verantwortlich für das Auftreten der Primärursache wie Managementfehler oder unzureichende Anpassungsfä-higkeit („true causes of decline and failure"; NEUMAIR (1999), S. 299).
ALBACH (2000), S. 86 ff. betont den Aspekt des organisationalen Lernens im Zusammenhang mit der Krisenbewältigung.
[60] MÜLLER-MERBACH (1994), S. 52: „Selbstkritik ist die Quelle, aus der die Maßnahmen der Erneue-rung gespeist werden."
[61] Vgl. AROGYASWAMY, BARKER, YASAI-ARDEKANI (1995), S. 496; SCHENDEL, PATTON, RIGGS (1976), S. 11; SLATTER, LOVETT (1999), S. 107 f.
[62] Vgl. KHANDWALLA (2001), S. 307.

duziert (also extern verursacht) ist.[63] Robbins, Pearce diskutieren den Aspekt, dass Manager, die die Ursachen der Unternehmenskrise eher externen Faktoren anlasten, vergleichsweise weniger interne Anpassungsmaßnahmen vornehmen und damit letztlich erfolgloser sind.[64] Neben der Lokalisierung der Krisenursachen innerhalb oder außerhalb des Unternehmens ist des Weiteren von Bedeutung, ob die Schwachstellen operativer oder strategischer Natur sind. Auch dies erfordert eine differenzierte Herangehensweise.[65]

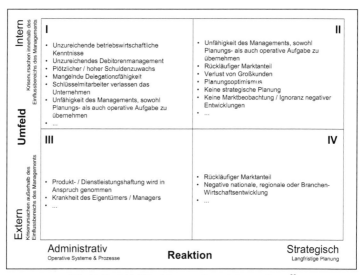

Abb. 10: Umfeld- / Reaktionsmatrix nach Boyle, Desai[66]

---

[63] Vgl. Barker, Duhaime (1997), S. 34; Barker, Barr (2002), S. 977 bestätigen diese empirischen Ergebnisse und ergänzen dies um die Erkenntnis, dass dabei die subjektive Interpretation der Krisenursachenherkunft durch das Management, d. h. welchem Bereich (intern oder extern) die Krisenentstehung zugerechnet wird, von Bedeutung ist.

[64] Vgl. Robbins, Pearce (1992), S. 303.

[65] Vgl. Schendel, Patton, Riggs (1976), S. 11; Barker, Duhaime (1997), S. 34; Hofer (1980), S. 20.

[66] Quelle: Boyle, Desai (1991), S. 36. Die Autoren identifizieren folgende typische Reaktionen in Abhängigkeit von den Krisenursachen: Strategische Reaktionen auf interne Schwächen wie detaillierte, regelmäßige Analysen und Erhebungen oder die Einführung eines formalisierten Planungsprozesses betreffen die langfristigen Erfolgsaussichten eines Unternehmens und sind in ihrer Wirkung im Gegensatz zu den administrativen Maßnahmen wie der Einführung oder Überarbeitung von Prozessen, Systemen und Regeln sehr unsicher. Den Krisenursachen, die dem externen Entstehungsbereich zugerechnet werden können und administrative Reaktionen verlangen, kann durch ein systematisiertes Risiko-Management begegnet werden. Notwendige strategische Reaktionen auf externe Ursachen wie konjunkturelle Einflüsse oder rückläufigen Marktanteil, sind schließlich den Wettbewerbsstrategien (z. B. Diversifikation, Nischenstrategie, Marktentwicklung etc.) zuzuordnen. Vgl allgemein zu den Turnaround-Strategien und -Maßnahmen Kap. D.4.4.

BOYLE, DESAI[67] zeigen konkret, wie sich die **Herkunft der Krisenursachen** auf die Strategie- und Maßnahmenwahl kleiner Unternehmen[68] auswirken. Sie identifizieren zunächst 24 Faktoren, die zum Misserfolg der kleinen Unternehmen beitragen. Diese ordnen sie in einer Matrix den Dimensionen Umfeld („environment") und Reaktion („response") zu. In der Umfeld-Dimension unterscheiden sie zwischen Faktoren, die im internen („internal environment") oder externen Umfeld („external environment") entstanden sind und damit innerhalb bzw. außerhalb der Einflussnahme des Managements liegen (vgl. Abb. 10). Die meisten Krisenursachen werden in Übereinstimmung mit den Erkenntnissen der Krisenursachenforschung dem internen Bereich zugeordnet.

Bezüglich der notwendigen Reaktionen wird zwischen kurzfristigen, administrativen und langfristig wirksamen, strategischen Maßnahmen unterschieden. Zu den Faktoren, die intern verursacht wurden und Reaktionen administrativer Art verlangen, gehören z. B. mangelhaftes Debitorenmanagement, unzureichende Analyse der betriebswirtschaftlichen Auswertungen, Annahme unterkalkulierter Aufträge, Gewährung zu hoher Skonti oder zu hohe Entnahmen. Diesen Krisenursachen kann durch die Einführung geregelter Vorgehensweisen und Prozesse mit hoher Erfolgswahrscheinlichkeit begegnet werden. Zu den Misserfolgsursachen, die auch dem internen Entstehungsbereich zuzuordnen sind, aber eher strategischer Reaktionen bedürfen, zählen u. a. im Bereich der personellen Ressourcen die Unfähigkeit des Managements, sowohl strategische als auch operative Funktionen zu übernehmen, in der Kategorie Marketing der Verlust von Großkunden oder zu optimistische Planungsprämissen.[69] Dieses Modell kann zwar dahingehend kritisiert werden, dass keine vollständige Abbildung möglicher Krisenursachen und ihrer adäquaten Reaktionen erfolgt, aber es verdeutlicht plakativ den Zusammenhang zwischen Krisenursache bzw. ihrer Herkunft und der notwendigen Gegenreaktion.

Die Erkenntnisse aus der Turnaround-Forschung deuten insgesamt an, dass die Bewältigung intern induzierter Krisen mit größeren Schwierigkeiten bzw. Managementherausforderungen verbunden ist als hauptsächlich extern verursachte Krisen. Der größte Teil der Krisenunternehmen muss aber eben dies überwinden: eine Krise, die maßgeblich selbst verschuldet wurde. PLEITNER kann dieser Tatsache unter dem Aspekt der Krisenprophylaxe eine positive Seite abgewinnen: Wenn im Wesentlichen interne Ursachen für die Krisenentstehung verantwortlich sind, sollte eine Vorbeugung eher gelingen, als wenn externe Faktoren dominieren würden.[70] Dies lässt sich auch auf das Turnaround-Management übertragen: Auf interne Ursachen kann direk-

---

[67] Vgl. BOYLE, DESAI (1991), S. 33 ff.; sehr ähnlich auch SHELDON (1994), S. 533 ff.
[68] Die Autoren subsumieren unter dem Begriff „small firms" Unternehmen, die weniger als 100 Mitarbeiter beschäftigen und einen geringeren Umsatz als 5 Mio. USD erwirtschaften.
[69] Vgl. BOYLE, DESAI (1991), S. 35 f.
[70] Vgl. PLEITNER (1999), S. 212.

ter Einfluss genommen werden als auf externe – wenn auch mit erheblichen Anstrengungen. Es bleibt abschließend festzuhalten, dass sowohl die Praxis bei der Erstellung von Turnaround-Konzepten als auch die Wissenschaft bei der Erforschung von Turnarounds die Krisenursachen als wichtigen Kontextfaktor berücksichtigen muss.[71]

2.2.2 Makroökonomische Kontextfaktoren

Das Verständnis von Unternehmen als offene ökonomische Systeme, deren existenzielle Grundlage die Austauschbeziehungen mit der Umwelt sind, impliziert bereits eine hohe Bedeutung der Umwelt als beeinflussenden Faktor.[72] Makroökonomische Rahmenbedingungen wie insbesondere konjunkturelle Schwächeperioden werden für die Entstehung von Unternehmenskrisen (mit-)verantwortlich gemacht. Daher erscheint es sinnvoll zu prüfen, inwieweit makroökonomische Faktoren auch Einfluss auf die Erfolgswahrscheinlichkeit von Turnarounds nehmen können. Allerdings haben sich in empirischer Hinsicht bislang nur sehr wenige Wissenschaftler mit dieser Fragestellung beschäftigt.[73]

Die Vermutung, dass ein allgemeiner oder branchenspezifischer **konjunktureller Aufschwung** einen Unternehmens-Turnaround begünstigen kann, liegt nahe. Dies bestätigt BIBEAULT, nach dessen empirischem Befund nahezu jeder sechste erfolgreiche Turnaround durch einen konjunkturellen Aufschwung unterstützt wird.[74] Dies gilt allerdings für Unternehmen, deren Krisenentstehung zumindest teilweise der gesamtwirtschaftlichen Entwicklung zuzurechnen ist.[75] Inwieweit rezessive Tendenzen Turnaround-Versuche negativ beeinflussen können, ist bislang nicht hinreichend untersucht worden. NOTHARDT findet in seiner relativ aktuellen Studie zu Turnarounds deutscher Unternehmen keinen Beleg dafür, dass eine Rezession oder ähnliche gesamtwirtschaftliche Probleme einen signifikanten Einfluss auf den Turnaround-Prozess von Unternehmen haben.[76] Weitere makroökonomische Effekte, die Einfluss auf den Turnaround-Erfolg nehmen können, sind z. B. Preisentwicklungen oder Zins- und Wechselkursveränderungen.[77] Neben den gesamtwirtschaftlichen Größen sind aber auch gesellschaftliche, strukturelle, technologische und gesetzliche Rahmenbe-

---

[71] Vgl. AROGYASWAMY, BARKER, YASAI-ARDEKANI (1995), S. 496.
[72] Vgl. STAEHLE (1999), S. 624.
[73] Vgl. PANDIT (2000), S. 40.
[74] Vgl. BIBEAULT (1982), S. 85 ff.
[75] Vgl. NOTHARDT (2001), S. 136.
[76] Vgl. NOTHARDT (2001), S. 264.
[77] Vgl. PANDIT (2000), S. 40; MURPHY (1986), S. 33.

dingungen zu beachten, die ebenfalls negative oder positive Auswirkungen haben können.[78]

Die Kenntnis der Auswirkungen makroökonomischer Faktoren auf den Turnaround-Verlauf ist insgesamt noch recht rudimentär und liefert keine generellen Erklärungsansätze. Trotzdem kann indirekt abgeleitet werden, dass sie eine nicht zu vernachlässigende Größe für das Turnaround-Management sind. Zum einen wurde der Einfluss der gesamtwirtschaftlichen Entwicklung und makroökonomischen Größen als krisenverstärkender Faktoren diskutiert. Zum anderen zeigen Erkenntnisse des allgemeinen strategischen Managements, dass marktorientiert geführte Unternehmen (d. h. hohe Kongruenz mit den Umwelt- bzw. Marktanforderungen) aufweisen, erfolgreicher agieren.[79]

Günstige Rahmenbedingungen im makroökonomischen Umfeld können allerdings nur selten allein einen Turnaround herbeiführen. Erfolgreiche Turnarounds zeichnen sich vielmehr durch **aktives Eingreifen des Managements** und die Umsetzung entsprechender strategischer oder operativer Gegenmaßnahmen aus. Die makroökonomischen Faktoren haben dagegen ein vergleichsweise stärkeres Gewicht bei der negativen Beeinflussung der Unternehmensentwicklung.[80] Insofern sind sie vor allem unter dem Gesichtspunkt einer potenziellen negativen Einflussnahme in der Zukunft zu beachten.

2.2.3 Markt- und branchenspezifische Kontextfaktoren

Auch das gegenwärtige Markt- und Branchenumfeld sowie dessen prognostizierte zukünftige Entwicklung spielt für das Turnaround-Management eine Rolle. Die Bedeutung des Markt- und Branchenumfelds als Kontextfaktor lässt sich indirekt daraus ableiten, dass empirische Ergebnisse zu der Effizienz von Turnaround-Maßnahmen Indizien dafür liefern, dass diejenigen Maßnahmen bzw. Strategien, die eine hohe Umweltorientierung aufweisen, besonders erfolgversprechend sind.[81] Damit ist gemeint, dass die Anforderungen und Gegebenheiten des Wettbewerbsumfelds berücksichtigt werden, in dem sich ein Krisenunternehmen bewegt. Konkret zählen dazu Marktwachstum, Marktrentabilität sowie die Position des Unternehmens im Markt (Marktanteil).[82] Eine bedeutende Rolle für den Unternehmenserfolg im Allgemeinen sowie den Turnaround-Erfolg im Speziellen spielt die **Wettbewerbsintensität**. Von

---

[78] Für eine detaillierte Auflistung potenzieller externer Einflussfaktoren wird auf die entsprechenden Ausführungen zu unternehmensexternen Faktoren als Krisenursachen resp. krisenverstärkenden Faktoren in Kap. D.2.2.1.1 verwiesen.

[79] Vgl. z. B. MILLER, FRIESEN (1984), S. 197 f.

[80] Vgl. SCHENDEL, PATTON, RIGGS (1976), S. 10.

[81] Vgl. SUDARSANAM, LAI (2001), S. 197; THIÉTART (1988), S. 41.

[82] Vgl. LAFRENZ (2004), S. 202.

ihr sowie der individuellen Wettbewerbsstärke des Unternehmens hängt der Anteil ab, mit dem es am Gesamtmarktvolumen partizipieren kann.[83] In Abhängigkeit von der jeweiligen Konstellation auf den Märkten oder in einer Branche sind unterschiedliche Turnaround-Strategien erfolgversprechend.

HAMBRICK, SCHECTER untersuchen die Auswirkungen des **Marktanteils** als Kontextfaktor des Unternehmens-Turnarounds. Ihre Ergebnisse deutet darauf hin, dass Unternehmen mit hohem Marktanteil tendenziell eine andere Vorgehensweise wählen als Unternehmen mit niedrigerem Marktanteil.[84] PANT unterstützt ebenfalls die Annahme, dass sich Wettbewerbsbedingungen auf den Turnaround auswirken. Sie belegt empirisch, dass Unternehmen, die in einer Branche mit vergleichsweise hohen F&E-Aufwendungen agieren, bessere Chancen auf einen erfolgreichen Turnaround haben als Unternehmen, die in einer weniger forschungsintensiven Branche angesiedelt sind. Die Investitionen in F&E führen zu Produkt- oder Prozessneuheiten, die ein Branchenungleichgewicht durch Nachfrageänderungen bzw. substitutive Angebote auslösen können. Ein solch dynamisches Wettbewerbsumfeld ermöglicht es Anbietern, ihre relative Wettbewerbsposition zu verbessern, während sich Konkurrenzunternehmen erst an die veränderten Marktbedingungen anpassen müssen.[85]

Neben der Wettbewerbsintensität spielen auch **Branchencharakteristika** als Kontextfaktoren eines Turnarounds eine Rolle. Homogene Branchentypen sind durch geringere Produktdifferenzierungsmöglichkeiten, hohe Markttransparenz und ähnliche Unternehmenstypen gekennzeichnet (z. B. Baumaschinenhersteller, Versorgungsbetriebe). Dies schränkt den marktorientierten Handlungsspielraum im Turnaround erheblich ein. Demgegenüber zeichnen sich heterogene Branchentypen wie z. B. Softwareentwicklung durch ein größeres Differenzierungspotenzial und eine tendenzielle Marktintransparenz aus.[86] Auch das Stadium des Lebenszyklus, in dem sich eine Branche bzw. die angebotenen Produkte befinden, kann Einfluss auf die Turnaround-Optionen nehmen.[87] So sind beispielsweise die strategischen Handlungsoptionen in reiferen Branchen und Märkten aufgrund des bereits ausgeschöpften Marktpotenzials begrenzt. Insgesamt zeigen die Untersuchungen, dass ein Umfeld, welches Marktwachstum begünstigt, auch einen Turnaround positiv fördern kann.[88] Dagegen sind Unternehmen, deren Branchenentwicklung Schwankungen

---

[83] Vgl. COENENBERG, FISCHER (1993), S. 8; PINKWART (2000a), S. 171; KRAUS, GLESS (2004), S. 142 f.

[84] Vgl. HAMBRICK, SCHECTER (1983), S. 244 f. Konkret bevorzugen Unternehmen mit hohem Marktanteil eher „piecemeal"-Strategien, bei denen nur punktuelle Änderungen vorgenommen werden. Begründet wird dies damit, dass ihre strategische Ausrichtung prinzipiell richtig ist und daher keine Anpassungen in diesem Bereich nötig sind. Vgl. ähnlich auch KRAUS, GLESS (2004), S. 144.

[85] Vgl. PANT (1991), S. 627 ff.; LOHRKE, BEDEIAN (1998), S. 13.

[86] Vgl. KRAUS, GLESS (2004), S. 143 f.; LOHRKE, BEDEIAN (1998), S. 14.

[87] Vgl. HAMBRICK, SCHECTER (1983), S. 231 ff.; SLATTER, LOVETT (1999), S. 2 f.

[88] Vgl. LOHRKE, BEDEIAN (1998), S. 13; SLATTER, LOVETT (1999), S. 112.

unterworfen ist, anfälliger für negative externe Einflüsse und haben damit auch größere Schwierigkeiten beim Turnaround.[89]

2.2.4 Unternehmensspezifische Kontextfaktoren

Als unternehmensspezifische Kontextfaktoren sind diejenigen Faktoren zu verstehen, welche die interne Situation des Unternehmens zu Beginn eines Turnaround-Versuchs markieren. Ein Aspekt in dieser Hinsicht ist die **Unternehmensgröße**. Die empirischen Erkenntnisse, in welcher Weise Unternehmensgröße und Turnaround-Wahrscheinlichkeit korrelieren, differieren. PANT gelangt zu dem Ergebnis, dass kleinere Unternehmen aufgrund ihrer Flexibilität und Anpassungsfähigkeit eine höhere Turnaround-Wahrscheinlichkeit aufweisen.[90] Dass KMU aufgrund ihrer geringeren Betriebsgröße über eine geringere Komplexität verfügen, könnte einen Turnaround ebenfalls begünstigen. Mit der Unternehmensgröße steigt prinzipiell auch die Komplexität z. B. beim Produktprogramm oder der internen Koordination, was eine Restrukturierung erschweren könnte.[91] Demgegenüber befindet NOTHARDT, dass größere Unternehmen einen Turnaround eher erfolgreich bewältigen können. Er führt dies auf ihre vergleichsweise bessere Ressourcenausstattung und die daraus erwachsenden Möglichkeiten der Reallokation zurück.[92] Beide Sichtweisen sind von ihrer theoretischen Argumentation logisch nachvollziehbar, so dass nicht generell abgeleitet werden kann, dass eine bestimmte Unternehmensgröße den Turnaround-Erfolg begünstigt. LAFRENZ liefert einen Erklärungsansatz für die unterschiedliche Wirkung der Unternehmensgröße, indem er ihre Abhängigkeit von typischen Konstellationen des jeweiligen Turnaround-Kontexts, -Inhalts und -Prozesses („Sanierungsgestalten") postuliert. Sein empirischer Befund kombiniert die Ergebnisse von NOTHARDT und PANT: Eine große Unternehmensgröße bietet einerseits Potenzial zur Effizienzverbesserung,[93] kann aber andererseits negativ auf die Flexibilität des Unternehmens für Veränderungen wirken.[94] Die differenzierten Erkenntnisse lassen offensichtlich nicht die Schlussfolgerung zu, dass die Unternehmensgröße eine generelle Determinante der Turnaround-Wahrscheinlichkeit ist. Dies bestätigt ZIMMERMANN, der keinen empirischen Beleg dafür findet, dass die Unternehmensgröße einen Einfluss auf den Turnaround-Erfolg hat.[95]

---

[89] Vgl. SLATTER, LOVETT (1999), S. 54.

[90] Vgl. PANT (1991), S. 637; PANT (1987), S. 31 spricht vom „Dinosaurier-Effekt" bei Großunternehmen, welcher deren Reaktions- und Umsetzungsgeschwindigkeit verlangsamt.

[91] Vgl. BERGAUER (2001), S. 41.

[92] Vgl. NOTHARDT (2001), S. 271.

[93] Identifiziert bei erfolgreichen Turnarounds der Sanierungsgestalt „Graduelle Effizienzverbesserung für den großen Mittelständler" ; vgl. LAFRENZ (2004), S. 231 ff. und S. 280.

[94] Identifiziert bei erfolglosen Turnarounds der Sanierungsgestalt „Refokussierung des Giganten"; vgl. LAFRENZ (2004), S. 231 ff. und S. 280.

[95] Vgl. ZIMMERMANN (1991), S. 257.

Von Relevanz ist jedoch die vorhandene **Ressourcenausstattung** zu Beginn des Turnarounds. Was für KMU grundsätzlich ein charakterisierendes Merkmal ist – die im Vergleich zu Großunternehmen schlechtere Ressourcenausstattung resp. -verfügbarkeit – wird in Turnaround-Situationen zu einer besonderen Herausforderung. Je nachdem wie lange die Krise bereits andauert und in welcher Phase sie sich befindet, sind die internen Ressourcen als Ergebnis des Krisenverlaufs stark dezimiert. In erster Linie sind die finanziellen Ressourcen beschränkt, da z. B. das Eigenkapital aufgrund von Verlusten reduziert, das Anlagevermögen überaltert, die Liquiditätsreserve aufgebraucht ist. Aber auch die personellen Ressourcen unterliegen einer Erosionsgefahr, wenn qualifizierte Mitarbeiter das Unternehmen verlassen. Zudem sind häufig einschlägige Erfahrungen im Umgang mit Turnaround-Situationen und damit die erforderlichen Eigenschaften und fachlichen Qualitäten zur Bewältigung einer Unternehmenskrise intern gar nicht oder zumindest nur unzureichend vorhanden.[96]

CHOWDHURY, LANG haben im Zusammenhang mit der Ressourcenausstattung den Einfluss von **Organizational Slack**[97] und Kapitalintensität auf die Wirkung von Turnaround-Maßnahmen in KMU empirisch untersucht. Die Autoren messen Slack in ihrer Studie als Verhältnis von Working Capital zum Nettoumsatz.[98] Sie zeigen, dass Unternehmen mit hohem Slack eine größere Performanceverbesserung erzielen als diejenigen mit niedrigerem Slack-Niveau. Dies wird insbesondere ihrer Möglichkeit zugeschrieben, Anlagevermögen veräußern zu können, ohne dadurch die operative Effizienz negativ zu beeinflussen. Des weiteren ermitteln die Autoren, dass eine niedrige **Kapitalintensität** (Verhältnis von Sachanlagevermögen zu Nettoumsatz) eine Performanceverbesserung begünstigt. Während Unternehmen mit hoher Kapitalintensität im Wesentlichen versuchen, den Turnaround durch Erhöhung der Mitarbeiterproduktivität zu erreichen, setzen die Unternehmen mit niedriger Kapitalintensität eine Kombination verschiedener Maßnahmen ein (Erhöhung der Mitarbeiterproduktivität, Kontrolle der Herstellungskosten, Reduzierung des Vorratsvermögens).[99]

In diesem Zusammenhang ist auch die **Kapazitätsauslastung** von Bedeutung. HAMBRICK, SCHECTER zeigen, dass der jeweilige Auslastungsgrad der vorhandenen Kapazitäten eng mit der Wahl der Turnaround-Maßnahmen verknüpft ist. So wählen beispielsweise nur Unternehmen, die eine geringe Kapazitätsauslastung aufweisen, Maßnahmen zur Vermögens- / oder Kostenreduzierung.[100] Eine geringe Auslastung dürfte vermutlich auch die Wirkung oder das Symptom einer tiefer liegenden Krisen-

---

[96] Vgl. WIESELHUBER & PARTNER (2003), S. 31.
[97] Für den Begriff Organizational Slack existiert keine adäquate deutsche Übersetzung. Gemeint sind vorhandene bzw. potenzielle Ressourcen, die für Unternehmen ein ausreichendes „Polster" darstellen, um sich an veränderte Umfeldbedingungen anzupassen.
[98] Vgl. CHOWDHURY, LANG (1994), S. 206 ff.
[99] Vgl. CHOWDHURY, LANG (1994), S. 210 f.
[100] Vgl. HAMBRICK, SCHECTER (1983), S. 244 f.

ursache sein. Insofern wird hiermit noch einmal die Bedeutung der Krisenursachen für die Wahl von Turnaround-Strategien und –Maßnahmen hervorgehoben.

Wie die Erfolgsfaktoren- und auch die Krisenursachenforschung gezeigt haben, kommt dem **Management** eine zentrale Bedeutung für den Erfolg resp. Misserfolg eines Unternehmens zu. REESE beschreibt diese enge Verknüpfung der Unternehmerperson mit dem Unternehmenserfolg plakativ mit der Aussage: *„Ausgangspunkt und Verlauf einer Unternehmung sind personifizierbar"*.[101] Die Fähigkeit des Unternehmers, sich auf die Dynamik des Wirtschaftskreislaufs einzustellen, bestimmt die Chancen und Risiken des Unternehmens.[102] Dies gilt aufgrund der anspruchsvollen Aufgabe und kritischen Unternehmenssituation umso mehr im Turnaround. *„Management is as much the key to turnaround success as it is the key to decline."*[103] Dies bedeutet, dass ein gutes Konzept allein nicht ausreicht, um den Unternehmens-Turnaround erfolgreich zu gestalten. Vielmehr muss das Management die notwendigen Fähigkeiten und Eigenschaften mitbringen, um das Konzept auch nachhaltig umzusetzen.[104] NOTHARDT belegt die Bedeutung des Managements für einen erfolgreichen Turnaround empirisch. Nach seinem Befund haben Unternehmen mit einem schlechten Management bestenfalls 15 Prozent der Turnaround-Wahrscheinlichkeit eines Unternehmens ohne Managementprobleme.[105] „Schlechtes Management" manifestiert sich in NOTHARDTs Untersuchung u. a. in einer inadäquaten Wettbewerbsstrategie, unangepassten organisatorischen Strukturen und unzureichendem Controlling.[106]

Des Weiteren ist die **historische Strategie und Ausrichtung des Unternehmens** als relevanter interner Kontextfaktor zu beachten. Maßnahmen und Entscheidungen, die in der Vergangenheit getroffen wurden, können bestimmte Turnaround-Maßnahmen erzwingen oder ermöglichen. Dies gilt selbst dann, wenn die historische Strategie nicht als Krisenursache anzusehen ist.[107] *„Enterprises have a heritage that they carry with them: their existing products, customers, assets, human and financial resources and know-how, etc. These represent parameters or constraints on what is possible in the future, particularly in the short term."*[108]

---

[101] REESE (1991), S. 362.
[102] Vgl. REESE (1991), S. 362.
[103] BIBEAULT (1982), S. 87. Ähnlich SEIDEMANN, SANDS (1991), S. 46.
[104] Vgl. MURPHY (1986), S. 29.
[105] Vgl. NOTHARDT (2001), S. 194 f., 260 und 271.
[106] Vgl. die vollständige Auflistung der Managementprobleme bei NOTHARDT (2001), S. 181.
[107] Vgl. SLATTER, LOVETT (1999), S. 111; PANDIT (2000), S. 40; KRAUS, GLESS (2004), S. 144; LAFRENZ (2004), S. 201.
[108] SLATTER, LOVETT (1999), S. 111.

Schließlich haben die verschiedenen Personen und Institutionen, mit denen ein Unternehmen in Beziehung steht, Einfluss auf den Kontext des Turnarounds. Diese sind auch als „**Anspruchsgruppen**" oder „Interessengruppen" zu verstehen, da ihre Beziehungen zum Unternehmen auf legitimen Interessen beruhen.[109] Unternehmen als offene Systeme interagieren mit verschiedensten solcher Anspruchsgruppen wie Mitarbeitern, Gesellschaftern, Kunden, Lieferanten, Fremdkapitalgebern, Betriebsräten, Gewerkschaften, Staat, Öffentlichkeit. Die Qualität der Beziehungen zu diesen Gruppen hat entscheidenden Einfluss auf die Möglichkeiten des Turnaround-Managements. Die Problematik der Anspruchsgruppen im Turnaround wird ausführlich im Rahmen der institutionellen Dimension erläutert und wird daher an dieser Stelle nicht weiter vertieft.[110]

2.2.5 Krisenspezifische Kontextfaktoren

Unter krisenspezifischen Kontextfaktoren werden hier situative Charakteristika verstanden, die eine Turnaround-Situation allgemein auszeichnen. Es sind Merkmale, die unabhängig vom Unternehmen oder der Branche aufgrund des Vorhandenseins einer Unternehmenskrise auftreten. Sie betreffen damit alle Krisenunternehmen in mehr oder weniger starker Ausprägung (abhängig auch von der jeweiligen Krisenphase) und bestimmen die Anforderungen bzw. Ziele für die Organisation und Führung im Turnaround mit.[111] Einige dieser Besonderheiten wurden im Rahmen der Definition von Unternehmenskrisen bereits angedeutet und stellen quasi Krisensymptome dar.[112] Sie werden hier noch einmal aufgegriffen und um ihre Bedeutung für resp. ihre Auswirkungen auf das Turnaround-Management ergänzt. Diese Merkmale sind nicht isoliert zu betrachten, sondern stehen teilweise in einem engen, konditionalen Verhältnis zueinander.

Ein wichtiger Aspekt, der eine nicht unerhebliche Schwierigkeit für das Turnaround-Management darstellt, ist die **Neuartigkeit** der Situation.[113] Aufgrund der Seltenheit einer Turnaround-Situation im Unternehmensverlauf sind wesentliche Elemente der Aufgabenstellung unbekannt und Erfahrungen im Umgang mit Turnaround-Situationen liegen nicht vor. Folglich kann eine Turnaround-Situation als Problemsituation verstanden werden, die sich für das Unternehmen bzw. dessen Entscheidungsträger als „schlecht-definierte Entscheidungsaufgabe" darstellt. Auch das Lösungskriterium ist nicht eindeutig formuliert,[114] so dass die Bewertung eines Lösungsansatzes der

---

[109] FREEMAN (1984), S. 25; STAEHLE (1993), Sp. 2456.
[110] Vgl. Kap. D.3.1.
[111] Vgl. MÜLLER (1986), S. 410.
[112] Vgl. ACHILLES (2000), S. 68.
[113] Vgl. BEA, HAAS (1994), S. 486.
[114] Dies ist mit dem Innovationsprozess in Unternehmen vergleichbar; vgl. THOM (1980), S. 26. Vgl. auch MÜLLER (1986), S. 412.

Subjektivität unterliegt.[115] Damit präsentiert sich eine Turnaround-Situation als neuartige Problemstellung, für die es aus der Erfahrung heraus keine „passende" Lösung gibt. Es müssen alternative Problemlösungen gesucht und Wirkungsprognosen aufgestellt werden, um abschließend eine Alternativenauswahl zu treffen.[116] Übliche Verhaltensweisen, d.h. scheinbar bewährte Problemlösungsverfahren, können in einer Turnaround-Situation krisenverschärfend wirken.[117]

Die künftige Entwicklung des Unternehmens ist nur schwer prognostizierbar und kann ihren ambivalenten Ausgang einerseits in einem erfolgreichen Turnaround, andererseits aber durchaus auch in der Insolvenz nehmen. Daraus resultiert eine hohe **Unsicherheit**, die sowohl die Unternehmensführung als auch alle mit dem Unternehmen in Beziehung stehenden Institutionen und Personen(gruppen) betrifft. Der Grad der Unsicherheit und die individuelle Risikoneigung haben große Auswirkung auf die Bereitschaft der Anspruchsgruppen, den Turnaround zu unterstützen. Das Turnaround-Management an sich ist ebenfalls mit Unsicherheiten behaftet. So sind beispielsweise die Wirksamkeit der Turnaround-Maßnahmen und die Auswirkungen eventuell auftretender Konflikte sowie sich verändernder Umfeldbedingungen ungewiss.[118]

Als Kontextfaktor hat das jeweilige **Bedrohungsausmaß** einer Turnaround-Situation wesentlichen Einfluss auf die Ausgestaltung des Managements. Es ist eng mit der Krisenphase verknüpft, in der sich ein Unternehmen befindet. Insbesondere die Wahl bestimmter Maßnahmen wird einmal mehr dadurch beeinflusst. So verlangt eine geringere Bedrohung auch weniger tief greifende Veränderungen im Unternehmen. Umgekehrt macht eine akute Existenzbedrohung Turnaround-Maßnahmen größeren Ausmaßes erforderlich.[119] Der Grad der Bedrohung ist zudem häufig entscheidend dafür, wann ein Turnaround-Management initiiert wird. Nicht selten löst erst eine massive Bedrohung der Unternehmensexistenz das Turnaround-Vorhaben aus. Dies kann wiederum Auswirkungen auf die Erfolgschancen eines Turnarounds haben.

---

[115] Vgl. zu schlecht-definierten Entscheidungsaufgaben KLEIN (1971), S. 34.
[116] Vgl. KIRSCH (1994), S. 8.
[117] Vgl. STARBUCK, NYSTROM (1995), Sp. 1390; MÜLLER (1986), S. 412.
[118] Vgl. MÜLLER (1986), S. 413.
[119] Vgl. HOFER (1980), S. 24 ff.; LOHRKE, BEDEIAN (1998), S. 14 f.; SLATTER, LOVETT (1999), S. 109. ROBBINS, PEARCE (1992), S. 304 stellen fest, dass mit Zunahme der Bedrohung durch eine Krise auch das Erfordernis steigt, „Retrenchment"-Maßnahmen (vgl. Kap. D.4.4) vorzunehmen.

Divergierende empirische Ergebnisse[120] legen jedoch nahe, dass das Bedrohungs-ausmaß allein keine entscheidende Determinante des Turnaround-Erfolgs ist. Es ist zusätzlich von Bedeutung, welche Schwachstellen für die Krisenentstehung verant-wortlich sind und welche Handlungsalternativen das Management zur Krisenabwehr noch zur Verfügung hat. Für das Turnaround-Management setzt das Bedrohungs-ausmaß in jedem Fall eine entscheidende Rahmenbedingung für das unternehmeri-sche Handeln, da es in vielerlei Hinsicht (z. B. abnehmende Anzahl der Handlungsal-ternativen, steigende psychische Belastung) maßgeblich den Aktionsradius vorgibt.

Unterstellt man den idealtypischen Krisenverlauf von der strategischen Krise über die Erfolgs- bis zur Liquiditätskrise, ist ein zunehmender **Handlungszwang** bei gleichzei-tig steigendem **Zeitdruck** offensichtlich, da der Existenzverlust des Unternehmens innerhalb eines Zeitraums absehbar ist. Die Insolvenzgefahr wird mit andauerndem Krisenverlauf immer bedrohlicher und rückt zeitlich näher.[121] Ex post lässt sich dieses relativ unproblematisch analysieren. Wie weit der Krisenendpunkt aber in einer indi-viduellen Krisensituation noch konkret entfernt ist, kann jedoch nicht hinreichend ge-nau bestimmt werden. Eine Turnaround-Situation ist somit in der Regel nicht durch eine objektiv feststehende Zeitrestriktion gekennzeichnet,[122] sondern der Zeit- und Handlungsdruck wird vielmehr stark durch subjektives Empfinden geprägt. Dessen Maß wird nicht nur durch die Entscheidungszeit und die Problemstärke, sondern auch die individuelle Zeitdruck-Sensitivität bestimmt.[123] Auch wenn das jeweilige Maß nur schwer operationalisierbar ist und der subjektiven Wahrnehmung der Entschei-dungsträger unterliegt, so lässt sich trotzdem festhalten, dass das Management im Krisenverlauf einem stetig wachsenden Zwang unterliegt, Entscheidungen zu fällen und Maßnahmen zu ergreifen,[124] da das Unterlassen einer Gegensteuerung eine ra-

---

[120] Die empirischen Ergebnisse von PANT deuten darauf hin, dass Unternehmen bessere Turnaround-Chancen haben, die während der Abschwungphase eine im Vergleich zu erfolglosen Turnaround-Unternehmen schlechtere Performance (geringerer ROA, geringere Umsätze und Marktanteile) zeigen. Die massive Existenzbedrohung löst offenbar einen Handlungsdruck aus, der das Mana-gement veranlasst, gravierende Änderungen im Unternehmen vorzunehmen; vgl. PANT (1991), S. 638 ff.; PANT (1987), S. 31. Konträr dazu kommt jedoch NOTHARDT zu dem Ergebnis, dass Un-ternehmen, die sich in einer weniger bedrohlichen Turnaround-Situation befinden, bessere Chan-cen auf einen erfolgreichen Turnaround haben. Er erklärt dies damit, dass diese Unternehmen vergleichsweise weniger Veränderungen vornehmen und geringere Schwierigkeiten überwinden müssen. Dies überkompensiert den „bouncing-ball effect" der schnellen und drastischen Änderun-gen bei einer stärkeren Bedrohung; vgl. NOTHARDT (2001), S. 195.
[121] Vgl. BÖCKENFÖRDE (1996), S. 37.
[122] Vgl. LINDE (1994), S. 50; STAEHLE (1993), Sp. 2453. Vgl. zur Zeitrestriktion VROOM, JAGO (1991), S. 213. Eine Ausnahme stellt die gesetzliche Frist der Insolvenzantragspflicht dar, die der Ge-schäftsführung einen Zeitraum von drei Wochen zugesteht, bis die Insolvenz beim Amtsgericht angezeigt werden muss, sofern die Insolvenztatbestände Zahlungsunfähigkeit und / oder Über-schuldung festgestellt werden können.
[123] Vgl. BRONNER (1973), S. 25 ff.
[124] Vgl. RÖTHIG (1976), S. 13.

pide „Abwärtsspirale" in Gang setzen und weitreichende sowie meist unerwünschte Folgen nach sich ziehen kann.[125]

Mit zunehmendem Krisenfortschritt steigt die **Einflussnahme bzw. Druckausübung durch externe Interessengruppen** (wie z. B. Fremdkapitalgeber, Lieferanten, Kunden).[126] Sie werden zunehmend in die Lage versetzt, Krisenanzeichen beim Unternehmen wahrzunehmen und diagnostizieren damit eine potenzielle Gefährdung der eigenen Interessen. Um die eigene Risikoposition abzusichern, versuchen sie Einfluss auf das Management bzw. den Turnaround-Prozess zu nehmen. Bei KMU mit hohem Fremdkapitalanteil sind es häufig die finanzierenden Kreditinstitute resp. die Hausbank, die zur Absicherung ihrer Kredite aktiv werden. Nicht selten sind sie es sogar, die den Anstoß („trigger") für einen Turnaround geben.[127] Für KMU ist die zunehmende fremde Einflussnahme ein Novum. Eigentümerunternehmer, die einen Großteil ihres Selbstvertrauens und -verständnisses aus der erfolgreichen, selbstständigen Tätigkeit ziehen, sehen sich in einer Krisensituation im eigenen Unternehmen oft völlig veränderten Reaktionen der Stakeholder gegenüber.

Aufgrund des Zwangs Entscheidungen treffen zu müssen, bedarf es umfassender Informationen, die als Grundlage für die Ermittlung, Bewertung und Auswahl erfolgversprechender Handlungsalternativen dienen. Eine Turnaround-Situation ruft daher einen **gesteigerten Informationsbedarf** hervor. Es werden zum einen Informationen benötigt, die analytischer Natur sind, also Auskunft über die Ursachen der Krisenentstehung sowie die aktuelle Unternehmens- und Umweltsituation geben. Zum anderen sind Informationen mit prognostischem Charakter, welche die Cashflow- und Gewinn- bzw. Verlusterwartungen quantifizieren oder Markt- und Branchentendenzen prognostizieren, von hoher Bedeutung. Hier macht sich der grundsätzliche Nachteil von KMU gegenüber Großunternehmen bemerkbar: sie haben aufgrund fehlender Stabstellen eine geringere Informationsaufnahme- und –verarbeitungskapazität. Die Generierung krisenrelevanten Wissens unter Zeitdruck stellt sich demzufolge um so schwieriger dar.[128]

Turnaround-Situationen zeichnen sich schließlich durch eine vergleichsweise **hohe Dynamik** aus. Ungeplante Ereignisse, die mehr oder weniger starken Einfluss auf das Turnaround-Management nehmen, sind an der Tagesordnung und führen zu

---

[125] Vgl. HAMBRICK (1985), S. 10-3; TEN BERGE (1989), S. 21.
[126] Die Stakeholder des Unternehmens sind ein weiterer bedeutender Einflussfaktor des Unternehmenskontexts (vgl. MÜLLER-STEWENS, LECHNER (2005), S. 171 ff.). Aufgrund ihrer besonderen Bedeutung und der Dynamik ihrer Beziehungen zum Unternehmen im Turnaround werden sie im Rahmen der institutionellen Dimension des Turnaround-Managements gesondert behandelt; vgl. Kap. D.3.1.
[127] Vgl. SLATTER, LOVETT (1999), S. 72.
[128] Vgl. CLASEN (1992), S. 8 f.

einer ständigen Änderung der Situation.[129] TÖPFER stellt dazu fest, dass bei einer Unternehmenskrise „im Zeitablauf eine Beschleunigung in der Insolvenzgefährdung eintritt (...). Der Prozeß entwickelt (..) eine Eigendynamik und ist nur noch schwer kontrollierbar und steuerbar."[130]

Eine Turnaround-Situation offenbart einige Besonderheiten, die durch ihr kumuliertes Aufeinandertreffen **einen einzigartigen, engen Rahmen für unternehmerisches Handeln** setzen. Der krisenspezifische Kontext setzt die Unternehmensführung mit fortschreitendem Krisenverlauf einem steigenden psychischen und physischen Druck aus. Dies gilt im Besonderen für Unternehmer in KMU, deren Eigentumsrechte und persönliche wirtschaftliche Existenz durch die Unternehmenskrise gefährdet sind.

2.3 Wahrnehmung des Turnaround-Kontexts

„Turnaround-Situationen sind erkennbar, werden aber oft zu spät oder gar nicht erkannt."[131] Dieses Zitat umreißt eine Grundproblematik des Turnarounds: Eine Krisenbewältigung hat eine umso höhere Chance auf Erfolg, je früher das Turnaround-Erfordernis erkannt wird und damit das Turnaround-Management eingeleitet werden kann.[132] Um Krisen wahrnehmen zu können und damit das Management überhaupt erst in die Lage zu versetzen, Gegenmaßnahmen einleiten zu können,[133] müssen entsprechende **Krisenanzeichen bzw. Krisensymptome** identifiziert werden. Diese sind dadurch gekennzeichnet, dass sie ein (äußerliches) Erkennungsmerkmal für das Vorliegen einer Krise sind, ohne ursächlich für deren Entstehung zu sein.[134] Tab. 5 listet exemplarisch einige typische Krisenanzeichen in verschiedenen Funktionsbereichen eines Unternehmens auf. Es wird deutlich, dass sie das Ergebnis tiefer liegender Problembereiche sind. Gleichwohl können sich die Krisenanzeichen gegenseitig bedingen bzw. verstärken und wiederum Ursachen einer neuen negativen Auswirkung sein.[135]

Abhängig von der Krisenphase können verschiedene Symptome identifiziert werden. So werden strategische Krisen durch schwache Signale angekündigt, die sich durch einen eher qualitativen und schlecht-strukturierten Charakter auszeichnen.[136] In wei-

---

[129] Vgl. BURKARDT, SAGER (1994), S. 43; KRYSTEK (1989a), S. 33; PETERS (2001), S. 747; WEBER (1980), S. 31 ff.

[130] TÖPFER (1986b), S. 161.

[131] FAULHABER, LANDWEHR (2005), S. 24.

[132] Vgl. GOPINATH (1991), S. 99.

[133] Vgl. ARGENTI (1976), S. 9; NEUMAIR (1998), S. 102.

[134] Vgl. BÖCKENFÖRDE (1996), S. 22; MÜLLER (1986), S. 320 ff.; PINKWART, KOLB (2003), S. 58.

[135] Z. B. kann ein sinkender Cash flow eine höhere Inanspruchnahme des Kontokorrentkredits bedingen, was wiederum steigende Zinskosten und damit sinkende Erträge verursacht.

[136] Vgl. KALL (1999), S. 73; KRYSTEK, MÜLLER-STEWENS (1993), S. 12 f.

ter fortgeschrittenen Krisenstadien treten zunehmend quantifizierbare, oftmals finanzielle Anzeichen zu Tage. Mit dem Verlauf der Krise werden die Symptome deutlicher wahrnehmbar und einfacher messbar,[137] was dazu führt, dass die Entstehungsfolge des typischen Krisenverlaufs von der strategischen Krise bis zur Insolvenz der Erkennungsfolge häufig entgegen läuft. D. h., dass aufgrund der schwächeren Signale eine strategische Krise erst spät diagnostiziert wird, obwohl sie häufig der Ursprung der Krisenentwicklung ist. Umgekehrt ist die Liquiditätskrise relativ einfach – auch für Externe – festzustellen, entsteht aber erst in einer fortgeschrittenen Phase des Krisenverlaufs.[138]

Absatz	**Finanzen**
• sinkender Marktanteil	• rückläufiger Ertrag / Rentabilität
• rückläufiger Auftragseingang / -bestand	• sinkender Umsatz
• rückläufige Exportquote	• Zunahme Verschuldungsgrad
• Anstieg Reklamationen	• sinkender Cash flow
• Kalkulationsabweichungen	• rückläufige Liquiditätsreichweite
• Abnahme Termintreue	• Aufdeckung stiller Reserven
• sinkende Preiselastizität	• Ausnutzung von Bewertungsspielräumen
• rückläufige Neukundenakquise	• Ausnutzung Zahlungsziele
Produktion	**Personal**
• sinkende Produktivität	• steigende Fluktuationsrate
• sinkende Auslastung	• steigende Krankheitsquote
• zunehmende Fehler- / Ausschussquote	• sinkende Mitarbeiterzufriedenheit
• überalterte Anlagen und Maschinen	• Personalüberhang
• abnehmende Produktqualität	• Kündigung qualifizierter Mitarbeiter
Beschaffung / Logistik	**Organisation / Führung**
• sinkende Lagerumschlagshäufigkeit	• mangelnde Kommunikation
• Lagerbestand (zu hoch / niedrig, überaltert...)	• langsamer Informationsfluss
• Lieferverzögerungen	• Aufgabenhäufung bei der Unternehmensführung
Forschung & Entwicklung / Technologie	• Zunahme von Konflikten im Gesellschafterkreis / Aufsichtsrat / Management
• Verlust Technologieführerschaft	
• Rückgang Forschungsintensität	
• Rückgang Innovationsgrad	

Tab. 5: Typische Krisenanzeichen[139]

Die im Krisenverlauf immer deutlicher werdenden Anzeichen sollten das Management prinzipiell in die Lage versetzen, die Fehlentwicklung zu diagnostizieren.[140] Zwar bedeutet nicht jedes Krisenanzeichen sofort zwingend, dass eine Krise vorliegt.

---

[137] Während beispielsweise die Bestimmung eines sinkenden Marktanteils zur Identifikation einer möglichen strategischen Krise in der Praxis einigen Schwierigkeiten unterliegt, lässt sich ein rückläufiger Ertrag relativ leicht erkennen und daran eine Erfolgskrise diagnostizieren. In Erfolgs- und Liquiditätskrisen sind daher auch zunehmend externe Interessengruppen (z. B. Fremdkapitalgeber, Lieferanten) in der Lage, Krisenzeichen bei einem Unternehmen wahrzunehmen. Der frühzeitigen Erkennung solcher Signale widmet sich die Forschungsrichtung der Krisenantizipation / -prophylaxe resp. Frühaufklärung.

[138] Vgl. HESS ET AL. (1998), S. 21.

[139] Quelle: In Anlehnung an BÖCKENFÖRDE (1996), S. 25 f.; HESS ET AL. (1998), S. 43 f.; PINKWART, KOLB (2003), S. 91. Siehe auch weitere Auflistungen und Erläuterungen von Krisenanzeichen bei GRÖPPER (1999), S. 33 ff.

[140] Vgl. BÖCKENFÖRDE (1996), S. 53.

Häufen sich aber die Symptome und können sie mittelfristig nicht kontrolliert werden, liegt eine starke Indikation für einen Handlungsbedarf vor.[141] Erkenntnisse aus Forschung und Praxis deuten jedoch darauf hin, dass sich Krisen im Regelfall bereits über einen längeren Zeitraum hinziehen, bis sie als Existenzbedrohung überhaupt wahrgenommen werden.[142] Während dessen werden wertvolle Ressourcen aufgebraucht und stehen für den Turnaround-Prozess nicht mehr zur Verfügung. Krisen werden häufig erst dann wahrgenommen und akzeptiert, wenn Verluste und Liquiditätsengpässe den Handlungsspielraum massiv einengen. Für diese Unternehmen ist es dann für einen nachhaltigen Turnaround häufig schon zu spät, da aufgrund ihrer „Ausgezehrtheit" geringste Störungen den Turnaround-Prozess zum Scheitern bringen können.[143]

Befindet sich ein Unternehmen in einer Krisensituation, stellt sich die Informationslage für die Entscheidungsträger relativ diffus dar. Für sie besteht das Problem, die Unternehmenskrise überhaupt zu erkennen. Der Turnaround-Management-Prozess beginnt nämlich nicht mit dem objektiven Entstehen einer Krise, sondern erst, wenn sie als solche auch wahrgenommen wird.[144] Das Handeln der Entscheidungsträger wird demnach nicht durch die Situation bestimmt, wie sie sich objektiv darstellt, sondern dadurch, wie sie durch die Handelnden individuell wahrgenommen wird.[145] Für die Wahrnehmung einer Krisensituation ist es wesentlich, dass Anzeichen erkannt und richtig interpretiert werden. Die **subjektive Wahrnehmung des Kontexts** ist durch die ebenfalls subjektive Wahrnehmung von Krisenanzeichen zu erklären. Ob Indikatoren als Anzeichen einer Krise identifiziert oder aber lediglich als vorübergehende Erscheinung verstanden werden, unterliegt der Bewertung der Unternehmensführung. Als objektive Krisenanzeichen können lediglich die Tatbestände der Zahlungsunfähigkeit und Überschuldung gewertet werden,[146] da diese eindeutig bestimmbar sind und in der Folge ein gesetzlich geregeltes Insolvenzverfahren auslösen.[147] Alle anderen Symptome sind dagegen nicht isoliert, sondern im Zusammen-

---

[141] Vgl. KRYSTEK, MÜLLER (1995b), S. 25.

[142] Vgl. BARKER, BARR (2002), S. 964; BICKHOFF, EILENBERGER (2004), S. 6; MAYR (1999), S. 101; PANDIT (2000), S. 32; PINKWART (1992), S. 15; REUTNER (1990), S. 300; SEEFELDER (2003), S. 54.

[143] Vgl. HENNINGS, CZAPLINSKY (1998), S. 10; KALL (1999), S. 18; SCHIFFER, WEHNER, PETERS (1997), S. 53.

[144] Vgl. KRYSTEK (1987), S. 91; WITTE (1981), S. 20. HAUSER (1989), S. 60 bezeichnet die Krisenerkennung als *„conditio sine qua non"* für das Krisenmanagement.

[145] Vgl. MAGNUSSON (1981), S. 21 f.

[146] Vgl. GUNZENHAUSER (1995), S. 23 f.; KRUEGER, WILLARD (1991), S. 28 f.

[147] Rechtsexperten mögen dieser Einschätzung widersprechen. Wie viele Rechtsvorschriften erlaubt auch die Insolvenzordnung einen gewissen Interpretationsspielraum hinsichtlich der Feststellung der Zahlungsunfähigkeit (§17, 2 InsO: *„Der Schuldner ist zahlungsunfähig, wenn er nicht in der Lage ist, die fälligen Zahlungspflichten zu erfüllen. Zahlungsunfähigkeit ist in der Regel anzunehmen, wenn der Schuldner seine Zahlungen eingestellt hat."*). Dies gilt besonders für den Tatbestand der „drohenden Zahlungsunfähigkeit" (§18 InsO). Für die hier vorgenommene Abgrenzung kann aber konstatiert werden, dass es sich um „objektive Krisenanzeichen" handelt. (Anmerkung: Überschuldung löst nur bei Kapitalgesellschaften eine Insolvenzantragspflicht aus (§19 InsO).)

hang mit anderen Faktoren zu betrachten und zu bewerten und damit interpretationsbedürftig.[148] Da derselbe Kontext von verschiedenen Personen jeweils anders interpretiert wird,[149] kann es sein, dass eine krisenhafte Entwicklung unternehmensfremden Personen bereits auffällt, intern aber immer noch ignoriert wird.[150] Letztlich ist die Beurteilung, ob eine Situation als Krise einzustufen ist, davon abhängig, welche Ausschnitte der Wirklichkeit vom jeweiligen Betrachter als relevant angesehen werden. Diese Sichtweise wird sehr vom **Standpunkt der Interessen** beeinflusst.[151] STAEHLE kommt in diesem Zusammenhang zu dem Schluss, dass *„die Identifikation einer krisenhaften Situation vor allem das Ergebnis von individuellen oder kollektiven Wahrnehmungs- und Bewußtseinsbildungsprozessen"*[152] ist. Eine Krise muss erst von den handelnden Personen als solche „definiert" werden, bevor entsprechende Gegenmaßnahmen eingeleitet werden können. Dies geschieht in einem gemeinsamen Prozess, bei dem am Ende die Interpretation der Unternehmenssituation von allen Beteiligten geteilt und akzeptiert werden muss. In der Praxis wird die Krisendefinition demzufolge nicht dadurch hergestellt, dass sich die Realität durchsetzt. Vielmehr treffen unterschiedliche Situationswahrnehmungen der Beteiligten aufeinander, von denen sich einige in einem machtpolitischen Aushandlungsprozess durchsetzen und andere verhindert werden.[153] Die explizite Definition einer Krise wird daher als eigenständige Teilaufgabe der Krisenbewältigung verstanden.[154]

Neben der grundsätzlichen Problematik der Erkennung von Krisenanzeichen sind zusätzlich die Schwierigkeiten bei der **Unterscheidung von Krisensymptomen und -ursachen** zu beachten. Gelingt es nicht, diese voneinander abzugrenzen bzw. festzustellen, welche Ursachen welche Symptome hervorrufen, besteht die Gefahr, dass das Turnaround-Management nur rein an den Symptomen und damit oftmals sehr stark an Finanzkennzahlen orientiert erfolgt, und die tatsächlichen Krisenursachen

---

[148] Selbst bei vermeintlich deutlichen Anzeichen wie den Krisensymptomen des Finanzbereichs bleibt ein gewisser Interpretationsspielraum, da die Verschlechterung betriebswirtschaftlicher Indikatoren auf Ursachen zurückführbar sein kann, die nicht unbedingt eine existenzbedrohende Krise induzieren; vgl. KREHL (1985), S. 229 ff.

[149] Vgl. MAUL (1993), S. 732 f. Eine unterschiedliche Wahrnehmung von Krisensituationen lässt sich anhand der Erkenntnisse empirischer Untersuchungen zu den Ursachen von Unternehmenskrisen dokumentieren: Während die jeweils verantwortlichen Unternehmensführungen Krisenursachen eher dem externen Bereich zuordnen und damit eine Einflussmöglichkeit resp. ein Verschulden ihrerseits negieren, machen externe Dritte wie z. B. Unternehmens- und Bankberater oder Insolvenzverwalter primär Management- und Planungsfehler des Unternehmens für die Krise verantwortlich; vgl. TCHOUVAKHINA (2003), S. 7; ähnlich auch KREHL (1985), S. 79 f. Offensichtlich besteht demnach häufig eine erhebliche Diskrepanz in der Selbstwahrnehmung des Kontexts und dessen Fremdwahrnehmung durch Dritte.

[150] Vgl. MAYR (2002), S. 164.

[151] Vgl. STAEHLE (1993), Sp. 2453.

[152] STAEHLE (1993), Sp. 2454.

[153] Vgl. SANDNER (1994), S. 43 f.

[154] Vgl. KIERULFF (1981), S. 491 und GAREIS (1994), S. 24, der sogar von einer *„zentralen Krisenbewältigungsaufgabe"* spricht.

auch weiterhin bestehen. Gegenmaßnahmen, die ergriffen werden, sind damit oft weder der Art der Probleme noch deren Schwere angemessen und verursachen neue Schwierigkeiten.[155] *„Symptomatic treatment of the problems of the troubled firms often complicates the situation further."*[156] Entscheidend ist, dass die Krisenursachen, soweit sie für die Zukunft weiterhin von Bedeutung sind, beseitigt werden. Das Kurieren von Symptomen, um schnelle und sichtbare Erfolge zu erzielen,[157] ist für einen nachhaltigen Turnaround nicht ausreichend. Dies lässt sich anschaulich mit einer Analogie zur Medizin verdeutlichen: Kuriert ein Arzt nur die Symptome eines ernsthaft erkrankten Patienten und bekämpft nicht die wirklichen Ursachen, ist allenfalls mit einer vorübergehenden Besserung des Wohlbefindens, aber i. d. R. nicht mit einer nachhaltigen Gesundung zu rechnen.

Während die Krisenforschung ex post anhand der Messung bestimmter Parameter wie Ertrag, Liquidität usw. oder der persönlichen Einschätzung von Beteiligten feststellt, dass bei den untersuchten Unternehmen eine Krise vorlag,[158] können im individuellen Krisenfall „Barrieren des Nicht-Sehens" verhindern, dass Informationen, die auf krisenhafte Entwicklungen hindeuten, wahrgenommen werden. Diese Fehlfunktionen bei der Aufnahme, Weitergabe und Verarbeitung von Informationen, die auch als **Informationspathologien** bezeichnet werden, können sachbezogene oder personale Ursachen haben (vgl. Abb. 11).[159]

Sachliche Gründe, die der Wahrnehmung einer Krisensituation entgegenstehen, resultieren aus fehlenden Informationen bzw. dem Fehlen eines geeigneten Diagnoseinstrumentariums. Üblicherweise liefern Daten des internen Rechnungswesens krisenrelevante Informationen, da sich Diskontinuitäten in der Unternehmensentwicklung und die Verfehlung von Unternehmenszielen auf vielfältige Weise in betriebswirtschaftlichen Kennzahlen widerspiegeln.[160] Ein unzureichendes Rechnungswesen

---

[155] Vgl. SLOMA (1985), S. 31; SANDFORT (1997), S. 18. O'NEILL (1986a), S. 86: *„... successful planning of a turnaround is critically dependent on the manager's ability to correctly diagnose the cause of the decline."*

[156] RAMAKRISHNAN, SHAH (1989), S. 31.

[157] Vgl. WÜPPING (2003), S. 114.

[158] Die Krisenursachenforschung versucht, das Krisengeschehen objektiv zu beschreiben. Durch eine möglichst große Anzahl untersuchter Fälle und / oder weitgehend objektive Informationsquellen sollen subjektive Wahrnehmungen der Krisensituation ausgeschlossen werden, welche die Erkenntnisse verfälschen könnten. Diese Erhebungen werden in der Regel nach Krisenbeendigung durchgeführt. Bei einer solchen vergangenheitsbezogenen Betrachtung kann auf umfangreiche Erfahrungen und Daten zum Krisenverlauf zurückgegriffen werden. Ex post können Krisen damit auf ihre Entstehungsgründe sowie den historischen Verlauf analysiert werden. In den vorangegangenen Ausführungen, die sich im Wesentlichen auf wissenschaftliche (empirische) Erkenntnisse stützen, wurde die Unternehmenskrise bzw. der Kontext des Turnaround-Managements folglich weitgehend objektiviert aus externer Sicht erläutert.

[159] Vgl. KROPFBERGER (1999), S. 38; MAYR (1999), S. 103. KRYSTEK, MÜLLER-STEWENS (1993), S. 265 ff. treffen eine alternative Einteilung in Wissens-, Willens- und Fähigkeitsbarrieren.

[160] Vgl. HESS ET AL. (1998), S. 30; LÜTHY (1988), S. 32 f.; MAYR (2002), S. 165.

und ein nicht aussagefähiges Controlling sind jedoch häufig mitverantwortlich für die Krisenentstehung. Zudem weisen viele KMU generell Nachholbedarf beim Auf- bzw. Ausbau dieser Informationssysteme auf.[161] Die Qualität der vorhandenen Daten reicht demnach oft nicht aus, um das Management in die Lage zu versetzen, Krisen frühzeitig zu diagnostizieren.[162]

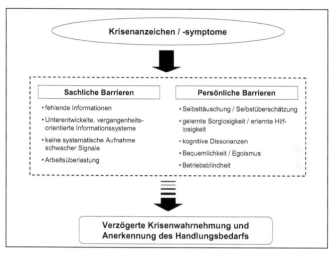

Abb. 11: Informationspathologien

Aber auch ein qualitativ höherwertiges Rechnungswesen unterliegt der grundsätzlichen Schwäche, dass es vergangenheitsorientierte Informationen verarbeitet. Es kann damit lediglich auf bereits eingetretene Situationen hinweisen und lässt nur eingeschränkt Schlüsse auf die Zukunft zu. Den Charakter eines Frühaufklärungsinstrumentariums, das frühzeitig Bedrohungen und auch Chancen anzeigt sowie die Möglichkeit zur Initiierung von Gegenmaßnahmen eröffnet,[163] hat es somit nur in äußerst begrenztem Maße. Methoden der strategischen Frühaufklärung wie das Konzept der schwachen Signale[164] sind im Management von KMU bislang noch keine

---

[161] Vgl. FRIEDRICH ET AL. (1997), S. 171; GROß (1988), S. 5; HESS ET AL. (1998), S. 30; KRYSTEK (2002), S. 114; LEY, CRONE (2004), S. 95; MUGLER, LAMPE (1987), S. 483.

[162] Z.B. ist häufig nicht bekannt, wie rentabel einzelne Produkte, Aufträge oder Kunden sind. Eine Krise schreitet so trotz vermeintlich „voller Auftragsbücher" unbemerkt voran, weil strategische Entscheidungen hinsichtlich Marktbearbeitung oder Ausgestaltung des Produktangebotes nicht beurteil werden können.

[163] Vgl. KRYSTEK, MÜLLER-STEWENS (1993), S. 21; MAYR (2002), S. 173 ff.; PINKWART, KOLB (1999), S. 19 ff.

[164] Vgl. ANSOFF (1975), S. 21 ff.

Selbstverständlichkeit.[165] Alternative **interne oder externe Informationsquellen**,[166] die ebenfalls Hinweise auf krisenhafte Tendenzen liefern können, werden nicht systematisch ausgewertet oder sogar überhaupt nicht genutzt.[167] Liegen nur schwache Anzeichen für eine Krise vor oder erfolgen abrupte Veränderungen in der Unternehmensumwelt, sind die Informationssysteme in KMU zur Krisenfrüherkennung demzufolge nicht ausreichend.[168]

Eine weitere, recht einfache Erklärung für die Ignoranz von Krisenanzeichen liegt in der **Arbeitsüberlastung des Managements** begründet. Bei KMU, die mit sehr flachen Hierarchiestufen arbeiten, konzentrieren sich Führungsaufgaben auf eine bis wenige Personen. Die Erledigung des operativen Tagesgeschäfts hat daher häufig Vorrang und lässt schwache Krisensymptome in den Hintergrund treten.[169] Was einerseits Flexibilität und kurze Informationswege fördert, kann andererseits mangelnde Distanz zum Unternehmen erzeugen und die Wahrnehmung und notwendige Objektivierung krisenrelevanter Informationen behindern.[170] Insgesamt zeigt sich, dass eine unzureichende Informationslage der Unternehmensleitung insbesondere in KMU ein wesentlicher Grund dafür ist, dass der Blick für die Unternehmensrealität „getrübt" ist.

Des Weiteren können Informationen, die auf eine Unternehmenskrise hinweisen, zwar vorhanden sein, sie werden aber von den verantwortlichen Personen gar nicht wahrgenommen oder fehlinterpretiert. Diese **personalen Ursachen** für die Nicht- bzw. verspätete Wahrnehmung einer Krise sind äußerst vielfältig und im Wesentlichen psychologischer Natur. Beispielsweise ist bei Führungskräften und Unternehmern das Phänomen der Wahrnehmungsverzerrung festzustellen. Es entsteht durch fehlerhafte Informationsverarbeitung und –interpretation. Dazu gehört die **Selbsttäuschung bzw. Selbstüberschätzung**, wobei eine Situation günstiger interpretiert wird als sie sich in der Realität darstellt. Potenzielle Probleme werden als nicht sehr wahrscheinlich oder deren mögliche Auswirkungen als nicht schwerwiegend eingestuft.[171] Das Management versucht, Krisenanzeichen „wegzuerklären", indem z. B. Reibungsverluste erst kürzlich vorgenommener Anpassungen oder negative, nicht

---

[165] Vgl. MAYR (1999), S. 103; TREUZ, CREUTZBURG (2002), S. 404.

[166] Potenzielle Informationsquellen sind z. B. Warenwirtschafts- oder Produktionsplanungssysteme, Kunden-, Mitarbeiter- oder Expertenbefragungen, Betriebsbegehungen, Gespräche mit Betriebsrat, Kreditinstituten oder Lieferanten; vgl. FECHNER (1999), S. 29 ff.

[167] Vgl. FRIEDRICH ET AL. (1997), S. 165 f. SCHMIDT, FREUND (1989), S. 93 ff. befinden, dass eine unzureichende Informationsverarbeitung ein charakterisierendes Merkmal krisengefährdeter Unternehmen ist. Die systematische Aufnahme und Verarbeitung unternehmensinterner und insbesondere - externer Informationen wird bei ihnen im Vergleich zu erfolgreichen Unternehmen wesentlich seltener festgestellt.

[168] Vgl. KROPFBERGER (1999), S. 38.

[169] Vgl. REUTNER (1990), S. 301.

[170] Vgl. JAEGER (1986), S. 33.

[171] Vgl. KRYSTEK, MÜLLER-STEWENS (1993), S. 269; WATKINS, BAZERMAN (2003), S. 52.

beeinflussbare Umwelteinwirkungen als Erklärungsansatz für eine vermeintlich temporäre Erscheinung herangezogen werden.[172] Insbesondere bei Managern und Unternehmern, die in der Vergangenheit ohne große Anstrengungen sehr erfolgreich waren und den Umgang mit Niederlagen nicht gelernt haben, kann eine solche Einstellung durch „**gelernte Sorglosigkeit**" begünstigt werden. In der Folge überschätzen sie die eigene Leistungsfähigkeit und unterbewerten mögliche negative Auswirkungen ihres Handelns.[173] Während Erfolgreiche zu Arroganz tendieren, kann umgekehrt andauernde Erfolglosigkeit eine „**erlernte Hilflosigkeit**" bei der Unternehmensführung und den Mitarbeitern entwickeln. Diese Art selbstzerstörerischer Ängstlichkeit resultiert aus dem Gefühl, das Schicksal des Unternehmens sowieso nicht beeinflussen zu können, was letztlich zu Passivität und Lethargie führt.[174]

Auch **kognitive Dissonanzen** spielen eine Rolle, wenn Informationen bekannt werden, die einer vorgefassten Meinung der Unternehmensführung entgegenstehen. Dissonante Informationen rufen bei den Betroffenen Spannungszustände hervor, die als unangenehm empfunden werden. Es besteht die Gefahr, dass sie diese Informationen selektieren oder deformieren (z.B. indem die Informationsquelle abgewertet oder deren Manipulation unterstellt wird), um den Spannungszustand abzubauen.[175] Im Gegenzug werden Indizien, die ein gewähltes Urteil stützen, überwertet. Schließlich sind auch menschliche Charakterzüge ursächlich dafür, dass Krisenanzeichen nicht frühzeitiger erkannt werden. So wird aus Bequemlichkeit versucht, eher den gegenwärtigen Status quo zu erhalten, als mühsam die Chancen und Risiken der Zukunft zu suchen. Auch Egoismus spielt eine Rolle: Er fördert die Fokussierung auf sich selbst und verringert die Aufmerksamkeit für die Umwelt. Dadurch werden mögliche Konsequenzen übersehen, die aus den Handlungen und Entscheidungen Dritter resultieren könnten.[176]

Wahrnehmungsbarrieren sind also zum großen Teil auf personale Gründe zurückzuführen. Speziell bei eigentümergeführten KMU tritt das Problem hinzu, dass eine kritische Auseinandersetzung mit dem Führungsverhalten und den Entscheidungen des Managements schwieriger ist als in Großunternehmen, wo die Führung auf mehrere

---

[172] Vgl. CLASEN (1992), S. 102; SLATTER (1984), S. 69.
[173] Vgl. KRYSTEK, MÜLLER (1995c), S. 22; GOPINATH (1991), S. 97; JENNER (2003), 203 ff.; KRUEGER, WILLARD (1991), S. 27; MAKRIDAKIS (1991), S. 124 f.; THORNE (2000), S. 312. AMSTUTZ (1997), S. 35 weist darauf hin, dass „*für das Wohlergehen einer Firma nichts so gefährlich ist wie der Erfolg. Erfolg, der lange anhält, paralysiert erneuernde Kräfte und macht blind für die Zukunft.*" Ähnlich SCHERRER (1989), S. 32, der den Gewöhnungseffekt betont: „*They [die Manager, Anm. d. Verf.] have become accustomed to existing in a growing or stable environment and do not cope well with changes. They consider change in environment to be a hostile event and therefore to be avoided. If changes are ignored, however, they become crises.*"
[174] Vgl. KANTER (2003), S. 28; KRÖGER (1990), S. 417.
[175] Vgl. KROPFBERGER (1986), S. 52 ff; PINKWART, KOLB (2000), S. 14 f.
[176] Vgl. WATKINS, BAZERMAN (2003), S. 52.

Personen verteilt bzw. durch unabhängige Aufsichtsorgane kontrolliert wird. Ausgeprägt patriarchalische oder autoritäre Führungsstrukturen lassen Kritik und Hinweise auf krisenhafte Tendenzen aus den Reihen der Mitarbeiter möglicherweise nicht zu. Eine Tätigkeit im immer gleichen Umfeld mit bekannten Strukturen und gleichen Erfahrungen fördert zudem die so genannte **„Betriebsblindheit"**: Bekannte Aufgabenstellungen werden zwar effizient erledigt, aber die Fähigkeit, neue Denkstrukturen zu entwickeln, stagniert. Neuartige Problemstellungen wie eine Krisensituation werden somit zu einer vom Management und den Mitarbeitern nur schwer zu bewältigenden Herausforderung.[177] Die Konzentration der Führungsverantwortung auf eine bis wenige Personen und die langjährige, enge Verflechtung des mittelständischen Unternehmers mit dem Betrieb und damit mangelnde Distanz erhöhen folglich die Gefahr, dass Wahrnehmungsbarrieren die Erkennung eines Turnaround-Erfordernisses im Unternehmen behindern.[178]

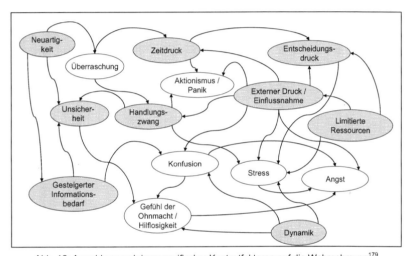

Abb. 12: Auswirkungen krisenspezifischer Kontextfaktoren auf die Wahrnehmung[179]

Zu den potenziellen Wahrnehmungsbarrieren treten die für eine Krise typischen situativen Aspekte[180] hinzu, die ebenfalls Einfluss auf die Wahrnehmungsfähigkeit der Entscheidungsträger ausüben. Die Bedrohung, die von einer Krise als überlebenskritischem Prozess ausgeht, *„can create as many problems as the crisis itself"*.[181] Abb. 12 skizziert, welche **psychologischen Auswirkungen** die situativen Merkmale ha-

---

[177] Vgl. MAYR (1999), S. 102 ff.
[178] Vgl. CLASEN (1992), S. 100; JAEGER (1986), S. 33; TSCHEULIN, RÖMER (2003), S. 74.
[179] Quelle: In Anlehnung an KRYSTEK (2002), S. 114.
[180] Vgl. Kap. D.2.2.5.
[181] THORNE (2000), S. 312; vgl. auch LURIE, AHEARN (1990), S. 29.

ben und welche Wechselwirkungen untereinander bestehen können[182] und dokumentiert damit die **Komplexität einer Turnaround-Situation**. Diese wird von den Betroffenen als Bedrohung empfunden, die es schnellstmöglich abzuwenden gilt. Eine solche Stresssituation induziert grundsätzlich die Gefahr der Leistungsminderung und damit eine geringere Effizienz bei der Umsetzung der in dieser Situation getroffenen Entscheidungen.[183] In einer Turnaround-Situation kann dies bedeuten, dass Informationen einseitig gefiltert und Entscheidungen nicht ausreichend durchdacht und aufeinander abgestimmt werden.[184]

Wenn Strukturen im Unternehmen geändert werden müssen, ist dies u. a. mit Unsicherheit, Angst vor Neuem sowie hohem Energieeinsatz verbunden. Um diesen Unannehmlichkeiten aus dem Weg zu gehen, werden die alten Strukturen oft konserviert.[185] So ist eine beobachtbare Verhaltensweise, bevor die Krisenproblematik anerkannt wird und Gegenmaßnahmen eingeleitet werden, das Gefühl der Ohnmacht verbunden mit Verharren und darauf warten bzw. hoffen, dass andere handeln oder sich die Probleme von alleine lösen. Hier kommt die Eigenschaft von Systemen zum Tragen, sich auf einem einmal eingeschlagenen Pfad fortzubewegen, obwohl andere Handlungsoptionen erfolgversprechender sein können.[186] In der Regel setzt diese abwartende Haltung eine Abwärtsspirale in Gang, in deren Verlauf nicht nur die Handlungsalternativen sukzessive abnehmen, sondern sich zugleich Schwierigkeiten bis hin zu einem nicht mehr lösbaren Problemstau kumulieren.[187] Es besteht die Gefahr, in einen **„Entscheidungsstau"** zu geraten. Unliebsame Alternativen und Entscheidungen werden aufgeschoben,[188] um unangenehmen Reaktionen und Konsequenzen auszuweichen. Umgekehrt kann der durch den Handlungszwang und zunehmenden externen Druck ausgelöste Stress zu blindem Aktionismus führen, wobei Detailprobleme fokussiert und der Gesamtkontext aus den Augen verloren wird.[189] So kann es passieren, dass vorschnelle Entscheidungen getroffen werden, die nur vordergründig und temporär die Krise beseitigen, aber zu keiner nachhaltigen Besserung führen.[190] Die Angst, der Herausforderung des Turnarounds und der Verantwortung gegenüber der Familie und den Mitarbeitern nicht mehr gerecht zu werden, kann beim Unternehmer auch zu **panischen Reaktionen** führen. Hektische, unüber-

---

[182] Vgl. zu den Auswirkungen einer Unternehmenskrise auf das Verhalten des Managements ausführlich auch SLATTER (1984), S. 65 ff.

[183] Vgl. BRONNER (1973), S. 154 f.

[184] Vgl. MÜLLER (1986), S. 410.

[185] Vgl. SEEFELDER (2003), S. 55.

[186] Vgl. WHYTE (1986), S. 313 ff. Vgl. WELTER (2003), S. 73 und 93, die unter Bezugnahme auf ARTHUR (1996), S. 102 ff. von „Lock-in-Effekten" spricht.

[187] Vgl. KRYSTEK (2002), S. 127.

[188] Vgl. WÜPPING (2003), S. 114.

[189] Vgl. ENGBERDING (1998), S. 80.

[190] Vgl. BÖCKENFÖRDE (1996), S. 38; DEWITT, HARRIGAN, NEWMAN (1998), S. 23.

legte und nicht abgestimmte Handlungen haben lediglich improvisatorischen Charakter und können damit den Anforderungen des Turnarounds nicht gerecht werden.[191]

2.4 Zusammenfassung der Problembereiche der situativen Dimension

Im Rahmen der situativen Dimension wurden folgende potenzielle Problembereiche festgestellt, die das Turnaround-Management beeinträchtigen bzw. erschweren können:

Kontextfaktoren

- Der Kontext des Turnaround-Managements wird durch die Krisenursachen der Vergangenheit, die gegenwärtige Unternehmensstruktur und –ressourcenausstattung sowie die makroökonomischen und Markt- / Branchengegebenheiten bestimmt. Der Turnaround-Erfolg hängt damit von vielen Faktoren ab, die **außerhalb des unmittelbaren Einflussbereichs des Managements** liegen.[192]
- Die Vielfältigkeit der Einflussfaktoren induziert eine **hohe Komplexität der Erfassung und Bewertung der unternehmensrelevanten Aspekte.**
- Die **Multilokalität, Multikausalität und Mehrstufigkeit der Krisenursachen** erschweren ihre Identifikation sowie die Abgrenzung zu den Krisensymptomen.
- Das Management ist wesentlicher **(Mit-)Verursacher der Krise.** Soll das alte Management auch zukünftig das Unternehmen führen, werden die Anerkennung der Fehler und die Bereitschaft zu Veränderungen zum kritischen Erfolgsfaktor des Turnaround-Managements.
- **Exogene Faktoren** sowie die unzureichende Ressourcenausstattung (insb. Eigenkapital, Informationssysteme, freie Management- / Stabstellenkapazität) forcieren die Krisenentwicklung.
- **Krisenspezifische Kontextfaktoren** wie Zeit- und Handlungsdruck oder externe Einflussnahme erhöhen den psychologischen Druck auf das Management und erschweren objektive Entscheidungen und überlegtes Handeln.

Wahrnehmung des Kontexts

- Eine **gestörte Wahrnehmung des Kontexts** hat gravierende Auswirkungen auf das Turnaround-Management. Für den Erfolg eines Turnarounds ist das möglichst frühe Erkennen einer Krise und das schnelle Reagieren darauf wesentlich.[193] Je später eine Krise erkannt wird, desto geringer sind die Chancen eines

---

[191] Vgl. CLASEN (1992), S. 104.
[192] Vgl. NOTHARDT (2001), S. 272.
[193] Vgl. KROPFBERGER (1986), S. 50 f.; WAGENHOFER (1993), Sp. 4382. WOESTE (1980), S. 622 unterstreicht dies wie folgt: „*Vordergründig gibt es viele Ursachen für eine Unternehmenskrise. (...) Letztlich gerät ein Unternehmen aber in solche existenzgefährdende Situationen, weil diese Entwicklungen nicht vorausgesehen oder nicht berücksichtigt wurden.*"

erfolgreichen Turnarounds. Der Zeitpunkt der Krisenerkennung wird somit zu einem kritischen Erfolgsfaktor für einen Turnaround.

▪ Eine **unzureichende Verfügbarkeit sowie mangelnde Qualität von Daten** erschwert die Früherkennung von Unternehmenskrisen in sachlicher Hinsicht.

▪ In **personaler Hinsicht** können u. a. die enge Einbindung des Unternehmers in den Wertschöpfungsprozess, ein autoritäres Führungsverständnis oder kognitive Dissonanzen die rechtzeitige und objektive Wahrnehmung des Kontexts behindern.

▪ Die Probleme bei der **Unterscheidung von Krisenursachen und –symptomen** sowie der verstärkte Zeit- und Handlungsdruck führen häufig zu einem rein symptomorientierten Turnaround, der zwar kurzfristig Ergebnisverbesserungen ermöglicht, aber keine solide Basis für einen nachhaltigen Turnaround bietet.

Insgesamt bestätigen die vorgestellten Ergebnisse der Turnaround-Forschung die Annahme, dass die Ausgangssituation das Turnaround-Management hinsichtlich der Wahl der Turnaround-Maßnahmen sowie deren Wirkung und damit auch den Turnaround-Erfolg beeinflusst.[194] Wesentlich ist dabei die Situation, wie sie sich für das Management darstellt bzw. von ihm wahrgenommen und interpretiert wird.[195] Zukünftige Turnaround-Forschung sollte demnach den Kontext noch stärker in die Betrachtung einbeziehen. Die Aussagekraft empirischer Vergleiche von erfolglosen und erfolgreichen Turnarounds könnte dadurch erheblich gestärkt werden. Für die Praxis bedeutet dies, dass der Kontext als beeinflussender Faktor sowohl bei der Analyse als auch bei der Entwicklung und Umsetzung von Turnaround-Maßnahmen Berücksichtigung finden muss.

3. Institutionelle Dimension

3.1 Turnaround-Akteure

3.1.1 Anspruchsgruppen als Akteure des Turnarounds

Unter der institutionellen Dimension des Turnaround-Managements sind all jene Institutionen und Personen zu subsumieren, die an einem Unternehmens-Turnaround beteiligt sind und sich durch unterschiedliche Interessen und Aufgaben auszeichnen.[196] Diese Personen(gruppen) werden hier mit dem Begriff „Turnaround-Akteure" umschrieben. Dazu zählen zum einen die Träger des Turnaround-Managements,

---

[194] Vgl. KÖTZLE, LAFRENZ (2004), S. 349; LAFRENZ (2004), S. 182; NOTHARDT (2001), S. 271.

[195] BARKER, BARR (2002), S. 964: „...the interpretations top managers develop about the circumstances surrounding their organizations' decline in performance will likely impact the actions taken by the organization trying to recover."

[196] Vgl. GLESS (1996), S. 60; KELBER (2004), S. 101. Das Verhalten dieser Person(gruppen) kann auch als Kontextfaktor verstanden werden; vgl. PANDIT (2000), S. 39 f.; SLATTER, LOVETT (1999), S. 109 ff.

denen die Managementfunktion im Turnaround obliegt und zum anderen die übrigen unternehmensinternen sowie -externen Akteure, welche unmittelbar oder mittelbar am Turnaround-Prozess beteiligt sind. Diese **Anspruchsgruppen** werden von den Auswirkungen einer Unternehmenskrise in verschiedener Hinsicht betroffen. Insbesondere in akuten Krisensituationen, also in der Erfolgs- bzw. Liquiditätskrise, müssen sie negative Folgen für ihre Ansprüche an das Unternehmen befürchten.

Prinzipiell sind alle Anspruchsgruppen an der Fortführung des Unternehmens interessiert. Sobald aber absehbar ist, dass der Turnaround-Prozess auch ihre Interessen berührt, werden **divergierende Positionen** offen gelegt.[197] Dabei lassen sich grundsätzlich kapital- und leistungswirtschaftliche Interessen unterscheiden,[198] aber auch machtpolitische Interessen können eine Rolle spielen. Wird den handelnden Personen und Institutionen die Krisenproblematik bewusst bzw. bewusst gemacht, können sich ihr Verhalten sowie die Beziehungen untereinander verändern. Jede der Anspruchsgruppen verfolgt Partikularinteressen, die letztlich auf eine Minimierung des eigenen Risikos gerichtet sind. Sie versuchen, bereits erworbene Privilegien zu verteidigen oder ihre gegenwärtige Verhandlungsposition zu sichern resp. zu stärken.[199]

Mit der Fortdauer des Krisenverlaufs erodiert das **Vertrauen der Turnaround-Akteure** in das Unternehmen und seine Ertragskraft. Eine länger andauernde Erfolglosigkeit des Unternehmens, inadäquate Kommunikation und Information über die aktuelle Unternehmenssituation durch das Management sowie nicht eingehaltene Versprechen und negative Überraschungen tragen entscheidend dazu bei.[200] Speziell sinkt das Vertrauen in die Leistungsfähigkeit des Managements an sich und dessen Fähigkeit zur Krisenbewältigung im Besonderen, da die Akteure die Krisenentstehung häufig der Unternehmensführung und ihren Fehl- bzw. unterlassenen Entscheidungen zuschreiben. Der Glaube, die Krise erfolgreich bewältigen zu können, schwindet im Laufe einer Krise zunehmend.[201] In der Folge besteht die Gefahr, dass die Anspruchsgruppen versuchen, ihr Schicksal von jenem des Unternehmens mit dem Ziel der Risikominimierung zu „entkoppeln".[202] Dies bedeutet für das Turnaround-Management, dass mit fortschreitendem Krisenverlauf auch immer mehr Gruppen mit unterschiedlichen Interessenlagen und zunehmend opportunistischen

---

[197] Vgl. MÜLLER (1986), S. 307.
[198] Vgl. GROß (1988), S. 98 ff. BURGER (1995), S. 36 bezeichnet diese als „monetäre" und „nichtmonetäre" Interessen.
[199] Vgl. BÖCKENFÖRDE (1996), S. 41; SUTTON (1990), S. 216 ff.; AROGYASWAMY, BARKER, YASAI-ARDEKANI (1995), S. 499.
[200] Vgl. SLATTER, LOVETT (1999), S. 82.
[201] Vgl. MÜLLER (1986), S. 412.
[202] Vgl. ACHILLES (2000), S. 94; AROGYASWAMY, BARKER, YASAI-ARDEKANI (1995), S. 499 f.

Verhaltensweisen zu berücksichtigen sind.[203] Hinzu kommt, dass sich diese Gruppen nicht alle passiv verhalten. Vielmehr steigt der externe Druck sukzessive, weil einige Akteure versuchen, selbst Einfluss auf den Turnaround zu nehmen. Anders formuliert heißt dies, dass neben der Unternehmensführung in steigendem Maße Dritte über das Schicksal des Unternehmens mitentscheiden, indem sie verstärkt Informations- und Mitspracherechte einfordern.[204]

Abb. 13 bietet einen exemplarischen Überblick, welche inter- aber auch intraperso- nellen und –institutionalen Zieldivergenzen der Akteure in einer Turnaround-Situation bestehen und welche Konfliktpotenziale zwischen diesen Gruppen daraus erwach- sen können. Die **Konstellation der Machtverhältnisse** zwischen den Turnaround- Akteuren, die sich aufgrund der jeweiligen Finanzierungs-, Gesellschafts-, Geschäfts- führungsform oder sonstigen Vertragsgestaltung in jedem Turnaround-Fall sehr indi- viduell gestalten kann, hat einen wichtigen Einfluss auf den Turnaround-Prozess und damit dessen Erfolg.

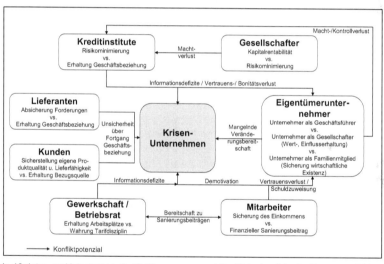

Abb. 13: Intra- und interpersonelle Zieldivergenzen und Konfliktpotenziale der Turnaround-Akteure

Die einzelnen Anspruchsgruppen lassen sich zu vier typischen Gruppierungen zu- sammenfassen, die jeweils durch ein anderes Abhängigkeitsverhältnis zum Krisen- unternehmen und damit eine andere Machtkonstellation gekennzeichnet sind. Im Folgenden werden einige Beispiele für die Abhängigkeitstypen im Turnaround vorge-

---

[203] Vgl. TEN BERGE (1989), S. 21.
[204] Vgl. GLESS (1996), S. 61.

stellt, die aber im Einzelfall durchaus variieren können und in jedem Fall zu ergänzen sind.[205]

„Joker" zeichnen sich durch eine hohe Abhängigkeit vom Unternehmen aus, gleichzeitig befindet sich aber auch das Unternehmen in einem Abhängigkeitsverhältnis zu dieser Anspruchsgruppe. Beispielsweise zählen Key-account-Kunden zu dieser Gruppe, die einen hohen Umsatzanteil des Unternehmens ausmachen und darauf angewiesen sind, mit den Produkten / Dienstleistungen versorgt zu werden, da Substitute kurzfristig nicht verfügbar sind. Diese Abhängigkeit muss sich das Unternehmen zunutze machen, um die Geschäftsbeziehung aufrecht zu erhalten und damit keinen zusätzlichen Schaden durch Umsatzwegfall zu provozieren. Die Bezeichnung „Joker" kommt diesen Gruppen deswegen zu, weil ihr Abhängigkeitsverhältnis möglicherweise genutzt werden kann, um sie zu über die übliche Geschäftsbeziehung hinausgehende Turnaround-Beiträge zu motivieren (bspw. kann ein Key-account-Kunde möglicherweise als neuer Gesellschafter und damit Kapitalgeber für das Unternehmen gewonnen werden). Weitere Anspruchsgruppen, welche den Jokern zugerechnet werden können, sind Lieferanten, die sich in einer dem Key-account-Kunden vergleichbaren Position befinden oder Gesellschafter, die durch die Kapitalbindung und Gewinnausschüttungen vom Unternehmen abhängig sind.

„Spielmacher" üben einen hohen Einfluss aus, sind aber selbst nur schwer beeinflussbar. Es sind Anspruchsgruppen, die im Turnaround besonders kritisch sind. Sie können zur Durchsetzung ihrer Interessen mit der Beendigung ihres Engagements drohen. Hierzu zählen insbesondere bei fremdkapitalintensiven KMU die Kreditinstitute, welche die Aufrechterhaltung ihres Engagements von Zusagen des Unternehmens abhängig machen (z. B. Hinzuziehung einer Beratung, Erstellung eines externen Gutachtens, Austausch des Managements oder Nachschusspflicht der Gesellschafter). Auch Schlüsselmitarbeiter, deren Einsatz für das Unternehmen unverzichtbar erscheint, können die Rolle eines Spielmachers inne haben, wenn sie selbst nur ein geringe Abhängigkeit zum Unternehmen verspüren (insb. wenn der Arbeitsmarkt alternative Beschäftigungsmöglichkeiten bietet). Dies scheint ebenfalls besonders kritisch für KMU zu sein, bei denen häufig das erfolgskritische Know-how auf nur wenige Personen verteilt ist. Spielmachern muss daher beim Anspruchsgruppenmanagement höchste Priorität eingeräumt werden.

Hohe Abhängigkeit vom Unternehmen bei gleichzeitig geringem Einfluss deutet auf die Gruppe der „Gesetzten" hin. Hierzu zählen Mitarbeiter, die im hohen Maße vom

---

[205] Vgl. zu den verschiedenen Typen von Anspruchsgruppen MÜLLER-STEWENS, LECHNER (2005), S. 177 ff. Die Zuordnung resp. Bezeichnung der verschiedenen Anspruchsgruppen-Typen wurde hier leicht verändert, um sie den besonderen Verhältnissen einer Turnaround-Situation anzupassen.

Erhalt ihres Arbeitsplatzes abhängig sind, für das Unternehmen aber keine kritische Leistung erbringen, die nicht kurzfristig anderweitig beschafft werden könnte. Gleiches gilt für Lieferanten und Kunden, die den Rang von C-Kunden bzw. -Lieferanten inne haben, aber selbst auf die Lieferung bzw. den Absatz angewiesen sind. Da die Machtposition beim Unternehmen liegt, können hier Turnaround-Beiträge relativ leicht eingeworben werden (z. B. Gehaltsverzicht der Mitarbeiter). Allerdings muss beachtet werden, dass sich das Abhängigkeitsverhältnis in Zukunft zugunsten der Gesetzten verschieben kann. Nutzt das Unternehmen die Abhängigkeit zu sehr aus, besteht die Gefahr, dass zukünftig negative Auswirkungen zu befürchten sind (bspw. können hohe monetäre Belastungen Demotivation bei den Mitarbeitern auslösen, was in der Folge wiederum die Turnaround-Umsetzung behindert). Die Gruppe der Gesetzten bedarf also insgesamt einer professionellen Bearbeitung bei angemessenem Aufwand.

Schließlich gibt es die Gruppe der **„Randfiguren"**, die weder selbst einen hohen Einfluss ausüben, noch im hohen Maße vom Unternehmen abhängig sind. Hier gilt es aufgrund möglicher zukünftiger Veränderungen durch regelmäßige Information die Beziehung zu diesen Gruppen nicht zu gefährden. Randfiguren wie Presse und Öffentlichkeit können insbesondere in Krisenzeiten durch Beeinflussung der übrigen Gruppen zudem einen stärkeren (indirekten) Einfluss nehmen als zunächst gedacht.

Die Turnaround-Forschung hat in einigen Studien die Beziehung des Krisenunternehmens zu den Turnaround-Akteuren in den Mittelpunkt ihrer Betrachtung gestellt. NOTHARDT unterstreicht, dass enge Beziehungen zu bestimmten Stakeholdern des Unternehmens einen Turnaround begünstigen. Nach seinem empirischen Befund zeichnen sich erfolgreiche Turnarounds insbesondere durch enge Kundenbeziehungen aus.[206] Auch AROGYASWAMY, BARKER, YASAI-ARDEKANI betonen die kritische Rolle der Turnaround-Akteure. Sie argumentieren, dass ein durch die Krise angegriffenes Unternehmensimage sowie belastete Stakeholderbeziehungen eine weitere Verschlechterung der Performance durch sinkende Umsätze, steigende Kosten oder eine Einengung des Handlungsspielraums des Managements in Gang setzen können.[207]

Insgesamt verfestigen diese Ergebnisse den Eindruck, dass die **Beziehungen zu den Turnaround-Akteuren** als kritischer Faktor im Turnaround zu bewerten sind und stärkere Bindungen einen positiven Turnaround begünstigen können.[208] Die ver-

---

[206] Vgl. NOTHARDT (2001), S. 273 f. Die Beziehung zu den Stakeholdern wird in der Studie durch das Net Organizational Capital operationalisiert.

[207] Vgl. AROGYASWAMY, BARKER, YASAI-ARDEKANI (1995), S. 499.

[208] Vgl. dazu auch PINKWART (2000a), S. 169 ff., der u.a. aus diesem Grund einen ganzheitlichen Marketingansatz im Turnaround empfiehlt, der die verschiedenen Sichtweisen der Turnaround-Akteure berücksichtigt.

schiedenen Positionen werden mangels Koordinationsvermögen oder Koordinationsmacht des Turnaround-Managements häufig nicht ausreichend aufeinander abgestimmt.[209] Ohne die Unterstützung der Turnaround-Akteure können Krisensituationen (insbesondere im akuten Stadium) in der Regel jedoch nicht erfolgreich bewältigt werden. Die nachfolgende Erläuterung der jeweiligen Interessenlagen der Turnaround-Akteure macht deutlich, welche differierenden Auffassungen und Präferenzen in einer Turnaround-Situation zu bündeln sind.

3.1.2 Unternehmensinterne Turnaround-Akteure

Zentraler „Dreh- und Angelpunkt" ist in den meisten KMU der **Unternehmer**. Er nimmt häufig mehrere Rollen ein: er ist Geschäftsführer, Gesellschafter und Familienmitglied. Aufgrund dieser verschiedenen Rollen und Funktionen sind intrapersonale konfliktäre Interessen in einer Turnaround-Situation zu erwarten. Als Geschäftsführer muss er die Interessen des Unternehmens wahren, als Gesellschafter ist ihm am Werterhalt seiner Kapitalanlage und seines Einflusses gelegen und als Familienmitglied ist er um die Sicherung deren wirtschaftlicher Existenz bemüht. So lange das Unternehmen wirtschaftlich erfolgreich ist, stehen diese Ziele in keinem Widerspruch zueinander, sondern sind komplementär. In einer Unternehmenskrise kann dies dagegen sehr wohl der Fall sein: Beispielsweise kann die Fortführung des Unternehmens den Kapitalinteressen als Gesellschafter und Familienmitglied entgegenstehen, wenn der Unternehmer zur Sicherstellung der Liquidität gezwungen ist, aus seinem Privatvermögen zusätzliches Kapital in das Unternehmen einzubringen. Als potenzieller Träger des Managements sowie aufgrund seiner vielfältigen Möglichkeiten der Einflussnahme ist der Unternehmer von zentraler Bedeutung für das Turnaround-Management.

Eine Unternehmenskrise bedroht die Kapitalinteressen des Eigentümerunternehmers sowie aller anderen **Gesellschafter**. Ausbleibende Unternehmensgewinne erlauben keine oder nur reduzierte Ausschüttungen an die Shareholder. Zusätzlich müssen die Gesellschafter den vollständigen oder teilweisen Untergang ihres eingesetzten Kapitals befürchten, wenn Verluste das Eigenkapital aufzehren. Je nach Rechtsform des Unternehmens und vertraglicher Gestaltung kann sich die Haftung für Verbindlichkeiten sogar auf das Privatvermögen der Gesellschafter ausdehnen. Mit zunehmendem Krisenfortschritt ist zudem die Möglichkeit eines Werteverzehrs der Gesellschafteranteile gegeben.[210] Die Bedrohung der monetären Ziele bestimmt im Wesentlichen die Interessen der Gesellschafter. Sie werden folglich bemüht sein, zum einen ihren Ei-

---

[209] Vgl. ACHILLES (2000), S. 88; REESE (1994), S. 259. LUKAS (1995), S. 241 stellt in diesem Zusammenhang fest: „*Der humanen Dimension von Veränderungsprozessen wird zu wenig Raum und Aufmerksamkeit gewidmet.*"
[210] Vgl. KRYSTEK (1987), S. 74.

genkapitalverlust sowie mögliche Haftungsfolgen zu begrenzen. Zum anderen gilt ihr Interesse der Sicherung der Werthaltigkeit der Unternehmensanteile sowie der Wiederherstellung der Rentabilität zur Erhaltung der Einkommensquelle. Als Turnaround-Akteure sind sie insofern von Bedeutung, als sie als Eigentümer in der Regel über weitreichende Mitsprache- und Entscheidungsrechte verfügen. Von ihrer Zustimmung (sowie nicht selten auch von ihrer finanziellen Unterstützung) ist es ganz wesentlich abhängig, ob ein Konzept umgesetzt werden kann.

Eine besondere Bedeutung als Turnaround-Akteur kommt den **Mitarbeitern** des Krisenunternehmens zu. Die Unsicherheit in einer solchen Situation betrifft die Mitarbeiter in sehr persönlichem, ggf. sogar existenziellem Maße, weil der Erhalt ihres Arbeitsplatzes unmittelbar vom Turnaround-Erfolg abhängt. Je weiter eine Krise voranschreitet, desto größer wird ihre Sorge und Angst um den eigenen Arbeitsplatz.[211] Dies und der Vertrauensverlust in das Management führen zur Demotivation und einer Verschlechterung des Unternehmensklimas. Die Folgen sind Arbeitsunzufriedenheit, innere Kündigung und sogar Arbeitsplatzwechsel. Letzteres ist insbesondere bei qualifiziertem Personal zu beobachten, das zu Unternehmen wechselt, die größere Sicherheit und bessere Zukunftsperspektiven versprechen.[212] Die Anwerbung neuer Mitarbeiter in akuten Krisensituationen gestaltet sich ebenfalls schwierig. Ein angeschlagenes Unternehmensimage und ungünstigere Lohn- und Gehaltsangebote erschweren die Rekrutierung qualifizierter Mitarbeiter.[213] Dagegen verbleiben geringer qualifizierte Mitarbeiter mit wenig Alternativen am Arbeitsmarkt im Unternehmen. Insgesamt kann diese Entwicklung zu einer Negativauslese führen, die dem Unternehmen Schlüsselfähigkeiten und Kernkompetenzen entzieht, was einer *„inneren Auszehrung"* gleichkommt.[214]

Für KMU, die eher arbeits- denn kapitalintensiv ausgerichtet sind, sind die Mitarbeiter die wesentliche Ressource. Im Turnaround ist das Management daher im besonderen Maße auf die Unterstützung und das Engagement der Mitarbeiter angewiesen, da ihnen überdurchschnittliche Leistungsbereitschaft und Belastungsfähigkeit abverlangt wird. In Erfolgs- und Liquiditätskrisen bedeutet dies meist nicht nur eine stärkere physische und psychische Belastung aufgrund eines vermehrten Arbeitseinsatzes, sondern auch die Inkaufnahme finanzieller Einschränkungen. Nicht selten sollen die Mitarbeiter, deren Personalkosten in KMU meist einen großen Hebel zur Kosteneinsparung darstellen, Lohn- und Gehaltszahlungen stunden bzw. sogar partiell darauf verzichten (z. B. Kurzarbeit, Abbau freiwilliger sozialer Leistungen), um einen finanziellen Beitrag zum Turnaround zu leisten. Die Bereitschaft zur Unterstützung des

---

[211] Vgl. SUTTON (1983), S. 396; FINKIN (1985), S. 21.

[212] Vgl. SUTTON (1983), S. 395; TÖPFER (1986a), S. 77.

[213] Vgl. BÖCKENFÖRDE (1996), S. 39; REUTNER (1990), S. 305.

[214] TÖPFER (1986a), S. 77. Vgl. auch MÜLLER (1986), S. 505; PINKWART (2000a), S. 169 f.; RAMAKRISHNAN, SHAH (1989), S. 29.

Unternehmens ist insbesondere bei den Mitarbeitern häufig vorhanden, die aufgrund eines langjährigen Arbeitsverhältnisses eine enge Verbundenheit zum Unternehmen auszeichnet.[215] Allerdings müssen auch die Mitarbeiter bei derartigen Zugeständnissen ihre persönliche finanzielle Situation berücksichtigen. So kommt es, dass sie sich insbesondere in Liquiditätskrisen der schwierigen Situation gegenübersehen, dass ihr Beitrag zur Arbeitsplatzsicherung ein finanzielles Opfer bedeutet.

Die **Betriebsräte** als Arbeitnehmervertreter sind eine ebenfalls nicht zu vernachlässigende Gruppe von Turnaround-Akteuren. Von ihrer Unterstützung und Mitarbeit hängt im hohen Maße die Durchsetzbarkeit von Turnaround-Maßnahmen ab, die den Personalbereich betreffen (z. B. Standortschließungen, Lohn- und Gehaltsverzicht, Personalabbau).[216] Diese Gruppe befindet sich in Turnaround-Situationen folglich in dem Zwiespalt, einerseits die Interessen aller Arbeitnehmer vertreten zu müssen, andererseits jedoch nicht durch eine Blockadehaltung die Existenz des gesamten Unternehmens zu riskieren. Nicht selten schaltet sich bei geplanten umfangreichen Personalmaßnahmen auch die **Gewerkschaft** als externer Turnaround-Akteur ein, um die Interessen der Arbeitnehmer zu vertreten. Hier können Konflikte zwischen Gewerkschaft und Betriebsrat entstehen, wenn die Wahrung der Tarifdisziplin mit einer unternehmensindividuellen Lösung konkurriert.

3.1.3 Unternehmensexterne Turnaround-Akteure

Unter den unternehmensexternen Anspruchsgruppen spielen die **Fremdkapitalgeber** aufgrund der hohen Abhängigkeit der KMU von Fremdkapital als wichtige Gläubigergruppe eine zentrale Rolle im Turnaround.[217] Institutionen, die Kredite an Unternehmen vergeben, haben grundsätzlich ein Interesse am Aufbau und der Erhaltung einer Kundenbeziehung, über die durch Zinsen und Provisionen Erträge generiert werden. Um Fremdkapital aufnehmen zu können, muss ein Unternehmen die Fähigkeit besitzen, den Kapitaldienst, also Zins- und Tilgungsleistungen, während der Kreditlaufzeit zu erbringen. In akuten Krisensituationen des Kreditnehmers ist die Sicherstellung des Kapitaldienstes aufgrund verfehlter Erfolgs- und Liquiditätsziele jedoch gefährdet. Gelingt es dem Kreditkunden nicht, durch einen Turnaround die Kapitaldienstfähigkeit nachhaltig wieder herzustellen, ist aus Sicht des Kreditinstituts nicht nur die Geschäftsbeziehung zum Kunden, sondern auch die Werthaltigkeit der Kreditforderungen gefährdet.[218]

---

[215] Vgl. SUTTON (1983), S. 395.
[216] Vgl. MÜLLER (1986), S. 309; PINKWART (2000a), S. 170.
[217] Vgl. DEUTSCHE BUNDESBANK (2003), S. 45 ff.; GOLDSTEIN, HAHNE (2004), S. 141. Neben den Kreditinstituten zählen auch Kreditversicherer häufig zu den größeren Gläubigergruppen.
[218] Vgl. DAVID (2001), S. 1.

Meistens erkennen Kreditinstitute die Krise ihres Kunden erst in einer für ihr Enga-gement bedrohlichen Phase und diagnostizieren damit erst recht spät einen poten-ziellen Kreditausfall.[219] Es ist nicht der Regelfall, dass die Unternehmen selbst früh-zeitig auf ihre Schwierigkeiten hinweisen. Potenzielle Gründe dafür wurden bereits angesprochen: sie selbst (an)erkennen die Ernsthaftigkeit der Krise nicht, befürchten Sanktionen von Seiten der Kreditinstitute (z. B. keine Kreditverlängerung oder -aus-weitung) oder sind der Überzeugung, dass sie den Turnaround allein bewältigen können.[220] Das Verschweigen einer prekären Unternehmenslage führt zu einem nicht zu unterschätzenden Vertrauensverlust beim Kreditinstitut. Sobald es von dem Turn-around-Erfordernis ihres Kunden Kenntnis erlangt, muss das Kreditinstitut seine indi-viduelle Risikoposition bestimmen. Diese hängt von der Engagementhöhe, der Ver-wertbarkeit der zur Verfügung stehenden Sicherheiten, der Höhe des unbesicherten Kreditanteils (Blankoanteil), der Qualität der bisherigen Geschäftsbeziehung sowie der Einschätzung der Erfolgschancen eines Turnaround-Versuchs ab.[221] Das Kredit-institut steht dann vor der Wahl, ob es eine passive Haltung einnimmt und abwartet, wie sich der Turnaround-Verlauf entwickelt, oder aktiv wird und das Krisenunterneh-men im Turnaround unterstützt bzw. das Engagement durch Kreditkündigung been-det.[222] Letzteres bedeutet für KMU meist unweigerlich, dass Zahlungsunfähigkeit und damit die Insolvenz drohen, da sich die Suche nach einem neuen Fremdkapitalgeber bei schlechter Ertrags- bzw. sogar Verlustsituation äußerst schwierig gestaltet. Je weiter die Krise bereits voran geschritten ist, umso mehr hängt folglich das Fortbe-stehen des Unternehmens von der Bereitschaft des finanzierenden Kreditinstituts ab, das Unternehmen zu unterstützen. Gerade stark fremdfinanzierte KMU geraten da-

---

[219] Vgl. CLASEN (1995), S. 326; VOIGT, ANDERSCH (2003), S. 193. Laut einer aktuellen Studie, bei der Vertreter von Kreditinstituten zu ihrer Erfahrung mit Kreditkunden, die zu Turnaround-Fällen wur-den, befragt wurden, begann das Turnaround-Vorhaben in 24 Prozent der Fälle erst kurz vor der Insolvenz und bei je 35 Prozent in der Erfolgskrise bzw. einer beginnenden Liquiditätskrise. Ledig-lich bei sechs Prozent wurden Gegenmaßnahmen bereits in der strategischen Krise initiiert; vgl. F.A.Z.-INSTITUT (2003), S. 27. Problematisch ist für die Kreditinstitute die Gewinnung relevanter Frühwarninformationen. Dauerhafte Kontokorrentüberziehungen oder schleppende Zins- und Til-gungsleistungen deuten bereits auf eine Liquiditätskrise hin. Auch die periodische Einreichung von Bilanzen oder betriebswirtschaftlichen Auswertungen zeigt Fehlentwicklungen erst mit einer zeitli-chen Verzögerung an. Selbst verfeinerte Methoden der Insolvenzprognose oder Bonitätsbeurtei-lungen resp. Rating, welche nicht nur finanzielle, sondern auch qualitative Faktoren wie z. B. die Beurteilung der Managementqualität berücksichtigen, identifizieren gefährdete Engagements aus Sicht der Kreditinstitute nach wie vor nicht rechtzeitig genug. Um ihre Kreditausfallwahrscheinlich-keit zu verringern, ist es daher ein vorrangiges Anliegen der Kreditwirtschaft, ihre Methoden der Problemkreditidentifizierung und -betreuung stetig zu verbessern (z. B. durch Einführung der bun-desweit verbindlichen Vorgaben der „Mindestanforderungen an das Kreditgeschäft der Kreditinsti-tute" (MaK)).

[220] Vgl. HENNINGS, CZAPLINSKY (1998), S. 9.
[221] Vgl. HESSELMANN, STEFAN (1990), S. 50; SEIDEMANN, SANDS (1991), S. 63 f.
[222] Vgl. DAVID (2001), S. 106 ff.; LÜTHY (1988), S. 243 ff.

her in Krisensituationen in eine hohe Abhängigkeit zu ihren finanzierenden Institu-
ten.[223]

Entscheidet sich das Kreditinstitut, den Turnaround-Prozess eines Kunden zu unterstützen, sind vielfältige Beiträge seinerseits denkbar. Neben finanziellen Turnaround-
Beiträgen wie z. B. der Ausweitung bzw. Offenhalten von Kreditlinien, Umschuldung,
Tilgungsaussetzung, Forderungserlass, Rangrücktritt oder Sicherheitenfreigabe sind
nicht-finanzielle Unterstützungsleistungen von Bedeutung.[224] Die Kreditinstitute bieten
turnaround-begleitend beratende, koordinierende und moderierende Tätigkeiten an.
Sie verfügen über ein weit verzweigtes Kontaktnetzwerk und können rasch die Verbindung zu Unternehmensberatern, Wirtschaftsprüfern, Investoren u. ä. herstellen.
Zudem erfolgt die Betreuung der problematischen Kreditengagements zunehmend in
Spezialabteilungen innerhalb der Kreditinstitute. Deren Mitarbeiter verfügen aufgrund
ihrer Erfahrung im Umgang mit einer Vielzahl ähnlich gelagerter Problemkreditfälle
über spezifisches Turnaround-Know-how. Diese Expertise kann einem turnaround-
unerfahrenen Krisenunternehmen von hohem Nutzen sein.[225] Je größer die Abhängigkeit des KMU von der Kreditbereitstellung ist, desto größer sind auch die Möglichkeiten der Einflussnahme der finanzierenden Kreditinstitute auf den Turnaround-Prozess.[226] Nicht selten verlangen sie aufgrund des Vertrauensverlusts in die Unternehmensführung ein unabhängiges Gutachten über die Unternehmenssituation und seine Fortführungsprognose durch Unternehmensberater oder Wirtschaftsprüfer. Dabei
kann auch das Management in Frage gestellt und der Austausch oder die Erweiterung der Geschäftsleitung oder zumindest der Einsatz von Interimsmanagern gefordert werden.[227]

Aufgrund ihrer starken Gläubigerposition kommt den Kreditinstituten eine **besondere
Machtposition** unter den Turnaround-Akteuren zu, weshalb sie von Seiten des Turnaround-Managements besonderer Beachtung bedürfen. *„A bank-client relationship in
a decline situation is a complex phenomenon.*"[228] Insbesondere in akuten Krisenphasen nehmen die Kreditinstitute vielfach eine Schlüsselrolle beim Erkennen der Krisensituation sowie bei der Initiierung und Ausgestaltung des Turnaround-Manage-

---

[223] „*The two problems [Eigenkapitalmangel und Krisenanfälligkeit der KMU, Anm. d. Verf.] are related
because quite often the scarcity of funds triggers the decline, and decline prompts a need for addi-
tional funds to reverse the trend. The combined effect of these tendencies is to make the firm very
dependent on a commercial bank. The relationship is asymmetrical, with the bank in the position of
power.*"; GOPINATH (1995), S. 76.
[224] Vgl. DAVID (2001), S. 111 ff.; GOLDSTEIN, HAHNE (2004), S. 164 ff.; LÜTHY (1988), S. 299 ff.
[225] Vgl. GOLDSTEIN, HAHNE (2004), S. 143.
[226] Vgl. GOPINATH (1995), S. 77. Bei jeglicher Form der Einflussnahme (auch Kreditvergabe im Turnaround) müssen Kreditinstitute haftungsrechtliche Aspekte beachten; vgl. dazu ausführlich z. B.
FROMM (2003), S. 1114 ff.; HESS ET AL. (1998), S. 442 ff. oder THIELE, PEPPMEIER (1999), S. 42 ff.
[227] Vgl. SLATTER, LOVETT (1999), S. 73; BRÜHL (2004), S. 21.
[228] GOPINATH (1995), S. 87.

ments ihrer mittelständischen Kunden ein.[229] Die Beobachtung, Begleitung sowie direkte Einflussnahme während des Prozesses ist häufig sehr intensiv. So ist es nicht überraschend, dass sich die Unternehmensführung in einer solchen Turnaround-Phase als *„subject to a third party's agenda"*[230] begreift. Dies gilt insbesondere dann, wenn mehrere Kreditinstitute an einem Turnaround beteiligt sind und sich in einem so genannten „Bankenpool" zusammenschließen.[231] In einer strategischen Krise treten die finanzierenden Institute dagegen kaum in Erscheinung, da sie zum einen die Gefährdung des Unternehmens aufgrund ihrer schlechteren Informationslage noch nicht wahrnehmen können und zum anderen ihre Interessen auch noch nicht unmittelbar berührt sind, so dass für sie kein akuter Handlungsbedarf besteht.

Eine weitere wichtige Gruppe von externen Turnaround-Akteuren sind die **Kunden**. So lange die Krisensituation den Kunden nicht bekannt ist, ist ihre Rolle mit der in einer Normalsituation des Unternehmens zu vergleichen. Als Abnehmer der Produkte oder Dienstleistungen des Unternehmens bestimmen sie mit ihrem Kaufverhalten die Umsatz- bzw. Absatzentwicklung. Die Marktbearbeitung und -erschließung sollte daher immer ein zentraler Bestandteil des strategischen und operativen Managements sein. Im Turnaround gilt dies im Besonderen. Erfahren Kunden von der Krisensituation ihres Lieferanten, besteht das Risiko, dass sie zu alternativen Bezugsquellen wechseln, um möglichen Lieferschwierigkeiten oder Qualitätsproblemen zu entgehen. Wettbewerber können die Schwäche ihres Konkurrenten sogar gezielt nutzen, um Kunden abzuwerben.[232] Durch einen verminderten Absatz tragen die Kunden damit zu einer weiteren Krisenverschärfung bei. Für das Kundenverhalten resp. die Kaufentscheidung ist u. a. die Einzigartigkeit der angebotenen Produkte bzw. Dienstleistungen von Relevanz. Je spezifischer das Angebot, desto geringer sind die Substitutionsmöglichkeiten der Kunden. Bietet das Krisenunternehmen dagegen Produkte an, welche eher für einen Massenmarkt gedacht sind (z. B. Konsumgüter) oder welche keine einzigartigen Produktmerkmale aufweisen, haben die Kunden einfachere Möglichkeiten, auf alternative Bezugsquellen umzusteigen.

Kunden sind aber nicht nur als Turnaround-Akteure zu verstehen, da sie entscheidenden Einfluss auf die Absatzentwicklung haben, sondern sie können – je nach Abhängigkeitsgrad vom Unternehmen – auch eine aktive Rolle im Turnaround-Prozess einnehmen. Mit der Spezifität des Angebots steigt auch die Abhängigkeit der Kunden vom Krisenunternehmen. Die Abhängigkeit zeichnet sich u. a. dadurch aus, dass die Kunden auf die Produkte bzw. Dienstleistungen angewiesen sind, um die eigene Produktion aufrechtzuerhalten und damit ein originäres Interesse am Fortbestand

---

[229] Vgl. HENNINGS, CZAPLINSKY (1998), S. 9; HESS ET AL. (1998), S. 442 ff.; MÜLLER (1986), S. 439; PANDIT (2000), S. 40.

[230] SLATTER, LOVETT (1999), S. 73; vgl. ähnlich BIBEAULT (1982), S. 118.

[231] Vgl. BIRKER (2000), S. 343.

[232] Vgl. AROGYASWAMY, BARKER, YASAI-ARDEKANI (1995), S. 499; PINKWART (2000a), S. 176.

des Unternehmens und der Weiterführung seines Angebots haben.[233] Ihnen ist damit prinzipiell daran gelegen, ihre Bezugsquelle zu erhalten, um die eigene Produktqualität und Lieferfähigkeit gewährleisten zu können. Folglich können solche Kunden aufgrund ihres eigenen Interesses am Unternehmenserhalt zum wichtigen Partner für das Turnaround-Management werden.

Von großer Bedeutung ist des Weiteren die Beschaffungsseite. Ähnlich wie die Fremdkapitalgeber haben **Lieferanten** grundsätzlich ein Interesse, die Beziehung zum Krisenunternehmen fortzuführen. Es gilt aus Sicht der Lieferanten, eine Kundenbeziehung aufrechtzuerhalten und damit Umsatz zu sichern.[234] Aber auch sie werden ihre eigene Risikoposition beurteilen müssen, die insbesondere in einer insolvenznahen Situation durch die Gefahr von Forderungsausfällen gekennzeichnet ist. Die Lieferanten werden daher in der Krise eines Kunden jeweils abwägen, wie sie die Chancen auf einen erfolgreichen Turnaround beurteilen und dementsprechend ihre eigenen Forderungen absichern. Denkbar ist, dass sie zur Risikominimierung Lieferungen nur bis zu einem bestimmten Volumen oder sogar nur gegen Vorkasse zulassen. Für das Krisenunternehmen birgt dies ein nicht unerhebliches Beschaffungs- und Finanzierungsrisiko, das es abzuwenden gilt. Das Turnaround-Management kann sich hier, ähnlich wie bei den Kunden, möglicherweise ein Abhängigkeitsverhältnis der Lieferanten zunutze machen und sie enger in den Turnaround-Prozess einbinden. Bei Lieferanten, für die das Krisenunternehmen ein Großkunde darstellt, hängt nämlich unter Umständen die eigene Existenz von der Fortführung ab.[235] Bei kleineren Absatzvolumina ist dagegen der Wegfall eines Kunden für den Lieferanten leichter zu verkraften und damit besteht keine große Abhängigkeit vom Unternehmen.

Weitere Interessengruppe ist der **Staat**, der ebenfalls ein begründetes Interesse an der Unternehmensfortführung hat. Sein Kapitalinteresse beruht auf der Sicherstellung von Steuereinnahmen und der Ersparnis von Sozialaufwendungen, die bei Arbeitsplatzverlusten ggf. auf ihn zukommen könnten. In leistungswirtschaftlicher Hinsicht ist die öffentliche Hand an der Förderung von Beschäftigung, regionaler Wirtschaftsstruktur und der Güterversorgung interessiert.[236] Für das Turnaround-Management ist der Staat insofern von Bedeutung, als er regelmäßig zu einer der größten Gläubigergruppen zählt (insb. Lohn-, Umsatz-, Gewerbe-, Körperschaftssteuer), deren Forderungen es zeitnah zu erfüllen gilt. Zudem besteht grundsätzlich die Möglichkeit, dass der Staat durch die Vergabe von (Landes-)Bürgschaften einen aktiven

---

[233] Vgl. HAMBRICK (1985), S. 10-17.

[234] Vgl. HESSELMANN, STEFAN (1990), S. 76.

[235] Gerade KMU geraten bisweilen in den „Strudel" der Insolvenz eines Großkunden, bei der sie auf hohe Forderungen verzichten müssen. Aufgrund der eigenen Eigenkapitalschwäche können sie diese Verluste häufig nicht kompensieren und müssen ebenfalls Insolvenz anmelden.

[236] Vgl. BURGER (1995), S. 45; GROß (1988), S. 99 f.

Beitrag zum Turnaround leistet. Das einzelne KMU ist aufgrund seiner geringeren gesamtwirtschaftlichen Bedeutung bei staatlichen Unterstützungsleistungen im Vergleich zu Großunternehmen jedoch oft im Nachteil. Unter Umständen ist der Staat aber auch als (Mit-)Auslöser von Unternehmenskrisen in einer ambivalenten Position: In seiner Rolle als Auftraggeber für die Privatwirtschaft unterliegt er öfter der Kritik, lange Zahlungsfristen in Anspruch zu nehmen. Dies öffnet bei KMU (insbesondere bei Großaufträgen) häufig eine Liquiditätslücke, die sie aus Eigenmitteln nicht schließen können.

Schließlich ist auch die **Öffentlichkeit** zu nennen, die aber üblicherweise keine aktive Rolle im Turnaround einnimmt. Allerdings ist die Wahrnehmung des Unternehmens in der Öffentlichkeit durch z. B. die Medien ein beachtenswerter Faktor für das Management. Die öffentliche Austragung von Konflikten sowie Diskussion der Unternehmenskrise können das Unternehmensimage nachhaltig beeinträchtigen.[237] Dies kann wiederum die Turnaround-Bemühungen erheblich behindern, weil wichtige aktive Turnaround-Akteure wie Kunden und Lieferanten negativ gestimmt werden und ihre Unterstützung entziehen. Umgekehrt vermag eine proaktive Kommunikation (z. B. Erfolgsmeldungen) das Vertrauen der Öffentlichkeit zu stärken.

Die Auflistung der verschiedenen Turnaround-Akteure und ihrer unterschiedlichen Interessen und Ansprüche an das Unternehmen verdeutlichen die komplexe Problemstellung, der sich ein Turnaround-Unternehmen gegenübersieht. Je weiter eine Krise voranschreitet, desto weniger ist es möglich, diese Gruppen und ihre Ansprüche im Turnaround-Konzept unberücksichtigt zu lassen. Das systemtheoretische Verständnis von Unternehmen als offene Systeme unterstreicht die Komplexität der nach innen und außen gerichteten Aufgabenstellung des Turnaround-Managements.

3.2 Turnaround-Führung

3.2.1 Turnaround-Führung als Institution

3.2.1.1 Anforderungen an das institutionelle Turnaround-Management

In institutioneller Hinsicht sind neben den Turnaround-Akteuren in erster Linie der oder die Träger des Turnaround-Managements (Turnaround-Manager) von Bedeutung. Dieser Person bzw. Personengruppe unterliegt die **Managementfunktion der Krisenbewältigung**. Sie sind maßgeblich an der Planung, Durchsetzung und Kontrolle des Turnaround-Konzepts beteiligt, wirken direkt gestaltend auf den Prozess ein und übernehmen damit die faktische Unternehmensführung für die Dauer des Turnarounds.[238] Ihnen obliegt es, das Management zu initiieren und den Turn-

---

[237] Vgl. BÖCKENFÖRDE (1996), S. 43.
[238] Vgl. MÜLLER (1986), S. 425.

around erfolgreich zu bewältigen.[239] Das Turnaround-Management kann aus institutioneller Sicht neben dem Führungs- und dem Ausführungssystem als **Subsystem** des Systems Unternehmen verstanden werden.

Um die besonderen Anforderungen einer Krisensituation zu bewältigen, bedürfen die Träger des Turnaround-Managements **spezieller persönlicher und fachlicher Eigenschaften und Fähigkeiten.**[240] Gefordert sind neben Fachkompetenz in technischen und betriebswirtschaftlichen Themen Entscheidungs- und Umsetzungsfähigkeit sowie Durchsetzungskraft. Zudem sind Schnelligkeit und Flexibilität erforderlich, um der Geschwindigkeit und der Komplexität des Turnaround-Prozesses Rechnung tragen zu können. Besonderes Augenmerk muss der sozialen Kompetenz gelten, die nötig ist, um die Anspruchsgruppen zu motivieren und zu koordinieren.[241] Turnaround-Management verlangt außerdem die Vereinigung sehr gegensätzlicher Fähigkeiten und Eigenschaften, deren extreme Ausprägungen in Abhängigkeit von der jeweiligen spezifischen Situation dominieren müssen.[242] Beispielsweise muss ein Krisenmanager sowohl getroffene Entscheidungen konsequent gegen Widerstände durchsetzen als auch die Mitarbeiter in den Prozess einbinden und dabei Kompromissbereitschaft und Teamorientierung zeigen können. Zusätzlich ist zu beachten, dass die Beurteilung des Managements unter dem Gesichtspunkt der jeweils verfolgten Strategie zu sehen ist. Gemäß dem situativen Ansatz erfordern spezifische Situationen auch ein speziell darauf angepasstes Management. Folglich kann nicht generell von „gutem" oder „schlechtem" Management gesprochen werden, sondern das Kompetenzprofil muss situationsspezifisch bewertet werden.[243] HOFER empfiehlt folglich eine Auswahl des Turnaround-Managements unter Berücksichtigung der zu verfolgenden Strategie.[244]

Der Turnaround-Manager benötigt Handlungsfreiraum und einen Vertrauensvorschuss von den Gesellschaftern und den Hauptgläubigern bzw. muss sich dies im Verlauf des Turnarounds erarbeiten. Er muss Glaubwürdigkeit und Autorität ausstrahlen, um als **„Turnaround-Leader"** anerkannt zu werden.[245] Diese Aspekte verdeutlichen die Komplexität der Anforderungen an einen Turnaround-Manager. *„Regardless of how good the rescue plan is, it will not succeed without the introduction of*

---

[239] Vgl. STAEHLE (1993), Sp. 2463.

[240] Vgl. HENNINGS, CZAPLINSKY (1998), S. 9. Vgl. dazu auch PINKWART, KOLB (2000), S. 54.

[241] Vgl. WEIDL (1996), S. 73 ff.; MACHARZINA, DÜRRFELD (2001), S. 768; SCHARB (1994), S. 337.

[242] Vgl. TÖPFER (1991), S. 219, der vom *„Januskopf des Krisenmanagers"* spricht; siehe auch WEIDL (1996), S. 75.

[243] Vgl. LOHRKE, BEDEIAN (1998), S. 15.

[244] HOFER (1980), S. 26: *„...increasing evidence (...) indicates that different general managers a skilled at different types of general management tasks. Consequently, the new top management team should be selected, to the degree possible, with the skills appropriate for the type of turnaround strategy that will be followed."*

[245] Vgl. DI PRIMIO (1988), S. 62.

good management for implementation."[246] In der Praxis wird sich dieses Kompetenz-profil bei der Unternehmensführung eines Krisenunternehmens wohl nur selten in dieser Idealform personifizieren.[247] Dies bedeutet, dass diese spezifische Kompetenz entweder von außen akquiriert oder intern generiert werden muss. FAULHABER, LANDWEHR sehen im Turnaround die Chance zur Professionalisierung und Profilie-rung für die Unternehmensführung, betonen aber gleichzeitig, dass sie das Unter-nehmen in letzter Konsequenz verlassen muss, sofern eine Qualifizierung nicht ge-lingt.[248] Nachfolgend werden verschiedene organisatorische Möglichkeiten zur Institu-tionalisierung des Turnaround-Managements aufgezeigt.

3.2.1.2 Potenzielle Träger des Turnaround-Managements

Abb. 14 stellt die möglichen Träger des Turnaround-Managements dar, wobei aus Sicht des Unternehmens zwischen **internen und externen Trägern** unterschieden werden kann.

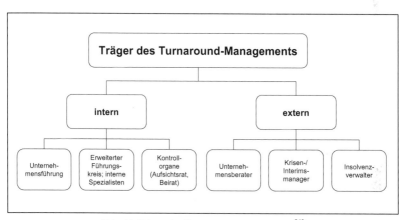

Abb. 14: Träger des Turnaround-Managements[249]

---

[246] MURPHY (1986), S. 29.

[247] Vgl. MACHARZINA, DÜRRFELD (2001), S. 767; SEIDEMANN, SANDS (1991), S. 46.

[248] FAULHABER, LANDWEHR (2005), S. 289: *„Eine Turnaround-Situation disqualifiziert nicht automatisch das Management, dafür sind die Ursachen meistens zu komplex. Sie fordert jedoch die Manager heraus, sich im Turnaround zu qualifizieren – oder einem für diese Situation besser Geeigneten den Vortritt zu lassen."*

[249] Quelle: In Anlehnung an BÖCKENFÖRDE (1996), S. 103. BÖCKENFÖRDE nennt zusätzlich die Kredit-institute als externe Träger des Turnaround-Managements. Obwohl sie fraglos eine große Rolle im Turnaround-Prozess vieler KMU einnehmen, sind ihre Möglichkeiten auf das Management einzu-wirken eher indirekter Natur. Haftungsrechtliche Besonderheiten beschränken ihre Möglichkeiten zur gestalterischen Einflussnahme. Daher wird hier auf die Aufnahme der Fremdkapitalgeber als potenzielle Träger des Turnaround-Managements verzichtet.

Die einzelnen Träger schließen sich nicht gegenseitig aus, vielmehr sind verschiedene Kombinationen von ihnen in der Praxis als institutionelles Turnaround-Management zu beobachten.[250]

Ein **Austausch des Managements** verspricht ein von der Vergangenheit unbelastetes Ansehen der neuen Führung und damit eine vorurteilsfreie und emotional ungebundene Zusammenarbeit mit den Anspruchsgruppen. Externe können mit einer neutralen, objektiven Sichtweise ihre Arbeit aufnehmen.[251] Sie können *„in aller Regel leichter zur Symbolfigur einer zukunftsorientierten Unternehmungskultur werden und mit mehr Glaubwürdigkeit ‚Aufbruchstimmung' verbreiten."*[252] SHORT, PALMER, STIMPERT fordern explizit den Austausch resp. die Ergänzung des Managements um Personen, die für *„diversity in managerial thinking"* sorgen.[253] In Großunternehmen, deren Fremdgeschäftsführer durch Entscheidung der Eigentümer oder des Aufsichtsrats im Rahmen der vertraglichen Gestaltung beliebig austauschbar sind, ist der teilweise oder sogar komplette Wechsel des Managements in einer Krisensituation durchaus gängige Praxis.[254] In KMU, bei denen Eigentumsrechte und die Wahrnehmung von Geschäftsführungsaufgaben in einer Hand liegen, ist die Option des Führungswechsels (zumindest in einer solchen Radikalität) dagegen nicht immer realisierbar. Als rechtlich legitimierter Entscheidungsträger müsste sich der geschäftsführende Gesellschafter dafür quasi selbst entlassen.[255] Sofern das Unternehmen die einzige Existenzgrundlage des Unternehmers ist, stellt sich zudem die Frage, ob diese aufgrund der realistischen Möglichkeit eines Misserfolgs überhaupt durch Dritte zur Disposition gestellt werden kann.[256] Verfügen mehrere Gesellschafter über Entscheidungsrechte, steht in KMU oftmals deren Verbundenheit mit der Geschäftsführung aufgrund familiärer Bindungen einer Abberufung des alten Managements entgegen (z. B. bei Unternehmen, die bereits seit mehreren Generationen in der Hand einer Familie sind).[257]

---

[250] Vgl. BÖCKENFÖRDE (1996), S. 102.

[251] Vgl. BACHMANN, HINTERHUBER (2004), S. 45; KANTER (2003), S. 30; MÜLLER (1986), S. 511; RAMAKRISHNAN, SHAH (1989), S. 27.

[252] KRYSTEK (1989b), S. 192.

[253] Vgl. SHORT, PALMER, STIMPERT (1998), S. 173. MUELLER, BARKER (1997), S. 131 f. sehen in ihren empirischen Ergebnissen zu den institutionellen Komponenten des Turnarounds die Bestätigung, dass Turnarounds, bei denen die Unternehmensführung stark durch Externe beeinflusst wird (z. B. im Aufsichtsrat), erfolgreicher sind.

[254] Dies bestätigen empirische Untersuchungen, die im Wesentlichen Großunternehmen analysieren. Vgl. z. B. BARKER, PATTERSON, MUELLER (2001), S. 251, die ermitteln, dass 63 Prozent aller Managementmitglieder im Zuge eines Turnarounds ausgetauscht werden.

[255] Vgl. BÖCKENFÖRDE (1996), S. 134; ALBACH (2000), S. 88; CLASEN (1992), S. 125; HENNINGS, CZAPLINSKY (1998), S. 11.

[256] Vgl. CLASEN (1992), S. 126 f.

[257] Vgl. HESSELMANN, STEFAN (1990), S. 59.

Einem Austausch der Unternehmensführung in KMU widersprechen aber nicht nur die Eigentumsrechte, sondern auch die Tatsache, dass der Unternehmer aufgrund seiner Nähe zum Wertschöpfungsprozess oftmals der wichtigste Know-how-Träger ist und über Produkt- und Prozesskenntnisse sowie Kunden- und Lieferantenkontakte verfügt, die zumindest kurzfristig nicht beliebig ersetzbar bzw. reproduzierbar sind.[258] BUCHHART spricht in diesem Zusammenhang von der Gefahr, dass der Unternehmer bei seinem Weggang ein „Vakuum" hinterlässt.[259] Schließlich stellt sich die pragmatische Frage, ob überhaupt ein geeigneter Nachfolger unter dem gegebenen Zeitdruck verfügbar ist. Ob Kontinuität oder Auswechslung der verantwortlichen Entscheidungsträger die adäquate Antwort auf eine Turnaround-Situation ist, hängt bei KMU also nicht nur von den Fähigkeiten des Managements ab, sondern wird in hohem Maße auch von den Eigentumsrechten, den organisatorischen Gegebenheiten und vorhandenen Ressourcen sowie der „Übergabefähigkeit" des Unternehmens im Turnaround bestimmt.

Die alleinige Übernahme der Trägerschaft des Turnaround-Managements durch **leitende Angestellte des erweiterten Führungskreises oder interne Spezialisten** dürfte bei KMU im Vergleich zu Großunternehmen eher von untergeordneter Bedeutung sein. Auch wenn die Tendenz zum Generalistentum in KMU größer ist, fehlt den Mitarbeitern aufgrund der Dominanz des Unternehmers als Führungsperson und der typischerweise flachen Hierarchiestruktur die notwendige Führungserfahrung auf Gesamtunternehmensebene. Es ist daher grundsätzlich zu prüfen, inwieweit in der nachgelagerten Führungsebene die Fähigkeit zur Lösung gesamtunternehmerischer Probleme und die Bereitschaft, übergreifende Verantwortung zu übernehmen, vorhanden ist.[260] Die Einbeziehung leitender Mitarbeiter beim Turnaround spielt dennoch eine wichtige Rolle, da sie in ihren jeweiligen Funktionsbereichen und Spezialgebieten über relevantes Wissen verfügen, dass für die Erstellung eines tragfähigen Turnaround-Konzepts von entscheidender Bedeutung ist. Im Zuge der Maßnahmenumsetzung ist ihre Mitwirkung sogar unerlässlich, da ohne ihre Unterstützung und aufgabengerechtes Verhalten die Turnaround-Maßnahmen nicht ihre volle Wirksamkeit entfalten können.[261]

Ähnlich wie bei leitenden Angestellten ist auch die Option, das Turnaround-Management durch Mitglieder des **Beirats oder Aufsichtsrats** darzustellen, bei KMU eher seltener anzutreffen. Zum einen haben nur sehr wenige KMU überhaupt ein solches Aufsichtsorgan installiert. Zum anderen sind bei denjenigen KMU, die über ein Kontrollgremium verfügen, dessen Mitglieder oftmals Familienangehörige, die gleichzeitig

---

[258] Vgl. CLASEN (1992), S. 126 f.; KIERULFF (1981), S. 491.
[259] Vgl. BUCHHART (2001), S. 265.
[260] Vgl. BÖCKENFÖRDE (1996), S. 110; CLASEN (1992), S. 128.
[261] Vgl. MÜLLER (1986), S. 471; KRÖGER (1990), S. 418; VOGEL (1987), Sp. 1787 f.

als Gesellschafter des Unternehmens fungieren. Deren Qualifikation und Motivation als Unternehmer tätig zu sein, muss in vielen Fällen ebenfalls kritisch gesehen werden.[262] Sofern ein Aufsichtsorgan vorhanden ist, kann dieses aber durch Intensivierung seiner Kontrollfunktion und Einbringung externen Know-hows einen wichtigen Beitrag zum Gelingen des Turnarounds leisten. Das Risiko von Fehlentscheidungen kann durch die objektivierende Stellungnahme und Beurteilung eines Aufsichtsrats oder Beirats vermindert werden.[263] Es begünstigt einen Turnaround zudem, wenn externe Personen (also keine Unternehmens- oder Familienangehörigen) Mitglied des Aufsichtsorgans sind. MUELLER, BARKER zeigen empirisch, dass eine starke externe Einflussnahme die Turnaround-Wahrscheinlichkeit erhöht. Ursachen dafür können in einer stärkeren Ausübung der Kontrollfunktion oder einem erleichterten Zugang zu externen Ressourcen liegen.[264]

Aus der Diskrepanz zwischen der vorhandenen Managementkapazität von KMU und den vielfältigen Anforderungen der Unternehmensführung lässt sich allgemein ein hoher Beratungsbedarf der KMU in verschiedensten Bereichen ableiten.[265] In einer Turnaround-Situation muss mangels entsprechender Erfahrung häufig auf externe Experten zurückgegriffen werden, die das Turnaround-Management mit ihrem Spezialwissen professionalisieren sollen. Externe Unterstützung bieten Beratungsgesellschaften wie Unternehmensberater, Steuerberater, Wirtschaftsprüfer u. ä., die sowohl in der Konzeptions- als auch in der Umsetzungsphase Hilfestellung geben können. Sie können einerseits durch ihre speziellen praktischen Erfahrungen und andererseits durch ihre Unabhängigkeit und objektive Sichtweise für das Unternehmen von Nutzen sein.[266] Empirische Befunde deuten dementsprechend darauf hin, dass die Erfolgswahrscheinlichkeit eines Turnarounds deutlich steigt, wenn Experten hinzugezogen werden.[267] Ihr ausgewiesenes Turnaround-Know-how und ihre Objektivität dem Unternehmen gegenüber sind gerade für die Anspruchsgruppen des Krisenunternehmens schwerwiegende Argumente, auf den Experteneinsatz zu bestehen. In-

---

[262] Vgl. CLASEN (1992), S. 127.

[263] Vgl. HÖHN (1974), S. 134 ff.; MÜLLER (1986), S. 435; GAUGLER (1984), S. 557.

[264] Vgl. MUELLER, BARKER (1997), S. 129. OESTERHELD (2002), S. 255 ff., der speziell die Rolle von Beiräten in Krisenunternehmen untersucht, kommt konträr dazu zu dem Schluss, dass unternehmensexterner Einfluss effizienzmindernd wirken kann. Fremdinteressen der externen Beiratsmitglieder können den Unternehmensinteressen zuwider laufen und damit den Turnaround-Prozess behindern.

[265] Vgl. MUGLER, LAMPE (1987), S. 478.

[266] Vgl. GOLDSTEIN, HAHNE (2004), S. 163; SCHARB (1994), S. 336.

VOGEL (1987), Sp. 1788 sieht dagegen nur einen begrenzten Nutzen des Beratungseinsatzes in der Krise. Er argumentiert mit Akzeptanzproblemen und ihrer Betriebsferne. Ersteres dürfte in der Praxis durchaus gegeben sein. Insbesondere Vorbehalte der Mitarbeiter aus Angst um ihren Arbeitsplatz können die Zusammenarbeit mit Beratungsunternehmen erschweren. Die Betriebsferne kann dagegen als wichtiges Argument für ihren Einsatz interpretiert werden, denn sie erlaubt Objektivität und Unvoreingenommenheit in der Analyse, was in einer Krise von hoher Relevanz ist.

[267] Vgl. DAVID (2001), S. 437 f.

wieweit sich die Anspruchsgruppen mit dieser Forderung durchsetzen können, ist im hohen Maße vom Grad der Existenzbedrohung sowie ihrer Machtposition und den damit korrespondierenden Möglichkeit zur Einflussnahme abhängig.

Gegen den **Einsatz von Externen** sprechen prima vista die damit verbundenen hohen Kosten, welche die ohnehin geringen finanziellen Ressourcen der KMU in Krisensituationen weiter belasten. Hier bedarf es einer Abwägung der kurzfristigen Kosten gegenüber den mittel- bis langfristigen positiven Effekten des Beratungseinsatzes auf die Rentabilität. Ziel muss es für das Unternehmen sein, dass der Beratungseinsatz unter Kosten- / Nutzengesichtspunkten werthaltig ist. Diese Sichtweise verdeutlicht gegebenenfalls, dass eine vermeintlich hohe Investition sich über einen überschaubaren Zeitraum amortisieren wird.

Der Einsatz von Beratungsgesellschaften kann auf unterschiedliche Weise organisiert werden. Denkbar ist, dass die **Unternehmensberatung** lediglich ein Turnaround-Konzept entwickelt, dessen Umsetzung anschließend der Unternehmensführung obliegt. Weitergehende Ansätze binden die Beratungen in den Umsetzungsprozess mit ein. Neben der rein beratenden Tätigkeit sind in diesem Zusammenhang auch Konstellationen denkbar, bei denen die Berater die Geschäftsführung bzw. die Verantwortung für einzelne Funktionsbereiche als so genannte Krisen- oder Interimsmanager übernehmen.

Allen diesen Organisationsformen ist gemein, dass sie nur für eine begrenzte Zeitdauer zum Tragen kommen und die Unternehmensführung anschließend wieder auf sich allein gestellt ist.[268] Dieser **Übergang von einer *„beratergetriebenen zu einer mitarbeitergetriebenen Restrukturierung"*[269]** kann sich problematisch darstellen. In der Praxis wird, insbesondere wenn es sich um eine akute Krisenphase handelt und Fremdkapitalgeber die treibende Kraft der Turnaround-Initiierung sind, zu Beginn eines Turnarounds mit hohem Beratungseinsatz gearbeitet. Ziel ist es, in kurzer Zeit ein tragfähiges Turnaround-Konzept zu erarbeiten. Dabei wird ein Großteil der konzeptionellen Arbeit von den Beratungsunternehmen mit intensivem Arbeits- und Personaleinsatz geleistet. Auch wenn die Mitarbeiter in die Analyse und Konzepterstellung involviert werden, nehmen sie doch häufig eine passive Rolle ein. Während die Berater gestaltend agieren, werden die Mitarbeiter lediglich als Informationslieferanten und Auftragsempfänger eingesetzt. Verlassen die Unternehmensberater das Unternehmen zu früh, kann das notwendige Engagement dann oftmals nicht aufrechterhalten werden.[270]

---

[268] Vgl. ARMENAKIS, FREDENBERGER (1998), S. 43.
[269] MARX (2003), S. 17.
[270] Vgl. MARX (2003), S. 17.

Problematisch ist auch die **Erhaltung und Weiterentwicklung des gewonnenen Wissens**. Die Unternehmensberatungen erarbeiten ein Konzept, dass, sofern sie die Umsetzung nicht begleiten, für das Unternehmen eine Art Regieanweisung für den Turnaround bietet. Deren Qualität ist stark von der Güte der Dokumentation abhängig. Dabei bleibt die Generierung des vorliegenden Wissens für das Unternehmen häufig eine „black box", so dass die Lernprozesse intern nicht reproduzierbar sind.[271] Ziel des Managements, das nach dem Einsatz des Beratungsunternehmens das Unternehmen allein weiterführt, muss es folglich sein, von dessen Know-how zu profitieren und es auch nach dem Turnaround für das Unternehmen gewinnbringend einzusetzen und in der Organisation zu verankern. Im Idealfall wird der Berater „*teaching management to install and use planning and control methodologies and practices which will help them avoid future crises.*"[272]

Eine Sonderstellung kommt bei KMU dem **Steuerberater** zu. Je kleiner das Unternehmen, desto mehr kaufmännische Angelegenheiten liegen in dessen Hand. Leistungen des Steuerberaters sind aufgrund von psychologischen Vorbehalten gegenüber externen Beratungsangeboten und aus Kostengesichtspunkten häufig die einzigen Beratungsleistungen, die KMU regelmäßig in Anspruch nehmen.[273] Steuerberater betreuen ihre Mandanten oft über mehrere Jahre und gewinnen dadurch einen umfangreichen Einblick in das Unternehmen, der meist über die rein vergangenheitsorientierten Informationen des Rechnungswesens hinausgeht. Allerdings konzentriert sich ihre Tätigkeit vielfach auf die Erstellung von Gewinn- und Verlustrechnungen und Bilanzen sowie die steuerliche Optimierung des Betriebsergebnisses. Die unterschwellige Erwartung der Unternehmen an die Steuerberater, Krisenanzeichen frühzeitig zu erkennen und darauf hinzuweisen, wird daher oftmals nicht zufrieden stellend erfüllt.[274] Ihr reichhaltiges Wissen um die (steuer-)rechtlichen und kaufmännischen Zusammenhänge des Unternehmens prädestiniert die Steuerberater aber in jedem Fall, im Turnaround-Prozess beratend mitzuwirken. Die Übernahme von Managementfunktionen dürfte aufgrund ihrer hauptsächlich auf die Steueroptimierung ausgerichteten Tätigkeit jedoch weniger in Betracht kommen.

Schließlich kann auch der **Insolvenzverwalter** Träger des Turnaround-Managements sein. Er übernimmt als gerichtlich bestellte, unabhängige Person die Geschäfte des Unternehmens, sobald ein Insolvenzverfahren eröffnet wird. Der Insolvenzverwalter muss in erster Linie im Interesse der Gläubiger handeln und erst in zweiter Linie für das Unternehmen agieren. Sofern die Gläubiger aber an einer Fortführung des Unternehmens interessiert sind, kann er das Insolvenzverfahren durchaus mit

---

[271] Auf die Notwendigkeit des Lernens im Turnaround-Prozess wurde bereits hingewiesen; vgl. Kap. D.2.2.1.
[272] KIERULFF (1981), S. 491.
[273] Vgl. KRATZ (1996b), S. 145 f.
[274] Vgl. FRIEDRICH ET AL. (1997), S. 167.

der Zielsetzung eines Unternehmens-Turnarounds betreiben (z. B. durch Erstellung und Verabschiedung eines Insolvenzplans).[275] Diese Sonderform des institutionellen Turnaround-Managements wird hier allerdings nur der Vollständigkeit halber erwähnt und soll nicht weiter vertieft werden.

Zusammenfassend sind für KMU folgende Konstellationen des institutionellen Turnaround-Managements denkbar:[276]

(1) Autonomes Turnaround-Management durch bisheriges Management

(2) Turnaround-Management durch bisheriges Management mit externer Beratungsunterstützung

(3) Turnaround-Management durch bisheriges Management mit externer Managementunterstützung

(4) Turnaround-Management durch neues Management auf Zeit (Interimsmanagement)

(5) Turnaround-Management durch neues Management; altes Management übernimmt ggf. Aufsichtsrats- oder Beiratsfunktion

Welche Alternative im Einzelfall geeignet ist, hängt im Wesentlichen von den im Unternehmen verfügbaren humanen und finanziellen Ressourcen ab. Die grundsätzliche Frage, ob interne oder externe Kräfte das Management darstellen sollen, kann nicht generell beantwortet werden, da beides Vor- aber auch Nachteile hat.[277] In vielen Fällen (insbesondere bei kleineren Unternehmen) muss aufgrund der spezifischen KMU-Problematik aber davon ausgegangen werden, dass das Turnaround-Management vom bisherigen Management getragen wird. Dies lässt eine deutliche Überlastung der Führung erwarten, was die Erfolgsaussichten der Krisenbewältigung wiederum vermindern dürfte.[278]

Um diesem Dilemma zu entgehen, bedarf es der selbstkritischen Einsicht der Unternehmensführung **interne oder externe Unterstützung** anzunehmen. Durch die Einbindung von Mitarbeitern sowie ggf. von Externen kann ein wertvoller Beitrag zur Objektivierung der Sichtweise und des Handelns des Managements geleistet werden. Werden Externe temporär hinzugezogen, ist es von hoher Wichtigkeit, dass die Kontinuität und Dynamik nach ihrem Weggang sichergestellt wird und deren Wissen im Unternehmen verankert und weitergegeben wird. Im Verlauf des Turnaround-Managements ist Stabilität innerhalb der Unternehmensführung ebenfalls von hoher Wichtigkeit. Da ein Turnaround eine langfristige Managementaufgabe ist, sollten per-

---

[275] Vgl. BRÜCHNER (1999), S. 69 ff.
[276] Vgl. BÖCKENFÖRDE (1996), S. 134 ff.
[277] Vgl. RAMAKRISHNAN, SHAH (1989), S. 27.
[278] Vgl. MAASMEIER (1987), S. 48 f.; TSCHEULIN, RÖMER (2003), S. 79.

sonelle Veränderungen weitgehend vermieden werden, nachdem das Turnaround-Management einmal installiert wurde.[279]

3.2.2 Turnaround-Führung als Funktion

3.2.2.1 Zielsetzung der Führung im Turnaround

Gemäß dem situativen Ansatz verlangt die Unternehmenskrise ein spezifisches Management. Turnaround-Unternehmen *„need a leadership style that is (..) suited to their hard circumstances"*,[280] um prinzipiell aussichtsreiche Turnaround-Konzepte nicht an einer der Situation unangemessenen Führung scheitern zu lassen.[281] Allgemein beschreibt Führung das gezielte Gestalten von Situationen innerhalb eines sozialen Systems. Durch bewusstes Eingreifen in Strukturen und Prozesse soll die Aufgabenerfullung eines Systems bzw. seiner Subsysteme gefördert werden.[282] In einem traditionellen Verständnis wird Führung als spezifisches Verhalten eines Vorgesetzten gegenüber seinen Mitarbeitern verstanden, mit dem Ziel, bei ihnen eine Verhaltensänderung oder –beibehaltung zu erreichen.[283] Überträgt man dieses Führungsverständnis auf eine Turnaround-Situation, soll mit der funktionalen Turnaround-Führung die **Unterstützung der Turnaround-Akteure** während des Krisenbewältigungsprozesses gesichert werden. Ein wichtiges Ziel der Turnaround-Führung ist dabei die Erhaltung der Mitarbeitermotivation, da von der Belegschaft während eines Turnarounds in der Regel deutlich mehr Einsatzbereitschaft verlangt wird. Dazu gehört auch die Bereitschaft, Veränderungen im Unternehmen zu akzeptieren und mit zu tragen und dabei ggf. Verzicht zu leisten. Um revolutionäre Veränderungen wie sie für einen Turnaround notwendig sind umsetzen zu können, müssen alle Mitarbeiter für das *„neue Paradigma und die neue Kultur"* gewonnen werden.[284] Zusätzlich muss aufgrund der in der Krise typischen Zeitrestriktion das Ziel verfolgt werden, Informationsflüsse und Entscheidungen zu beschleunigen, ohne die Entscheidungsqualität maßgeblich zu beeinträchtigen.[285]

Zielgruppe der Turnaround-Führung sind aber nicht nur die Mitarbeiter, sondern auch die anderen Turnaround-Akteure, von denen eine Unterstützung in finanzieller oder nicht-finanzieller Hinsicht erwartet wird (z. B. Fremdkapitalgeber, die Stundungen oder Tilgungsaussetzungen akzeptieren, Shareholder, die weiteres Eigenkapital zur Verfügung stellen oder Lieferanten, welche die Lieferbereitschaft aufrechterhalten

---

[279] Vgl. ZIMMERMANN (1991), S. 16; BERGAUER (2001), S. 280.

[280] MUCZYK, STEEL (1998), S. 44.

[281] Vgl. KRYSTEK (1994), S. 27. KANTER (2003), S. 37: *„Bei einer Neuausrichtung des Unternehmens kommt es (..) vor allem auf die Führung an."*

[282] Vgl. WIMMER (1992), S. 141 f.

[283] Vgl. SEIDEL (1979), S. 69; MACHARZINA (2003), S. 37 f; STAEHLE (1999); S. 328 f.

[284] Vgl. BURKHARDT, SAGER (1994), S. 44.

[285] Vgl. SCHULTEN (1995), S. 215.

sollen). Hier muss die Turnaround-Führung mit der Zielsetzung verfolgt werden, dass die Akteure das notwendige Vertrauen in das Unternehmen sowie das Turnaround-Management behalten bzw. zurückgewinnen. Ziel der Turnaround-Führung muss es insgesamt sein, *„über alle Ebenen hinweg Betroffene zu Beteiligten"*[286] zu machen.

Um dieses Ziel zu erreichen, muss das Turnaround-Management **vielfältige Anforderungen und Aufgaben** erfüllen. Als Nebenbedingung gilt es, die situative Dimension des Turnarounds zu beachten, welche die Rahmenbedingungen (wie z. B. Zeit- und Handlungsdruck) für das Turnaround-Management im Allgemeinen sowie die Turnaround-Führung im Speziellen setzt. Nachfolgend werden die Anforderungen an das Turnaround-Management bezüglich Kommunikation und Information, Motivierung von Management und Mitarbeitern, sowie Führungsstil und Verhandlungsführung detaillierter dargestellt. Wie im Folgenden ausgeführt wird, erscheinen diese Teilaufgaben der Turnaround-Führung besonders kritisch für den Erfolg des Unternehmens-Turnarounds zu sein.

3.2.2.2 Information und Kommunikation

Typischerweise besteht zwischen der Unternehmensführung und den diversen Anspruchsgruppen ein Ungleichgewicht bei der Informationsverteilung. Das Management hat aufgrund seines unmittelbaren Einblicks in alle Facetten des Unternehmens einen deutlichen Wissensvorsprung gegenüber den anderen Akteuren.[287] Diese Informationsasymmetrien betreffen externe Anspruchsgruppen, sind aber auch im Unternehmen zwischen Management und Mitarbeitern vorzufinden, die keinen unmittelbaren Einblick in die Entscheidungsfindung der Unternehmensführung haben. Eine solche ungleiche Verteilung der Informationen ist bereits in einer „normalen" Unternehmenssituation üblich, wird in einer Turnaround-Situation für die Akteure aber besonders kritisch, denn ihr **Informationsbedürfnis** steigt deutlich an. Sie benötigen zusätzliche Daten und Informationen als Beurteilungsbasis, um die Gefährdung der eigenen Ansprüche an das Unternehmen einschätzen und darauf aufbauend Entscheidungen über ihr Verhalten während des Turnarounds treffen zu können. Kreditinstitute, die in erfolgreichen Zeiten des Kreditkunden vergleichsweise wenig Zeit und Betreuungsaufwand investieren, um die Unternehmensentwicklung zu überwachen und sich mit einer regelmäßigen Einreichung von Bilanzen und Gewinn- und Verlustrechnungen zufrieden geben, stellen in Krisensituationen wesentlich höhere Ansprüche an die Informationsversorgung durch das Krisenunternehmen. Aber nicht nur die Fremd- oder Eigenkapitalgeber benötigen Informationen zur Risikobeurteilung ihrer Investitionen oder Kredite. Auch die Mitarbeiter haben das Interesse, über die anstehenden Veränderungen und deren Beweggründe informiert zu werden, um die eige-

---

[286] KRAUS, GLESS (2004), S. 124.
[287] Vgl. PORTISCH (2004), S. 56.

nen Zukunftsaussichten besser einschätzen zu können. Dem gestiegenen Informationsbedarf der Akteure steht allerdings oftmals eine abnehmende Informationsbereitschaft bzw. unzureichende Informationspolitik des Krisenunternehmens aus Angst vor Sanktionen gegenüber.[288]

Der gesteigerte Informationsbedarf der Turnaround-Akteure rührt auch daher, dass ihr Vertrauen in die Unternehmensführung in einer Krise Schaden nimmt. Dem Management als (Mit-)Verursacher der Krise wird nicht immer ohne weiteres zugetraut, die Krise erfolgreich zu bewältigen. Besonders negativ wirkt es auf das **Vertrauensverhältnis**, wenn die Unternehmensführung die Turnaround-Beteiligten erst spät über die Unternehmenskrise informiert oder die Ernsthaftigkeit der Situation herunterspielt.[289] Je länger sie damit wartet, die tatsächliche Unternehmenssituation offen zu legen, desto mehr ist die ordnungsgemäße Ausführung von Verträgen (z. B. Kredit-, Liefer-, Arbeitsverträge) gefährdet[290] und desto mehr kann sich die Risikoposition der Turnaround-Akteure verschlechtern. Wird die Krise für die Externen offensichtlich und müssen sie ggf. sogar selbst den Turnaround-Prozess anstoßen, ist das Vertrauensverhältnis in der Folge meist erheblich belastet. Demzufolge werden auch die Informationen, die das Management zur Verfügung stellt, abgewertet oder zumindest in Frage gestellt. Die Anspruchsgruppen versuchen folglich, durch zusätzliche Informationen ein objektiveres Bild von der Unternehmenssituation zu erlangen. Stehen ihnen keine nachvollziehbaren, glaubwürdigen und objektiven Informationen über die aktuelle Situation sowie die Zukunftsperspektiven des Unternehmens zur Verfügung, können sie keine Bewertung ihrer Risikoposition vornehmen.[291] Damit steigt die Gefahr, dass sie aus Gründen der Vorsicht bzw. Risikoaversion ihre Unterstützung im Turnaround versagen und keinen Turnaround-Beitrag leisten.[292]

Die Prinzipal-Agenten-Theorie, ein Zweig der Neuen Institutionenökonomik, liefert für diese Zusammenhänge einen theoretischen Erklärungsansatz. Der Ansatz versucht, die effiziente Vertragsgestaltung zwischen einem Prinzipal und einem Agenten anhand der damit verbundenen Kosten zu erklären. Grundannahme dieser Theorie ist, dass dem Prinzipal die Informationen über den Agenten, welche zur Vertragsgestaltung und -durchsetzung notwendig sind, nicht vollständig und kostenlos zur Verfügung stehen. Der Agent verfügt also über einen Informationsvorsprung, aufgrund dessen er Entscheidungen treffen könnte, welche den Prinzipal schädigen.[293] Die

---

[288] Vgl. GRABOW, ECKERT, KÄMKER (2001), S. 498.

[289] Vgl. F.A.Z.-INSTITUT (2003), S. 24.

[290] Vgl. ACHILLES (2000), S. 7.

[291] Vgl. KAUFMANN, MIDDERMANN (1997), S. 75.

[292] Vgl. GOLDSTEIN, HAHNE (2004), S. 162. GRABOW (1997), S. 4 stellt in einer bundesweiten Befragung von Kreditinstituten fest, dass diese eine Kreditvergabe im Turnaround maßgeblich von der Bereitstellung zeitnaher, vollständiger und wahrheitsgemäßer Informationen durch die Unternehmen abhängig machen.

[293] Vgl. DEMOUGIN, JOST (2001), S. 46; FISCHER (1999), S. 29 f.

Prinzipal-Agenten-Theorie nennt aus Sicht des Prinzipals folgende Typen von **Informationsproblemen** resp. Kompetenz- und Verhaltensrisiken beim Agenten:[294]

- Hidden characteristics: Unsicherheit über die Eigenschaften, Fähigkeiten und Interessen des Agenten;
- Hidden information: Unwissenheit über Umweltzustände, die dem Agenten bekannt sind;
- Hidden action: Unsicherheit über das Verhalten des Agenten bei nicht beobachtbaren Handlungen;
- Hidden intention: Unsicherheit über die Ausnutzung von Vertragslücken.

Alle diese Informationsprobleme bieten dem Agenten die Möglichkeit, opportunistisch und wider die Interessen des Prinzipals zu handeln. Folglich ist es dessen vorrangiges Bestreben, Informationsasymmetrien abzubauen und damit die Unsicherheit bzw. das wahrgenommene Risiko zu minimieren.[295] Allerdings ist es für den Prinzipal mit hohen Kosten verbunden, sich alle Informationen des Agenten zu beschaffen oder die Informationen, die ihm zur Verfügung stehen, umfassend zu verifizieren.[296] Diese Kosten der Kontrolle und Überwachung (Monitoring costs) mindern aus Sicht des Prinzipals die Qualität einer Vertragsbeziehung. Zu diesen so genannten **Agency-Kosten**, welche die Effizienz einer Vertragsbeziehung messen, gehören auf der anderen Seite auch die Bonding costs (Signalisierungskosten). Diese entstehen dem Agenten, der dem Prinzipal ein positives Bild von sich präsentieren will, um dessen Interesse an der Aufrechterhaltung der Vertragsbeziehung zu wahren (z. B. bei einem Kreditvertrag durch seine Bereitschaft, Sicherheiten zu hinterlegen).[297] Zusätzlich kann ein Residualverlust die Effizienz der Vertragsbeziehung belasten, wenn aufgrund der Informationsasymmetrien wohlfahrtssteigernde Transaktionen nicht oder nur teilweise vorgenommen werden. Um nun aus ihrer jeweiligen Sicht eine effiziente Vertragsbeziehung darzustellen, sind beide Parteien bemüht, diese Agency-Kosten zu senken. Eine wesentliche Möglichkeit zur Senkung von Agency-Kosten bietet gegenseitiges Vertrauen, das die Risiken absorbieren kann.[298] Vertrauen ist zu verstehen als *„die freiwillige Erbringung einer riskanten Vorleistung unter Verzicht auf explizite vertragliche Sicherungs- und Kontrollmaßnahmen gegen opportunistisches Verhalten in der Erwartung, dass der Vertrauensnehmer motiviert ist, freiwillig auf opportunistisches Verhalten zu verzichten".*[299] Insbesondere in KMU kann Vertrauen

---

[294] Vgl. KAUFMANN, MIDDERMANN (1997), S. 76; RIPPERGER (1998), S. 66. Vgl. zu Kompetenz- und Verhaltensrisiken ACHILLES (2000), S. 32 f.

[295] Vgl. ACHILLES (2000), S. 32 f.

[296] Vgl. PICOT, DIETL, FRANCK (2002), S. 86.

[297] Vgl. PICOT, REICHWALD, WIEGAND (2003), S. 57; ACHILLES (2000), S. 50.

[298] Vgl. RIPPERGER (1998), S. 71.

[299] PICOT, REICHWALD, WIEGAND (2003), S. 125.

die aufgrund der Prinzipal-Agenten-Problematik auftretenden Kontrollkosten senken.[300]

Gerade in einer Krisensituation ist das Vertrauensverhältnis zwischen Prinzipal und Agenten aber erheblich belastet. Es ist sogar vielmehr eine Umkehrung des Vertrauensbildungsprozesses („cycle of distrust") festzustellen.[301] Vertrauen kann daher nicht die (gestiegenen) Verhaltens- und Kompetenzrisiken in dem Maße absorbieren wie es vor der Krise der Fall war oder üblicherweise möglich ist. Demzufolge kommt den Aspekten der **Informationsverfügbarkeit und -verteilung** beim Zustandekommen von Vereinbarungen oder Verträgen im Turnaround eine sehr wichtige Rolle zu. Hierbei besteht für das Unternehmen resp. den Agenten die Gefahr, dass die Monitoring costs des Prinzipals so stark steigen, dass eine Vertragsbeziehung für ihn nicht mehr effizient ist. Dies bedeutet, dass die Unternehmensführung besonderes Augenmerk auf die Versorgung der Anspruchsgruppen mit Informationen legen muss, um deren Bereitschaft aufrecht zu erhalten, den Turnaround zu unterstützen. Faktisch erhöht sie damit ihre eigenen Signalisierungskosten, die durch die zusätzliche Informationsbereitstellung, Übertragung von Sicherheiten usw. entstehen. Daher muss ihr daran gelegen sein, das Vertrauensverhältnis wieder herzustellen, um die eigenen Bonding costs mittel- bis langfristig wieder zu senken.

Primäres Ziel für das Turnaround-Management muss es also sein, das Vertrauen der Akteure wieder aufzubauen. Dabei nimmt die **Kommunikation** eine wichtige Funktion ein, da Vertrauen einerseits den Maßstab für die Qualität einer Kommunikationsbeziehung bildet und andererseits das Ergebnis von Kommunikation ist.[302] Kommunikation kann also gezielt dazu genutzt werden, die Fremdwahrnehmung der Managementkompetenz und des -verhaltens zu beeinflussen und eine Vertrauensbasis aufzubauen. Kommunikation geht über eine reine Informationsversorgung hinaus. Es muss zusätzlich sichergestellt werden, dass der Adressat die Informationen aufnimmt, richtig versteht und sie entsprechend anwendet bzw. umsetzt.[303] Gerade in einer Turnaround-Situation muss das Turnaround-Management bedenken, dass jedes Verhalten eine Art der Kommunikation darstellt und von anderen interpretiert wird.[304] Grundsätzliches Ziel der (Unternehmens-) Kommunikation ist es, die Einstellung einer Person bzw. Gruppe gegenüber einem Objekt (also beispielsweise die Einstellung eines Kunden zu einem Produkt) resp. die Wahrnehmung der für die Bildung einer Einstellung relevanten Eigenschaften positiv zu beeinflussen. Aufgrund des gestiegenen Informationsbedarfs der Anspruchsgruppen nimmt ihre Bereitschaft,

---

[300] PINKWART (2000a), S. 175.
[301] Vgl. ACHILLES (2000), S. 7.
[302] Vgl. GAUGLER (1995), Sp. 1178; ACHILLES (2000), S. 6.
[303] Vgl. LUKAS (1995), S. 142.
[304] Vgl. HARZER (2004), S. 267.

Informationen aufzunehmen und zu verarbeiten, ebenfalls deutlich zu. Dies kann für das Unternehmen eine Chance sein, die Einstellungen der Interessengruppen zu beeinflussen. Nutzt es diese Chance nicht, riskiert es allerdings, dass sich die Akteure Informationen anderweitig beschaffen und damit nicht mehr der Kontrolle des Turnaround-Managements unterliegen.[305]

Jede Anspruchsgruppe zeichnet sich durch einen spezifischen Informationsbedarf aus. Zu bedenken ist auch, dass die Gruppen auf dieselben Informationen unterschiedlich reagieren können. Die Akteure stellen bestimmte **Anforderungen an die Informationen**, die ihnen vom Unternehmen zur Verfügung gestellt werden sollen. Die Informationsqualität hat wesentlichen Einfluss auf die Bewertung der Kompetenz- und Verhaltensrisiken durch die Akteure. Ein wichtiger Aspekt ist in diesem Zusammenhang die Rechtzeitigkeit der Information. Dazu zählt im Besonderen die erstmalige Information über das Vorliegen einer Krise. Rechtzeitigkeit ist in dem Sinne zu verstehen, dass die Information zu einem Zeitpunkt erfolgt, der sowohl das Informationsbedürfnis der Akteure weitgehend befriedigt, als auch dem Unternehmen nicht unnötig schadet (bspw. kann die Aufklärung über eine Krise zu einem Zeitpunkt, zu dem noch keine konzeptionellen Vorschläge für die Gestaltung des Unternehmens-Turnaround erarbeitet wurden, zusätzliche Unsicherheit und Vertrauensschwund erzeugen).[306]

Auch die Informationen, die während des Turnaround-Prozesses weitergegeben werden, müssen die Eigenschaft der Rechtzeitigkeit bzw. Aktualität erfüllen. Des weiteren müssen sie unbedingt dem Grundsatz der Wahrheit und Vollständigkeit entsprechen und sollten nur endgültig feststehende Sachverhalte transportieren.[307] Nachträgliche Veränderungen oder Nachbesserungen können dem Ansehen des Managements bei den Informationsnehmern erheblich schaden. Die **Schwerpunkte der Kommunikationsinhalte** variieren von Anspruchsgruppe zu Anspruchsgruppe. Grundsätzlich ist jeder Akteur an Informationen interessiert, die helfen, sein persönliches Risiko besser einschätzen zu können. Die Mitarbeiter müssen über die Gründe des Veränderungsbedarfs sowie Art und Ausmaß der anstehenden Maßnahmen unterrichtet werden.[308] Fremdkapitalgeber und Gesellschafter sind demgegenüber stärker an finanziellen Rahmendaten des Turnarounds interessiert.

Ein **konstruktives Verhältnis** zu den Personen und Institutionen, mit denen ein Unternehmen als soziales System in Beziehung steht, ist prinzipiell eine wichtige Voraussetzung für den Unternehmenserfolg und die Existenzsicherung.[309] Die Bereit-

---

[305] Vgl. Harzer (2004), S. 269 ff.
[306] Vgl. Böckenförde (1996), S. 78.
[307] Vgl. Böckenförde (1996), S. 79; Harzer (2004), S. 283 f.; Portisch (2004), S. 56.
[308] Vgl. Dewitt, Harrigan, Newman (1998), S. 30; Rauh (1990), S. 388.
[309] Vgl. Fiedler (1994), S. 211.

schaft, Risiken einzugehen bzw. risikobehaftete Entscheidungen mit zu tragen, bedarf des Vertrauens und ist damit eine Grundvoraussetzung für die Unterstützung des Unternehmens im Turnaround. Gelingt es nicht, das durch die Krise gestörte Vertrauensverhältnis zwischen Stakeholdern und Unternehmen resp. Unternehmer im Laufe des Turnaround-Prozesses wieder herzustellen, kann ein Unternehmens-Turnaround letztlich scheitern. Damit kommt der Kommunikation wegen ihrer vertrauensfördernden Effekte eine entscheidende Bedeutung im Turnaround zu.[310] Kommunikation und Information im Turnaround erfüllen somit zwei zentrale Aufgaben: Zum einen werden darüber die Turnaround-Beiträge mit den Anspruchsgruppen abgestimmt, und zum anderen dient sie der Erhaltung bzw. Wiederherstellung des Vertrauens der Akteure in das Unternehmen und sein Management.[311]

Eine **zielgerichtete Kommunikation** erfordert jedoch eine umfassende Vorbereitung und anspruchsgruppenorientierte Aufbereitung der jeweils relevanten Daten. Hier sind KMU im Nachteil, die nicht auf entsprechende interne Ressourcen zurückgreifen können, sondern ein adäquates Berichtswesen in der Regel erst aufbauen müssen. Dazu gehört auch, dass die Basisdaten aus dem Rechnungswesen oder ähnlichen Informationssystemen auf einen aktuellen Stand gebracht werden.[312] Dies ist von hoher Dringlichkeit, da eine geringe Aussagekraft des Berichtswesens sich negativ auf die Kommunikation mit den Anspruchsgruppen auswirken und den Turnaround-Prozess dadurch erheblich behindern kann.[313] Dieser Faktor des „Könnens" im Rahmen der Kommunikation (Informationsbasis) muss im Turnaround zudem unbedingt um den Faktor des „Wollens" (Informationsangebot bzw. -bereitschaft) ergänzt werden.[314]

3.2.2.3 Motivierung

Eine Turnaround-Situation ist als Ausnahmesituation zu verstehen und stellt damit sowohl für die Unternehmensführung als auch die „Geführten", die Mitarbeiter, eine besondere Herausforderung dar.[315] Aus einer ehemals „intakten" **Unternehmenskultur** können in Unternehmenskrisen unternehmenskulturelle Schieflagen entstehen, die mit zunehmendem Krisenverlauf ähnlich wie eine lahmende Konjunktur krisenverschärfend wirken.[316] Sie werden durch sinkende Arbeitszufriedenheit und Angst um den Arbeitsplatz auf Seiten der Mitarbeiter ausgelöst. Hinzu kommt ein abneh-

---

[310] ACHILLES (2000) spricht von der Kommunikation als „Schlüsselvariable".

[311] Vgl. ACHILLES (2000), S. 7.

[312] Die Qualität des Rechnungswesens und des Controllings determinieren die Informationsbasis, die im Unternehmen potenziell zur Weitergabe an Dritte zur Verfügung steht; vgl. SIEMES, SEGBERS (2005), S. 311.

[313] Vgl. WIESELHUBER & PARTNER (2002a), S. 12; GOPINATH (1995), S. 88.

[314] Vgl. SIEMES, SEGBERS (2005), S. 311.

[315] Vgl. KRYSTEK (1989a); S. 31; KALL, ROBECK (2004), S. 70; KLAR, ZITZELSBERGER (1996), S. 1868.

[316] Vgl. KLEIN, POESCH (2003), S. 64.

mendes Vertrauen in die Geschäftsführung, die für die Krisenentstehung verantwortlich gemacht wird. Dies alles kann dazu führen, dass die Einsatzbereitschaft und die Motivation der Mitarbeiter deutlich nachlassen.

Auf Seiten der Unternehmensführung bedeutet Turnaround-Management häufig, dass unangenehme und unpopuläre Entscheidungen hinsichtlich des Personalstamms getroffen werden müssen. **Reibungsverluste** sind dabei oft nicht zu vermeiden.[317] Die Führung muss folglich darauf ausgerichtet sein, einerseits die Umsetzung dieser Entscheidungen gegen Widerstände durchzusetzen und andererseits die Motivation der Betroffenen aufrechtzuerhalten. Eine wichtige Aufgabe des Turnaround-Managements besteht demnach darin, Resignation und Demotivation der Mitarbeiter zu vermeiden.[318]

Besonders hohe motivatorische Wirkung können schnelle, messbare Erfolge im Turnaround-Prozess entfalten.[319] Allerdings besteht die Gefahr, dass nach einer Phase des Aktionismus, insbesondere nach ersten Erfolgen, erneut Passivität Einzug hält. Eine besondere Kunst des Turnarounds liegt daher darin, den Handlungsdruck und die Umsetzungsgeschwindigkeit jederzeit hochzuhalten.[320] Entscheidend ist dafür das **Verhalten der Turnaround-Führung**, die den Turnaround-Prozess stetig vorantreiben muss. Dazu gehört, dass die Veränderungen, die im Turnaround von den Mitarbeitern mitgetragen werden sollen, selbstverständlich auch von den Führungskräften und dem Management akzeptiert werden. Auch für sie gilt, dass althergebrachte Denkmuster, Gewohnheiten und Privilegien abgelegt werden müssen. Leben sie die von ihnen selbst propagierten Änderungen nicht aktiv vor, besteht die Gefahr, dass die Ernsthaftigkeit des Turnaround-Versuchs von den Mitarbeitern angezweifelt wird und der Turnaround-Prozess an Dynamik verliert.[321] Zudem muss sich die Unternehmensführung stetig selbst motivieren, um den unvermeidlichen Mehraufwand hinsichtlich zeitlicher Inanspruchnahme und komplexer Aufgabenstellungen zu bewältigen. Gelingt ihr dies nicht, kann auch dies zum Scheitern eines Turnarounds führen.[322]

Schließlich kann Kommunikation nicht nur vertrauensfördernde Wirkung entfalten, sondern auch die Motivation der Akteure stärken. So kann die Meldung von Fort-

---

[317] Vgl. BIERACH (1994), S. 83.

[318] Vgl. VOGEL (1987), Sp. 1788.

[319] Vgl. MÜLLER (1986), S. 505 ff.; KETTUNEN (1998), S. 202; KRÖGER (1990), S. 418; TÖPFER (1990a), S. 328.

[320] Vgl. LURIE, AHEARN (1990), S. 29.

[321] Vgl. THORNE (2000), S. 307; ALBACH (2000), S. 88; BIERACH (1994), S. 83; HARRIGAN (1994), S. 18; KETTUNEN (1998), S. 207 f.; RAUH (1990), S. 386; VOGEL (1987), Sp. 1790.

[322] Vgl. PAFFENHOLZ (1998), S. 45; SCHMIDT, FREUND (1989), S. 67 ff.; KANTER (2003), S. 24 ff.

schritten und Erfolgen ein weiterer Ansporn für die Mitarbeiter sein.[323] Leistungsträger können durch klare Kommunikation der Ziele und Erwartungen zur eigenständigen und verantwortlichen Übernahme von Aufgaben und Projekten motiviert werden.[324]

3.2.2.4 Führungsstil und Verhandlungsführung

Eine grundsätzliche Gestaltungsfrage der Turnaround-Führung betrifft den Führungsstil, der den Besonderheiten einer Turnaround-Situation angemessen ist.[325] Üblicherweise befasst sich die Diskussion mit der **Wahl zwischen kooperativem und autoritärem Führungsstil**. Eng damit verknüpft ist die Frage nach dem geeigneten Maß der Zentralisierung von Entscheidungsprozessen.[326] Einen autoritären Führungsstil propagieren einige Autoren mit der Argumentation, dass dieser notwendig sei, um einschneidende Maßnahmen schnell und effizient durchsetzen zu können.[327] Entscheidungen werden folglich isoliert auf der obersten Managementebene getroffen, ohne die davon betroffenen Mitarbeiter einzubinden. Demgegenüber steht die Auffassung, dass durch eine aktive Integration der Führungskräfte und Mitarbeiter in den Turnaround-Prozess deren Know-how effizient genutzt und Vorbehalte gegenüber geplanten Turnaround-Maßnahmen abgebaut werden können.[328] Im Rahmen dieser Diskussion ist zu beachten, dass ein wesentlicher Aspekt im Turnaround-Management ist, dass eine Vielzahl der zu treffenden Entscheidungen negative Auswirkungen für einzelne oder auch mehrere Mitglieder der diversen Anspruchsgruppen haben. Insbesondere die Mitarbeiter des Unternehmens stehen hierbei im Fokus. Dies bedeutet, dass nicht alle Entscheidungen populär sein und entsprechend ungeteilte Unterstützung finden werden. Aufgrund der fraglichen Mehrheitsfähigkeit kann die Entscheidungsfindung (zumindest bei kritischen bzw. zentralen Problemstellungen) nicht in einem demokratischen Prozess erfolgen. Zudem sind partizipative Managementmethoden üblicherweise sehr zeitaufwändig und daher unter Dringlichkeitsgesichtspunkten im Turnaround nicht uneingeschränkt geeignet.[329]

Diese Diskussionspunkte machen deutlich, dass es keine eindeutige Entscheidung für oder gegen den einen oder anderen Führungsstil gibt. Jeder verfügt über spezifische Vor- und Nachteile, die ihn für das Turnaround-Management empfehlenswert

---

[323] Vgl. KLEIN, POESCH (2003), S. 67.
[324] Vgl. GOLDSTEIN, HAHNE (2004), S. 163.
[325] Vgl. SCHULTEN (1995), S. 215; VOGEL (1987), Sp. 1788 f.
[326] Vgl. REESE (1994), S. 259.
[327] HÖHN (1974), S. 111 kritisiert dies als „Dogma des Krisenmanagements".
[328] Vgl. KRYSTEK (1989a), S. 31 f.; BERGAUER (2001), S. 108; HÖHN (1974), S. 111 ff.
[329] Vgl. MUCZYK, STEEL (1998), S. 41 f.

machen bzw. ungeeignet erscheinen lassen.[330] Dem Optimum kommt demnach eine Führungsform sehr nahe, welche sowohl autoritäre als auch kooperative Elemente vereint.[331] AMSTUTZ fordert dementsprechend einen Führungsstil, der *„Command and Control"* durch *„Coordinating, Coaching and Monitoring"* ersetzt, was aber energische und schnelle Entscheidungen (auch gegen Widerstände) im Einzelfall keinesfalls ausschließen darf.[332] *„In situations that call for a turnaround (...), there is still some room for autocratic, directive practices. But never for despotism."*[333] Zusammengefasst bedeutet dies, dass es innerhalb des Kontinuums der Führungsstile zwischen autoritärem und partizipativem Vorgehen[334] keinen spezifischen Stil gibt, der am besten für das Turnaround-Management geeignet ist. Vergleichbar mit den gegensätzlichen Extrempositionen der Eigenschaften und Fähigkeiten, die ein Turnaround-Manager in sich vereinen sollte, gilt auch für den idealen Führungsstil ein „Sowohl - als auch".[335]

Verhandlungsführung ist ein wesentlicher Aspekt der Unternehmensführung im Rahmen der Unternehmen-Umwelt-Interaktion. Sie ist im Gegensatz zur Führung von Mitarbeitern durch eine Gleichordnung der Interaktionspartner gekennzeichnet. Verhandlungsergebnisse werden durch Verhandlungsstrategien bzw. –taktiken auf dem Weg des Kompromisses erzielt.[336] Eine Verhandlungssituation wird von mehreren Variablen beeinflusst. Neben strukturellen Merkmalen wie z. B. der Anzahl der Verhandlungsgegenstände oder Droh- und Bestrafungsmöglichkeiten determinieren situative Merkmale wie Verhandlungserfahrung, Zeitdruck, Kosten, Informationsverteilung und Kommunikationsbedingungen den Verhandlungsverlauf sowie die -ergebnisse.[337]

Verhandlungen sind während eines Turnarounds tägliches Geschäft. Die involvierten Turnaround-Akteure müssen koordiniert und Turnaround-Beiträge von ihnen „akquiriert" werden. Daher wird Verhandlungsfähigkeit des Managements zu einem kritischen Erfolgsfaktor.[338] Je mehr der Turnaround-Erfolg von Zugeständnissen Dritter abhängt, desto unverzichtbarer sind Verhandlungserfahrung und –qualität. Prinzipiell

---

[330] Vgl. MÜLLER (1986), S. 504; HESS ET AL. (1998), S. 15. SCHULTEN (1995), S. 217: *„Generell hat (..) der autoritäre dem kooperativen Führungsstil einen gewissen zeitlichen, umgekehrt die kooperative aber wiederum gegenüber der autoritären Umgangsform einen gewissen qualitativen Vorsprung voraus."*

[331] Vgl. VOGEL (1987), Sp. 1789 f.; KRYSTEK (1989a), S. 35.

[332] Vgl. AMSTUTZ (1997), S. 38.

[333] MUCZYK, STEEL (1998), S. 39. Ähnlich LURIE, AHEARN (1990), S. 29: *„Do not be dogmatic, but be firm and make quick decisions..."*

[334] Vgl. zur Kontinuum-Theorie TANNENBAUM, SCHMIDT (1973), S. 164.

[335] Vgl. zur „Sowohl - als auch"-Philosophie auch SIMON (1997), S. 221 ff.

[336] Vgl. MACHARZINA (2003), S. 510 ff.

[337] Vgl. CROTT, KUTSCHKER, LAMM (1977), S. 21.

[338] Vgl. BIBEAULT (1982), S. 155; SCHERRER (1989), S. 39.

muss davon ausgegangen werden, dass jeder rational handelnde Turnaround-Akteur seinen **individuellen Nutzen maximieren** möchte. In einer Verhandlungssituation bedeutet dies, dass jeder Verhandlungspartner bestrebt ist, einen möglichst großen Teil des Kooperationsgewinns für sich zu vereinnahmen. Ein mangelndes Vertrauen in das Turnaround-Projekt und seine verantwortlichen Träger verstärken diese Tendenz.[339]

Ein entscheidender Aspekt für den Ausgang einer Verhandlung ist die **individuelle Verhandlungsmacht**. Krisenunternehmen, die finanzielle Unterstützung von ihrem Kreditinstitut benötigen, verfügen über eine ungünstige Verhandlungsposition, da ihr Drohpotenzial gering bis gar nicht vorhanden ist.[340] Zur Verbesserung der Verhandlungsposition können Kenntnisse über die Verhandlungspartner beitragen. Bei der Verhandlung mit Kreditinstituten hilft es beispielsweise, wenn Informationen oder zumindest Annahmen über deren Beweggründe und Strategien vorliegen (z. B. ihre grundsätzliche Philosophie und üblichen Strategien im Umgang mit Problemkrediten, ihre Annahmen über die Krisenursachen im Unternehmen). Demzufolge kann das eigene Verhalten auf die Erwartung des Kreditinstituts besser abgestimmt werden (z. B. Eingeständnis von Managementfehlern, um Beschuldigungen vorzukommen).[341]

3.3 Zusammenfassung der Problembereiche der institutionellen Dimension

Zusammenfassend kann festgestellt werden, dass folgende potenzielle Problembereiche bei der Gestaltung der institutionellen Dimension für das Turnaround-Management bestehen:

Turnaround-Akteure

- Diverse Anspruchsgruppen fungieren als **kritische Turnaround-Akteure**, die mittel- oder unmittelbar Einfluss auf den Turnaround-Prozess nehmen. Kreditinstitute als Fremdkapitalgeber und Mitarbeiter als wesentlicher Erfolgfaktor der KMU spielen dabei regelmäßig eine besonders erfolgskritische Rolle.[342]
- Aus der Vielzahl der Turnaround-Akteure und ihren vielschichtigen, teilweise konträren Interessen resultiert ein **hohes Konfliktpotenzial**. Die Komplexität steigt mit der Anzahl der Anspruchsgruppen und ihrer Machtposition bzw. ihren Möglichkeiten zur Einflussnahme.

---

[339] Vgl. EIDENMÜLLER (1999), S. 361; LANGE (2004), S. 121.
[340] „Dealing with a bank when in decline is a weak position from which to negotiate."; GOPINATH (1995), S. 87.
[341] Vgl. GOPINATH (1995), S. 87 f.
[342] Vgl. BIRKER (2000), S. 342.

Führung als Institution

- In KMU stehen **Eigentumsrechte und ein starker Zuschnitt des Unternehmens** auf die Unternehmerperson einem beliebigen Austausch der Unternehmensführung entgegen.

- Die Unternehmensführung verfügt über **zu geringe freie Kapazitäten**, um zusätzlich das Turnaround-Management adäquat ausfüllen zu können.

- Management und Führungskräfte des Krisenunternehmens erfüllen das **Anforderungsprofil eines Turnaround-Managers** nur unzureichend.

- **Turnaround-Know-how** ist gar nicht oder nur unzureichend vorhanden.

- Temporäre, externe Unterstützung des Turnaround-Prozesses birgt bei Ausscheiden des Beratungsunternehmens die **Problematik der Aufrechterhaltung der Umsetzungsdynamik und Übernahme des Know-hows**.

Führung als Funktion

- Eine **unzureichende Kommunikation** mit den Anspruchsgruppen, die im Turnaround einen höheren Informationsbedarf aufweisen, belastet das durch die Krise häufig ohnehin gestörte Vertrauensverhältnis weiter. Dies beeinträchtigt die Bereitschaft der Anspruchsgruppen den Turnaround-Prozesses zu unterstützen. Insbesondere eine inadäquate Information der Fremdkapitalgeber kann deren Bereitschaft, finanzielle Turnaround-Beiträge zu leisten, negativ beeinflussen.

- **Mangelnde Motivation und Veränderungsbereitschaft** des Managements und / oder der Mitarbeiter behindern die nachhaltige Durchsetzung und Umsetzung von Turnaround-Maßnahmen. Alte Denkmuster und Verhaltensweisen werden nicht dauerhaft abgelegt oder zumindest kritisch hinterfragt.

- Ein **nicht den Krisenphasen angepasster Führungsstil** kann den Turnaround-Prozess beeinträchtigen (zu starke autokratische Führung führt zur Demotivation und geringer Eigeninitiative der Mitarbeiter; zu viel „laissez-faire" behindert effiziente Entscheidungsfindung und -durchsetzung).

- **Unprofessionelle Verhandlungsführung** des Managements kann suboptimale Verhandlungsergebnisse produzieren.

Es zeigt sich zusammenfassend, dass einerseits der institutionellen Ausgestaltung des Turnarounds eine entscheidende Bedeutung zukommt und andererseits die Zusammenarbeit mit den verschiedenen Anspruchsgruppen von höchster Relevanz ist.

4. Prozessuale Dimension

4.1 Turnaround-Prozess aus theoretischer Sicht

„Turnaround is not a single event or state; it is a process composed of a sequence of events...“[343] Die Turnaround-Forschung setzt sich im Kontext der prozessualen Dimension mit der **Identifizierung einzelner Phasen**, die im Zuge der Bewältigung von Unternehmenskrisen durchlaufen werden, und deren Abfolge auseinander. Im Rahmen der Unternehmensentwicklung wird idealtypisch eine Phase zufrieden stellender Leistung unterbrochen und führt über Stagnation zum Abschwung.[344] Nimmt der Niedergang der Unternehmensleistung existenzbedrohende Ausmaße an, entsteht eine Unternehmenskrise. Hieran anschließend beginnt die kritische Phase des Turnarounds (vgl. Abb. 15).

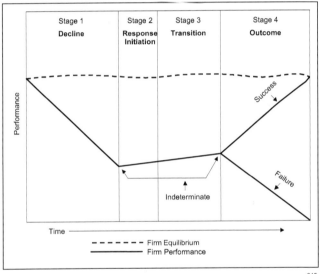

Abb. 15: Turnaround-Prozess im Rahmen der Unternehmensentwicklung[345]

Zunächst muss die Ernsthaftigkeit der Bedrohung diagnostiziert und der Handlungsbedarf erkannt werden. Hierzu bedarf es eines Stimulus oder Auslösers. Wird die Unternehmenskrise (an)erkannt, beginnt der eigentliche Turnaround-Management-Prozess mit der Initiierung der Managementaktivitäten. Es vergeht einige Zeit bis die Turnaround-Maßnahmen umfassende Wirkung zeigen. Diese Zeitdauer wird als

---

[343] CHOWDHURY (2002), S. 251. Ähnlich auch KRUEGER, WILLARD (1991), S. 26 ff.
[344] Vgl. KRUEGER, WILLARD (1991), S. 26.
[345] Quelle: CHOWDHURY (2002), S. 253.

Übergangsphase („transition") bezeichnet und als besonders schwierig erachtet, da sie durch komplexe Wechselwirkungen strategischer, struktureller, kultureller, technologischer und personeller Aspekte gekennzeichnet ist.[346] Im Verlauf dieser Phase entscheidet es sich, ob ein Turnaround gelingt oder das Unternehmen letztlich doch insolvent wird bzw. liquidiert werden muss.

Neben dieser Betrachtung des Turnaround-Prozesses im Rahmen der Unternehmensentwicklung existieren zusätzlich prozessuale Einteilungen, die in Abhängigkeit von der Zielrichtung der jeweils dominierenden Turnaround-Strategien und -Maßnahmen gebildet werden. Diesen Modellen ist gemeinsam, dass sie eine Phase der Sicherung des Überlebens (= Stopp des Abschwungs[347]) von einer Phase der strategischen Neuorientierung abgrenzen.[348] ROBBINS, PEARCE benennen beispielsweise eine „Retrenchment Phase", in der in Abhängigkeit vom Bedrohungsgrad Kosten- und Vermögensreduzierungen zur Verbesserung der Ertrags- und Liquiditätssituation betrieben werden müssen. Daran schließt sich eine „Recovery Phase" an, in der die zukünftige Strategie des Unternehmens implementiert wird.[349] AROGYASWAMY, BARKER, YASAI-ARDEKANI entwickeln diesen Ansatz zu einem integrierten Zwei-Stufen-Modell weiter, das Verknüpfungen zwischen den beiden Phasen zulässt und zusätzliche Aspekte des Turnaround-Managements berücksichtigt (wie z. B. Gewinnung der Unterstützung der Anspruchsgruppen).[350] BIBEAULT schließlich differenziert in seinem detaillierten Phasenmodell die Abschnitte „Management Change Stage", „Evaluation Stage", „Emergency Stage", „Stabilization Stage" und „Return-to-normal-Growth Stage".[351] Die Betonung der Bewältigung eines akuten Notfalls bei diesen Modellen macht deutlich, dass sie sich im Wesentlichen auf Erfolgs- und Liquiditätskrisen beziehen. Die strategische Krise, die zwar auch einen existenzbedrohenden Charakter inne hat, aber mehr Zeit und Handlungsraum zur Verfügung lässt, muss im Rahmen dieser Modelle daher als Sonderfall verstanden werden.

Von Interesse ist hier neben der allgemeinen Beschreibung des Turnaround-Prozesses speziell die **Abfolge des Turnaround-Management-Prozesses**, um die Aufgaben und Schwerpunkte des Krisenmanagements zu verdeutlichen. Das Turnaround-Management ist als Prozess der Willensbildung bzw. Entscheidungsfindung und -durchsetzung im Unternehmen zu begreifen. Definitionsgemäß umfasst das Turnaround-Management alle aktiv eingeleiteten Aktivitäten und Maßnahmen, die dazu dienen, das Turnaround-Erfordernis zu überwinden und die Wettbewerbsfähigkeit wieder nachhaltig herzustellen. Dies impliziert bereits, dass sich eine Unternehmens-

---

[346] Vgl. CHOWDHURY (2002), S. 253 ff.
[347] Vgl. HORST (2000), S. 34.
[348] Vgl. KRAFT (2001), S. 65.
[349] Vgl. ROBBINS, PEARCE (1992), S. 291 ff.
[350] Vgl. AROGYASWAMY, BARKER, YASAI-ARDEKANI (1995), S. 497 ff.; LAFRENZ (2004), S. 188 f.
[351] Vgl. BIBEAULT (1982), S. 91 ff.

krise in der Regel nicht von selbst löst, sondern dass aktiv Entscheidungen getroffen und Maßnahmen umgesetzt werden müssen.[352]

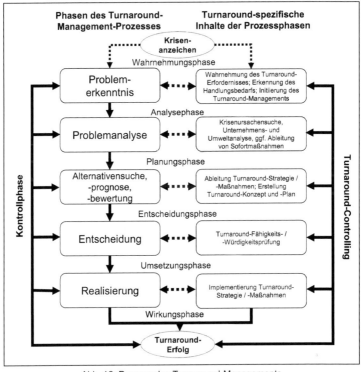

Abb. 16: Prozess des Turnaround-Managements

In der Literatur finden sich verschiedene Phasenaufteilungen des Turnaround-Management-Prozesses.[353] Ihnen ist gemeinsam, dass sie sich weitgehend am typischen **Problemlösungsprozess des Managements** orientieren. Dabei berücksichtigen die Darstellungen weniger die chronologische, als vielmehr die inhaltlich logi-

---

[352] Vgl. KRUEGER, WILLARD (1991), S. 28.

[353] KRYSTEK (1987), S. 91 ff. unterteilt den Krisenbewältigungsprozess in die Phasen (1) Krisenidentifikation (2) Planung von Zielen, Strategien und Maßnahmen sowie (3) Realisation. KRUMMENACHER (1981), S. 100 ff. unterscheidet die Abschnitte (1) Klärung des Krisenverständnisses, (2) Krisenerkennung, (3) ggf. Sofortprogramm, (4) Bestimmung Krisenstrategie, (5) Maßnahmenplanung (6) Evaluation und Entscheid, (7) Realisierung und (8) Kontrolle. Vgl. ähnlich auch BERGAUER (2001), S. 66 ff.; BÖCKENFÖRDE (1996), S. 52 ff.; GLESS (1996), S. 130 f.; GUNZENHAUSER (1995), S. 21 ff.; HORST (2000), S. 34 ff.; KALL (1999), S. 72 ff.; KELBER (2004), S. 121 ff.; LAFRENZ (2004), S. 21 ff.; LINDE (1994), S. 33 ff.; MÜLLER (1986), S. 317 ff.; RAMAKRISHNAN, SHAH (1989), S. 27; STADLBAUER (1991), S. 17 ff.

sche Abfolge der Aufgaben des Turnaround-Managements.[354] Abb. 16 stellt in Anlehnung an diesen klassischen Management- bzw. Entscheidungsprozess[355] vereinfachend den Prozessablauf des Turnaround-Managements dar wie er im Folgenden auch als Bezugsrahmen dient.

Um das Turnaround-Management initiieren zu können, muss die Unternehmenskrise als solche durch die Wahrnehmung von Krisenanzeichen zunächst erst einmal erkannt werden.[356] Die Wahrnehmungsphase ist zusätzlich mit der Anerkenntnis des Handlungsbedarfs und der Initiierung des Turnaround-Managements verknüpft. Daran anschließend folgt die Analysephase, deren Ziel die Bestimmung des Existenzgefährdungsgrads und die Ermittlung des Turnaround-Potenzials auf Basis einer umfassenden Krisenursachen- sowie Unternehmens- und Umweltanalyse ist. Darauf aufbauend werden in der Planungsphase mögliche Turnaround-Strategien und -Maßnahmen entwickelt, ihre Wirkungen prognostiziert und abschließend bewertet. Die möglichen Alternativen zur Problemlösung werden hinsichtlich ihres potenziellen Nutzens miteinander verglichen und es wird eine entsprechende Auswahl getroffen. Im Ergebnis führt dies zu einem Turnaround-Konzept, das Grundlage der Turnaround-Fähigkeits- und –Würdigkeitsprüfung ist, mit der in der Entscheidungsphase über die Fortführung des Unternehmens befunden wird. Das Konzept und der quantifizierte Turnaround-Plan geben die strategischen, leistungswirtschaftlichen, organisatorischen und finanziellen Vorgaben für die Umsetzungsphase, in der die Maßnahmen im Unternehmen realisiert werden. In der Wirkungsphase zeigt sich, ob die im Konzept verabschiedeten Maßnahmen zum Erfolg führen. Prozessbegleitend kommt dem Turnaround-Controlling hohe Bedeutung zu, da im Zuge eines Kontroll- bzw. Vor- und Rückkopplungsprozesses immer wieder überprüft werden muss, ob die einzelnen Prozessschritte effizient durchgeführt wurden und ggf. korrigierende Eingriffe notwendig sind.

Der Turnaround-Prozess ist also prinzipiell durch die Aufgaben des Erkennens, Einleitens, Analysierens, Konzeptualisierens, Implementierens und Kontrollierens gekennzeichnet.[357] Die Intensität der einzelnen Phasen wird durch die Spezifika des Einzelfalls bestimmt. Insbesondere die Krisenphase, in der sich ein Turnaround-Unternehmen befindet, nimmt maßgeblich Einfluss auf Umfang, Dauer und sequen-

---

[354] Vgl. GUNZENHAUSER (1995), S. 23; MÜLLER (1986), S. 317.
[355] Vgl. zum Managementzyklus WILD (1974), S. 37.
[356] Auf die Problematik der Wahrnehmung eines Turnaround-Erfordernisses wurde in Kap. D.2.3 bereits eingegangen. Aber auch bei jedem weiteren Prozessschritt können sachliche und / oder personale Gründe zu Barrieren des Turnaround-Prozesses werden; vgl. KROPFBERGER (1999), S. 38.
[357] Vgl. z. B. MÜLLER (1986), S. 317 ff.; KALL (1999), S. 70 f.

zielle Abfolge der Prozessphasen.[358] Die einzelnen Phasen des Turnaround-Management-Prozesses werden im Folgenden detailliert erläutert.

4.2 Wahrnehmung und Initiierung

Erst die bewusste Wahrnehmung einer existenzbedrohenden Entwicklung kann das Turnaround-Management in Gang setzen. Allerdings hat die Erkennung einer Krisensituation noch nicht unbedingt die unmittelbare **Einleitung des Turnaround-Managements** zur Folge. Zusätzlich muss auch das Bewusstsein vorhanden sein, dass eine unbedingte Handlungsnotwendigkeit besteht.[359] Sobald eine Unternehmenskrise erkannt ist, kann dies bei der Unternehmensführung nämlich zweierlei bewirken. Einerseits kann die Aufmerksamkeit verstärkt auf die Probleme des Unternehmens gelenkt und eine unmittelbare Handlungsbereitschaft induziert werden. Wenn die Bedrohung für alle offensichtlich wird, kann dies die Bereitschaft der Beteiligten (insbesondere der Mitarbeiter) fördern, sich mit den notwendigen revolutionären Veränderungen im Unternehmen zu identifizieren und diese mitzugestalten oder sich zumindest damit abzufinden.[360] Andererseits kann die Krise aber auch eine „Erstarrung" auslösen, die eine Initiierung des Turnaround-Managements blockiert bzw. verzögert.[361] Wartet das Unternehmen mit Korrekturmaßnahmen zu lange, gerät es in eine „No-Return-Zone", in der ein Turnaround aus betriebswirtschaftlicher Sicht nicht mehr sinnvoll erscheint, weil die Ressourcen im Krisenverlauf sukzessive aufgebraucht wurden.[362]

Das jeweilige **Ausmaß der Krise** bzw. das Krisenstadium, in dem sich das Unternehmen befindet, scheint ein wichtiger Aspekt im Zusammenhang mit der Initiierung des Turnaround-Managements zu sein. Die Wissenschaft diskutiert dabei zwei gegensätzliche Hypothesen: Einerseits wird vermutet, dass eine akute Existenzbedrohung, welche durch einen schnellen Leistungsabschwung ausgelöst wird, das Erkennen und letztlich auch den Erfolg eines Turnarounds begünstigt. Auf der anderen Seite wird die Ansicht vertreten, dass ein schleichender Krisenprozess für den Turnaround-Erfolg günstiger ist.

---

[358] Vgl. GLESS (1996), S. 131; MÜLLER (1986), S. 319. Bspw. erfordert eine Liquiditätskrise in der Regel sofort die Einleitung von kurzfristigen Gegenmaßnahmen, während in einer strategischen Krise zunächst Zeit auf eine umfassende Problemanalyse verwendet wird bzw. werden kann.

[359] Vgl. ALBACH (2000), S. 86; RAUH (1990), S. 383.

[360] Vgl. SEEFELDER (2003), S. 55.; KRYSTEK (1989b), S. 190 f.

[361] Vgl. THORNE (2000), S. 307.

[362] Vgl. REUTNER (1990), S. 314 f.

STAW, SANDELANDS, DUTTON[363] kommen zu dem Schluss, dass Unternehmen eher in der Lage sind, einer Abschwungphase entgegenzusteuern als eine akute Krisensituation erfolgreich zu bewältigen. Sie argumentieren in diesem Zusammenhang mit der „threat-rigidity thesis", der Annahme, dass Individuen, die mit offenkundigen Gefahren konfrontiert werden, sich ähnlich wie das „Kaninchen vor der Schlange" verhalten – also in Passivität verfallen. Bezogen auf Unternehmen bedeutet dies, dass eine akute Krisensituation eine kognitive Starrheit auslöst, die die Entscheidungsfähigkeit ernsthaft beeinträchtigt. KMU könnten aufgrund der Tatsache, dass sie nur durch wenige, wenn nicht sogar nur eine Person geführt werden und damit die Entscheidungsfähigkeit auch in den Händen von nur wenigen Personen liegt, durch dieses Phänomen besonders gefährdet sein.

Ergebnis der Untersuchung von CHOWDHURY, LANG[364] ist allerdings, dass bei den Unternehmen, denen ein erfolgreicher Turnaround gelingt, eher eine akute Krise vorangegangen ist. Demgegenüber sind Unternehmen, die einen andauernden Abschwung zu verzeichnen haben, vergleichsweise erfolglos in ihren Turnaround-Bemühungen. Somit negieren die Autoren die Übertragbarkeit der „threat-rigidity thesis" auf KMU. Zur Erklärung ihrer abweichenden Ergebnisse beziehen sie sich auf das so genannte „boiled frog phenomenon",[365] ein Reaktionsexperiment. Damit wird gezeigt, dass die Empfindsamkeit für allmähliche Entwicklungen und schleichende Vorgänge geringer ist als für plötzliche Erscheinungen.[366] CHOWDHURY, LANG übertragen dies auf KMU, die sich in einer allmählich voranschreitenden negativen Unternehmensentwicklung befinden, aber ein Turnaround-Erfordernis nicht erkennen. Sie nennen u. a. Wahrnehmungsbarrieren als mögliche Erklärung dafür, dass *„a serious response is never triggered, or at least not until it is too late to respond".*[367] Zusätzlich stellen sie die These auf, dass Unternehmen, die sich in einer allmählich verschlechternden Situation befinden, weniger in der Lage sind, zusätzlich Kapital zu attrahieren und damit ungünstigere Möglichkeiten haben, den Turnaround zu finanzieren und zu gestalten.

Auch wenn diese Ergebnisse keine eindeutige Erklärung für eine verspätete Krisenerkennung und deren Zusammenhang mit dem Turnaround-Erfolg liefern, so stützen

---

[363] Vgl. STAW, SANDELANDS, DUTTON (1981), S. 501 ff. NOTHARDT (2001), S. 259 bestätigt diese Ergebnisse in seiner empirischen Untersuchung deutscher Unternehmen.

[364] Vgl. CHOWDHURY, LANG (1993), S. 8 ff. Eine ernsthafte Bedrohung des Unternehmens sehen auch SCHENDEL, PATTON (1976), S. 237 als Notwendigkeit an, um Turnaround-Maßnahmen zu motivieren.

[365] Vgl. TICHY, DEVANNA (1986), S. 44. Bei diesem Experiment reagiert ein Frosch darauf, dass er plötzlich in kochendes Wasser geworfen wird, in dem er aus dem Topf sofort wieder herausspringt. Setzt man ihn aber in lauwarmes Wasser und erhitzt es allmählich bis zum Siedepunkt, so gelingt es dem Frosch nicht mehr zu reagieren und stirbt.

[366] Vgl. BÖHRET (1990), S. 100.

[367] HAMBRICK, D'AVENI (1988), S. 4.

die Analysen doch das in der Praxis oftmals zu beobachtbare Phänomen, dass eine länger andauernde Krisenentwicklung erst dann unterbrochen wird, wenn eine **akute Existenzbedrohung** das Krisenbewusstsein und die Bereitschaft für Veränderungen auslöst.[368] So wird den Unternehmen die existenzbedrohende Situation häufig erst vollends bewusst, wenn die Liquiditätsschwierigkeiten soweit fortgeschritten sind, dass es zur Aufrechterhaltung der Zahlungsfähigkeit einer Ausweitung der Kreditlinien bedarf, was von den Kreditinstituten aber abgelehnt oder nur unter erheblichen Auflagen gewährt wird.[369] In solchen Krisenphasen erkennen allerdings auch Dritte die existenzgefährdende Entwicklung bei einem Unternehmen. Nicht selten geben sie dann aufgrund ihres Intervenierens erst den **Anstoß für das Turnaround-Management**. Insbesondere Fremdkapitalgeber oder Aufsichtsratsmitglieder können im Rahmen ihrer Kontrollfunktionen Probleme im Unternehmen feststellen.[370] Bei KMU sind es nicht selten die Kreditinstitute bzw. Hausbanken, die das Turnaround-Management initiieren.[371] Sie haben ein vitales Interesse, bei einer potenziellen Kreditgefährdung einzugreifen, um den Ausfall resp. eine Wertberichtigung der eigenen Forderungen zu vermeiden bzw. zu begrenzen. Ihre starke Gläubigerposition versetzt sie zudem in die Machtposition, maßgeblichen Einfluss auf das Unternehmen auszuüben.

In der Praxis zeigt sich, dass die Einleitung des Turnaround-Managements häufig erst mit einem **deutlichen Zeitverzug** beginnt. Die Beratungspraxis schätzt, dass die Zeitdauer zwischen Krisenerkennung und Aufnahme des Turnaround-Managements bei KMU durchschnittlich über ein Jahr beträgt.[372] Trotz Kenntnis der Schieflage wird die Ernsthaftigkeit der Lage unterschätzt, verdrängt oder sogar bewusst verschleiert.[373] Eine solche Verzögerungs- und Verschleierungstaktik wird aus Angst vor Sanktionen gefördert.[374] Insbesondere bei KMU, bei denen der Unternehmenseigentümer zugleich die Geschäftsführung wahrnimmt, wirkt der Umstand verstärkend, dass mit dem öffentlichen Anerkennen einer Krisensituation gleichzeitig unternehmerisches Versagen konstatiert wird. Eine **Kultur des Scheiterns** wie sie im angelsächsischen Raum gelebt wird, ist hierzulande noch nicht etabliert. Einer Unternehmenskrise und noch schlimmer, der Insolvenz, haftet nach wie vor das Stigma der Unfähigkeit der

---

[368] Vgl. KRYSTEK (1994), S. 25; GRINYER, SPENDER (1979), S. 120; SCHENDEL, PATTON (1976), S. 237; SEEFELDER (2003), S. 55.

[369] Vgl. FRANCESCHETTI (1993), S. 254.

[370] Vgl. ALBACH (2000), S. 86; CLASEN (1995), S. 326; F.A.Z.-INSTITUT (2003), S. 16; MÜLLER (1986), S. 323 f.; SLATTER, LOVETT (1999), S. 72; WIESELHUBER & PARTNER (2002a), S. 19. Vgl. auch GOPINATH (1991), S. 98, der dies in einer Fallstudienanalyse für Großunternehmen zeigte. HESS ET AL. (1998), S. 13 betonen, dass die Krisenerkennung und –initiierung Aufgabe der Aufsichtsorgane sei, falls die Unternehmensführung in dieser Hinsicht versagt habe.

[371] Vgl. SCHLEBUSCH, VOLZ, HUKE (1999), S. 454.

[372] Vgl. LEY, CRONE (2004), S. 97.

[373] Vgl. KALL (1999), S. 74; STADLBAUER (1991), S. 185 ff. und 223; TSCHEULIN, RÖMER (2003), S. 75.

[374] Vgl. MÜLLER (1986), S. 322.

Geschäftsleitung an.[375] Dies wird häufig mit persönlichem Versagen gleichgesetzt.[376] Folglich wird bisweilen versucht, eine Krise so lange wie möglich nicht öffentlich werden zu lassen.

Die Initiierung des Turnaround-Managements bedeutet einen Wendepunkt in der bisherigen Krisenentwicklung.[377] Anzeichen für die **Einleitung sind Managementaktivitäten**, die speziell für die Krisenbewältigung in Gang gesetzt werden. Diese müssen deutlich über eine abwartende Haltung oder eine rein informierende Funktion hinausgehen. Es wird der Wille zur Durchführung des Turnarounds bekundet und festgelegt, wer der oder die dominanten Träger des Turnaround-Managements sein soll(en). Typische Indikatoren für die Installierung eines Turnaround-Managements sind daher beispielsweise der Aufbau einer Projektorganisation sowie der Einsatz externer Berater.[378]

4.3 Problemanalyse und Ableitung von Sofortmaßnahmen

Nach der Initiierung des Turnaround-Managements muss zunächst die Problemlage in allen Facetten erfasst werden. Nur auf der Grundlage einer eindeutigen Problembeschreibung ist die Erarbeitung einer angemessenen Lösung möglich.[379] Wie die Diskussion der Kontextfaktoren gezeigt hat, bedarf es dazu einer **umfassenden Unternehmens- und Umweltanalyse**. Ist die Analyse korrekt, hat das Management eine sichere Planungsbasis, woraus erfolgversprechende Turnaround-Maßnahmen abgeleitet werden können. Allerdings kann in der Praxis immer wieder festgestellt werden, dass der Analyseprozess nicht effizient durchgeführt und der Turnaround dadurch negativ beeinflusst wird.[380]

Üblicherweise wird die Analysephase weiter in zwei Teilphasen untergliedert: die Grob- und die Detailanalyse. Die **Grobanalyse** stellt eine schnellstmögliche, aber dennoch zuverlässige Bestandsaufnahme und Analyse der Turnaround-Situation dar. Sie dient insbesondere in akuten Krisenphasen den beteiligten Akteuren zur Beurteilung der Sinnhaftigkeit eines Turnaround-Versuchs. So reicht in einer Liquiditätskrise, in der eine Insolvenz z. B. nur durch Stillhalteabkommen der beteiligten Kreditinstitute

---

[375] Vgl. SUTTON, CALLAHAN (1987), S. 405 ff.

[376] Damit korrespondieren auch Erkenntnisse aus der empirischen Entrepreneurshipforschung (Global Entrepreneurship Monitor): 47,9 % aller befragten Deutschen geben an, dass die Angst vorm Scheitern sie von einer Gründung abhalten würde. Im internationalen Vergleich ist dieser Anteil deutlich überdurchschnittlich; vgl. STERNBERG, LÜCKGEN (2005), S. 21.

[377] Vgl. STADLBAUER (1991), S. 18.

[378] Vgl. KALL (1999), S. 74 f.; KELBER (2004), S. 136 f.; STADLBAUER (1991), S. 18.

[379] Vgl. KRYSTEK (1987), S. 91; SCHARB (1994), S. 331.

[380] Vgl. ARMENAKIS, FREDENBERGER (1998), S. 40; GOPINATH (1991), S. 99; MAKRIDAKIS (1991), S. 124; ZIMMERMANN (1991), S. 17.

verhindert werden kann, üblicherweise die Zeit für eine umfassende Analyse nicht aus. Hier bedarf es rasch einer Tendenzaussage zu den Fortführungschancen des Unternehmens, um das Engagement der Akteure zumindest so lange aufrecht zu erhalten, bis eine detaillierte Analyse vorgenommen worden ist. Gegebenenfalls muss in diesem Stadium auch bereits die Entscheidung getroffen werden, dass keine realistische Erfolgschance für einen Turnaround besteht und die Liquidation resp. Insolvenz einzuleiten ist.[381]

Die Grobanalyse gibt Aufschluss über den Grad der Existenzbedrohung. Dies bedeutet, dass man sich einen Eindruck darüber verschaffen muss, welche Auswirkungen die Krise bislang auf das Unternehmen hatte (**Krisensituation**) und wie sich die Krise voraussichtlich ohne Gegenmaßnahmen weiterentwickeln wird (**Krisenprognose**). Zusätzlich müssen erste Hypothesen über die Krisenursachen entwickelt werden, um eine Einschätzung des Ausmaßes an Veränderungsbedarf vornehmen zu können. Die Sammlung und die grobe Analyse vorliegender Krisensymptome geben Hinweise darauf, welche dominanten Unternehmensziele gefährdet sind und in welcher **Krisenphase** sich das Unternehmen befindet. Dazu sollte zunächst eine zumindest grobe Analyse der Bilanzen und Cash flows vorgenommen werden, anhand derer die finanzielle Lage des Unternehmens eingeschätzt werden kann. Dabei sollte tendenziell davon ausgegangen werden, dass sich die Unternehmensleistung tatsächlich noch schlechter darstellt, als es die Krisenanzeichen andeuten. So zeigt sich später bei detaillierten Bilanz- und GuV-Analysen häufig, dass aufgrund der Ausnutzung von Bewertungsspielräumen und Aufdeckung stiller Reserven das ausgewiesene Unternehmensergebnis nicht die tatsächliche operative Leistungsfähigkeit widerspiegelt.

Während der Grobanalyse kann das Turnaround-Management aufgrund der begrenzten Zeit hauptsächlich nur auf Basis der quantitativen Bilanz- und GuV-Analyse sowie qualitativer Erhebungsmethoden wie Interviews oder Workshops mit dem Management und ausgesuchten Mitarbeitern zu einer Einschätzung der Lage gelangen. Dort können qualitative Krisenanzeichen aus allen Bereichen des Unternehmens aufgenommen und diskutiert werden. So werden erste Hypothesen über die Krisenursachen und Unternehmenspotenziale gebildet. Es kristallisiert sich damit ein grobes Stärken-Schwächen-Profil des Unternehmens heraus. Dem sollte eine erste Einschätzung des Markt- und Branchenumfeldes gegenübergestellt werden (die idealerweise durch interne oder externe Experten validiert werden sollte wie z.B. Vertriebsmitarbeiter, Verbände, Kunden). Des Weiteren muss sich ein Überblick über die im Unternehmen vorhandenen Ressourcen (z.B. Kapital, Anlagevermögen, immaterielle Werte, Mitarbeiterpotenzial) verschafft werden. Insgesamt kann nun eine **Ten-**

---

[381] Vgl. BÖCKENFÖRDE (1996), S. 56 f.; KALL (1999), S. 77 ff.; KELBER (2004), S. 138; MÜLLER (1986), S. 343 ff.

denzaussage darüber getroffen werden, ob das Unternehmen ausreichend Potenzial besitzt, im Wettbewerb zu bestehen. Damit wird beantwortet, ob die Möglichkeit eines Unternehmens-Turnarounds besteht oder die Alternative der vorzeitigen Beendigung durch Insolvenz oder Liquidation gewählt werden muss bzw. sollte.[382] Fällt die Tendenzaussage positiv aus, kann darauf aufbauend die Detailanalyse vorgenommen werden. Unternehmen, die sich in einer Liquiditätskrise befinden und auf die Unterstützung ihrer Fremdkapitalgeber angewiesen sind, können mit einer positiven Tendenzaussage Zeit gewinnen, um eine fundierte Analyse durchzuführen. Für die Zeit der Analyse kann dann ein Stillhalteabkommen vereinbart werden.

Je nach Intensität der Bedrohung bedarf es nach einer Grobanalyse der Verabschiedung von **Sofortmaßnahmen,**[383] welche eine kurzfristige Stabilisierung der Liquiditäts- und Ergebnissituation bewirken sollen. Diese Maßnahmen sind eher defensiver Natur, da sie auf eine Konsolidierung bzw. Konzentration der Unternehmensaktivitäten zielen.[384] Problematisch ist bei diesen Sofortmaßnahmen, dass der Zeitdruck, unter dem sie entwickelt, beurteilt, verabschiedet und letztlich auch umgesetzt werden, eine ausreichende Prüfung auf Strategiekonformität behindern kann. Dies kann bedeuten, dass Maßnahmen kurzfristig zwar einen Erfolg in liquiditätssichernder bzw. ertragssteigernder Hinsicht versprechen, mittel- bis langfristig aber die Erfolgspotenziale des Unternehmens beschneiden und damit letztlich eine erneute Krise induzieren.[385] Beispielsweise kann eine aggressive Preispolitik kurzfristig den Absatz und den Umsatz erhöhen. Längerfristig kann dies aber zu einer Imageschädigung des Unternehmens bzw. seiner Qualitätsprodukte oder -dienstleistungen führen, die nur schwer reparabel ist.[386] Denkbar ist auch, dass später keine signifikant höheren Preise mehr am Markt durchsetzbar sind.

In jedem Fall[387] muss eine **Detailanalyse** tieferen Einblick in das Unternehmen geben. In ihrem Rahmen werden die für die Erstellung eines Turnaround-Konzepts relevanten Informationen zusammengetragen. Dazu bedarf es detaillierter Kenntnisse über die Ausgangssituation des Unternehmens, die durch eine ganzheitliche Unternehmens- und Umweltanalyse generiert werden können. Im Rahmen der situativen Dimension wurden die vielfältigen, zu beachtenden Einflussfaktoren vorgestellt.

---

[382] Vgl. BÖCKENFÖRDE (1996), S. 56 f.; HESS ET AL. (1998), S. 49 f.; KELLER (1999), S. 85.

[383] Vgl. MACHARZINA, DÜRRFELD (2001), S. 767; BIRKER (2000), S. 343 f. Vgl. die Auflistung möglicher Sofortmaßnahmen in den verschiedenen Funktionsbereichen bei BÖCKENFÖRDE (1996), S. 67 ff.; KRYSTEK (1985), S. 604 und STRIZIK (1988), S. 108.

[384] Vgl. GUNZENHAUSER (1995), S. 31; TÖPFER (1990a), S. 329.

[385] Vgl. MÜLLER (1986), S. 353; STADLBAUER (1991), S. 89; GAREIS (1994), S. 28; GUNZENHAUSER (1995), S. 32; HOWALDT (1994), S. 220. Vgl. dazu ausführlicher Kap. D.5.3.

[386] Vgl. TÖPFER (1990a), S. 328 f.

[387] Ausnahmen hiervon sind selbstverständlich Unternehmen, bei denen bereits in der Grobanalyse festgestellt wird, dass keine Chance auf eine erfolgreiche Fortführung besteht.

Ein oftmals vernachlässigter Bereich der Analysephase ist die **Dokumentation des Analyseprozesses**. Auch wenn die Protokollierung sehr mühsam und zeitaufwändig ist, so ist es doch für die spätere Umsetzungsarbeit immanent wichtig, nicht nur ausführlich zu dokumentieren, welche Schwachstellen identifiziert und welche alternativen Maßnahmen diskutiert und verabschiedet wurden, sondern auch festzuhalten, wie die zugrunde liegenden Daten erhoben und ausgewertet wurden.[388] Damit wird sichergestellt, dass mögliche Fehler in den Analysen nachvollzogen und korrigiert werden können. Zudem wird durch die Dokumentation der Methodik die Möglichkeit gegeben, die Analyse bei Bedarf in der Zukunft ohne größeren konzeptionellen Mehraufwand zu wiederholen. Insbesondere in KMU, in denen solche Analysen und Auswertungen kein regelmäßiger Bestandteil des Managementprozesses sind, legt dies die Grundlage für ein effizientes Turnaround-Controlling. Übernehmen externe Berater federführend den Analyseprozess, sollte es folglich das Bestreben der Unternehmensführung sein, Einblick in deren analytische Vorgehensweise und Methodik zu gewinnen.

4.4 Planung und Entscheidung

Die Informationen der Analysephase dienen als Grundlage zur **Erstellung eines Turnaround-Konzepts**. Die Bedeutung des Turnaround-Konzepts für den Turnaround-Erfolg lässt sich durch eine Analogie zur Unternehmensgründung erklären. Die Turnaround-Situation ist in gewisser Hinsicht mit der Situation einer Gründung vergleichbar: Beide müssen durch das Management unter hohem persönlichen Einsatz und mit stark begrenzten Ressourcen bewältigt werden.[389] In einer Gründungssituation sollen potenzielle Kapitalgeber wie Kreditinstitute oder Venture Capital-Gesellschaften von der zukünftigen Ertragskraft des Unternehmens überzeugt werden, um sie als Investoren zu gewinnen. Dazu müssen Informationsasymmetrien abgebaut werden, welche Unsicherheit bei den möglichen Kapitalgebern begründen und dadurch das Zustandekommen von Verträgen behindern können. Dem vergleichbar muss in einer Turnaround-Situation die Unterstützung der Turnaround-Akteure attrahiert werden, indem sie von der Ertragsfähigkeit des Unternehmens und der Leistungsfähigkeit des Managements erneut überzeugt werden müssen. Eine weitere Parallele zwischen Gründung und Turnaround betrifft den Umstand, dass das gesamte Unternehmen und nicht nur einzelne Betriebsteile bzw. Geschäftseinheiten Gegenstand der Betrachtung ist und zusätzlich eine hohe Unsicherheit über den Fortgang des Prozesses besteht. Dies erfordert eine ganzheitliche Herangehensweise.

---

[388] Vgl. DI PRIMIO (1988), S. 63; WLECKE (2004), S. 37.
[389] Vgl. PÜMPIN, PRANGE 1991, S. 202.

Die Entrepreneurshipforschung empfiehlt daher die schriftliche Niederlegung des Geschäftskonzepts. Die Erstellung eines so genannten Businessplans bei Unternehmensgründungen wird sowohl in der Entrepreneurshipforschung als auch in der Unternehmenspraxis oft als wichtige Grundlage für den Gründungserfolg bzw. für die Akquisition von Investoren angesehen.[390] Der Businessplan für eine Unternehmensgründung enthält in qualitativer Hinsicht eine umfassende Beschreibung der Geschäftsidee (Produkt / Dienstleistung) und ihres Nutzens für potenzielle Kunden, Wettbewerbsvorteile des Produkts / der Dienstleistung, Informationen über den potenziellen Absatzmarkt, die geplanten Absatzstrategien und Produktionsmethoden sowie Kompetenzen der handelnden Personen. Die qualitativen Vorgaben werden quantifiziert, indem die erarbeiteten Prämissen in einen Finanzplan (Cash flow-Planung, Plan-GuV und -Bilanzen) umgesetzt werden. Zusätzlich werden zeitliche Vorgaben festgeschrieben, innerhalb derer die Planvorgaben umzusetzen sind. Insgesamt lässt sich aus dem Businessplan der Kapitalbedarf des Unternehmens sowie die Rentabilitätserwartung in monetärer und zeitlicher Hinsicht ableiten.[391] Der Businessplan dient potenziellen Investoren als Entscheidungsgrundlage. Als Signalisierungs- und Informationsinstrument trägt er dazu bei, Informationsasymmetrien abzubauen und damit Unsicherheiten der möglichen Vertragspartner über die zukünftige Unternehmensentwicklung zu reduzieren.[392]

Vergleichbares muss das **Turnaround-Konzept** leisten. Eine Turnaround-Situation bedeutet in der Regel, dass der bisherige, offenbar gescheiterte Businessplan (sofern überhaupt einer existierte) aufgegeben werden muss. Damit werden nicht nur einige Prämissen der ursprünglichen Unternehmensplanung in Frage gestellt, sondern das gesamte Unternehmenskonzept ist kritisch zu hinterfragen. Im Turnaround muss daher ein neues Konzept erarbeitet werden, das sowohl als Entscheidungsgrundlage als auch als Leitlinie für die weitere Unternehmensentwicklung dient.

Von vorrangiger Bedeutung bei der Erstellung eines Turnaround-Konzepts ist die Festlegung von **Unternehmensvision**, Turnaround-Zielen und Turnaround-Strategien.[393] „It is essential for turnaround leaders to have a viable strategy or vision for reversing the fortunes of the organization."[394] Die Vision zeigt eine ehrgeizige Zukunftsorientierung und langfristig angestrebte Neuausrichtung des Unternehmens zur

---

[390] Vgl. BRÜDERL, PREISENDÖRFER, ZIEGLER (1996), S. 164 ff. KLANDT (1999), S. 84 ff.; MELLEWIGT, WITT (2002), S. 91; BARROW (1993), S. 167: „Perhaps the most important step in launching any new venture or expanding an existing one is the construction of a business plan."

[391] Vgl. STRUCK (1998), S. 24 ff.; HUNDT, NEITZ (2001), S. 28 ff. Vgl. zum Inhalt eines Businessplans des Weiteren BARROW (1993), S. 173 ff.; KLANDT (1999), S. 101 ff.

[392] Vgl. HUNDT, NEITZ (2001), S. 5.

[393] Vgl. HARRIGAN (1994), S. 14; KETELHÖHN, JARILLO, KUBES (1991), S. 117; MACHARZINA, DÜRRFELD (2001), S. 768; PINKWART, KOLB (2000), S. 54; SCHWEIZER (1990), S. 287 ff. Sofern eine Unternehmensvision bereits vorhanden ist, muss diese überprüft und ggf. angepasst werden.

[394] MUCZYK, STEEL (1998), S. 43.

nachhaltigen Umkehrung der Entwicklungsrichtung auf. Zusätzlich müssen die Ziele des Turnarounds festgelegt werden, die sich eng an den festgestellten Krisenursachen orientieren.[395] KRYSTEK benennt in diesem Zusammenhang Wertziele (wie Liquiditäts- und Ertragsziele), Sachziele (Sicherung / Gewinnung von Erfolgspotenzialen) und Humanziele (Verhaltensweisen gegenüber Stakeholdern).[396]

Die Vision und die Ziele schaffen die Rahmenbedingungen für die ressourcen- und marktorientierten **Turnaround-Strategien**, welche die Wege vorgeben, auf denen die Turnaround-Ziele und letztlich auch die übergeordnete Vision erreicht werden sollen.[397] *„The key to turnaround is a well formulated concept of strategy and a strategic planning process that can discern whether it is existing operations that must receive attention, or whether the basic business must be reformulated."*[398] In der Literatur finden sich verschiedene Einteilungen von Turnaround-Strategien. Tab. 6 liefert einen exemplarischen Überblick verschiedener Kategorisierungsansätze von Turnaround-Strategien.

Autor(en)	Kategorisierung abhängig von...	Turnaround-Strategien
SLATTER (1984); MURPHY (1986)	Strategieinhalt und –zielen	- Managementwechsel - Stark zentralisiertes Finanzcontrolling - Organisationale Veränderungen und Dezentralisation - Produkt- / Markt-Neuausrichtung - Verbessertes Marketing - Wachstum durch Akquisition - Vermögensreduktion - Kostenreduktion - Investitionen - Umschuldung
RAMAKRISHNAN, SHAH (1989)	Funktionsbereichsorientierung der Strategien	- Produktionsorientierte Strategien - Kostenstrategien - Marketingorientierte Strategien - Organisatorische Strategien - Finanzierungsorientierte Strategien
MÜLLER (1986); ähnlich auch KÜCK (1994)	Strategischer Grundhaltung (Defensive vs. Offensive) und Tätigkeitsbereich (Machtwechsel vs. -behauptung)	- Aufgabestrategien - Konsolidierungsstrategien - Diversifikationsstrategien - Verdrängungsstrategien
TURNHEIM (1988)	Abwehrpotenzial des Krisenunternehmens und Bedrohungsausmaß der Krise	- Kampfstrategie - Delegationsstrategie - Kompromiss- oder Konsensstrategie - Fluchtstrategie

Tab. 6: Kategorisierung von Turnaround-Strategien

---

[395] Vgl. MÜLLER (1986), S. 344.
[396] Vgl. KRYSTEK (1985), S. 598 ff.
[397] Vgl. COENENBERG, FISCHER (1993), S. 5; PINKWART, KOLB (2000), S. 54.
[398] SCHENDEL, PATTON, RIGGS (1976), S. 11.

Prinzipiell wird dieses Spektrum mit den beiden Strategiegruppen **„Entrepreneurial-Strategien"** und **„Retrenchment-"** bzw. **„Downsizing-Strategien"** abgebildet. Während erstere verstärkt auf den Absatzmarkt gerichtet sind und damit den Charakter einer innovativen, strategischen Neuausrichtung (z. B. Produktinnovationen, Akquisitionen, aber auch Verkauf von Geschäftseinheiten und Aufgabe von Produkten / Märkten) haben, zielen letztere auf interne Anpassungsprozesse im Unternehmen. Damit ist gemeint, dass das Krisenunternehmen Kapazitätsabbau, Kostensenkungen und / oder Reduzierungen des Anlage- und Umlaufvermögens vornimmt.[399] Ziel kann einerseits die Generierung von Liquidität durch Verkauf von Vermögensgegenständen oder die Einsparung von Auszahlungen sein. Andererseits soll damit der Ertrag durch Kosten- und Effizienzsteigerungen erhöht werden. Die frei werdenden finanziellen Ressourcen können dann investiert werden, um die Wettbewerbsposition des Unternehmens zu verbessern.[400]

Aus den Turnaround-Strategien werden die umzusetzenden **Turnaround-Maßnahmen** abgeleitet, die das Turnaround-Erfordernis überwinden und die langfristige Existenzsicherung des Unternehmens gewährleisten sollen. Die Differenzierung von Strategien und Maßnahmen erfolgt in der Turnaround-Literatur oftmals nicht trennscharf. Insbesondere Strategien, die hinsichtlich ihres Inhalts kategorisiert werden,[401] sind nicht immer überschneidungsfrei zu Turnaround-Maßnahmen. Hier werden Turnaround-Strategien als übergeordnete, richtungsweisende Leitlinien verstanden. Im Unterschied dazu handelt es sich bei Maßnahmen um konkrete Aktivitäten, die zur Umsetzung der Strategie dienen.

Ein Turnaround-Konzept kann zum einen strategische Maßnahmen zur Generierung oder Wiedergewinnung von Erfolgsfaktoren und zum anderen operative finanz- und leistungswirtschaftliche Maßnahmen enthalten, mit denen eine kurzfristige Existenzbedrohung abgewehrt und kurz- bis mittelfristig die strategischen Vorgaben im Unternehmen umgesetzt werden sollen.[402] In der Planungsphase müssen in dieser Hinsicht **mögliche Handlungsalternativen** gesucht, einer Wirkungsprognose unterzogen und daraufhin bewertet werden. In Abhängigkeit von der vorliegenden konkreten Problemstellung und den individuellen Stärken- und Schwächenprofilen der Unternehmen lässt sich für die Ermittlung geeigneter Maßnahmen prinzipiell die gesamte Bandbreite betriebswirtschaftlicher Handlungsempfehlungen heranziehen. Demzufolge wird hier darauf verzichtet, operative oder strategische Einzelmaßnahmen (oder Turnaround-Strategien) zur Erreichung des Unternehmens-Turnarounds detailliert vorzustellen. Für eine detaillierte Auflistung krisenphasenspezifischen Turnaround-

---

[399] Vgl. KÜCK (1994), S. 270. Vgl. ROBBINS, PEARCE (1992), S. 296, die von „Cost retrenchment" und „Asset retrenchment" sprechen.

[400] Vgl. BARKER ET AL. (1998), S. 6; PEARCE, ROBBINS (1993), S. 614.

[401] Vgl. beispielsweise die Abgrenzung von SLATTER (1984) oder MURPHY (1986) in Tab. 6.

[402] Vgl. KRAUS, GLESS (2004), S. 127 ff.; LAFRENZ (2004), S. 25 f.

Strategien und -Maßnahmen wird auf die umfangreiche, einschlägige Literatur verwiesen.[403] Im Rahmen der hierarchischen Dimension des Turnarounds[404] werden darüber hinaus einige typische Maßnahmen aufgelistet und Probleme bei der Ableitung von Strategien und Maßnahmen aufgegriffen. Da keine generellen Pro- oder Kontra-Argumente für bestimmte Strategien oder Maßnahmen angeführt werden können, bleibt festzuhalten, dass immer im konkreten Einzelfall und unter Berücksichtigung dessen spezifischer Besonderheiten über den Einsatz adäquater Strategien und Maßnahmen entschieden werden muss. Ihr Nutzen kann letztlich nur im jeweiligen Krisenfall und unter Berücksichtigung des jeweiligen Kontexts beurteilt werden.

Festgehalten werden kann, dass das Management in der Planungsphase eine besonders kritische Rolle einnimmt. Es darf Turnaround-Strategien und -Maßnahmen nicht nach früheren Maßstäben entwickeln und beurteilen, sondern muss neuartigen Ideen gegenüber aufgeschlossen sein. "*In a crisis situation, managers should examine a wide range of alternatives, discredit past responses, and solicit extensive inputs from others.*"[405]

Zur Bewertung der angedachten Maßnahmen bedarf es zusätzlich der Quantifizierung ihrer prognostizierten Wirkungen. Dazu wird als Bestandteil des Konzepts ein detaillierter **Turnaround-Plan** erstellt, der die Auswirkungen der Maßnahmen auf die Ergebnis- und Liquiditätssituation des Unternehmens prognostiziert. Instrumente des Plans sind Planbilanzen und -GuV, Cash flow-Prognosen sowie Plankennzahlen aus finanziellen und nicht-finanziellen Bereichen, welche als Zielvorgabe und Maßstab für den Turnaround-Fortschritt dienen.[406] Der Turnaround-Plan übernimmt damit eine wichtige Funktion im Rahmen des Turnaround-Controllings. Die festgeschriebenen Sollwerte dienen als Referenzwerte zur fortlaufenden Bewertung des Turnaround-Fortschritts.

Das Turnaround-Konzept mit dem Turnaround-Plan ist die **wesentliche Argumentationsgrundlage** gegenüber den internen und externen Turnaround-Akteuren. Es bildet für sie die maßgebliche Entscheidungsbasis zur Einschätzung der Fortführungschancen des Unternehmens und zur Festlegung ihrer finanziellen und nicht-

---

[403] Vgl. z. B. die Maßnahmenkataloge bzw. Aufzählungen bei BERGAUER (2001), S. 126 ff.; BÖCKEN-FÖRDE (1996), S. 138 ff.; DIPPEL (2004), S. 176 ff.; FINKIN (1985), S. 15 ff.; GROß (1988), S. 152 ff., HESS ET. AL. (1998), S. 195 ff.; KRYSTEK (2002), S. 118 ff.; MURPHY (1986), S. 31 ff.; WAGENHOFER (1993), Sp. 4382 ff. Turnaround-Maßnahmen speziell für KMU listen CLASEN (1992), S. 235 ff. und KLETT (2006), S. 18 ff. auf.

[404] Vgl. Kap. D.5.

[405] WHETTEN (1980), S. 373. Vgl. auch MACHARZINA, DÜRRFELD (2001), S. 768; SCHWEIZER (1990), S. 287; STARBUCK, GREVE, HEDBERG (1978), S. 126 ff.

[406] Vgl. HARENBERG, WLECKE (2004), S. 348.

finanziellen Turnaround-Beiträge.[407] Turnaround-Versuche, bei denen kein (hinrei-chend abgestimmtes) Konzept vorliegt, scheitern häufig daran, dass Turnaround-Akteure ihre Unterstützung versagen.[408]

Konkret enthält ein Turnaround Konzept die folgenden Bestandteile, mit denen es den inhaltlichen, personellen und zeitlichen Handlungsrahmen für die Umsetzungsphase vorgibt:[409]

(1) **Allgemeine Beschreibung des Unternehmens und seiner Entwicklung** (his-torische GuV-Entwicklung, rechtliche Verhältnisse / Haftungsverhältnisse, Pro-dukt- und Leistungsangebot, Wertschöpfungsstruktur, organisatorische / struktu-relle Merkmale, Markt- und Wettbewerbsumfeld)

(2) **Bewertung der Unternehmenssituation** (Grad der Existenzbedrohung, Kri-senursachen, Abgleich des Kompetenzprofils des Unternehmens und des An-forderungsprofils der Umwelt – z. B. Attraktivität und Positionierung der Ge-schäftstätigkeiten)

(3) **Konkretisierung des Turnaround-Konzepts** (Zielsetzung, Prämissen, Lö-sungsalternativen)

(4) **Turnaround-Plan** (Quantifizierung der Maßnahmenwirkungen = Zielbildung)

(5) **Turnaround-Organisation** (Regelungen bezüglich Projektorganisation, Ver-antwortlichkeiten, Meilensteine, Termine, Kommunikation, Kontroll- und Steue-rungsmechanismen)

Das Turnaround-Konzept muss einer abschließenden Prüfung unterzogen werden, was einer fundierten Bewertung der so genannten Turnaround-Fähigkeit und –Wür-digkeit des Krisenunternehmens entspricht.[410] Ökonomisch sinnvoll ist der Turn-around-Versuch eines Krisenunternehmens nur dann, wenn unter Einbeziehung der geplanten Wirkungen der Turnaround-Maßnahmen und der prognostizierten Um-weltentwicklungen ökonomische Vorteile gegenüber einer Liquidation zu erwarten sind.[411] Nur wenn eine **realistische Chance auf die erfolgreiche Durchführung des Turnarounds** besteht, sollten entsprechende Maßnahmen ergriffen werden. Ei-ne Entscheidung über die Fortführung des Unternehmens muss an klar definierten Zielvorgaben ausgerichtet sein, welche die Wiedergewinnung einer nachhaltigen Er-tragskraft als oberste Maxime beinhalten. Wird dieses Turnaround-Ziel aus den Au-

---

[407] Vgl. SCHAAF (1993), S, 93 f.; PINKWART (2000a), S. 179 f.

[408] Vgl. SCHAAF (1993), S. 92.

[409] Vgl. KALL (1999), S. 89.

[410] Vgl. KALL (1999), S. 89 ff. Vgl. zur Prüfung der Turnaround- bzw. Sanierungsfähigkeit und -würdig-keit ausführlich BECKER (1986), S. 38 ff.; BRANDSTÄTTER (1993), S. 8 ff.; BURGER (1995), S. 148 ff.; RUHL (2000), S. 40 ff.; SCHMIEDEL (1984), S. 761 ff.

[411] Vgl. BUCHHART (2001), S. 233; PLATT (2004), S. 139. *„Before starting any turnaround, a firm should make an explicit calculation to determine whether it is worth attempting. Too often, firms embark on turnaround efforts as a 'knee-jerk' reaction to the myth that nothing can be worse than failure.";* HOFER (1980), S. 31.

gen verloren und gewinnt das Festhalten an alten Strukturen die Oberhand, besteht die Gefahr, dass das Sterben des Unternehmens lediglich verlängert und damit die noch vorhandenen Ressourcen sukzessive vernichtet werden. Der dadurch entstehende Schaden dürfte in der Regel höher sein als eine sofortige Stilllegung des Unternehmens.[412]

Unter **Turnaround-Fähigkeit** ist allgemein die selbstständige Überlebensfähigkeit des Unternehmens nach der Umsetzung von Turnaround-Maßnahmen zu verstehen. Im Vordergrund steht dabei die Sicherstellung der Zahlungsfähigkeit sowie die nachhaltige Erreichung einer angemessenen Rentabilität in der Zukunft. Mit letzterem wird die Wettbewerbsfähigkeit des Unternehmens gemessen,[413] deren Wiederherstellung ein zentrales Ziel des Turnaround-Managements ist. Vor dem endgültigen Beginn der Umsetzungsphase des Turnaround-Managements muss sichergestellt werden, dass der Fortführungswert des Unternehmens substanziell höher liegt als der Liquidationswert.[414] Letzterer gibt den Wert des Unternehmens im Fall der Abwicklung bzw. Liquidierung an und stellt damit quasi eine Wertuntergrenze dar. Der Liquidationswert ist der Preis, der am Absatzmarkt für das Unternehmen bzw. seine Vermögenswerte abzüglich der Verwertungskosten erzielt werden kann.[415]

Die **Bestimmung des Fortführungswerts** kann als Spezialfall der Unternehmensbewertung angesehen werden. Bei Krisenunternehmen spielt die Ertragsentwicklung der Vergangenheit für die Bewertung nur eine untergeordnete Rolle. Eine größere Berücksichtigung muss die künftige Ertragskraft des Unternehmens finden.[416] Der Turnaround-Plan liefert mit den Prognosewerten der Bilanz-, GuV- und Cash flow-Ergebnisse wichtige Parameter für die Berechnung des Fortführungswerts des Unternehmens. Mit Hilfe gängiger Unternehmensbewertungsmethoden[417] kann der Going concern-Wert des Unternehmens bestimmt und in Relation zum Liquidationswert gesetzt werden.

Im Unterschied zu Entscheidungsproblemen, die in einer Normalsituation vom Management weitgehend autonom bzw. unter Hinzuziehung von nur wenigen Personen(gruppen) zu lösen sind (z. B. Investitionsentscheidung zusammen mit einem Kreditinstitut als Financier), spielen im Turnaround die Interessen der diversen Anspruchsgruppen eine stärkere Rolle. Neben der Turnaround-Fähigkeit kommt daher der Beurteilung der so genannten **Turnaround-Würdigkeit** eine entscheidende Be-

---

[412] Vgl. KRYSTEK (2002), S. 127.
[413] Vgl. BUCHHART (2001), S. 232.
[414] Vgl. HOFER (1980), S. 21.
[415] Vgl. GROß (1988), S. 222 ff.; KALL (1999), S. 89 f.
[416] Vgl. GROß (1988), S. 205.
[417] Vgl. zu alternativen Bewertungsmethoden des Fortführungswertes GROß (1988), S. 208 ff.; HOWALDT (1994), S. 82 ff.; KRAFT (2001), S. 175 ff.; RUHL (2000), S. 259 ff.

deutung zu. Darunter ist die Neigung und Bereitschaft der Turnaround-Akteure zu verstehen, einen Turnaround zu begleiten. Die Turnaround-Würdigkeit wird durch die individuellen Interessen und Risikoneigungen der Akteure determiniert.[418] Dies bedeutet, dass nicht nur finanzwirtschaftliche Beurteilungskriterien eine Rolle spielen, sondern unter Umständen auch ethische und soziale Aspekte (z.B. Arbeitsplatzsicherung) zum Tragen kommen.[419] Für Unternehmen, die sich in einem weiter fortgeschrittenen Krisenstadium befinden und deren Abhängigkeit vom Wohlwollen der Interessengruppen stetig zunimmt, besteht die Gefahr, dass der Turnaround scheitert, weil einzelne Akteure ihre Unterstützung versagen.[420] Das kann geschehen, da die Turnaround-Würdigkeit aus Sicht der diversen Akteure durchaus unterschiedlich beurteilt werden kann.[421] Diese potenzielle Gefahr prononciert die Bedeutung der Turnaround-Würdigkeit für den Turnaround-Erfolg.

4.5 Realisierung und Kontrolle

Mit Fertigstellung des Konzepts und nach positiver Turnaround-Fähigkeits- und -Würdigkeitsprüfung beginnt der nächste Schritt des Turnaround-Managements: die **Realisierung**. Das Turnaround-Management darf nicht auf die Planung der Turnaround-Maßnahmen beschränkt bleiben, sondern muss auch deren Umsetzung und Kontrolle beinhalten.[422] „...what will separate the winners from the losers is the ability to execute."[423] Obwohl sich die Umsetzung regelmäßig als eine sehr kritische Phase während des Turnaround-Prozesses erweist,[424] sind Fragen der Realisierung nur selten Gegenstand der Krisenliteratur.[425]

Allerdings lassen sich allgemein gültige Aussagen für diese Phase des Turnaround-Managements auch nur schwer ableiten, da der Umsetzungsablauf stark durch die jeweiligen Unternehmens- und Branchenspezifika sowie die gewählten Maßnahmen beeinflusst wird.[426] Prinzipiell sind aber in der Realisierungsphase die „Turnaround-Führung" und ihre Teilaufgaben Information und Kommunikation, Motivierung, Verhandlungsführung und Wahl des effizienten Führungsstils von Bedeutung (siehe

---

[418] Vgl. BRANDSTÄTTER (1993), S. 9; KALL (1999), S. 91; MUGLER (1998), S. 170; SANDFORT (1997), S. 26; SCHMIEDEL (1984), S. 761 f.

[419] Vgl. BUCHHART (2001), S. 232.

[420] Vgl. GUNZENHAUSER (1995), S. 29; KALL (1999), S. 91; RITTER (2000), S. 270.

[421] Vgl. SCHMIEDEL (1984), S. 761.

[422] Vgl. CLASEN (1992), S. 339; SCHIFFER, WEHNER, PETERS (1997), S. 53.

[423] MUCZYK, STEEL (1998), S. 40.

[424] Vgl. ALBACH (2000), S. 88; BÖCKENFÖRDE (1996), S. 89; FAULHABER, LANDWEHR (2005), S. 21; KALL, ROBECK (2004), S. 78; KRÖGER (1990), S. 417 f.; KÜCK (1994), S. 272; LAFRENZ (2004), S. 28; LEY, CRONE (2004), S. 106.

[425] Vgl. DIPPEL (2004), S. 170. CLASEN (1992), S. 340 bemängelt, dass speziell die Realisierung von Turnaround-Konzepten in KMU in der Literatur vernachlässigt wird.

[426] Vgl. KRUMMENACHER (1981), S. 123.

Kap. 3.2.2). Es sind die Führungsfähigkeiten der Unternehmensleitung gefragt, motivierend auf die Mitarbeiter und die anderen unmittelbar am Turnaround-Prozess beteiligten Akteure einzuwirken. Ungeplante Widerstände gegenüber den angedachten Maßnahmen können den Turnaround deutlich negativ beeinflussen.

Eine besondere Schwierigkeit liegt in der **richtigen Schwerpunktsetzung** im Turnaround. Die Zeitrestriktion lässt es nicht zu, dass mehrere Versuche unternommen werden, strategische oder operative Veränderungen vorzunehmen. Es müssen sofort „die richtigen Dinge" getan werden. Ein Vorgehen nach der „Gießkannen-Methode", bei dem an verschiedensten Stellen Veränderungsprojekte begonnen werden, birgt die Gefahr, sich zu verzetteln und die wenigen, noch vorhandenen Ressourcen nicht effizient einzusetzen. Damit wird die Basis für einen erfolgreichen Turnaround weiter geschädigt.

Es gilt zudem die **Umsetzungsdynamik** „hoch" zu halten. In der Praxis lässt sich beobachten, dass zwar detaillierte Turnaround-Konzepte (oft unterstützt durch externe Beratungsunternehmen) erarbeitet und Sofortmaßnahmen veranlasst werden, die anschließende Umsetzung der Maßnahmen aber nicht mehr mit der notwendigen Dynamik und Entschlusskraft vorangetrieben wird. Turnaround-Maßnahmen *„denaturieren dann zu bloßen Absichtserklärungen."*[427] Auch schnelle Turnaround-Erfolge können die Dynamik mindern: Sobald die Turnaround-Maßnahmen greifen und eine Verbesserung der Unternehmensleistung erkennbar ist, beginnt die Aufschwungphase, die nach erfolgreichem Turnaround wieder in einen kontinuierlichen Unternehmensverlauf übergeht. Hier besteht die Gefahr, dass der Turnaround zu früh als erfolgreich abgeschlossen angesehen wird. Tatsächlich wird ein Turnaround oftmals wesentlich mehr Zeit in Anspruch nehmen und mehr Veränderungen erfordern als ursprünglich angenommen.[428] Wird das Turnaround-Management nicht mit der expliziten Zielvorgabe der nachhaltigen Wiederherstellung der Wettbewerbsfähigkeit betrieben, kann eine vorübergehende Verbesserung der Unternehmensleistung schnell in eine erneute Krise umschlagen.[429] Der nachhaltigen Kontrolle der Maßnahmenwirkung und ggf. der inhaltlichen und zeitlichen Anpassung der Maßnahmen kommt dementsprechend eine hohe Bedeutung zu.

Die Bedeutung des **Controllings im Turnaround** kann durch Rückgriff auf die Erkenntnisse der Krisenursachenforschung erklärt werden. Falsche oder unterlassene Managemententscheidungen, welche die Krisenentstehung verursachen bzw. forcieren, werden häufig aufgrund unzureichender Entscheidungsgrundlagen gefällt. BOYLE, DESAI folgern, dass *„the key missing element in many troubled small busi-*

---

[427] KRYSTEK (2002), S. 128.
[428] Vgl. MURPHY (1986), S. 29; LUKAS (1995), S. 241.
[429] Vgl. KRYSTEK (2002), S. 128; GAREIS (1994), S. 28.

nesses seems to be the lack of control over operations".[430] Daher kommen sie zu dem Schluss, dass der Entwicklung interner Informations- und Kontrollsysteme sowie der Einführung strategischer Planung in kleinen Unternehmen zur Krisenvermeidung und -bewältigung höchste Priorität eingeräumt werden sollte.[431] Wie dargelegt, kommt den Controlling-Aufgaben der Informationsaufbereitung, -bewertung und -bereitstellung zudem eine wichtige Funktion als Entscheidungsgrundlage und Kommunikationsinhalt zu. Folglich darf ein zeitnahes, stringentes Controlling der Turnaround-Maßnahmen nicht vernachlässigt werden.[432] Das Controlling im Turnaround stellt allerdings andere Anforderungen als in erfolgreichen Unternehmensphasen, so dass die vorhandenen Strukturen und Instrumentarien nicht einfach übertragbar sind.[433] Dies hat zur Folge, dass in der Praxis häufig festgestellt werden kann, dass das Controlling mit der Bewältigung einer Unternehmenskrise überfordert ist.[434] Erschwerend kommt hinzu, dass insbesondere in KMU Controlling- und Informationssysteme nach wie vor unterrepräsentiert sind. Für den **Aufbau eines Instrumentariums zur Steuerung und Kontrolle im Turnaround** kann folglich nicht immer auf erprobte Verfahren zurückgegriffen werden, sondern die notwendigen Strukturen müssen unter Zeitdruck erst entwickelt und aufgebaut werden. Ein zeitnahes Rechnungswesen, eine umfassende Betriebsdatenerfassung und eine aussagefähige Kosten- und Leistungsrechnung stellen aber die Basis für ein leistungsfähiges Controlling dar.[435]

Mit dem Konzept liegt ein Turnaround-Plan bzw. ein Sollkonzept vor, an dem der Erfolg der Maßnahmen gemessen werden muss. Aufgabe des **Turnaround-Controllings** ist die Überprüfung der Zielerreichung sowie der zugrunde liegenden Prämissen. Dazu muss das Turnaround-Controlling gemäß seiner originären Aufgabenstellung zum einen finanz- und ertragswirtschaftliche Ergebnisse kontrollieren, die auf Gesamtunternehmensebene Auskunft über Cash flow, Eigenkapital und Ergebnis des Unternehmens sowie ggf. seiner Betriebsstätten und verbundenen Unternehmen geben und damit die übergeordnete Zielerreichung des Turnarounds messen. Zum anderen müssen die im Konzept festgeschriebenen Maßnahmen bezüglich ihres Umsetzungsfortschritts beurteilt werden. Im Einzelnen werden dazu die Grade der Erarbeitung, Verabschiedung, Umsetzung sowie Wirkung der Maßnahmen gemessen. Dabei unterliegen die einzelnen Maßnahmen bzw. die dazu lancierten Projekte

---

[430] BOYLE, DESAI (1991), S. 39.
[431] Vgl. BOYLE, DESAI (1991), S. 40.
[432] Vgl. TURNHEIM (1988), S. 167.
[433] Vgl. KALL (1999), S. 2; MEYERSIEK (1995), S. 5; HAUSCHILDT (2000), S. 16; WLECKE (1998), S. 665 stellt sogar fest, dass „*ein Turnaround ohne Neuausrichtung des Controllings unmöglich ist.*"
[434] Vgl. SANDFORT (1997), S. 4.
[435] Vgl. FINKIN (1985), S. 17 f. TÖPFER (1990b), S. 408: „*Der Verzicht hierauf führt andernfalls zu einem ‚Blindflug durch die Daten*"'.

einer jederzeitigen Kontrolle bezüglich ihrer Lösungsqualität für die jeweiligen Problemfelder.[436]

Im Rahmen des Turnaround-Controllings ist eine weitere wichtige Aufgabe die **Kommunikation der Erkenntnisse**. Dies betrifft sowohl die interne Kommunikation mit den Führungskräften und Mitarbeitern, um die Projektfortschritte und den weiteren Handlungsbedarf zu dokumentieren, als auch die Information der externen Turnaround-Akteure. Es müssen Informationsroutinen vereinbart werden, nach denen in bestimmtem Umfang und zeitlichen Abständen Reportings weitergegeben werden. Diese Berichte zeigen an, inwieweit das Unternehmen den aufgestellten Turnaround-Plan einhält. Befindet sich das Unternehmen innerhalb des Zielkorridors oder können zumindest plausible Erklärungen für Zielabweichungen und bereits darauf abgestimmte Anpassungsmaßnahmen präsentiert werden, dienen diese Reportings als vertrauensbildende Maßnahme zwischen Unternehmen und externem Turnaround-Akteur.[437]

4.6 Zusammenfassung der Problembereiche der prozessualen Dimension

In der Turnaround-Forschung dominieren **lineare Prozessmodelle**, die von einem sequenziellen Ablauf der einzelnen Phasen ausgehen. Dies bildet die Realität nur unzureichend ab. Tatsächlich überlappen die Turnaround-Phasen oder verlaufen simultan und Feedback-Schleifen sind durchaus üblich und in der Praxis sogar empfehlenswert.[438] Zusammenfassend lassen sich darüber hinaus folgende typische Probleme beim Ablauf des Turnaround-Managements in den einzelnen Prozessphasen feststellen:

Wahrnehmung und Initiierung

- Das Turnaround-Management wird sehr häufig **zu spät initiiert**. Selbst wenn die Problemlage bekannt ist, vergeht wertvolle Zeit, bis ein Turnaround-Management installiert wird. Häufig erzeugt erst eine akute Existenzbedrohung den notwendigen Handlungsdruck. Turnaround-Maßnahmen können aber nur erfolgreich wirken, wenn sie zu einer Zeit initialisiert werden, in der das Unternehmen noch über ausreichend zukunftsträchtige personelle und sachliche Ressourcen verfügt.[439]

---

[436] Vgl. KALL (1999), S. 285 f.
[437] Vgl. GOLDSTEIN, HAHNE (2004), S. 167.
[438] Vgl. AROGYASWAMY, BARKER, YASAI-ARDEKANI (1995), S. 497; ZUBERBÜHLER (1989), S. 10; TSCHEULIN, RÖMER (2003), S. 75.
[439] Vgl. SEIDEMANN, SANDS (1991), S. 70.

Problemanalyse und Ableitung von Sofortmaßnahmen

- Die **ganzheitliche Unternehmens- und Umweltanalyse** wird häufig nicht nach Effizienzgesichtspunkten durchgeführt. Punktuelle Analysen bergen die Gefahr, dass Schwachstellen übersehen und mögliche Chancen nicht wahrgenommen werden können. Zu intensive oder detaillierte Analysen stehen dagegen im Konflikt mit der Zeitrestriktion im Turnaround.

- Sind Sofortmaßnahmen unabdinglich, besteht die Gefahr, dass diese aufgrund der **knappen Entscheidungs- und Umsetzungszeit** nicht ausreichend auf die zukünftige strategische Zielrichtung des Unternehmens ausgerichtet sind und damit neue Probleme induzieren.

- Fehlt eine **aussagefähige und belastbare Datenbasis** im Unternehmen, behindert dies nicht nur die Krisenerkennung, sondern erschwert auch die Analysephase des Turnaround-Managements, weil wertvolle Zeit für die Datengenerierung benötigt wird.

- Die **Datenerhebung und –auswertung** wird nur unzureichend dokumentiert. Dies erschwert die spätere Nachvollziehbarkeit und Reproduzierbarkeit von Analysen.

Planung und Entscheidung

- Turnaround-Konzepten mangelt es oftmals an einer **ganzheitlichen Betrachtung** des Unternehmens und seiner Umwelt. Die Turnaround-Strategien und -Maßnahmen werden nicht hinreichend aufeinander abgestimmt.

- Es fehlt oft eine **Unternehmensvision**, welche die Leitlinien für die Turnaround-Strategien und -Maßnahmen determiniert.

- Wird die Entscheidung über die Fortführung eines Unternehmens nicht an der Zielvorgabe einer **nachhaltigen Wiederherstellung der Wettbewerbsfähigkeit** festgemacht, kann dies lediglich kurzfristig wirksame Korrekturen auslösen und damit ein „Sterben auf Raten" in Gang setzen.

- Ein nicht hinreichend **mit den Turnaround-Akteuren abgestimmtes Turnaround-Konzept** gefährdet die Zusammenarbeit und den Turnaround-Erfolg. Können die Interessen der Turnaround-Akteure nicht konfliktfrei aufeinander abgestimmt werden, kann ein Turnaround-Prozess trotz prinzipieller Turnaround-Fähigkeit an der Turnaround-Würdigkeitsprüfung scheitern.

Realisierung und Kontrolle

- Der Fokus liegt auf der Konzepterstellung, während die **Umsetzung des Turnaround-Konzepts** und dessen Kontrolle häufig nicht nachhaltig verfolgt werden.

- Das Management muss den Handlungsbedarf anerkennen und die Verantwortung für die Umsetzung der Maßnahmen übernehmen.[440] Es muss als **Vorbild**

---

[440] Vgl. SEIDEMANN, SANDS (1991), S. 70 f.

funktionieren, indem den Mitarbeitern und Führungskräften neue Denk- und Handlungsweisen vorgelebt werden.

- Eine falsche Schwerpunktsetzung kann den Turnaround-Prozess nachhaltig behindern, da die knappen Ressourcen nicht effizient eingesetzt werden.
- Die **vorhandenen Informations- und Kontrollsysteme** genügen oftmals den Anforderungen eines Turnaround-Controllings nicht.
- Ein **zeitnahes, stringentes Controlling** des Turnaround-Prozesses wird vernachlässigt.

Ähnlich wie die situative Dimension lässt die prozessuale Dimension die Problematik des verspäteten (An)Erkennens einer Krisensituation aufgrund sachlicher und / oder persönlicher Barrieren erkennen. Da das ITM (zumindest bei seinem erstmaligen Einsatz) keinen Beitrag zu einer frühzeitigeren Krisenerkennung leisten kann, bleibt für solche Krisenunternehmen an dieser Stelle nur die Empfehlung, dass sie zumindest nach Erkennen der Schieflage unverzüglich ein Turnaround-Management installieren. So kann wertvolle Zeit gewonnen werden, in der anderenfalls eine abwartende Haltung den Abschwung weiter forciert. Sofern Externe noch keine Kenntnis von der Krise haben, kann zudem die Chance auf größere Handlungsfreiheit gewahrt werden.

5. Hierarchische Dimension

5.1 Hierarchische Dimensionen im Turnaround-Management

Im Folgenden werden die Inhalte des Turnaround-Managements bezüglich Strategien und Maßnahmen in den Fokus genommen. Grundsätzlich hängt die **inhaltliche Schwerpunkt- bzw. Zielsetzung des Turnaround-Managements** sehr stark von der Krisenphase ab, in der sich das Unternehmen befindet.[441] Entscheidend sind die jeweils gefährdeten dominanten Unternehmensziele. Wie im Rahmen der situativen Dimension gezeigt sind die Krisenursachen sowie der gegenwärtige Kontext mit ausschlaggebend für die Wahl geeigneter Turnaround-Strategien und -Maßnahmen. Aufgrund der unterschiedlichen Zielsetzungen und der tendenziell divergierenden Kontextgegebenheiten sind auch differenzierte Vorgehensweisen in den einzelnen Krisenphasen zu erwarten. Damit können in Abhängigkeit von der Krisenphase, in welcher der Turnaround eingeleitet wird, verschiedene Turnaround-Arten unterschieden werden.

Die Abgrenzung der Turnaround-Management-Arten erfolgt hier auf Basis der theoretischen **Adaption des hierarchischen Modells des Managements** bzw. der Ma-

---

[441] Vgl. KRAFT (2001), S. 71.

nagemententscheidungen. Die Systematisierung nach Hierarchien im Management zeichnet sich durch die gedankliche Subordination von Entscheidungen aus, wobei Detailentscheidungen den Rahmenentscheidungen untergeordnet werden.[442] Üblicherweise wird dabei zwischen strategischem, taktischem und operativem Management differenziert.[443] Strategisches Management ist auf den Aufbau, den Erhalt und die Nutzung von Erfolgspotenzialen gerichtet. Entscheidungen auf dieser Ebene betreffen das Unternehmen als Ganzes und sind durch den höchsten Abstraktionsgrad sowie Langfristigkeit charakterisiert. Ihm kommt daher eine Gestaltungsfunktion zu. Das taktische Management übersetzt die auf der strategischen Ebene formulierten Ziele in mittelfristige Pläne, während das operative Management die strategischen und taktischen Vorgaben im täglichen Geschäft in die Praxis umsetzt. Es übernimmt damit eine Lenkungsfunktion, deren Zeithorizont kurzfristiger Natur ist.[444] Faktisch stehen damit beim taktischen und operativen Management die Realisierung der dominanten Unternehmensziele der Liquiditätserhaltung und der Rentabilität im Vordergrund. Diese verschiedenen Hierarchien bieten zwar logisch abgrenzbare Problemfelder, stehen aber in einem ganzheitlichen Bezug zueinander. Damit scheint dieses theoretische Modell auch einen sinnvollen Bezugsrahmen für die Systematisierung von Managemententscheidungen im Turnaround zu bieten. Es hilft „auf theoretischer Ebene sehr, die Tragweite und Natur einzelner Sanierungsmaßnahmen zu erfassen und abzuschätzen".[445]

Hier wird der typische Krisenverlauf zugrunde gelegt, so dass entsprechend der Krisenphasen vier Turnaround-Arten und das ihnen angemessene Turnaround-Management differenziert werden (vgl. Abb. 17).[446] Demnach wird in der strategischen Krise ein strategischer Turnaround, in der Erfolgskrise ein taktischer Turnaround und in der Liquiditätskrise ein operativer Turnaround angestrebt. Zusätzlich wird der erzwungene Turnaround definiert, der das Ziel eines Insolvenzverfahrens sein kann.

---

[442] Vgl. MUGLER (1998), S. 159.

[443] Gelegentlich wird zusätzlich eine oberste Ebene eingeführt bzw. in die strategische Ebene integriert, in welcher die Unternehmensprinzipien, Normen und Spielregeln verankert werden. BLEICHER (2004), S. 80 f. spricht dabei ihm Rahmen des St. Galler Management-Konzepts von „normativem" Management. Alle nachrangigen Entscheidungen müssen mit den Vorgaben dieser oberen Ebene harmonisiert werden.

[444] Vgl. BLEICHER (2004), S. 81 ff.; MUGLER (1998), S. 160 f.; ZWICK (1992), S. 104 ff.

[445] SIEGWART, CAYTAS, MAHARI (1988b), S. 5.

[446] Vgl. zu den folgenden Erläuterungen der verschiedenen Hierarchien des Turnaround-Managements und den unterschiedlichen Turnaround-Arten PINKWART, KOLB (1999), S. 34 ff.; PINKWART, KOLB (2000), S. 6 f. In der Literatur finden sich weitere Typologisierungen des Turnarounds. SIEGWART, CAYTAS, MAHARI (1988b), S. 5 differenzieren beispielsweise nur zwischen strategischem und operativem Turnaround. Dies korrespondiert mit HOFER (1980), S. 20 und ROBBINS, PEARCE (1992), S. 306 f. ZWICK (1992), S. 108 ff. beschreibt in Anlehnung an das St. Galler Management-Konzept zusätzlich noch den „normativen Turnaround". PLATT (2004), S. 7 f. und SCHERRER (1989), S. 38 benennen außerdem einen „finanziellen Turnaround".

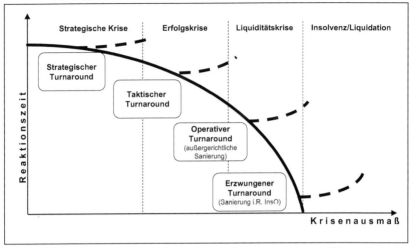

Abb. 17: Turnaround-Arten in Abhängigkeit vom Krisenstadium[447]

Geht man davon aus, dass ein Großteil der Unternehmenskrisen den eingangs vorgestellten Krisenverlauf durchschreitet,[448] so liegt bei den Unternehmen, die sich in einer Erfolgs-, Liquiditätskrise oder Insolvenz befinden, zumindest ein Teil der Krisenursachen sehr wahrscheinlich in einer fehlerhaften strategischen Positionierung und dem Verlust von Erfolgspotenzialen begründet. Das Turnaround-Management muss sich folglich neben der Beseitigung der Ertrags- und Liquiditätsschwäche auch dem strategischen Problemfeld widmen. Ebenso haben Unternehmen mit Liquiditätsproblemen sehr wahrscheinlich auch operative Schwächen, die es zu beheben gilt. Kostenanpassungsmaßnahmen sind bei diesen Unternehmen zur Wiederherstellung der Wettbewerbsfähigkeit in der Regel unumgänglich. Die Problemlagen dürfen folglich in den einzelnen Krisenphasen nicht isoliert voneinander gesehen werden. Dies induziert, dass es ein **krisenphasenübergreifendes Turnaround-Management** geben muss, das zum einen den spezifischen Besonderheiten der jeweiligen Krisenphase angepasst ist und zum anderen (bei Unternehmen, die sich in einer Ertrags- oder Liquiditätskrise oder der Insolvenz befinden) die Probleme vorgelagerter Krisenphasen (welche noch nachwirken bzw. auch in Zukunft noch von Relevanz sein können) ebenfalls in den Fokus nimmt. „Übergreifend" bedeutet in diesem Zusammenhang, dass die erarbeiteten Maßnahmen aufeinander abgestimmt sein müssen und keine isolierten Teillösungen darstellen.[449]

---

[447] Quelle: PINKWART, KOLB (2000), S. 4.
[448] Vgl. MÜLLER (1986), S. 56.
[449] Vgl. ZWICK (1992), S. 108.

Dies legt die Vermutung nahe, dass beide Hauptstrategien im Turnaround, die Neu-ausrichtung der strategischen Zielrichtung und die operative Effizienzsteigerung bzw. Kostenreduktion, gleichermaßen Gewicht haben. Dies lässt wiederum den Schluss zu, dass Retrenchment-Strategien immer im Kontext der avisierten strategischen Ausrichtung erfolgen müssen. Wird dieser These gefolgt, so kommt es vor allen Dingen auf die Abstimmung der strategischen Zielrichtung und der operativen Turn-around-Maßnahmen an.

Daher ist es wichtig festzuhalten, dass der Turnaround eines jeden Krisenstadiums die Lösungen der Probleme der vorgelagerten Krisenstadien beinhalten muss.[450] Die Integration darf aber nicht nur rückwärtsgerichtet funktionieren: ein strategischer Turnaround, bei dem Änderungen der Produkt- / Marktstrategie vorgenommen wer-den, bedarf letztlich auch entsprechender operativer Anpassungen. Folglich werden für einen erfolgreichen Turnaround auch Elemente des taktischen oder operativen Turnaround-Managements zum Tragen kommen müssen (wenn auch in geringerem Umfang).[451] Insofern sind die im Folgenden vorzustellenden einzelnen Management-hierarchien nicht als isolierte Lösungsansätze zu verstehen, sondern müssen immer im Kontext der jeweiligen Problemstellung gesehen werden, welche sehr häufig kri-senphasenübergreifend gelöst werden muss. Dies betont einmal mehr den zugrunde liegenden systemorientierten, ganzheitlichen Ansatz.

5.2 Strategisches Turnaround-Management

Der Schwerpunkt der Turnaround-Forschung liegt auf der Gestaltung von Erfolgs- und Liquiditätskrisen. Aufgrund der Bedeutung der strategischen Ausrichtung als Kri-senursache einerseits und Erfolgfaktor des Turnarounds andererseits wird hier eine gesonderte Betrachtung des strategischen Turnarounds als Ziel des Turnaround-Managements empfohlen. Wird eine strategische Krise identifiziert, kommt das stra-tegische Turnaround-Management zum Einsatz, mit dem eine **fundamentale Neu-orientierung des Unternehmens** angestrebt wird. PANT betont die Bedeutung der strategischen Neuausrichtung, indem sie festhält, dass *„a business plan of a poor performer looking for a profit turnaround should include a focus on the firm's strategy to generate major increases in sales over the long haul."*[452]

Die Bedeutung der strategischen Neuausrichtung wird in der Turnaround-Forschung allerdings auch kontrovers diskutiert. Während einige Autoren eine strategische

---

[450] Vgl. ENGBERDING (1998), S. 62; KLETT (2006), S. 22; ZWICK (1992), S. 108. SIEGWART, CAYTAS, MA-HARI (1988b), S. 5: *„Fast jeder fehlgeschlagene Turnaround ist (..) ein operativer, der eigentlich ein strategischer hätte sein sollen."*
[451] Vgl. SIEGWART, CAYTAS, MAHARI (1988b), S. 7.
[452] PANT (1987), S. 32.

Neuorientierung als Basis erfolgreicher Turnarounds ansehen,[453] begreifen andere
konträr dazu die Retrenchment-Strategien als Kernkomponente.[454] BARKER ET AL. unterstützen die Ansicht, dass Retrenchment bzw. Downsizing allein keine ausreichende Strategie für einen Turnaround ist. Sie finden keinen Beleg dafür, dass erfolgreiche Turnarounds mehr Anstrengungen im Bereich des Downsizings unternommen
haben als Unternehmen, bei denen der Turnaround-Versuch erfolglos war. Vielmehr
kommen sie zu dem Schluss, *„that downsizing may be a necessary action in response to decline, but is not sufficient to create a turnaround".*[455]

So liegt der **Fokus des strategischen Turnaround-Managements** auch stärker auf
Wachstums-, Innovations- und marktseitig induzierten Gewinnzielen als auf operativen Anpassungen.[456] Das Turnaround-Management zielt damit in finanzieller Hinsicht
auf die Steigerung des Umsatzes und die Verbesserung der Erlösqualität. Gleichwohl
sind sehr häufig auch Retrenchment-Strategien Bestandteil eines strategischen Turnaround-Managements. Der Rückzug aus nicht mehr zukunftsträchtigen oder unprofi-
tablen Geschäftsbereichen und Märkten kann ebenfalls einen erfolgversprechenden
Turnaround einläuten, indem potenzielle Verluste begrenzt werden.

Folgende beispielhafte strategische Maßnahmenbündel, welche den Erhalt und den
Wiederaufbau von Erfolgspotenzialen sichern sollen, können Bestandteil des strategischen Turnaround-Managements sein:[457]

- **Optimierung der Bearbeitung bestehender Märkte**: Marktaustritt (Verkauf /
  Schließung von Standorten), Optimierung der Produkt- / Kundenstruktur, Optimierung der Absatzwege, Ausbau Kundenservice;
- **Erschließung neuer Absatzmärkte**: Aufbau neuer Vertriebspräsenzen, Entwicklung neuer Produkte und Dienstleistungen;
- **Entwicklung interner Erfolgspotenziale**: Personalentwicklung, Prozessinnovationen.

---

[453] Vgl. u.a. GRINYER, SPENDER (1979), S. 125 ff.; HOFER (1980), S. 31. SUDARSANAM, LAI (2001),
S. 197 ermitteln, dass erfolglose Turnarounds stärker auf eine nach innen gerichtete Restrukturierung fokussiert sind, während erfolgreiche Turnarounds *„adopt more foreward-looking, expansio-
nary and external market focused strategies".*

[454] Vgl. z.B. HAMBRICK, SCHECTER (1983), S. 405 ff.; THIETART (1988), S. 35 ff. ROBBINS, PEARCE
(1992), S. 304 kommen sogar zu dem prägnanten Schluss: *„Firms should retrench regardless of
severity [der Unternehmenskrise, Anm. d. Verf.]."* Viele Autoren propagieren auch die Kombination
beider Strategien. Fraglich ist dabei die Reihenfolge, in der die Strategien verfolgt werden. Meist
wird zunächst ein Retrenchment empfohlen, dem sich eine strategische Neuausrichtung anschlie-
ßen soll; vgl. ROBBINS, PEARCE (1992), S. 290 ff.

[455] BARKER ET AL. (1998), S. 75. Vgl. ähnlich BARKER, MONE (1994), S. 403, welche die Daten von
ROBBINS, PEARCE (1992) (siehe Fußnote 454) anders analysieren und interpretieren und zu dem
konträren Schluss gelangen, dass Retrenchment allein keinen Turnaround-Erfolg garantiert.

[456] Vgl. SIEGWART, CAYTAS, MAHARI (1988b), S. 6.

[457] Vgl. BERGAUER (2001), S. 126 ff.; HESS ET AL. (1998), S. 221 ff.

Beachtet werden muss, dass die Auswahl der hier vorgestellten strategischen Optionen in der Praxis selbstverständlich **zahlreichen Nebenbedingungen** unterliegt. Im Rahmen der situativen Dimension wurden bereits einige Faktoren angesprochen, die Einfluss auf die Wahlmöglichkeiten nehmen. Demnach spielt insbesondere das Wettbewerbsumfeld eine wichtige Rolle. Neben dessen allgemeinen Faktoren können zusätzlich spezifische Branchenbesonderheiten oder Marktaustrittschranken die Wahl von Turnaround-Strategien und -Maßnahmen beschränken. Beispielsweise können langfristige Liefer- oder Serviceverträge wie sie bei vielen KMU üblich sind sowie nicht veräußerbare Vermögenswerte einem Marktaustritt entgegenstehen, obwohl er aus strategischer Sicht wünschenswert wäre.[458] Vergleichbares gilt für Auslaufkosten, die mit der Stilllegung von Betrieben oder Standorten (Sozialplan-, Miet-, Entsorgungskosten) verbunden sind. Markteintrittsbarrieren können auf der anderen Seite die Erschließung neuer Märkte verhindern. Beispielsweise können hohe Entwicklungskosten, niedrige Absatzpreise, Sprachbarrieren oder Know-how-Defizite den Eintritt für KMU mit eingeschränkten finanziellen und humanen Ressourcen in neue Märkte erschweren.

Trotz dieser Schwierigkeiten deuten empirische Untersuchungen darauf hin, dass Unternehmen, die ihr Turnaround-Management konsequent an den **Kundenbedürfnissen sowie Markt- und Unternehmenspotenzialen** ausrichten, erfolgreicher sind. MEYER ermittelt beispielsweise, dass erfolgreiche Turnaround-Unternehmen ihren Service und ihre Produktqualität im Vergleich zu den erfolglosen Turnarounds deutlich verbessern. Über Marketingaktivitäten können sie zusätzlich einen Imagezuwachs generieren, so dass sie insgesamt eine überdurchschnittliche Qualitäts- und Imageposition im Markt erzielen. Parallel gelingt es ihnen, Kostennachteile in der Produktion und im Gemeinkostenbereich abzubauen.[459] MEYER zeigt auf Basis einer breiten empirischen Grundlage, dass eine konsequente Marketingorientierung mit kontinuierlicher Verbesserung der Qualität und des Kundennutzens eine erhebliche Bedeutung für einen erfolgreichen Turnaround hat.[460] HARKER kommt in seiner Fallstudienuntersuchung von vier KMU der Maschinenbaubranche zu ähnlichen Ergebnissen. Die aktive Marktbeeinflussung ist auch hier der wesentliche Erfolgsfaktor für das Gelingen eines Turnarounds. Ein umfassendes Verständnis der Umweltbedingungen, die Entwicklung einer Turnaround-Vision und deren praktische Umsetzung in einen Turnaround-Plan sowie innovative Marketingstrategien unterscheiden die erfolgreichen Turnaround-Vorhaben von den erfolglosen.[461] Auch HARRIGAN betont, dass die Kundenorientierung und die Generierung von Wettbewerbsvorteilen Basis

---

[458] Vgl. LOHRKE, BEDEIAN (1998), S. 14, die in diesem Zusammenhang von beschränkter „managerial discretion" sprechen.
[459] Vgl. MEYER (1993), S. 65 ff.
[460] Vgl. PINKWART (2000a), S. 168.
[461] Vgl. HARKER (1998), S. 319 ff.

eines erfolgreichen Turnarounds sind.[462] PINKWART nimmt diese Erkenntnisse zum Anlass, eine „ganzheitliche Marketingorientierung" im Turnaround-Management zu fordern.[463]

5.3 Taktisches Turnaround-Management

Das taktische Turnaround-Management bezieht sich auf die Bewältigung von Erfolgskrisen. Darunter werden konkrete finanz- und leistungswirtschaftliche,[464] operative Maßnahmen subsumiert, die kurz- bis mittelfristig positive Auswirkungen auf die Erlös- und Aufwandssituation entfalten sollen. Die Literatur hat dazu eine große Bandbreite an Handlungsempfehlungen hervorgebracht, die prinzipiell einen Querschnitt der betriebswirtschaftlichen Kenntnisse zur Bestgestaltung der unterschiedlichen Funktionsbereiche darstellt. Es werden zahlreiche Maßnahmen benannt, die einen Beitrag zur Bewältigung von Erfolgskrisen durch Kostensenkung bzw. Umsatz- und / oder Effizienzsteigerung leisten sollen. Hier kommen insbesondere Turnaround-Maßnahmen des Downsizings bzw. Retrenchments zum Einsatz. Exemplarisch werden im Folgenden einige typische Maßnahmen des taktischen Turnaround-Managements aufgelistet, die hier nach ihrer angestrebten Wirkung auf das Unternehmensergebnis unterteilt werden: [465]

- **Senkung der Materialkosten:** Einkaufsverhandlungen, Einkaufsbündelung, Reduzierung Materialverbrauch / Ausschuss, Outsourcing, Global Sourcing
- **Senkung der Personalkosten:** Einstellungsstopp, Personalabbau, Lohn- und Gehaltsverzicht, Abbau von Sonderzahlungen, Kurzarbeit

---

[462] Vgl. HARRIGAN (1994), S. 14 ff.

[463] Vgl. PINKWART (2000a), S. 169 ff. PINKWART versteht Marketing als Leitkonzept einer marktorientierten Unternehmensführung, die die Kundenbedürfnisse in den Mittelpunkt stellt und komparative Wettbewerbsvorteile gegenüber den Konkurrenten anstrebt. Er beschränkt Marketing nicht nur auf das klassische Absatzmarketing, sondern integriert auch das Beschaffungsmarketing gegenüber den Lieferanten sowie das Public Marketing, das die Öffentlichkeit anspricht, und das interne Marketing, das sich an die Mitarbeiter richtet. Damit werden die besonderen Anforderungen der Anspruchsgruppen während eines Turnarounds verstärkt berücksichtigt. Zudem deckt diese Sichtweise eine Vielzahl der potenziellen Krisenursachenherde ab. Ausgehend von einer Unternehmensvision werden die Marketingstrategien im Turnaround abgeleitet. Auf dieser Basis werden die einzusetzenden Marketinginstrumente der „four p's" (price, product, place, promotion) ausgewählt. Dieser Marketing-Mix im Turnaround zielt zum einen auf eine optimierte Bearbeitung der Marktsegmente, zum anderen jedoch auch auf die Bestgestaltung der Beziehung zu den Turnaround-Beteiligten. Mit diesem ganzheitlichen Vorgehen greift PINKWART elementare Problembereiche des Turnaround-Managements wie eine unzureichende strategische Neuausrichtung, zu geringe Marktorientierung der Maßnahmen oder mangelnde Integration der Turnaround-Akteure auf. Dieser Ansatz erscheint folglich empfehlenswert, um einen Turnaround in dieser Hinsicht nachhaltig und eng an den Marktbedürfnissen orientiert zu gestalten.

[464] Vgl. WAGENHOFER (1993), S. Sp. 4382 ff.

[465] Vgl. HESS ET AL. (1998), S. 204 ff.; HORST (2000), S. 77 ff.; KELLER (1999), S. 178 ff.; KLETT (2006), S. 20.

- **Senkung der Zinskosten:** Reduzierung des gebundenen Vermögens, Umfinanzierung;
- **Senkung sonstiger Kosten:** stringentes Kostenmanagement
- **Steigerung des Umsatzes:** Preissenkungen, Vertriebsintensivierung, Erhöhung Vertriebsprovisionen
- **Verbesserung Beteiligungsergebnis:** Abstoßung unrentabler Beteiligungen;
- **Effizienzsteigerungen:** Verringerung von Auftragsdurchlaufzeiten; Produktivitätserhöhung

Um konkurrenzfähig zu bleiben bzw. wieder zu werden, ist einer der ersten Schritte in fortgeschrittenen Krisenphasen sehr häufig die Erarbeitung von Maßnahmen zur Kostensenkung. Gelingt nach der Erkennung des Turnaround-Erfordernisses in absehbarer Zeit keine deutliche Performanceverbesserung, kann dies die angeschlagene Glaubwürdigkeit der Unternehmensführung bei den Stakeholdern weiter untergraben. Diese diffizile Situation führt dazu, dass viele Manager auf die Manifestierung einer Krisensituation in erster Linie mit **Kostensenkungsmaßnahmen**, zu denen insbesondere der Personalabbau, Investitionsstopps und Budgetkürzungen zählen, reagieren. Insbesondere Einsparungen im Personalkostenbereich versprechen eine schnelle Verbesserung der Ertragslage. Nach dem Motto „Stop the Bleeding" versucht das Management, zügig „Cost Cutting"-Maßnahmen umzusetzen, um eine stabile Basis für die weitere Unternehmensentwicklung zu schaffen.[466]

PARKER, KEON zeigen in diesem Zusammenhang, dass KMU solche Kostenreduzierungsstrategien häufiger einsetzen als Differenzierungsstrategien. Dies kann ihrer Ansicht nach daher rühren, dass die KMU aufgrund ihrer geringeren Marktmacht gezwungen sind, sich den Preisstrategien ihrer Konkurrenten anzupassen. Folglich versucht das Management, Kostenvorteile (z. B. in der Produktion) zu realisieren. Die Autoren argumentieren weiter, dass die Unternehmensführung von KMU eher Maßnahmen zur Kostenreduktion vornimmt, da diese innerhalb ihrer Kontrolle liegen.[467] Möglicherweise sind aber auch Differenzierungsstrategien aufgrund des geringer diversifizierten Produktprogramms und des Ressourcenproblems von KMU schwerer zu realisieren.

Kostensenkungsstrategien sind in der Regel zunächst auch von Erfolg gekrönt, da die ergriffenen Maßnahmen kurz- bis mittelfristig zu einer Ergebnisverbesserung führen. Dies erweckt den Anschein, dass der Turnaround bereits gelungen sei. MEYER bezeichnet diese kurzfristige Unternehmensstabilisierung als „**Scheinturnaround**". Seine empirischen Erkenntnisse deuten darauf hin, dass dieser symptomorientierten Vorgehensweise nach einer vorübergehenden Verbesserung der Unternehmenssitu-

---

[466] Vgl. KETELHÖHN, JARILLO, KUBES (1991), S. 117.
[467] Vgl. PARKER, KEON (1994), S. 13 ff.

ation oft eine erneute Krise folgt. Problematisch ist, dass Entscheidungen, die in dieser Phase des Turnarounds unter Zeitdruck getroffen werden, oft weitreichende Folgen haben, welche im Vorfeld nicht hinreichend bedacht werden. So zeigt die empirische Untersuchung von MEYER, dass die erfolglosen Unternehmen ihr F&E- und Marketingbudget zugunsten von Ergebnisverbesserungen kürzen. Was zunächst den gewünschten Ergebniseffekt bewirkt, führt langfristig zu einer deutlichen Verschlechterung der Produktqualität und des Images. Der Nutzen in der Kundenwahrnehmung sinkt und eine neue Krise aufgrund sinkenden Marktanteils und Unterauslastung der Kapazitäten ist die Folge.[468] Faktisch werden damit nur kurzfristig die Symptome der Krise bekämpft, während die tiefer liegenden Krisenursachen weiter wirken oder neue Krisenursachen generiert werden.[469] KRYSTEK, MÜLLER sprechen in diesem Zusammenhang von einem *„Irrlicht-Effekt"*, den die kurzfristige Beseitigung von Krisensymptomen auslöst. Er lenkt von den eigentlichen strategischen Krisenursachen ab und wiegt die Unternehmensführung in der gefährlichen Sicherheit, einen erfolgreichen Turnaround vollzogen zu haben.[470]

LUKAS sieht in dieser Vorgehensweise eine **„Reparaturkultur"**, deren Fokus auf der schnellen Korrektur quantitativer Größen liegt. Dabei wird nicht berücksichtigt, mit welchen Mitarbeitern, mit welchen Qualifikationen und mit welchen Fähigkeiten und Kompetenzen man zukünftig am Markt innovativ vertreten sein will, um langfristig bestehen zu können.[471] Unmittelbare Folge aus der Fokussierung der Ergebnisverbesserung ist die Vernachlässigung der Wiederherstellung der nachhaltigen Wettbewerbsfähigkeit des Unternehmens. *„Die Qualität des Sanierungskonzepts legt die zukünftige Entwicklung des Unternehmens fest. Zu warnen ist vor bloßer ‚Bilanzsanierung' mit Forderungsverzichten der Gläubiger und Personalabbau zur Kostensenkung. Jede erfolgreiche Sanierung geht zuvorderst die inneren Ursachen der Krise an und bereinigt diese. Nur dann lohnen sich langfristig auch Rettungsbeiträge der Beteiligten."*[472]

Dies darf die Bedeutung von Kosteneinsparungen bzw. Effizienzsteigerungen aber nicht völlig in den Hintergrund drängen. Einsparungen sind zumeist notwendig, weil Kapazitäten nicht rechtzeitig an rückläufige Umsätze oder effizientere Produktion angepasst wurden. Dies betrifft nicht nur den Personalstamm im produktiven Bereich, sondern insbesondere auch den indirekt produktiven Bereich bzw. den Overhead.[473]

---

[468] Vgl. MEYER (1993), S. 65 ff.
[469] Vgl. WEBER (2004), S. 173; RAMAKRISHNAN, SHAH (1989), S. 31.
[470] Vgl. KRYSTEK, MÜLLER (1995c), S. 24.
[471] Vgl. LUKAS (1995), S. 168 ff.; KRYSTEK, MÜLLER (1995d), S. 19.
[472] SCHLEBUSCH, VOLZ, HUKE (1999), S. 455. Es gibt dazu aber auch konträre Ansichten: *„In der kurzfristigen Zielsetzung das Vordergründige zu sehen, muß die Devise sein. Dies gilt auch dann, wenn man befürchten muß, dass diese kurzfristige Lageverbesserung langfristig nachteilig ist.";* BECKER (1978), S. 677.
[473] Vgl. LURIE, AHEARN (1990), S. 28.

Das Downsizing muss aber geplant und mit einer Zukunftsvision für das Unternehmen durchgeführt werden. Erfolgreiche Downsizing-Projekte zeichnen sich dadurch aus, dass *"managers acted on a definite idea of the kind of company they wanted to become before they went very far in downsizing."*[474] Insbesondere Personalmaßnahmen sind mit der nötigen Weitsicht zu planen, um zum einen die Motivation und Einsatzbereitschaft der Belegschaft während des Turnaround-Prozesses aufrechtzuerhalten und zum anderen die Know-how-Basis des Unternehmens langfristig nicht zu schädigen.[475] Vor dem Hintergrund, dass der Mittelstand Probleme hat, ausreichend qualifiziertes Fachpersonal zu akquirieren, ist dies von besonders erfolgskritischer Bedeutung.

5.4 Operatives und erzwungenes Turnaround-Management

Weiterhin gehört zur hierarchischen Dimension das **operative Turnaround-Management**. Dies umfasst Entscheidungen und Maßnahmen, die auf die Beseitigung einer Liquiditätskrise gerichtet sind. Der Fokus liegt auf liquiditätsschöpfenden und bilanzbereinigenden Maßnahmen zur Abwendung der insolvenzauslösenden Tatbestände der Zahlungsunfähigkeit und Überschuldung. Typische Maßnahmen des operativen Turnaround-Managements lassen sich danach unterscheiden, ob sie vom Unternehmen selbst erbracht werden können oder durch Unterstützung Dritter zustande kommen:[476]

- **Autonome liquiditätsschöpfende Maßnahmen:** Nachschüsse der Gesellschafter, Gesellschafterdarlehen, Kapitalerhöhung, Auflösung stiller Reserven (Verkauf von nicht betriebsnotwendigen Vermögensgegenständen), Sale-and-lease-back, Lagerabverkäufe, Forderungsabbau (Intensivierung des Debitorenmanagements, Verkürzung Zahlungsziele, Factoring), Ausgaben- und Investitionsstopp
- **Heteronome liquiditätsschöpfende Maßnahmen:** Aufnahme neuer Gesellschafter, Patronatserklärungen, Erhöhung Kreditlinien, Moratorien, Schulden-/ Zinsreduktion bzw. -erlass, Sanierungskredite, Umschuldungen, Finanzierungshilfen der öffentlichen Hand, steuerliche Entlastungen
- **Bilanzbereinigende Maßnahmen:** Auflösung stiller Reserven, Auflösung von Rücklagen, Kapitalherabsetzung

Beim operativen Turnaround-Management ist aufgrund der unmittelbaren Existenzbedrohung die Gefahr besonders groß, Maßnahmen einzuleiten, die zunächst zwar

---

[474] DEWITT, HARRIGAN, NEWMAN (1998), S. 30.
[475] Vgl. GREENHALGH (1983), S. 165 ff.
[476] Vgl. BÖCKENFÖRDE (1996), S. 138 ff.; HESS ET AL. (1998), S. 195 ff.; KELLER (1999), S. 171 ff.; KLETT (2006), S. 21; TSCHEULIN, RÖMER (2003), S. 76 ff.

die Symptome kurieren, aber langfristig kontraproduktiv wirken. Zudem ist im operativen Turnaround die Einflussnahme von Externen vergleichsweise hoch. Der von ihnen ausgeübte Handlungsdruck kann das Management zu vorschnellen und unüberlegten Handlungen verführen. Demzufolge ist insbesondere im operativen Turnaround-Management die Koordination der Anspruchsgruppen ein ganz wesentlicher Bestandteil. Dies gilt um so mehr, wenn zur Rettung des Unternehmens externe Turnaround-Beiträge jedweder Form erforderlich sind.

Ein Sonderform des Turnaround-Managements stellt das **erzwungene Turnaround-Management** dar, das aber hier nicht im Fokus der Betrachtung steht und nur der Vollständigkeit halber Erwähnung findet. Es kommt zum Einsatz, wenn ein Unternehmen insolvent geworden ist und das weitere Vorgehen den Bestimmungen des **Insolvenzverfahrens** (Insolvenzordnung (InsO)) unterworfen ist. Ein Unternehmens-Turnaround kann in dieser Phase nur noch in enger Zusammenarbeit mit dem Insolvenzverwalter und den Gläubigern des Unternehmens gelingen.[477] Die InsO bietet mit dem Instrument des so genannten Insolvenzplans eine Möglichkeit, den Turnaround zu gestalten. Ziel dieses Plans ist es abseits von den gesetzlichen Regelungen einen Rahmen zu bieten, mit dem eine einvernehmliche Lösung zur Überwindung der Insolvenz und Fortführung des Unternehmens gefunden werden kann.[478] Abgesehen von umfangreichen insolvenz-, arbeits-, gesellschafts- und steuerrechtlichen Besonderheiten, die in einer Insolvenz einen engeren Rahmen für die Gestaltung des Turnarounds stecken, ist der erzwungene Turnaround inhaltlich durchaus mit dem eines operativen Turnarounds zu vergleichen. Insofern wird auf die Ausführungen im vorangegangenen Kapitel verwiesen.[479] Für Unternehmen, die sich in einer Liquiditätskrise befinden und bei denen eine drohende Zahlungsfähigkeit[480] diagnostiziert wird, kann der erzwungene Turnaround ggf. sogar eine empfehlenswerte Alternative sein, wenn man sich die Vorteile eines gerichtlichen Verfahrens zunutze machen kann. Insbesondere wenn das Unternehmen gesteuert in die Insolvenz geführt wird, bestehen gute Chancen auf einen erfolgreichen Turnaround. Dazu gehört, dass die Gläubiger im Vorfeld eingebunden werden und idealerweise ein Insolvenzplan mit ihnen bereits abgestimmt wurde („pre-packaged plan").[481]

---

[477] Vgl. PINKWART, KOLB (2000), S. 44 f.

[478] Vgl. RUNKEL (1998), S. 78; UHLENBRUCK (1998), S. 101.

[479] Für weitergehende Ausführungen zum Turnaround aus der Insolvenz heraus vgl. u. a. BECK, MÖHLMANN (HRSG.) (2000); BRAUN, UHLENBRUCK (1997); BUCHHART (2001), S. 227 ff.; EHLERS, DRIELING (1998); KAUTZSCH (2001); PICOT, ALETH (1999), S. 217 ff.

[480] § 18 Abs. 2 InsO ermöglicht bei drohender Zahlungsfähigkeit die Antragstellung auf Eröffnung eines Insolvenzverfahrens. Es ist aber kein verpflichtender Antragsgrund.

[481] Vgl. KUßMAUL, STEFFAN (2000), S. 1849 ff.; EIDENMÜLLER (1999), S. 437 ff.

5.5 Zusammenfassung der Problembereiche der hierarchischen Dimension

Auch bei der hierarchischen Dimension wurden einige potenzielle Problembereiche identifiziert. Diese Gestaltungsdimension des Turnaround-Managements weist in Forschung und Praxis konkret folgende potenzielle Schwierigkeiten auf:

- Die Turnaround-Forschung legt den **Fokus auf Erfolgs- und Liquiditätskrisen**. Die strategische Krise als zeitlich vorgelagerte Krisenphase und Ausgangspunkt vieler Krisenchronologien wird in den meisten theoretischen Modellen vernachlässigt. In der Praxis hat sich dementsprechend das Bewusstsein für die Existenzgefährdung, die von strategischen Krisen ausgeht, ebenfalls noch nicht durchgesetzt

- In der Literatur **wird dem Aspekt der krisenphasenübergreifenden Betrachtung nur wenig Aufmerksamkeit** geschenkt. Die vorgeschlagenen Instrumente und Methoden zur Unterstützung der Krisenbewältigung werden in den einzelnen Krisenphasen isoliert voneinander diskutiert. Vorschläge für voranzustellende Maßnahmen werden ebenso vernachlässigt, wie Folgemaßnahmen, die in nachfolgenden Krisenstadien notwendig werden, sofern Aktivitäten scheitern.[482]

- Die Ergebnisverbesserung steht aufgrund des Zeitdrucks sowie der externen und internen Erwartungshaltung im Fokus, während strategische Fragestellungen vernachlässigt werden (**Reparaturkultur**).

- Es erfolgt **keine nachhaltige Ausrichtung** der Produkte und Prozesse an den Kunden- und Marktbedürfnissen sowie Unternehmenspotenzialen.

- Es wird nur ein „**symptomorientierter" Turnaround** zur Gefahrenabwehr durchgeführt. Schnelle Erfolge bei der Verbesserung des Unternehmensergebnisses durch Kostenreduktion und Bilanzsanierung täuschen zu früh einen erfolgreichen Turnaround vor. Der zeitliche Aufwand, den ein Unternehmens-Turnaround realistisch erfordert, wird unterschätzt.[483]

Mit diesen Punkten wird die zentrale Forderung nach einem nachhaltigen Turnaround-Management noch einmal aufgegriffen. Es erscheint daher empfehlenswert, den Begriff der strategischen Krise noch stärker im Zusammenhang mit Unternehmenskrisen zu verankern. Das gilt zum einen für die Unternehmenspraxis, die ein stärkeres Bewusstsein für die Existenzbedrohung entwickeln muss, die bereits von einer strategischen Krise ausgeht. Dies kann helfen, die Bedeutung und den Stellenwert einer permanenten Frühaufklärung zu erhöhen. Zum anderen sollte auch die Krisen- bzw. Turnaround-Forschung in ihren Prozessmodellen die strategische Krise noch stärker in den Fokus nehmen, um diese erste Entstehungsphase vieler Unternehmenskrisen in die Betrachtung einzubeziehen. Damit wird der Schwerpunkt des

---

[482] Vgl. KLAR, ZITZELSBERGER (1996), S. 1866.
[483] Vgl. ZUBERBÜHLER (1986), S. 10.

Turnaround-Managements von einer reaktiven hin zu einer proaktiven Vorgehens-weise verschoben.

6. Funktionen des Integrierten Turnaround-Managements

6.1 Überblick

Nimmt man eine grobe Strukturierung der identifizierten Problembereiche aller Di-mensionen vor, stellt sich das Turnaround-Management als **mehrdimensionale Aufgabenstellung** dar, bei der die Entwicklung geeigneter Turnaround-Strategien und -Maßnahmen (betriebswirtschaftliches Problem), deren Einführung und Durch-setzung (politisches Problem) sowie die Steuerung und Kontrolle des Management-prozesses (strukturelles Problem) gelöst werden müssen (vgl. Abb. 18). Mehrdimen-sional wird die Problemstellung für das Management durch die wechselseitigen Be-ziehungen, die zwischen den einzelnen Aufgabenfeldern bestehen.

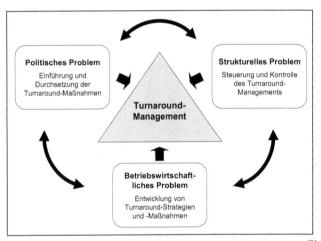

Abb. 18: Turnaround-Management als mehrdimensionale Problemstellung[484]

Die Turnaround-Forschung setzt sich sehr intensiv mit der Lösung der betriebswirt-schaftlichen Problemstellung auseinander. Ihr Fokus liegt auf der **Ableitung emp-fehlenswerter Turnaround-Strategien und –Maßnahmen** zur erfolgreichen Krisen-bewältigung. Je nach Ausgestaltung der wissenschaftlichen Untersuchungen lassen sich allerdings Belege für oder wider den Einsatz bestimmter Maßnahmen finden. Die Forschungsergebnisse bleiben für die Praxis unbefriedigend, da zwar eine Viel-

---

[484] Quelle: In Anlehnung an MÜLLER (1986), S. 3.

zahl möglicher Handlungsalternativen genannt wird, es aber oft unklar bleibt, unter welchen Bedingungen welche Alternativen anzuwenden sind.[485] Im Ergebnis liefern die Untersuchungen Kataloge von Handlungsempfehlungen, aus denen sich die Praxis die für sie passenden Elemente heraussuchen muss. Dies führt nicht selten zu einer isolierten Herangehensweise, die punktuell zwar sehr effizient Probleme beseitigen kann, aber an anderen Stellen Probleme übersieht oder sogar neue schafft. Hier wird daher der Schluss gezogen, dass der derzeitige Forschungsstand es nicht zulässt, ein geschlossenes Modell abzuleiten, welches auf die spezifische Krisensituation eines Unternehmens ein konkretes Maßnahmenpaket mit Anleitung zur Steuerung und Umsetzung zur erfolgreichen Krisenbewältigung bereithält. Es erscheint überhaupt fraglich, ob auf dieser konkreten Ebene eine wissenschaftliche Auseinandersetzung mit dem Unternehmens-Turnaround möglich ist. Dazu scheint die Anzahl, die Komplexität und die Heterogenität der beeinflussenden Faktoren zu groß zu sein. Maßgabe soll daher sein, sich dem betriebswirtschaftlichen Problembereich auf einer abstrakteren Ebene zu nähern. Dies lässt zwar u. U. individuelle Probleme eines Krisenunternehmens außer Acht, erlaubt es aber, einen generalisierenden Lösungsansatz zu präsentieren. Bei der betriebswirtschaftlichen Problemstellung soll hier deswegen weniger die Empfehlung konkreter Turnaround-Strategien und –Maßnahmen als vielmehr die Lösung des **Spannungsfelds zwischen der langfristigen strategischen Neuausrichtung und der Sicherung der kurzfristigen Überlebensfähigkeit** im Mittelpunkt stehen.

Die Turnaround-Forschung hat die strukturellen und politischen Aufgabenstellungen des Turnaround-Managements als Problembereiche durchaus erkannt und präsentiert auch Lösungsvorschläge dafür – allerdings fehlt die **Verknüpfung aller drei Bereiche zu einem ganzheitlichen Lösungsansatz**. Folglich soll hier der Versuch unternommen werden, ein Konzept zu entwickeln, das die betriebswirtschaftlichen, strukturellen und politischen Problemstellungen des Turnaround-Managements als gleichberechtigte und interdependente Bereiche begreift. Aufgrund der bislang starken Fokussierung der Strategie- und Maßnahmenentwicklung in der Turnaround-Forschung werden hier die beiden anderen Problemkreise explizit betont. Das politische Problem soll seinen Ausdruck vor allen Dingen in der Berücksichtigung der potenziellen **Konflikte zwischen dem Unternehmen und den diversen Anspruchsgruppen** finden. Hinzu kommt, dass das Turnaround-Management seine primäre Aufgabenstellung nicht nur in der Erstellung eines zukunftsorientierten Turnaround-Konzepts sehen darf, sondern auch die **nachhaltige Umsetzung der erarbeiteten Maßnahmen** sicherstellen muss. Dabei muss der **Lern- und Veränderungsfähigkeit und**

---

[485] Hier zeigt sich, dass das betriebswirtschaftliche Problem der Entwicklung von Strategien und Maßnahmen in Kombination mit dem politischen Problem ihrer Einführung und Durchsetzung für die Unternehmenspraxis eine „black box" darstellt, in die aufgrund der Aufgabenkomplexität und -einzigartigkeit nur die auf Turnaround-Management spezialisierten Beratungsunternehmen einen tiefen Einblick haben.

-bereitschaft der Organisation besondere Aufmerksamkeit gewidmet werden. Der strukturelle Problembereich greift die Schwierigkeit auf, den komplexen Turnaround-Prozess zu steuern und zu kontrollieren. Dies verlangt einen **übergreifenden Ansatz**, der neben den Phasen der Analyse und der Konzeptentwicklung auch die Konzeptumsetzung und -kontrolle beinhaltet und diese miteinander verknüpft und aufeinander abstimmt. Das Augenmerk soll hier zusätzlich auf dem gegenüber „normalen" Unternehmenssituationen deutlich **höheren Motivations-, Informations-, Kommunikations- und Controllingbedürfnis sowie -erfordernis** liegen.

Somit liegt die Kunst des Turnaround-Managements in der Integration dieser teilweise in sich sehr gegensätzlichen Anforderungen an einen erfolgreichen Turnaround. Diese Polaritäten lassen keine eindeutige Entscheidung im Sinne eines „Entweder Oder" zu.[486] Im Turnaround muss es folglich darum gehen, diese vermeintlichen Gegensätze konfliktfrei aufeinander abzustimmen und sie als komplementäre Ansätze zu begreifen. Eine lediglich punktuelle Würdigung der kritischen Faktoren scheint zur nachhaltigen Sicherung des Turnarounds nicht auszureichen, sondern birgt die Gefahr erneuter krisenhafter Entwicklungen. Dementsprechend fordern einige Autoren einen **ganzheitlichen Ansatz des Turnaround-Managements**.[487]

Die vorangegangen Ausführungen haben gezeigt, dass ein Turnaround zahlreiche Aufgaben und komplexe Problemstellungen für das Management beinhaltet. Aus dem Wissen um die potenziellen Problembereiche der Dimensionen im Turnaround werden nachfolgend zehn erfolgskritische Funktionen bzw. Aufgabenbereiche benannt, die das ITM erfüllen muss. Diese Funktionen sind von Subzielen geleitet, deren Zielerreichung einen Beitrag zur Erfüllung des übergeordneten Turnaround-Ziels leistet (vgl. Abb. 19). Sie sind als Elemente des ITM zu sehen, dürfen aber nicht als isolierte Bestandteile verstanden werden, da es zwischen den einzelnen Funktionen zahlreiche Interdependenzen gibt. Mit ihnen werden die als wesentlich identifizierten Problembereiche der vier Turnaround-Dimensionen fokussiert. Ihre Aktionsradien umfassen jedoch nicht nur jeweils eine Dimension, sondern können durchaus auch mehrere berühren. Nachfolgend werden die Funktionen vorgestellt und mit konkreten Handlungsempfehlungen unterlegt.

---

[486] Vgl. SIMON (2004), S. 31 f.
[487] Vgl. RAMAKRISHNAN, SHAH (1989), S. 31; WLECKE (2004), S. 66; KRÖGER (1990), S. 407. KALL, ROBECK (2004), S.70: „Krisen lassen sich nur ganzheitlich meistern." STAEHLE (1993), Sp. 2454 präferiert aufgrund der komplexen Problemstellung „eine umfassende ganzheitliche Sicht der Unternehmung und der Bedingungen eines effizienten Umgangs mit Krisen".

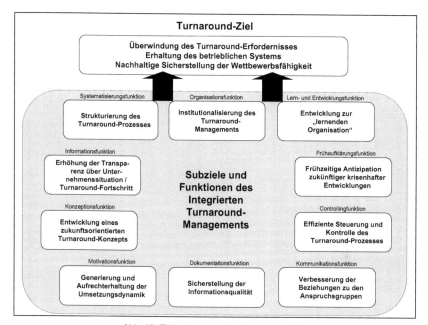

Turnaround-Ziel

Überwindung des Turnaround-Erfordernisses
Erhaltung des betrieblichen Systems
Nachhaltige Sicherstellung der Wettbewerbsfähigkeit

Systematisierungsfunktion	Organisationsfunktion	Lern- und Entwicklungsfunktion
Strukturierung des Turnaround-Prozesses	Institutionalisierung des Turnaround-Managements	Entwicklung zur „lernenden Organisation"

Informationsfunktion		Frühaufklärungsfunktion
Erhöhung der Transparenz über Unternehmenssituation / Turnaround-Fortschritt	**Subziele und Funktionen des Integrierten Turnaround-Managements**	Frühzeitige Antizipation zukünftiger krisenhafter Entwicklungen
Konzeptionsfunktion		Controllingfunktion
Entwicklung eines zukunftsorientierten Turnaround-Konzepts		Effiziente Steuerung und Kontrolle des Turnaround-Prozesses

Motivationsfunktion	Dokumentationsfunktion	Kommunikationsfunktion
Generierung und Aufrechterhaltung der Umsetzungsdynamik	Sicherstellung der Informationsqualität	Verbesserung der Beziehungen zu den Anspruchsgruppen

Abb. 19: Zielsystem und Funktionen des ITM

6.2 Systematisierungsfunktion

„Diszipliniertes, systematisches Vorgehen ist (..) unumgänglich, um Dinge zu verändern und voranzubringen."[488] Dieses Zitat bringt eine Grundintention des ITM zum Ausdruck: Das Konzept muss einen ganzheitlichen Orientierungsrahmen für Management und Mitarbeiter bieten, der hilft, den Turnaround-Prozess über alle Phasen und Aufgabenstellungen hinweg zu strukturieren und zu systematisieren. Es sollte dabei unerheblich sein, in welcher Krisenphase sich das Unternehmen befindet, da alle Krisenstadien abbildbar sein sollen. Das ITM soll als Lösungsansatz ebenso für strategische Krisen wie für Erfolgs- oder Liquiditätskrisen dienen.[489] Dies schließt also auch latente Phasen ein, in denen sich eine Krise erst entwickelt. Sein Leistungsspektrum bezieht sich demnach *„auf alle realen und möglichen Ausprägungen von Unternehmenskrisen, angefangen bei ihrer Entstehung bis hin zu ihrer endgültigen Beseitigung."*[490]

---

[488] KALL, ROBECK (2004), S. 80.
[489] Vgl. MÜLLER-STEWENS (1989), S. 645.
[490] Vgl. KLAR, ZITZELSBERGER (1996), S. 1866. Die Autoren belegen einen solchen übergreifenden Ansatz mit dem Begriff „Corporate Recovery".

Das ITM integriert alle Phasen des Turnaround-Management-Prozesses. Damit soll nicht nur die Konzepterstellung im Fokus stehen, sondern die Umsetzungsphase, die als besonders erfolgskritisch angesehen wird, soll ebenfalls Berücksichtigung finden. Das Konzept richtet sich in seiner prozessorientierten Sichtweise prinzipiell nach der Abfolge der übergeordneten Schritte **Initiierung, Analyse, Konzeption und Realisierung**. Allerdings wird ausdrücklich berücksichtigt, dass eine trennscharfe Abgrenzung dieser Phasen nicht möglich und auch nicht sinnvoll ist.[491] Sie können zwar inhaltlich abgegrenzt werden, sind aber in der Realität durch einen permanenten Feedback- und Feedforward-Prozess miteinander verknüpft. Insofern kann der Turnaround-Prozess nicht als lineare Abfolge, sondern muss vielmehr als **Regelkreis** verstanden werden, dessen integraler Bestandteil Vor- und Rückkopplungsschleifen sind.

Die verschiedenen Phasen des Turnaround-Prozesses müssen systematisch ineinander greifen und exakt aufeinander abgestimmt werden.[492] So setzt die Initialisierung des Turnaround-Managements nicht nur die Analyse in Gang, sondern ist parallel sehr häufig mit der Verabschiedung von Sofortmaßnahmen verbunden, so dass der Realisierungsprozess unmittelbar beginnt. Das ITM löst die modellhaften Grenzen auf, indem es die zwei Phasen der Analyse und der Realisierung gleichrangig nebeneinander stellt. Die Analyse ermittelt Diskrepanzen zwischen dem Anforderungsprofil der Umwelt und dem Kompetenzprofil des Unternehmens. Daraus resultiert das Turnaround-Konzept, das mit seinen Vorgaben von Strategie und Maßnahmen als Grundlage für die Realisierung dient. Mit ihr soll der Fit zwischen Unternehmen und Umwelt wiederhergestellt werden. Das ITM begreift das Turnaround-Konzept aber nicht als statische Vorgabe, sondern sieht die Notwendigkeit der permanenten Anpassung. Diese wird durch einen Feedback- und Feedforward-Prozess sichergestellt, der parallel zu den Schritten der Analyse, Konzepterstellung und Realisierung verläuft. Durch Dokumentation des Prozesses, Kommunikation der Ergebnisse und Fortschritte und nicht zuletzt ein zeitnahes Turnaround-Controlling soll die Qualität dieses Prozesses gewährleistet werden. Abb. 20 verdeutlicht diese Zusammenhänge bildlich.

---

[491] Vgl. AMSTUTZ (1997), S. 38; AROGYASWAMY, BARKER, YASAI-ARDEKANI (1995), S. 497; TSCHEULIN, RÖMER (2003), S. 75.
[492] Vgl. SCHIFFER, WEHNER, PETERS (1997), S. 53.

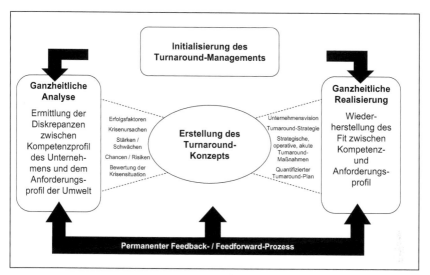

Abb. 20: Ganzheitlicher Aufbau des ITM

Abb. 21 unterstreicht, dass der Prozess des ITM durch einen **komplexen Ablauf** gekennzeichnet ist, dessen einzelne Phasen sich gegenseitig beeinflussen. Die Prüfinstanzen in verschiedenen Stadien des Prozesses sollen sicherstellen, dass der Turnaround nur dann vorangetrieben wird, wenn er aus betriebswirtschaftlicher Sicht sinnvoll ist. Damit wird zum Ausdruck gebracht, dass der Turnaround nicht Selbstzweck sein darf, sondern ökonomischen Gesetzen unterliegt, d. h. es ist die Form der Beendigung einer Unternehmenskrise zu wählen, die den größten Nutzen für die Beteiligten verspricht resp. den geringsten Schaden hervorruft. Die Wahrnehmungsphase zu Beginn des Turnaround-Prozesses wird „ausgespart". Das ITM kann erst zum Einsatz kommen, wenn die Unternehmenskrise den Akteuren bewusst ist und der Handlungsbedarf erkannt wurde. Das Problem der Wahrnehmung einer Krise kann das ITM demzufolge nicht lösen. Dieser erste Schritt zur Initialisierung eines Turnaround-Prozesses bleibt folglich weiterhin der Frühaufklärungsfähigkeit der Unternehmensführung bzw. dem rechtzeitigen Einschreiten externer Akteure überlassen. Allerdings ist es das Ziel des ITM, aus der „Not der Krise eine Tugend des professionalisierten Managements" zu machen, indem nach erfolgreichem Turnaround das erarbeitete Wissen und installierte Instrumentarium proaktiv zur **Antizipation und Vermeidung zukünftiger Unternehmenskrisen** genutzt wird (Übergang zum strategischen Management resp. proaktiven Turnaround-Management). Versteht man das ITM als einen geschlossenen Regelkreis, schließt sich somit an die erfolgreiche Konzeptumsetzung wieder eine Wahrnehmungsphase an, in der permanente Frühaufklärung betrieben wird.[493]

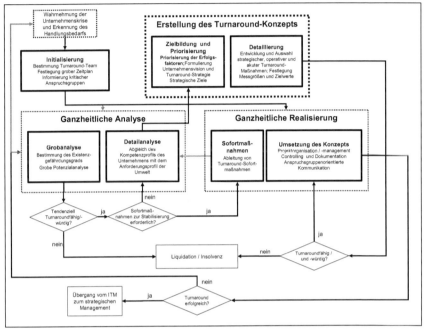

Abb. 21: Prozess des ITM

Systematisches Vorgehen ist im Turnaround vor allen Dingen aufgrund der Zeitrestriktion vonnöten, die während aller Turnaround-Phasen zu beachten ist. Im Turnaround muss deshalb nach der „80/20-Regel" gehandelt werden.[494] Darunter ist zu verstehen, dass das Turnaround-Management Prioritäten setzen muss: die größten Probleme müssen zuerst gelöst werden.[495] In einer Unternehmenskrise kommt dem schnellen Identifizieren und Fokussieren von Schlüsselfaktoren eine entscheidende Bedeutung zu.[496] Besonders erfolgskritisch ist dies in der Analysephase: Es muss ein strukturiertes Vorgehen gefunden werden, dass es erlaubt, in vorgegebener Zeit einen umfassenden Eindruck der Unternehmenssituation sowie der künftigen Chancen und Risiken zu erhalten. Zu lange Analysephasen sind aufgrund der begrenzten Zeit

---

[493] Vgl. dazu auch die Frühaufklärungsfunktion des ITM in Kap. D.6.10.
[494] Vgl. KRAUS, GLESS (2004), S. 127.
[495] Vgl. LURIE, AHEARN (1990), S. 29.
[496] Vgl. KLEIN, POESCH (2003), S. 66 f.

im Turnaround nicht tragbar. Der Zeitdruck in einer Turnaround-Situation kann die Verantwortlichen daher zu vorschnellem Handeln verleiten. Es werden vereinfachte Annahmen über die Problembereiche des Unternehmens getroffen, was die Gefahr birgt, dass die wirklichen Krisenursachen nicht identifiziert werden.[497] Die alleinige Konzentration auf nur ein Problemfeld kann neue Krisenherde entstehen lassen oder andere Probleme verstärken.[498] Die Schwierigkeit des Turnaround-Managements besteht in der Analyse folglich in der Bewältigung des „Spagats" zwischen einem umfassenden Informationsbedürfnis einerseits und der eingeschränkten Analysezeit andererseits. Dies bedeutet, dass zugunsten von Zeitgewinn auf marginale Informationszuwächse verzichtet werden muss. Detaillierte Untersuchungen, die keinen wirklichen Zusatznutzen oder wertvollen Erkenntniszuwachs versprechen, sondern lediglich viel Zeit in Anspruch nehmen, sollten ausgespart werden. Trotzdem gilt: *„Details must be examined because much management information is simply wrong."*[499]

6.3 Organisationsfunktion

Um insbesondere die institutionelle Dimension des Turnaround-Managements optimal auszufüllen, bedarf es zunächst der Besetzung des Turnaround-Managements. Sobald das Vorliegen einer Unternehmenskrise erkannt und der Handlungsbedarf anerkannt wurde, muss das Turnaround-Management initialisiert werden. Es muss definiert werden, welche Person bzw. Personengruppe als **oberste, zentrale Instanz** alle wesentlichen Entscheidungen festlegt und die Führung im Turnaround übernimmt. Zu ihren Aufgaben zählt die Sammlung der notwendigen Informationen, Aufstellung von Aktionsplänen und Formulierung des Vorgehens bei Umsetzung und Kontrolle sowie die aktive Steuerung des Prozesses.[500]

In KMU ist der Austausch des Managements nicht die Regel. Daher soll hier davon ausgegangen werden, dass der Unternehmer weiterhin die Geschäftsführung inne hat oder zumindest eine entscheidende Funktion innerhalb eines Führungsgremiums besetzt. Dies wirft die Problematik der begrenzten zeitlichen und fachlichen Kapazität des Unternehmers auf. Die Erkenntnisse der Turnaround-Forschung deuten an, dass, wenn schon kein Austausch des Managements möglich ist, zumindest eine Erweiterung des Führungskreises von Vorteil ist. Folglich wird hier die **Bildung eines Turnaround-Management-Teams** empfohlen, das kontinuierlich für die Führung

---

[497] Vgl. DI PRIMIO (1988), S. 62; siehe auch Kap. D.4.4.
[498] Vgl. KLEIN, POESCH (2003), S. 68.
[499] FINKIN (1985), S. 24.
[500] Vgl. SHUCHMAN, WHITE (1995), S. 37; STAEHLE (1993), Sp. 2463 f.

während des Turnaround-Prozesses verantwortlich zeichnet.[501] Teamarbeit ermöglicht, dass die zusätzlichen Managementaufgaben auf mehrere Personen verteilt werden. Die Qualität von Entscheidungen steigt, weil der Objektivitätsgrad zunimmt. Die fachlichen und persönlichen Anforderungen, die an einen Turnaround-Manager gestellt werden und selten in einer Person vereinigt sind, können so zumindest im Team dargestellt werden.[502] Die Anzahl der Teammitglieder hängt von der Unternehmensgröße sowie von der Komplexität und dem Umfang der zu bewältigenden Turnaround-Aufgaben ab. Zu viele Mitglieder können den Entscheidungsprozess hemmen,[503] während zu wenige möglicherweise Optionen ausblenden oder nicht kritisch genug hinterfragen.

Mitglieder des Turnaround-Teams sollten der oder die Geschäftsführer sein, die Entscheidungen aufgrund ihrer Position auch durchsetzen können. Um das Vertrauen der Anspruchsgruppen in die Unternehmensführung zu stärken und das Managementpotenzial zu verbreitern, wird empfohlen, ein „Ad hoc-Team" zur Krisenbewältigung[504] unter **Einbindung geeigneter Führungskräfte** und ggf. externer Berater zu installieren. Die Auswahl dieser Personen sollte auf Basis der fachlichen und persönlichen Anforderungen des Turnaround-Managements erfolgen. Hierarchische Strukturen sollten erst in zweiter Linie ausschlaggebend für die Aufnahme in das Turnaround-Team sein. Innerhalb des Teams sollte eine möglichst heterogene, interdisziplinäre Besetzung (z. B. Techniker, Kaufleute, Vertrieb) für eine Vielfalt von Meinungen und eine möglichst große Bandbreite an Know-how sowie verschiedene Perspektiven sorgen.[505] Damit wird die Chance auf innovative Lösungsansätze gewahrt und eine größere Objektivität bei der Entscheidungsfindung und -durchsetzung gewährleistet.

Der Handlungs- und Entscheidungszwang im Turnaround erfordert die Figur eines „**Turnaround-Leaders**",[506] die als zentrale Instanz den Turnaround-Prozess steuert. Als „primus inter pares" obliegt ihr die letzte Entscheidungsgewalt. Ihre Aufgabe ist es, Abstimmungs-, Entscheidungs- und Umsetzungsprozesse zu forcieren und im

---

[501] Die Konstellation des Teams kann sich im Verlauf des Turnaround-Prozesses allerdings noch verändern, wenn in der Analyse gravierende Managementmängel diagnostiziert werden, die eine Verstärkung oder sogar einen Austausch der Führung notwendig machen.

[502] Vgl. FAULHABER, LANDWEHR (2005), S. 25 ff.

[503] Vgl. ALBACH (1984a), S. 193.

[504] Vgl. HÖHN (1974), S. 141; STAEHLE (1993), Sp. 2463 f.

[505] Vgl. ALBACH (1984a), S. 193; KRAUS, GLESS (2004), S. 123. KRAFT (2001), S. 325 ff. kommt in seiner empirischen Untersuchung zu den Erfolgsfaktoren von Turnaround-Investitionen (das sind Investitionen von Dritten wie z. B. Private-Equity-Gesellschaften in ein Turnaround-Unternehmen) zu dem Ergebnis, dass der Investitionserfolg maßgeblich vom Einsatz eines effektiven Turnaround-Teams abhängt. Die Effizienz wird durch die Kompetenzen, die Reputation und den Erfahrungshintergrund der einzelnen Mitglieder sowie deren optimale Ergänzung im Team bestimmt.

[506] FAULHABER, LANDWEHR (2005), S. 31 bezeichnen den Turnaround-Leader bzw. Turnarounder als „Nukleus der Turnaround-Bewegung".

Falle von Uneinigkeit im Turnaround-Team Entscheidungen auch gegen Widerstände zu treffen und durchzusetzen. Auch wenn grundsätzlich eine demokratische Entscheidungsfindung zu begrüßen ist, muss bei Meinungsverschiedenheiten gewährleistet sein, dass der Entscheidungsprozess durch eine dazu legitimierte Person abgekürzt wird. Das gleiche gilt für unpopuläre Entscheidungen und Maßnahmen, die für den Turnaround-Prozess als unabdingbar erscheinen. In KMU dürfte diese Position aufgrund der Verfügungs- und Entscheidungsrechte in den Händen des Unternehmers liegen.

Die **Hinzuziehung externer Personen**, die über spezifisches Turnaround-Know-how verfügen, ist gut geeignet, um den Turnaround-Prozess zu professionalisieren. Objektivität, Neutralität und der „andere Blickwinkel" dieser Personen helfen, althergebrachte Denkmuster und Verfahrensweisen in Frage zu stellen. Die im Unternehmen fehlende Expertise sowie eingeschränkte Managementkapazität können dadurch weitgehend ausgeglichen werden. Dies ist insbesondere während der Analyse empfehlenswert, um einen objektiven Eindruck der Situation zu gewährleisten. Der Einsatz von Beratern kann außerdem einen Beitrag dazu leisten, fehlendes Vertrauen der Stakeholder in die Unternehmensführung wiederherzustellen. Die üblicherweise nicht vorhandene Planung, Schulung und Vorbereitung auf Unternehmenskrisen in KMU ist ein weiterer Grund, warum Externe den Turnaround-Prozess positiv befruchten können.[507] Erfolgreiche Veränderungsprozesse sind neben der Mitarbeiterbeteiligung auch durch den Transfer ausreichender Methoden- und Erfahrungskompetenz aus vergleichbaren Situationen anderer Unternehmen gekennzeichnet.[508] Dies können Beratungsunternehmen, die über Erfahrung im Umgang mit Krisensituationen verfügen, am ehesten gewährleisten. Hinzu kommt, dass in fortgeschrittenen Krisenphasen, in denen Kreditinstitute als Auslöser des Turnaround-Prozesses fungieren, der Beratungseinsatz häufig zur Bedingung gemacht wird. Sofern externe Berater den Turnaround-Prozess begleiten, sollte mindestens einer in verantwortlicher Position Mitglied des Turnaround-Teams sein. Folglich ist bei der Zusammenstellung und Organisation des Turnaround-Teams die Integration externer Personen, die den Turnaround-Prozess zeitlich begrenzt begleiten, zu berücksichtigen. Allerdings muss die Einbindung externer Berater mit dem Ziel erfolgen, von ihrem Know-how und ihrer Erfahrung nachhaltig zu profitieren. Dies verlangt eine enge, konstruktive Zusammenarbeit mit der Beratung. Die unreflektierte Übernahme von Konzepten und Empfehlungen setzt dagegen nur selten Veränderungsprozesse in Gang.

Bei KMU, die bislang kein **Aufsichtsorgan** vorgesehen haben, kann es sich anbieten, eine solche Instanz als Überwachungsgremium (Beirat oder Lenkungsausschuss) während des Turnaround-Prozesses zu installieren. Es sollte auf oberster

---

[507] Vgl. STAEHLE (1993), Sp. 2464.
[508] Vgl. WÜPPING (2003), S. 114.

Ebene eine Kontrollfunktion wahrnehmen und gegenüber dem Turnaround-Team als Coach funktionieren. Bedingung für die effiziente Arbeit einer solchen Instanz ist, dass eine größtmögliche Objektivität und Distanz zum Unternehmen gewahrt bleibt. Daher sollten dessen Mitglieder nicht zu tief in das operative Geschäft des Unternehmens eingebunden sein bzw. werden, sondern vielmehr durch regelmäßige und zeitnahe Berichte des Turnaround-Teams einen Einblick in den Turnaround-Prozess erhalten und sich dabei eine objektive Perspektive bewahren.[509] Neben der Kontroll- und Überwachungsfunktion kann ein Beirat während des Turnaround-Prozesses auch wertvolle Unterstützung durch fachliche Beratung, Mediation bei Unstimmigkeiten im Gesellschafterkreis oder Vermittlung von Geschäftskontakten geben.[510]

6.4 Informationsfunktion

Eine wesentliche und sehr umfassende Aufgabe des ITM ist die systematische Verbesserung des Informationsstands über die Unternehmenssituation zu Beginn des Turnarounds sowie in dessen Verlauf.[511] Diese Transparenz muss sowohl für das Management als auch die Mitarbeiter sowie weitere relevante Anspruchsgruppen geschaffen werden. Um den Schwachstellen im Krisenunternehmen gezielt begegnen zu können, bedarf es einer **kritischen Auseinandersetzung mit den Entstehungsgründen der Unternehmenskrise.** Für das Turnaround-Management sind diejenigen Krisenursachen von Bedeutung, die in der Gegenwart nachwirken oder sich in der Zukunft erneut negativ auswirken können. Krisenverstärkende (externe) Faktoren dürfen dabei einerseits nicht außer Acht gelassen werden und andererseits nicht den Blick für unter Umständen tiefer liegende Ursachen verstellen. Die Probleme müssen also in ihrer Gesamtheit erfasst werden.[512] Turnaround-Management ist jedoch nicht nur die Bewältigung der Auswirkungen von Fehlern der Vergangenheit, sondern zum großen Teil eine zukunftsgerichtete Gestaltung des Unternehmens.

Dies erhebt die Forderung nach einem **ganzheitlichen Analyseansatz,** in dessen Rahmen ein möglichst großer Teil der potenziellen internen und externen Einflussfaktoren sowie deren Interdependenzen analysiert und bewertet werden.[513] Die Analyse muss darauf abzielen, *„Aufschluss über Art, Stärke und Zusammenspiel der Einflusskräfte von Unternehmen und Umwelt zu gewinnen. Damit erhält man nicht nur*

---

[509] Vgl. SEIDEMANN, SANDS (1991), S. 47.

[510] Vgl. KAPPEL (2003), S. 50 f., der die Beiratsfunktionen Beratung, Überwachung und Kontrolle, Existenzsicherung, Mediation, Repräsentation und „Boundary-spanning" (Überwindung von Unternehmensgrenzen durch Aufnahme externer Mitglieder) unterscheidet.

[511] Vgl. PINKWART, KOLB (2000), S. 53 f.

[512] Vgl. SEIDEMANN, SANDS (1991), S. 51.

[513] RAMAKRISHNAN, SHAH (1989), S. 27: *„A systems view of problems demands an overall approach, requiring a common-sense analysis of what is currently happening in the company, why, and what can be done to make it better."*

ein Bild über die momentane Position eines Unternehmens, sondern auch über zu erwartende Veränderungen."[514] Der Analyse wird für den Turnaround-Erfolg eine hohe Bedeutung beigemessen. Fehler oder Unterlassungen, die in dieser Phase begangen werden, können zu falschen Entscheidungen führen, die wiederum weitreichende Auswirkungen auf das Turnaround-Konzept und dessen Erfolg haben. Das führt neben der Problemwahrnehmung, d.h. dem Erkennen der Krisensituation, zu zwei zentralen Aufgabenstellungen bzw. Analysefeldern für das ITM:[515]

(1) Analyse des **Anforderungsprofils der Umwelt** (Bedingungsrahmen) und seiner unternehmensrelevanten Veränderungen[516] sowie

(2) Identifikation von Defiziten im **Kompetenzprofil des Unternehmens** durch Abgleich mit dem Umwelt-Anforderungsprofil unter besonderer Berücksichtigung der vorhandenen Managementkompetenz.

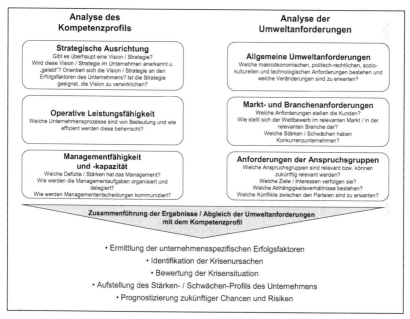

Abb. 22: Ganzheitlicher Analyseansatz des ITM

---

[514] MÜLLER-STEWENS, LECHNER (2005), S. 158.

[515] Vgl. BEA, HAAS (1994), S. 487; ähnlich auch SHORT, PALMER, STIMPERT (1998), S. 156.

[516] Vgl. PINKWART (2000a), S. 170 f. *„In einer stagnierenden Wirtschaft reicht es nicht, auf (vielleicht eintretende) Umweltveränderungen zu warten und dann zu reagieren. Die Krise zwingt zur Initiative, zum aktiven Aufspüren neuer Chancen und zur vorausschauenden Risikoabwehr.";* STELTER (2003), S. 109.

Die spezifischen Untersuchungsbereiche der Unternehmens- und Umweltanalyse sowie das Analysevorgehen im Einzelnen sollen hier nicht in allen Details erörtert werden.[517] Auch hier gilt, dass die individuelle Ausgestaltung der Analyse stark vom Krisenunternehmen und seinen jeweiligen strukturellen, finanziellen, organisatorischen und leistungswirtschaftlichen Gegebenheiten sowie dem historischen Krisenverlauf abhängig ist. Aufgrund der Bedeutung der Analysephase für den Turnaround-Erfolg sollen im Folgenden aber zumindest die **Grundzüge einer ganzheitlichen Analyse** skizziert werden (vgl. Abb. 22). Es wird hier auch keine weitergehende Unterscheidung zwischen Grob- und Detailanalyse getroffen, da sie sich prinzipiell nicht inhaltlich, sondern eher hinsichtlich des Detaillierungsgrads und der Schwerpunktsetzung unterscheiden.[518]

Die Bestimmung des **Kompetenzprofils des Unternehmens** orientiert sich an den „typischen Krisenursachen" wie sie in zahlreichen empirischen Untersuchungen identifiziert wurden. So ist ein potenzieller Schwachpunkt die nicht vorhandene oder falsche strategische Ausrichtung des Unternehmens. Bei KMU wird nicht selten festgestellt werden müssen, dass explizite Strategien nicht vorhanden sind, sondern nur implizit in den Köpfen der Unternehmensführung existieren.[519] Ursächlich dafür sind die starke Einbindung des Managements in das operative Geschehen, unzureichendes Methodenwissen oder fehlendes Vertrauen und geringe Offenheit gegenüber den Mitarbeitern.[520] Für einen erfolgreichen Unternehmens-Turnaround ist aber die Entwicklung und vor allen Dingen auch die unternehmensweite Kommunikation einer **strategischen Ausrichtung** entscheidend, um zukunftsorientiert zu agieren. Eine Aufgabe im Rahmen der Analyse der strategischen Ausrichtung ist folglich die Prüfung, welches Strategieverständnis im Unternehmen existiert. Eine einfache Abfrage bei der Unternehmensführung und den Mitarbeitern kann Klarheit darüber bringen, ob eine Unternehmensvision und / oder -strategie überhaupt existieren und wenn ja, ob darüber auch ein einheitliches Verständnis besteht. Existiert eine Strategie, die auch unternehmensweit anerkannt ist, muss überprüft werden, inwieweit sie im Einklang mit den Erfolgspotenzialen des Unternehmens steht und dem Anforderungsprofil der Umwelt angepasst ist und inwiefern sie damit geeignet ist, das Unternehmens- resp. Turnaround-Ziel zu erreichen. Dies kann i.d.R. erst abschließend beurteilt werden, wenn alle Analyseergebnisse zusammengeführt werden.

---

[517] Für einen vertiefenden Einblick vgl. die Turnaround-Literatur, die u. a. unter dem Stichwort Sanierungs- bzw. Turnaround-Fähigkeitsprüfung relevante Suchbereiche auflistet (z. B. BÖCKENFÖRDE (1996), S. 56 ff.; GUNZENHAUSER (1995), S. 33 ff.; HESS ET AL. (1998), S. 47 ff.; HOFER (1980), S. 21 ff.; HOWALDT (1994), S. 201 ff.; KRAUS, GLESS (2004), S. 125 ff.; WLECKE (2004), S. 36 ff.).

[518] Vgl. dazu ausführlicher Kap. D.4.3.

[519] Vgl. WELTER (2003), S. 219 ff.

[520] Vgl. GOTTSCHLICH (1989), S. 159.

Wie die Erkenntnisse der Krisenursachenforschung gezeigt haben, ist nicht nur die strategische Ausrichtung ein wesentlicher Schwachpunkt vieler Unternehmen, sondern auch die operative Umsetzung. Demzufolge ist ein wesentlicher Bestandteil der Analyse des Kompetenzprofils die Bestimmung der **operativen Leistungsfähigkeit**. Dafür gibt es keine objektiv einzig richtige Vorgehensweise, sondern viele Möglichkeiten der Erhebung und Bewertung.[521] Zu Beginn empfiehlt sich eine historische Betrachtung der Unternehmensentwicklung, um den Verlauf der Unternehmensleistung nachzuzeichnen. Dazu gehört beispielsweise die Entwicklung des operativen Ergebnisses, des Umsatzes, des Cash flows, des Personalbestands, des Eigenkapitals, der Anzahl und Größe von Filialen und Betriebsstätten. Dies liefert erste Hinweise auf die Dauer, den Schweregrad und die Dynamik des Krisenverlaufs.

Generell lässt sich festhalten, dass im Turnaround dem **Finanzbereich** hohe Priorität zukommt, insbesondere wenn es sich um eine akute Unternehmenskrise handelt.[522] Daten über Kapitalvolumen und -struktur, stille Reserven und Liquidität geben beispielsweise Auskunft über die finanziellen Ressourcen des Unternehmens. Es darf aber keine einseitige Schwerpunktsetzung der Ergebnis-, Liquiditäts- und Kostensituation vorgenommen werden, sondern es müssen alle Funktionsbereiche des Unternehmens auf ihre aktuelle und potenzielle Leistungsfähigkeit untersucht werden.[523] Im Bereich des Marketings sind dies z. B. das Produkt- und Leistungsprogramm (Sortimentstiefe und –breite, Qualität, Service), Distribution (Organisation, Vertriebskanäle), Preisgestaltung, Marketingaktivitäten (Werbung, Verkaufsförderung). Wichtig erscheint hier, dass auch quantitativ beurteilt wird, wie profitabel die Produkte sind. Diese Informationen sind in KMU aufgrund fehlender qualifizierter Deckungsbeitragsrechnungen oder sogar Vollkostenrechnungen auf Produktebene[524] oftmals nicht vorhanden. Weitere Analyseschritte müssen die Produktion (Technologie, Kapazität, Produktivität), die Logistik, den Einkauf, den F&E-Bereich und den Personalbereich (Organisationsstrukturen, Entgelt, Sozialleistungen, Betriebsklima) detailliert betrachten und beurteilen. Zusätzlich sind auch weiche Faktoren wie z. B. die Unternehmenskultur in die Betrachtung einzubeziehen.[525]

---

[521] Vgl. MÜLLER-STEWENS, LECHNER (2005), S. 212. Mögliche Analysetools zur Bewertung der operativen Leistungsfähigkeit sind u. a. Bilanz- und GuV-Analyse, Deckungsbeitragsrechnungen, (Prozess-) Kostenanalyse, Portfoliotechnik, ABC-Analyse, Mitarbeiterbefragungen usw.

[522] Vgl. HOFER (1980), S. 21. In einer Liquiditätskrise hat z. B. eine Grobanalyse und -planung der Finanzströme Vorrang, mit der festgestellt werden kann, ob bereits Insolvenzantragspflicht besteht resp. wie viel Zeit noch verbleibt, bis die Tatbestände voraussichtlich erfüllt sein werden.

[523] Vgl. HOFER (1980), S. 21; PINKWART (2000a), S. 169 ff.; SHELDON (1994), S. 534.

[524] FAULHABER, LANDWEHR (2005), S. 97 ff. empfehlen dementsprechend eine dezidierte Analyse der Profitabilität einzelner Produkt(segmente) und auch Märkte (Kunden, Standorte), um die Werterzeuger und -vernichter im Unternehmen zu ermitteln.

[525] Vgl. KRAUS, GLESS (2004), S. 126.

Aufgrund des ganzheitlichen Anspruchs des ITM erscheint es generell empfehlenswert, die operative Leistungsfähigkeit nicht ausschließlich funktionsbereichsorientiert vorzunehmen, sondern auch aus einer **prozessorientierten Sichtweise** zu bewerten. Dabei wird untersucht, welche Prozesse im Unternehmen von besonderer Bedeutung sind und wie effizient diese Abläufe beherrscht werden. Einzelne Funktionsbereiche werden darüber in Verbindung gebracht, so dass Schnittstellenprobleme zwischen den Bereichen berücksichtigt werden können, die eine isolierte Betrachtungsweise ausblendet. Die Beurteilung der Qualität der Prozessbeherrschung beinhaltet eine Bewertung der Mitarbeiterleistungsfähigkeit und des -potenzials. Im Fokus der Betrachtung stehen die zentralen Wertschöpfungsprozesse eines Unternehmens, in deren Verlauf verschiedene Funktionsbereiche berührt werden (z. B. Einkauf, Produktion, Logistik, Vertrieb) resp. die parallel von unterstützenden Funktionsbereichen (z. B. Controlling, Personalbereich) begleitet werden.[526]

Schließlich muss eine Analyse der Managementfähigkeiten durchgeführt werden. Die vorhandene **Managementfähigkeit und -kapazität** ist von entscheidender Bedeutung für den Unternehmens-Turnaround. Dies gilt sowohl für den Unternehmer (sofern er in verantwortlicher Position im Unternehmen verbleibt), als auch für die Führungskräfte im Unternehmen. Ihre persönlichen und fachlichen Qualifikationen sowie ihre Entwicklungsfähigkeit spielen eine sehr entscheidende Rolle für den Turnaround-Erfolg.[527] Drei Fragen sind bei der Beurteilung des Managements und dessen eigener „Turnaround-Fähigkeit" relevant:[528] (1) Besitzt das Management die notwendigen Fähigkeiten, um das Unternehmen während eines schwierigen Turnaround-Prozesses zu führen? (2) Ist es bei der Analyse und der Entscheidungsfindung objektiv? (3) Hat es akzeptiert, dass einschneidende Veränderungen vonnöten sind und gezeigt, dass es die Bereitschaft besitzt, die Veränderungen auch umzusetzen? Können diese Fragen nicht ausdrücklich bejaht werden, muss über einen Austausch der betreffenden Personen befunden werden. Kritisch ist es, wenn der Unternehmer diese Eigenschaften nicht vorweisen kann. Die Absetzung seiner Person ist kaum durchführbar, sofern er als Alleineigentümer agiert. Die Analyse kann aber in diesem Fall zumindest die Managementlücke und den Bedarf externer Unterstützung aufzeigen. Befindet sich das Unternehmen in einer Krisenphase, in der Fremdkapitalgeber involviert sind, kann ihr Machtpotenzial möglicherweise eine Entscheidung hinsichtlich Managementwechsel oder -unterstützung erwirken.

---

[526] Zur Darstellung und Analyse empfiehlt sich z. B. das Modell der Wertschöpfungskette von PORTER; vgl. PORTER (1999b), S. 63 ff.

[527] Die Entrepreneurshipforschung hat allgemein die Bedeutung der Qualifizierung der Gründer für den Unternehmenserfolg erkannt. PINKWART (2000b), S. 191 sieht im Hinblick auf mögliche künftige kritische Unternehmensentwicklungsphasen sogar bereits für Gründer einen expliziten Qualifizierungsbedarf im Bereich des Krisenmanagements.

[528] Vgl. SEIDEMANN, SANDS (1991), S. 47.

Die **Analyse der Umweltanforderungen** erfordert zunächst eine Auseinandersetzung mit den **allgemeinen Anforderungen der Umwelt**. Diese sind sehr umfangreich und in ihren Auswirkungen auf das einzelne Unternehmen zunächst häufig noch sehr unspezifisch. Eine grobe Einteilung in ökonomisches, politisch-rechtliches, sozio-kulturelles und technologisches Segment deutet an, wie vielfältig die Einflüsse der allgemeinen Umwelt auf das einzelne Unternehmen sein können.[529]

Abb. 23 stellt einen Ausschnitt denkbarer Einflussfaktoren und ihrer allgemeinen und möglichen unternehmensspezifischen Auswirkungen dar. Aufgabe im Rahmen der Analyse ist es, diejenigen Entwicklungstendenzen zu identifizieren, die einen starken Einfluss auf das Unternehmen ausüben können. Auswirkungen sind sowohl auf der operativen Ebene möglich (z. B. Anstieg der Lohnkosten durch Anhebung von Sozialbeiträgen) als auch auf strategischer Ebene (z. B. Globalisierung als Auslöser für Konkurrenzzunahme).

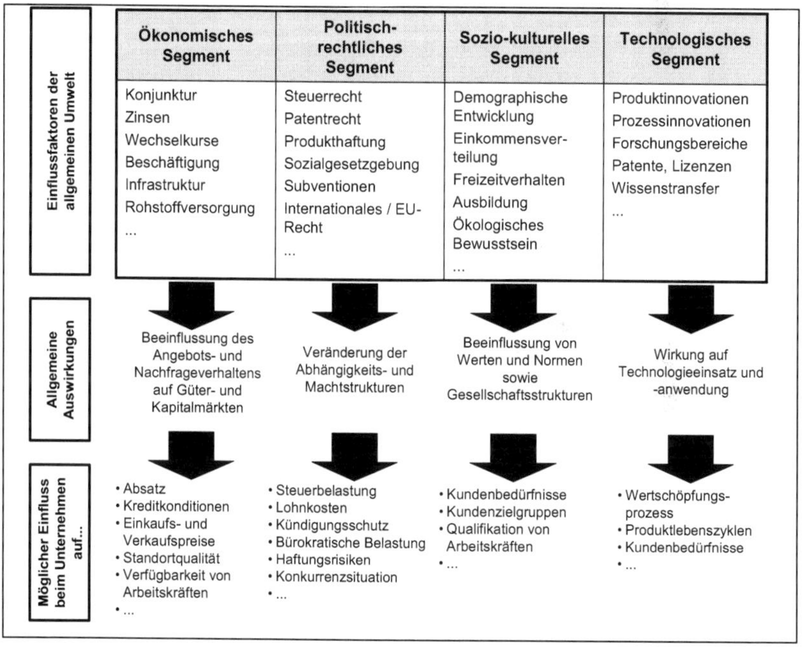

Einflussfaktoren der allgemeinen Umwelt	Ökonomisches Segment	Politisch-rechtliches Segment	Sozio-kulturelles Segment	Technologisches Segment
	Konjunktur Zinsen Wechselkurse Beschäftigung Infrastruktur Rohstoffversorgung ...	Steuerrecht Patentrecht Produkthaftung Sozialgesetzgebung Subventionen Internationales / EU-Recht ...	Demographische Entwicklung Einkommensverteilung Freizeitverhalten Ausbildung Ökologisches Bewusstsein ...	Produktinnovationen Prozessinnovationen Forschungsbereiche Patente, Lizenzen Wissenstransfer ...
Allgemeine Auswirkungen	Beeinflussung des Angebots- und Nachfrageverhaltens auf Güter- und Kapitalmärkten	Veränderung der Abhängigkeits- und Machtstrukturen	Beeinflussung von Werten und Normen sowie Gesellschaftsstrukturen	Wirkung auf Technologieeinsatz und -anwendung
Möglicher Einfluss beim Unternehmen auf...	• Absatz • Kreditkonditionen • Einkaufs- und Verkaufspreise • Standortqualität • Verfügbarkeit von Arbeitskräften • ...	• Steuerbelastung • Lohnkosten • Kündigungsschutz • Bürokratische Belastung • Haftungsrisiken • Konkurrenzsituation • ...	• Kundenbedürfnisse • Kundenzielgruppen • Qualifikation von Arbeitskräften • ...	• Wertschöpfungsprozess • Produktlebenszyklen • Kundenbedürfnisse • ...

Abb. 23: Einflussfaktoren der allgemeinen Umwelt und ihre Auswirkungen[530]

---

[529] Vgl. MÜLLER-STEWENS, LECHNER (2005), S. 205 f.; MACHARZINA (2003), S. 262; RAMAKRISHNAN, SHAH (1989), S. 27.

[530] Quelle: In Anlehnung an MÜLLER-STEWENS, LECHNER (2005), S. 205.

Die zunehmende Komplexität und Dynamik der Umwelt macht es immer schwieriger, frühzeitig relevante Trends zu erkennen. Vor allen Dingen müssen im Zuge des Zusammenwachsens der Märkte nicht nur regionale, sondern auch **überregionale und globale Entwicklungen** beobachtet und hinsichtlich ihrer potenziellen Auswirkungen auf das Unternehmen bewertet werden. Hier muss auf das vorhandene Know-how der Mitarbeiter sowie externer Partner und Institutionen (z. B. Verbände, Experten, Kunden) zurückgegriffen werden, um das Suchfeld systematisch zu sondieren und entsprechende Zukunftsszenarien entwickeln zu können. Bei den möglichen Auswirkungen sind aber nicht nur Risiken für die Unternehmen zu befürchten, sondern es können sich auch Chancen eröffnen. Für Turnaround-Unternehmen kann hierin durchaus die Möglichkeit liegen, neue oder veränderte Kundenbedürfnisse aufzuspüren und daraus neue Produkte zu entwickeln bzw. Märkte zu eröffnen.

Des Weiteren müssen die **Markt- und Branchenanforderungen** erhoben werden. Darunter sind die Anforderungen der Nachfrager an das Unternehmen und seine Produkte und Dienstleistungen sowie die durch die Wettbewerbsintensität in einer Branche determinierten Herausforderungen zu verstehen. Das Wissen um die Bedürfnisse, das Kaufverhalten und den Kaufentscheidungsprozess der Kunden ermöglicht es, die Turnaround-Strategien marktorientiert auszurichten. Verschiedene Methoden der Marktforschung können helfen, diese Informationen zu generieren.[531] Damit wird der Handlungsspielraum und die (fehlende) Machtstellung aufgezeigt, die ein Unternehmen im Turnaround auf bestimmten Märkten besitzt.

Zusätzlich macht die Turnaround-Situation es erforderlich, dass die erfolgskritischen **Anspruchsgruppeninteressen** besonders in den Fokus genommen werden. Sind durch eine Unternehmenskrise individuelle Ziele der Anspruchsgruppen bedroht, verändern sich ihre Anforderungen an das Unternehmen deutlich. Unterschiedliche Einflusspotenziale, Ansprüche und Ziele der Interessengruppen erfordern eine differenzierte und integrierende Herangehensweise beim Turnaround-Management.[532] Das Management der Turnaround-Akteure, von denen die Existenz des Unternehmens abhängt, ist demnach als Kernbestandteil des Turnaround-Managements anzusehen.[533] Ein spezifisches Management der Anspruchsgruppen unterliegt allerdings den beschränkten Ressourcen des Unternehmens, so dass meist nicht alle Bedürfnisse

---

[531] Z. B. können schriftliche und mündliche Befragungen potenzieller und bestehender Kunden Aufschluss geben. Des Weiteren können Beobachtungen, Experimente oder Panelerhebungen hilfreich sein; vgl. MEFFERT (2000), S. 145 ff.; PINKWART, HEINEMANN (2004), S. 381 ff. Zur Bestimmung der Wettbewerbsintensität prägte PORTER ein in Theorie und Praxis weit verbreitetes Analyseschema, in dessen Mittelpunkt fünf Determinanten (Rivalität unter den Wettbewerbern, Bedrohung durch neue Konkurrenten und Substitutionsprodukte, Verhandlungsposition der Lieferanten sowie der Kunden) stehen; vgl. PORTER (1999a), S. 33 ff.; SLATTER, LOVETT (1999), S. 46 ff.

[532] Vgl. STAEHLE (1993), Sp. 2457.

[533] Vgl. BUSCHMANN (2004), S. 210 ff.; BALGOBIN, PANDIT (2001), S. 305. „Gaining stakeholder support requires careful stakeholder management."; SLATTER, LOVETT (1999), S. 82.

aller Anspruchsgruppen befriedigt werden können. Ein effizientes Anspruchsgruppen-Management stellt somit ein Optimierungsproblem dar, bei dem entschieden werden muss, welchen Stakeholdern welche Zugeständnisse gemacht werden.[534] Transparenz über die jeweiligen Interessen der Turnaround-Akteure ist Grundvoraussetzung, um Strategien und Maßnahmen zur Krisenbewältigung entwickeln zu können, die den Zuspruch der Akteure finden werden. Das Wissen um ihre individuellen Interessenlagen wird damit zu einem wichtigen Baustein des Turnaround-Managements. Dabei gilt es, einerseits kritische Akteure im Vorfeld zu identifizieren und andererseits Abhängigkeiten anderer Akteure gezielt auszunutzen.[535] Dies führt hier zum Vorschlag einer turnaround-spezifischen Ergänzung der Umweltanalyse. Es sollte eine Anspruchsgruppenanalyse durchgeführt werden, die Aufschluss darüber gibt

(1) welche Gruppen und Personen zu den **relevanten Anspruchsgruppen** zählen,
(2) welche **Erwartungen** diese Gruppen an das Unternehmen haben,
(3) welchen **Nutzen** sie für das Unternehmen bieten und
(4) welche **Abhängigkeitsverhältnisse** bestehen.

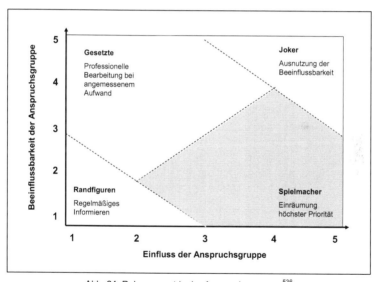

Abb. 24: Relevanzmatrix der Anspruchsgruppen[536]

[534] Vgl. MÜLLER-STEWENS, LECHNER (2005), S. 175.
[535] Vgl. BUSCHMANN (2004), S. 216; CLASEN (1992), S. 189; STAEHLE (1993), Sp. 2456.
[536] Quelle: In Anlehnung an MÜLLER-STEWENS, LECHNER (2005), S. 179.

Die notwendigen Informationen können durch Workshops und Befragungen der Mitarbeiter sowie direkte Gespräche mit den jeweiligen Anspruchsgruppen gewonnen werden. Anschließend werden diese zusammengetragen und bewertet. Eine **Relevanzmatrix** wie sie in Abb. 24 dargestellt ist, hilft, die bestehenden Abhängigkeitsverhältnisse zu verdeutlichen und adäquate Verhaltensstrategien zu entwickeln, indem Hypothesen über die Veränderungsbereitschaft und Belastbarkeit der Anspruchsgruppen im Turnaround gebildet werden.[537] Es liegt damit ein dezidiertes Bild der Machtverhältnisse vor, in deren Zentrum sich das Krisenunternehmen befindet. Daraus können normative Verhaltens-, Verhandlungs- und Informationsstrategien abgeleitet werden. Dies trägt dazu bei, dass während des Turnaround-Prozesses nicht nur auf die Forderungen und Bedürfnisse der Anspruchsgruppen reagiert wird, sondern diese vielmehr antizipiert werden. Die Beziehung zu den Anspruchsgruppen kann so zumindest teilweise proaktiv gestaltet werden.

Ein Ziel der Analyse ist die **Ermittlung der unternehmensspezifischen Erfolgsfaktoren**. Sie bilden die Basis einer strategischen Unternehmensführung und müssen in den Mittelpunkt der strategischen Unternehmensplanung und damit auch der Erarbeitung eines Turnaround-Konzepts gestellt werden.[538] Es handelt sich dabei um diejenigen finanziellen und leistungswirtschaftlichen Kriterien, die entscheidend dazu beitragen, den Unternehmenserfolg wiederherzustellen bzw. zu sichern.[539] Dies können zum einen jene Faktoren sein, die unmittelbar auf die Erreichung der dominanten Unternehmensziele der Rentabilität und Zahlungsfähigkeit wirken wie z. B. Kostensenkung, Produktivitätssteigerung und Liquiditätsschöpfung und damit turnaround-spezifische Erfolgsfaktoren sind. Zum anderen zählen aber auch die strategischen Erfolgsfaktoren dazu, die den Unternehmenserfolg nachhaltig und längerfristig bestimmen und insbesondere dem Aufbau und der Sicherung von Erfolgspotenzialen oder Erfolgspositionen dienen wie z. B. Managementqualität, Kunden- und Mitarbeiterzufriedenheit, Produktqualität. Welche Faktoren für das einzelne Unternehmen besonders erfolgskritisch sind, hängt u.a. von den Krisenursachen, dem gegenwärtigen Unternehmenskontext und der jeweiligen Krisenphase ab.

---

[537] Vgl. zur Typologie der Anspruchsgruppen Kap. D.3.1.1.

[538] Vgl. GOTTSCHLICH (1989), S. 78; DASCHMANN (1994), S. 198.

[539] Vgl. BLEICHER (2004), S. 381. Nach ROCKART (1979), S. 85 sind kritische Erfolgsfaktoren „*for any business, the limited number of areas in which results, if they are satisfactory, will ensure successful competitive performance for the organization. They are the few key areas where 'things must go right' for the business to flourish. If results in these areas are not adequate, the organization's efforts for the period will be less than desired.*" Die Betriebswirtschaftslehre ist bemüht, allgemeine Einflussfaktoren zu identifizieren, die den Erfolg und den Misserfolg unternehmerischen Handelns bestimmen. Es hat sich sogar ein eigener Forschungszweig, die Erfolgsfaktorenforschung, herausgebildet. Deren Grundannahme ist, dass es eine begrenzte Anzahl von Faktoren gibt, deren Erfüllungsgrad den Erfolg resp. Misserfolg von Unternehmen maßgeblich determiniert; vgl. dazu HAHN, GRÄB (1989), S. 211 und die dort zitierte Literatur. Vgl. zur Kritik an der empirischen Erfolgsfaktorenforschung NICOLAI, KIESER (2002), S. 579 ff.

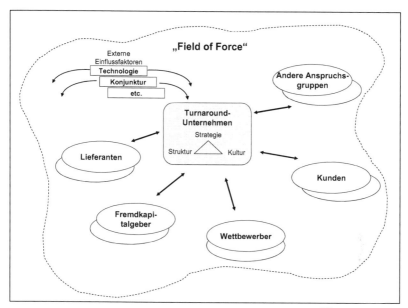

Abb. 25: „Field of Forces" eines Turnaround-Unternehmens[540]

Der Erfüllungsgrad der Erfolgsfaktoren zeigt die **individuellen Stärken und Schwächen des Unternehmens**. Der Abgleich von Kompetenzprofil und Umweltanforderungen ergibt als Resultante die Stärken und die Schwächen des Unternehmens, die zur Krise geführt haben bzw. für die Entstehung zukünftiger Krisen (mit-)verantwortlich sein können. Insofern ist eine gesonderte Krisenursachenanalyse nicht notwendig, sondern wird implizit durch den ganzheitlichen Analyseansatz berücksichtigt. Auf Basis der Analyseergebnisse kann eine **Bewertung der Krisensituation** vorgenommen werden, womit eine Beschreibung des krisenspezifischen Kontexts möglich wird. Der Grad der Existenzbedrohung und das Ausmaß des Handlungsbedarfs wird ebenso deutlich wie die Konstellation der Machtverhältnisse, wie sie sich durch die externe Einflussnahme darstellt. Die Prognose zukünftiger Entwicklungen stellt sicher, dass mögliche **Chancen und Risiken** für das Unternehmen bei der Konzepterstellung ausreichend berücksichtigt werden.[541] Damit wird dem Gedanken der Nach-

---

[540] Quelle: In Anlehnung an MELIN (1985), S. 81.

[541] Oft wird für eine integrierte Betrachtungsweise der Innen- und Außensicht auf die SWOT-Analyse zurückgegriffen (SWOT-Analyse steht als Abkürzung für die Analyse der strengths, weaknesses, opportunities, threats eines Unternehmens (Stärken, Schwächen, Chancen, Risiken)). Dieses Instrument erlaubt es, die identifizierten gegenwärtigen Stärken und Schwächen des Unternehmens den möglichen Chancen und Risiken gegenüberzustellen. Aus der Konfrontation können Defizite und Übereinstimmungen des Kompetenz- und Anforderungsprofils ermittelt werden; vgl. MACHARZINA (2003), S. 298 ff.; PINKWART (2000a), S. 172.

haltigkeit in besonderem Maße Rechnung getragen. Werden diese Ergebnisse zusammengeführt, erhält das Unternehmen einen umfassenden Eindruck der Kräfte
und Einflussfaktoren, die auf das Turnaround-Unternehmen und den Krisenbewältigungsprozess einwirken (*„Field of Forces"*; vgl. Abb. 25). Für das Turnaround-Konzept liefert dies die Ansatzpunkte zur Erarbeitung von Strategien und Maßnahmen.[542]

Die einzelnen Bestandteile der Analyse werden nicht isoliert in aufeinander folgenden Schritten durchgeführt, sondern vielfach **parallel erarbeitet**. Dies ist zu empfehlen, da Ergebnisse aus einem Analyseschritt Relevanz für einen anderen Schritt haben können und damit das Vorgehen beeinflussen.[543] Zudem sind die Analyseschritte
konditional eng miteinander verknüpft.[544] Insofern sind sie nicht als isolierte Bestandteile zu verstehen, sondern als sich wechselseitig beeinflussende und ergänzende
Komponenten.

Empfehlenswert ist eine **Objektivierung der Analyse durch Dritte** wie z. B. Bera-
tungsunternehmen. Aber auch wenn das Unternehmen den Turnaround ohne fremde
Unterstützung durchführt, bestehen Möglichkeiten zur Vermeidung oder zumindest
Beschränkung subjektiver Einflüsse bei der Analyse. So können z. B. Befragungen
von Kunden, Lieferanten oder Branchenexperten, die das Unternehmen aus ihrer
Sicht beurteilen, einen Beitrag zur Objektivierung leisten. Sie fügen der Analyse eine
Fremdperspektive hinzu, die mit der Innensicht gespiegelt werden kann. Darüber
hinaus stellen Konkurrenzanalysen und -vergleiche sicher, dass die Bewertung des
eigenen Unternehmens durch Benchmarks relativiert wird.[545]

6.5 Konzeptionsfunktion

Zentraler Bestandteil des ITM ist die Entwicklung eines **realistischen, zukunftsorientierten Turnaround-Konzepts**, das als Leitfaden für die Gestaltung des Turnaround-Prozesses fungiert. Um die revolutionären Änderungen, die ein Turnaround
erfordert, im Unternehmen erfolgreich umsetzen zu können, empfiehlt es sich, zu
Beginn eine **unternehmerische Vision** zu kreieren und zu kommunizieren, die Ausgangsbasis für die Ableitung von Zielen und Strategien ist.[546] Eine Unternehmensvision beschreibt die zukunftsgerichtete, normative Vorstellung des Unternehmens

---

[542] Turnaround-Strategien bauen darauf, *„either beefing up the weaknesses or building in the
strengths of a firm"*; RAMAKRISHNAN, SHAH (1989), S. 30.

[543] Bspw. machen Erkenntnisse über technologische Neuerungen aus der Analyse der allgemeinen
Umwelt eine Neubewertung des eigenen Technologiestatus notwendig.

[544] Bspw. können häufig erst durch Kenntnis des Umwelt-Anforderungsprofils Rückschlüsse auf die
internen Krisenursachen gezogen werden.

[545] Vgl. PINKWART (2000a), S. 171.

[546] Vgl. COENENBERG, FISCHER (1993), S. 5; GOLDSTON (1992), S. 75 ff.; PINKWART, KOLB (2000), S. 54;
TSCHEULIN, RÖMER (2003), S. 73.

über die eigene Entwicklung. Sie ist sinnstiftend, d. h. sie schafft Ordnung und Orientierung, wirkt durch die Bildung und Kommunikation eines erstrebenswerten Zieles motivierend auf Management und Mitarbeiter und hat letztlich eine handlungsleitende Funktion, indem die Handlungen der einzelnen Organisationsmitglieder auf dasselbe Ziel ausgerichtet werden.[547] Die Vision ermöglicht, dass neue Sinngebungen an die Stelle früherer Wertvorstellungen treten, womit dem Gedanken einer notwendigen kulturellen Veränderung im Unternehmen Rechnung getragen wird.[548] Für das Turnaround-Unternehmen hat eine Vision dahingehend besondere Bedeutung, dass sie die langfristig angestrebte Neuorientierung aufzeigt, die Ziel des Turnarounds ist. Durch die Unternehmensvision wird die langfristige Zielrichtung des Unternehmens festgelegt, die über einen erfolgreichen Turnaround hinausgehen sollte. Sie hilft, ein nachhaltiges Turnaround-Verständnis zu verinnerlichen und ein kurzfristiges, lediglich symptomorientiertes Vorgehen zu vermeiden.

Strategien müssen den Weg oder die Leitlinien beschreiben, auf dem das Langfristziel (= Unternehmensvision) erreicht werden soll. Hierbei ist zwischen **Unternehmens- und Turnaround-Strategie** zu unterscheiden. Während die Unternehmensstrategie der langfristigen Vision entsprechend einen Weg vorgibt, der von der Krisensituation abstrahiert, ist die Turnaround-Strategie in erster Linie auf die Überwindung des Turnaround-Erfordernisses gerichtet. Mögliche Turnaround-Strategien können aus einem „Alternativenraum" gewählt werden, auf dessen einer Seite Retrenchment-Programme zur Kostensenkung stehen, während auf der anderen Seite Entrepreneurial-Strategien z. B. neue Markt-, Produkt- oder Innovationsbereiche erschließen sollen. Die Strategien werden in Abhängigkeit von den anvisierten dominanten Unternehmenszielen gewählt (vgl. Abb. 26, in der exemplarisch einige Turnaround-Strategien in diesen Alternativenraum eingeordnet werden). Dabei ist es durchaus möglich, dass mit einer Strategie mehrere Unternehmensziele verfolgt werden. So sind Entrepreneurial-Strategien zwar vorrangig auf den Erhalt und den Aufbau von Erfolgspotenzialen gerichtet, langfristig wird damit aber auch eine Verbesserung oder zumindest Absicherung der Rentabilitäts- und Liquiditätssituation angestrebt.

---

[547] Vgl. MÜLLER-STEWENS, LECHNER (2005), S. 235 f.
[548] Vgl. NEUKIRCHEN (1996), S. 386; PINKWART, KOLB (2000), S. 54.

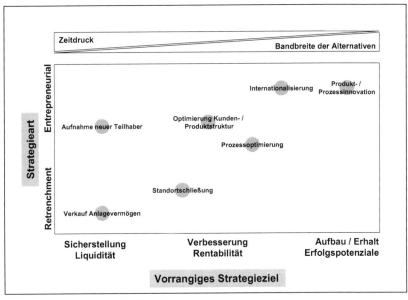

Abb. 26: Alternativenraum der Turnaround-Strategien

Bei der Auswahl der Strategien ist es wichtig anzuerkennen, dass eine **Ausgewogenheit** zwischen diesen beiden Strategiearten den Ansprüchen eines nachhaltigen Turnaround am ehesten gerecht wird. Nur wenn effektive und effiziente Strategien verfolgt werden, die zudem operativ erfolgreich umgesetzt werden, kann ein Unternehmens-Turnaround langfristig wirken. Andernfalls droht die Entstehung neuer Problemfelder.[549] Hier gilt es, die hierarchischen Dimension des Turnarounds zu beachten, wonach in jeder Krisenphase nicht nur die akuten Probleme, sondern auch die Probleme der vorgelagerten Krisenphasen gelöst werden müssen. Eine ausschließliche Verfolgung von Retrenchment-Strategien erlaubt zwar z. B. Unternehmen in der Liquiditätskrise eine schnelle Rückkehr zu einer positiven Ertragslage, beachtet aber die Sicherstellung und Generierung von Erfolgspotenzialen nicht, womit zukünftige Chancen und Risiken außer Acht gelassen werden. Umgekehrt dürfen Kostensenkungspotenziale jedoch nicht völlig vernachlässigt werden, um zusätzliche Handlungsspielräume (z. B. Steigerung Rendite, Aufstockung Eigenkapitalbasis) aufbauen zu können. Es ist daher ein ausgewogener Strategie-Mix erforderlich, der an den internen Stärken und Schwächen sowie den externen Anforderungen ansetzt. Alle Strategien müssen durch eine konsequente Ausrichtung an den Markterfordernissen und den Kundenbedürfnissen sowie den Unternehmenspotenzialen gekenn-

---

[549] Vgl. KOLB, HEINEMANN (2004), S. 684 f.

zeichnet sein. Nur eine zukunftsorientierte **marketingorientierte Ausrichtung des Turnaround-Managements** hat eine nachhaltige Chance auf Erfolg.[550]

Ist die strategische Ausrichtung des Unternehmens festgelegt, muss sie in konkretere Subziele herunter gebrochen werden. Als Basis für die Formulierung dieser **strategischen Ziele** dienen die relevanten Erfolgsfaktoren. Dazu müssen aus der Menge der im Rahmen der ganzheitlichen Unternehmens- und Umweltanalyse ermittelten Erfolgsfaktoren diejenigen bestimmt werden, die besonders erfolgskritisch für den Turnaround-Erfolg sind. Die begrenzte Zeit im Turnaround erlaubt es nicht, alle Faktoren gleichmäßig zu berücksichtigen und Maßnahmen zu ihrer Verbesserung zu forcieren.

Der **Erfolgsfaktorenfilter** bietet die Möglichkeit, eine entsprechende Priorisierung vorzunehmen (vgl. Abb. 27). Damit sollen nur jene Faktoren Berücksichtigung finden, deren Zielerreichung resp. -verfehlung hohe Auswirkung auf das Unternehmensziel hat und die zugleich einen hohen Veränderungsbedarf aufweisen.[551] Diese Erfolgsfaktoren werden anschließend daraufhin geprüft, welche Veränderung erforderlich ist. Dies führt zu einer allgemeinen Formulierung der **strategischen Ziele** (wenn z. B. in der Analyse festgestellt wurde, dass der erfolgskritische Faktor Kundenzufriedenheit nicht ausreichend erfüllt ist, führt dies zum zunächst noch recht unspezifischen strategischen Ziel „Kundenzufriedenheit erhöhen").[552]

---

[550] Vgl. PINKWART (2000a), S. 168 f.

[551] Diese Auswahl muss im Turnaround-Team intensiv diskutiert und abgestimmt werden. Mit Hilfe eines Rankings der Faktoren, das durch ein Scoring-Verfahren ermittelt wird, kann das Turnaround-Team die Anzahl der Erfolgsfaktoren deutlich auf ein „handhabbares Maß" reduzieren. Beispielsweise können die Mitglieder des Turnaround-Teams zunächst jeder für sich eine Bewertung der Erfolgsfaktoren vornehmen (Der Grad des Veränderungsbedarfs und der Relevanz für das Unternehmensziel werden mit Punkten (z. B. 1 (niedrig), 3 (mittel) oder 5 (hoch) Punkten) bewertet). Die Einzelergebnisse der Teammitglieder werden je Erfolgsfaktor addiert. Das so erstellte Ranking der Erfolgsfaktoren ist Ausgangspunkt für eine qualifizierte Diskussion. Es empfiehlt sich, den Scoring-Prozess schriftlich zu dokumentieren. Dabei sollte festgehalten werden, warum welcher Faktor einen hohen Veränderungsbedarf und eine hohe Relevanz für das Unternehmensziel besitzt. Dies erscheint notwendig, um im weiteren Verlauf des Turnaround-Prozesses darauf zurückgreifen zu können; vgl. zur Dokumentationsfunktion des ITM Kap. D.6.9. Diejenigen Erfolgsfaktoren, die aufgrund der Priorisierung nicht berücksichtigt werden, sollten nicht völlig außer Acht gelassen werden. Zu einem späteren Zeitpunkt sollte auf sie zurückgegriffen werden, um damit ein diagnostisches System aufzubauen. Nach dem Prinzip des „Management by Exception" sollte die Entwicklung dieser Erfolgsfaktoren zwar beobachtet werden, aber ein aktives Eingreifen des Managements wird erst notwendig, wenn wesentliche Abweichungen von einer vorher zu definierenden Norm festzustellen sind; vgl. WEBER, SCHÄFFER (1999), S. 39 ff.; PINKWART, KOLB, HEINEMANN (2005), S. 104 f.

[552] Die aktivische Formulierung wird bewusst empfohlen, um einen motivatorischen Charakter für die Mitarbeiter zu schaffen.

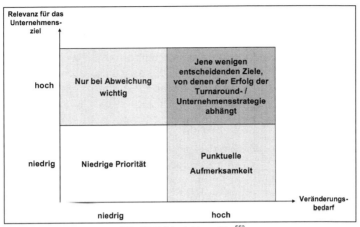

Abb. 27: Erfolgsfaktorenfilter[553]

In einem parallelen Schritt müssen Hypothesen über **Ursache-Wirkungszusammenhänge** zwischen den strategischen Zielen gebildet werden. Damit sind die Auswirkungen des Erreichens resp. des Nicht-Erreichens eines Ziels auf andere strategische Ziele gemeint. Dadurch soll vermieden werden, dass konfliktäre Ziele verfolgt werden, wodurch ein nachhaltig erfolgreicher Turnaround gefährdet werden könnte. Die Ermittlung von Ursache-Wirkungszusammenhängen wird in Theorie und Praxis zum Teil sehr kritisch gesehen. Tatsächlich ist sie auch in der praktischen Umsetzung mit nicht unerheblichen Schwierigkeiten verbunden. Problematisch ist, dass empirisch begründetes Wissen über die Zusammenhänge in der Regel nicht vorliegt.[554] Praktisch dürfte daher nur ein empirisch-theoretisches Vorgehen zur Bestimmung der Ursache-Wirkungszusammenhänge möglich sein. Dabei bilden die Mitglieder des Turnaround-Teams (ggf. unter Hinzuziehung von weiteren Mitarbeitern des Unternehmens) Annahmen über die Zielinterdependenzen aufgrund ihres Erfahrungswissens.[555]

Eine vollständige Abbildung aller gegenseitigen Wechselbeziehungen erscheint aufgrund der Komplexität der analysierten Zusammenhänge und der Dynamik der Beziehungen nicht realistisch. Trotzdem begreift das ITM die Hypothesenbildung und Diskussion über die Ursachen-Wirkungszusammenhänge im Turnaround-Team als

---

[553] Quelle: In Anlehnung an HORVÁTH & PARTNER (2000), S. 149; PINKWART, KOLB, HEINEMANN (2005), S. 105.

[554] Vgl. ausführlich zu den Möglichkeiten und Grenzen der Ermittlung von Ursache-Wirkungsbeziehungen WALL (2001), S. 67 ff.

[555] Auch beim Diskussionsprozess der Ursache-Wirkungszusammenhänge empfiehlt sich eine ausführliche Dokumentation der jeweils gewonnen Erkenntnisse und des gemeinsam verabschiedeten Verständnisses; vgl. zur Dokumentationsfunktion des ITM Kap. D.6.9.

einen sinnvollen Aspekt der **Zielbildung und Priorisierung**. Das Verständnis der Unternehmenszusammenhänge wird insgesamt vertieft und der Sinn für die Bedeutung nicht-finanzieller Erfolgsfaktoren weiter verstärkt, was einen Lern- und Entwicklungsprozess im Management auslösen kann.[556] Die identifizierten Zusammenhänge dürfen das Turnaround-Team allerdings nicht dazu verleiten, deterministische Beziehungen zu vermuten. Das Turnaround-Team muss für diese Gefahr der „Scheinrationalität" frühzeitig sensibilisiert werden und darf keine zu hohen Erwartungen an die prognostische Aussagekraft von Ursache-Wirkungsketten stellen.[557] Es ist weiterhin wichtig anzuerkennen, dass die Zielformulierung nicht statisch und unabänderlich festgeschrieben ist. Die Dynamik der Unternehmensumwelt macht es erforderlich, dass in einem rollierenden Prozess die Zielsetzungen ständig überprüft und ggf. angepasst werden.

Das Turnaround-Konzept muss nach der Festlegung der Unternehmensvision und der Turnaround-Strategie durch konkrete Maßnahmen mit Zielvorgaben und Verantwortlichkeiten sowie einen quantifizierten Turnaround-Plan detailliert werden. Sofern jedoch in der Analyse ein Bedarf an Maßnahmen festgestellt wird, die relativ kurzfristig positive Auswirkungen auf Ertrag und / oder Liquidität zeigen, müssen vor der resp. parallel zur Konzeptdetaillierung Sofortmaßnahmen verabschiedet und umgesetzt werden. Diese sollen dazu beitragen, die Existenzbedrohung zu überwinden.[558] Die **Bestimmung von Turnaround-Sofortmaßnahmen** ist als äußerst kritischer Schritt des Turnaround-Prozesses zu bewerten, da falsche Entscheidungen in dieser Phase neue Fehlentwicklungen in der Zukunft hervorrufen können.[559] Daher plädiert das ITM für eine frühzeitige Diskussion der potenziellen Maßnahmewirkungen. Sofern eine Unternehmensvision und -strategie zu diesem Zeitpunkt bereits verabschiedet ist, muss überprüft werden, inwieweit das Ziel einer Maßnahme sowie deren mögliche Auswirkungen an anderer Stelle komplementär zum übergeordneten Unternehmensziel sind. Liegen dazu keine Erfahrungswerte vor, müssen Hypothesen über Ursache-Wirkungszusammenhänge gebildet werden. In jedem Fall sollte eine fundierte Diskussion der einzelnen Maßnahmen im Turnaround-Team unter Hinzuziehung von Spezialisten der jeweils betroffenen Funktionsbereiche geführt werden. Wird festgestellt, dass eine Maßnahme dem angestrebten Unternehmensziel zuwider laufen könnte bzw. dass neue Problembereiche geschaffen werden, muss die Entscheidung für oder wider eine Maßnahme nach der Dominanz der Ziele abgewogen werden. Gerade in Liquiditätskrisen gilt im Zweifelsfall, dass Liquidität vor Rentabilität geht. Damit wird bereits deutlich, dass sich der Zielkonflikt zwischen strategischer

---

[556] Vgl. zur Lern- und Entwicklungsfunktion des ITM Kap. D.6.11.
[557] Vgl. WALL (2001), S. 73.
[558] LEUPIN (1998), S. 93 spricht in diesem Kontext vom „*Fixieren' der Krisenlage, um gezielt reagieren zu können*".
[559] Vgl. BÖCKENFÖRDE (1996), S. 68.

Ausrichtung und den Turnaround-Sofortmaßnahmen nicht immer auflösen lässt.[560] Trotzdem wird hier die Ansicht vertreten, dass auch das Wissen um den Zielkonflikt bereits positive Auswirkungen auf das Turnaround-Management haben kann. Zum einen erhöht die Diskussion das Verständnis des Turnaround-Teams für die Unternehmenszusammenhänge, was die Qualität zukünftiger Entscheidungen positiv beeinflussen kann. Zum anderen können parallel strategische Maßnahmen angestoßen werden, welche die negativen Auswirkungen auf die strategischen Unternehmensressourcen auffangen sollen.

Noch schwieriger gestaltet sich die Prüfung der strategischen Konformität, wenn noch kein Unternehmensziel vorgegeben wurde und der Weg dorthin dementsprechend nicht durch eine Strategie vorgezeichnet wird. Damit fehlt eine Sollvorgabe, an der die Maßnahmenqualität gemessen werden kann. Hier bleibt nur die Forderung, die möglichen Maßnahmewirkungen zu antizipieren und einer kritischen Bewertung zu unterziehen. Dies erlaubt zumindest, dass bei der späteren Strategieformulierung potenzielle Konflikte berücksichtigt werden können.

Bei der **Detaillierung des Turnaround-Konzepts** geht es um die Suche alternativer Maßnahmen, ihre Bewertung und ihre Auswahl. Ausgangspunkt sind die zuvor definierten strategischen Ziele, mit denen das übergeordnete Unternehmensziel erreicht werden soll. Es muss nun im Turnaround-Team überlegt werden, welche Maßnahmen dazu beitragen können, die jeweiligen strategischen Ziele zu erreichen. Dazu sind zahlreiche Maßnahmen denkbar, mit denen die Schwächen beseitigt und die Stärken ausgebaut werden können. Das ITM differenziert zwischen **strategischen Aktionen** sowie **operativen und akuten Turnaround-Maßnahmen**, um die unterschiedliche Qualität der Maßnahmen hinsichtlich ihrer zeitlichen Wirkung und Dauer zu markieren.[561] Auf die Vielzahl und die Bandbreite der möglichen Alternativen wurde bereits hingewiesen. Welche Maßnahmen jeweils in Betracht kommen, muss im Einzelfall auf Basis der Analyseergebnisse untersucht werden. Allgemein wichtig für ein erfolgreiches ITM ist, dass das **Zusammenspiel von Strategie und Struktur** des Unternehmens (jeweils unter Berücksichtigung situativer Elemente) beachtet wird. Beide können nicht separat voneinander gesehen werden.[562] Maßnahmen, die einen Bereich betreffen, müssen auf ihre Auswirkungen für den jeweils anderen Bereich

---

[560] Vgl. ZUBERBÜHLER (1989), S. 10.

[561] Als akute Maßnahmen werden diejenigen Aktivitäten verstanden, die im Wesentlichen zur Abwendung einer akuten Existenzbedrohung eingesetzt werden (insb. Maßnahmen zur Vermeidung der Zahlungsunfähigkeit wie z. B. Verkauf von Anlagevermögen oder Einwerbung von neuem Kapital („fresh money")). Operative Maßnahmen repräsentieren Aktivitäten, deren Umsetzung kurz- bis mittelfristig positive Auswirkungen auf das Unternehmensergebnis entfalten sollen (z. B. Personalabbau, Standortschließung, Prozessoptimierung oder Kunden-/ Artikelstrukturbereinigungen); vgl. PINKWART, KOLB, HEINEMANN (2005), S. 98.

[562] MELIN (1985), S. 86: „*Strategic measures and organizational changes must be seen as inseparable parts of the same development process.*"

geprüft werden. Insbesondere operative Maßnahmen müssen im Vorfeld ihrer Umsetzung sowie während der Realisierung permanent auf Kompatibilität mit der strategischen Ausrichtung geprüft werden. Wichtig ist zudem aufgrund der Zeitrestriktion, dass ein Großteil der Turnaround-Maßnahmen auf die Beseitigung der Defizite des Kompetenzprofils gerichtet ist. Eine Gestaltung des Umweltanforderungsprofils ist indirekt bzw. längerfristig auch möglich (z.B. durch Einführung von Innovationen, die neue Kundenbedürfnisse / Nachfrage generieren), kann aber aufgrund der begrenzten Zeit nur eine mittel- bis langfristige Zielsetzung sein, die von einem kurz- bis mittelfristig wirkenden Maßnahmenprogramm flankiert werden muss.

Um eine **Bewertung und endgültige Auswahl** der potenziellen Turnaround-Maßnahmen vornehmen zu können, muss ihre Wirkung sowie ihr Aufwand bei der Umsetzung in quantitativer und qualitativer Hinsicht prognostiziert werden. Das bedeutet, dass quantifiziert werden muss, welche Auswirkungen eine Maßnahme innerhalb welchen Zeitraums auf das Unternehmensergebnis haben wird. Mögliche Aufwendungen, die mit der Maßnahme verbunden sind, müssen in diese Kalkulation miteinbezogen werden (z.B. Schließungskosten bei der Stilllegung eines Betriebsteils). Das ITM als ganzheitlicher Ansatz erfordert darüber hinaus, dass die Auswirkungen einer Maßnahme auf andere Ziele oder Maßnahmen überprüft werden. Dies kann unter Zuhilfenahme der Ursache-Wirkungskette der strategischen Ziele erfolgen. Das Vorgehen erfolgt analog. Es werden Hypothesen darüber gebildet, wie sich der Erfolg einer Maßnahme auf andere Maßnahmen auswirkt. Im Rahmen dieser Diskussion wird deutlich, welche Maßnahmen komplementär, neutral oder konfliktär wirken. Konfliktäre Ziele sollten nur dann zum Einsatz kommen, wenn zur Überwindung der Existenzbedrohung keine neutrale Alternative möglich erscheint.

Für die **Planung von Maßnahmewirkungen** müssen immer auch Annahmen über bestimmte Umweltzustände getroffen werden (z.B. Einschätzung des Nachfragevolumens, Konjunktur- und Zinsentwicklung). Da diese Größen im günstigsten Fall nur indirekt zu beeinflussen sind, sollten hier alternative Szenarien betrachtet werden, um die Bandbreite der Wirkung von Maßnahmen abschätzen zu können. Dazu variiert man die Erfolgswirkung einer Maßnahme und quantifiziert ihre Auswirkungen auf die Erfolgswirkung einer anderen Maßnahme. Es empfiehlt sich, dieses Vorgehen nur bei Größen vorzunehmen, die eine hohe Veränderung bei anderen Größen erwarten lassen (z.B. Variation von Umsatzwachstum, das unmittelbare Auswirkung auf die Beschäftigung hat oder Variation der Variantenvielfalt eines Produktprogramms, das Umsatz- und Kostenentwicklung beeinflusst). Dies liefert im Ergebnis die beiden Extremwerte einer Best case- und einer Worst case-Planung und zeigt damit die möglichen Entwicklungspfade des Unternehmens unter alternativen Annahmen auf.

Führt man alle Maßnahmen und ihre prognostizierten Wirkungen zusammen, kann nun ein **quantifizierter Turnaround-Plan** aufgestellt werden, der auf Jahres- und ggf. Monatsbasis die Unternehmensentwicklung aufzeigt. Praktisch liegen damit eine Plan-GuV, eine Plan-Bilanz sowie ein Cash flow-Plan vor, welche die finanziellen Zielgrößen des Turnaround-Konzepts vorgeben. Diese Pläne sind integrale Bestandteile des ITM und dienen dem Turnaround-Controlling als Maßstab zur Bewertung der Unternehmensperformance in finanzieller Hinsicht. Zuvor kann aufgrund dieses Turnaround-Plans aber die wichtige Aussage über die Turnaround-Fähigkeit getroffen werden, da nun prognostiziert werden kann, wie sich das Unternehmen unter gegebenen Bedingungen und bei Durchführung bestimmter Turnaround-Maßnahmen entwickeln wird. Unter Zuhilfenahme der Anspruchsgruppenanalyse kann zudem die Turnaround-Würdigkeit attestiert bzw. negiert werden.

6.6 Motivationsfunktion

Das ITM soll die nachhaltige Umsetzung des Turnaround-Konzepts sicherstellen. Dazu muss eine Umsetzungsdynamik generiert und vor allen Dingen aufrecht erhalten werden. Dies muss insbesondere durch intensive Einbeziehung der Mitarbeiter in den Turnaround-Prozess erreicht werden. Die Integration der Mitarbeiter in die Ursachenanalyse sowie die Konzepterstellung und insbesondere die Umsetzung hat zur Folge, dass sie sich intensiv mit der Unternehmenskrise und ihren Ursachen auseinander setzen. Es fällt ihnen leichter, sich mit den getroffenen Entscheidungen zu identifizieren und das Turnaround-Konzept zu akzeptieren und zu unterstützen.[563]

Die **Bildung von Mitarbeiterteams** zur Bearbeitung spezifischer Problemstellungen sowie zur unternehmensübergreifenden Koordination des Turnaround-Managements verspricht eine effiziente Unterstützung der Krisenbewältigung.[564] Konkret sollte das Know-how der Mitarbeiter in Projektteams Eingang finden, die sich mit spezifischen Fragestellungen befassen (z. B. interdisziplinäres Team aus Einkauf, Controlling, Materialwirtschaft zur Lagerbestandsreduktion). Eigenverantwortliche Erarbeitung und Betreuung von Teilproblemen bzw. -projekten sowie realistische Zielvorgaben können einen Beitrag zur Motivationssteigerung und -erhaltung leisten und das „commitment" für die umzusetzenden Maßnahmen erhöhen.

Hier wird demnach eine spezifische **Projektorganisation** empfohlen, in der die Leistungs- und Know-how-Träger des Unternehmens eingebunden werden und die den Turnaround durch Arbeitsteilung und Weitergabe von Verantwortung an die Mit-

---

[563] Vgl. WEBER (2004), S. 174; KRAUS, GLESS (2004), S. 123 f.; PINKWART, KOLB (2000), S. 55.
[564] Vgl. KRAUS, GLESS (2004), S. 123.

arbeiter gezielt forciert (vgl. Abb. 28).[565] In einem KMU erscheint es aufgrund der eingeschränkten Ressourcen nicht opportun zu sein, die Aufbauorganisation zu verändern[566] oder Mitarbeiter ausschließlich für die Aufgaben des Turnaround-Managements abzustellen. Die hier empfohlene Projektorganisation ist demnach als virtuelle Organisation zu verstehen, in der anlassbedingt dafür qualifizierte Mitarbeiter zur Erarbeitung bestimmter Aufgabenstellungen zusammenkommen. Ihre originären operativen Aufgaben werden weiterhin von ihnen im Rahmen der gegebenen Organisation wahrgenommen. Für die Unternehmensführung, die im Turnaround-Team vertreten ist, gilt dies entsprechend.

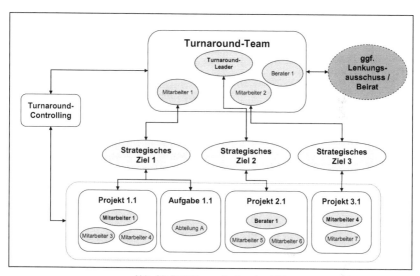

Abb. 28: Projektorganisation des ITM

Die Notwendigkeit einer solchen Projektorganisation ergibt sich nicht nur aus dem Erfordernis der Mitarbeitermotivation, sondern auch aufgrund der **eingeschränkten Managementkapazitäten in KMU**. Aufgrund der steigenden Komplexität der Aufgabenstellungen im Turnaround nimmt die Bedeutung der Delegation von Managementaufgaben und operativen Tätigkeiten an Mitarbeiter deutlich zu. Eine Erweite-

---

[565] Vgl. WÜPPING (2003), S. 114 f. Neben den Leistungsträgern empfiehlt es sich auch den Betriebsrat, sofern im KMU ein solcher installiert ist, frühzeitig in den Turnaround-Prozess einzubinden, um dessen unternehmerische Initiative zu fördern und eine Blockadehaltung von seiner Seite zu verhindern; vgl. TÖPFER (1990a), S. 328. Gelingt es, den Betriebsrat vom Konzept zu überzeugen, kann die Filterfunktion des Betriebsrats zudem dazu genutzt werden, dass er gegenüber den Mitarbeitern als Informationsmedium bzw. Multiplikator fungiert. Dies kann die Akzeptanz der Maßnahmen und Motivation bei den Mitarbeitern positiv beeinflussen.

[566] Dies gilt selbstverständlich nicht, wenn die bisherige Aufbauorganisation das Kompetenzprofil des Unternehmens beeinträchtigt und daher restrukturiert werden muss.

rung des Führungskreises ist insofern nicht nur zur Unterstützung des Turnaround-Managements und Objektivierung der Konzepterstellung zu empfehlen, sondern auch zur Entlastung des Managements von allgemeinen Führungsaufgaben vorteilhaft.

Das Turnaround-Team mit dem Turnaround-Leader repräsentiert die oberste Steuerungs- und Kontrollinstanz der Organisation. Aufgrund der Bedeutung der Kontinuität von Planung, Kontrolle und Information im Turnaround sollte zusätzlich eine unternehmensinterne Instanz geschaffen bzw. benannt werden, die federführend die **Aufgaben des Turnaround-Controllings** übernimmt.[567] Innerhalb der Projektorganisation sind externe Berater, sofern sie den Turnaround-Prozess begleiten, als Mitglieder des Turnaround-Teams oder Projektteamleiter bzw. -mitglieder einzubinden. Ein Lenkungsausschuss oder Beirat kann als zusätzliche Beratungs- und Kontrollinstanz die Projektorganisation unterstützen.

Die Projektorganisation ist das **zentrale Steuerungsinstrument** des ITM. Die Umsetzung des Turnaround-Konzepts wird über die formulierten strategischen Ziele gesteuert. Jedes Mitglied des Turnaround-Teams zeichnet für bestimmte strategische Ziele und deren Erreichung verantwortlich. Die Maßnahmen, mit deren Hilfe das Ziel erreicht werden soll, müssen im Unternehmen mit Hilfe von **Projekten oder Aufgaben** umgesetzt werden. Sie sind Gegenstand eines umfangreichen **Projektmanagements** im Turnaround-Unternehmen.[568] Die meisten Ideen für Projekte und Aufgaben entstehen im Kreis des Turnaround-Teams und werden Top down an die Mitarbeiter weitergegeben. Dies ist im Turnaround aufgrund des beschränkten Zeit- und Handlungsspielraums auch unabdingbar. Trotzdem soll die Organisation auch der Kreativität der Mitarbeiter freien Raum lassen, die nicht unmittelbar im Turnaround-Team aktiv sind. Daher wird die Möglichkeit gegeben, Projekt- und Aufgabenideen aus Einzelanlässen Bottom up in das Projektprogramm aufzunehmen, sofern sie mit Vision und Strategie kompatibel sind (vgl. Abb. 29).[569]

---

[567] Vgl. zur Controllingfunktion auch Kap. D.6.8.
[568] Vgl. NEUKIRCHEN (1996), S. 388.
[569] Vgl. WOJDA, BURESCH (1997), S. 35 f.

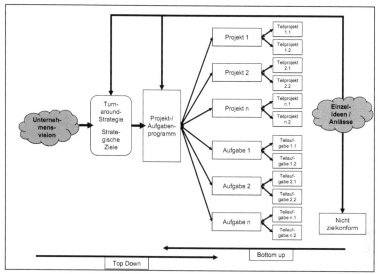

Abb. 29: Umsetzung der Turnaround-Strategie über Projekte und Aufgaben[570]

Während sich Aufgaben durch einen regelmäßigen, wiederkehrenden Charakter auszeichnen, haben Projekte einen Start- und Endtermin und sollen innerhalb eines bestimmten Zeitraums abgeschlossen werden.[571] Diese Unterscheidung wird getroffen,
um zu verdeutlichen, dass Aufgaben zu einer dauerhaften Einrichtung im Unternehmen werden sollen. Gegenstand der Turnaround-Aufgaben sind operative Prozesse
bzw. Tätigkeiten, die während der Unternehmensanalyse als verbesserungsbedürftig
identifiziert wurden. Mit der Aufnahme solcher Aufgaben in das Maßnahmenprogramm soll sichergestellt werden, dass an der Beseitigung der Schwachstellen resp.
Krisenursachen konsequent gearbeitet wird. Aufgaben erfordern üblicherweise einen
geringeren Ressourcenaufwand als Projekte und können in die Verantwortung einer
oder nur weniger Personen übergeben werden. Projekte werden dagegen aufgrund
ihrer vergleichsweise größeren Bedeutung durch ein eigens dafür benanntes **Pro-
jektteam** betreut, dem ein Projektleiter vorsteht. Konkrete Zeitpläne und Meilensteine
geben den Projektablauf vor. Die Projektfortschritte und -ergebnisse werden in regelmäßigen Teammeetings besprochen. Dort werden auch die notwendigen weiteren
Schritte festgelegt. Standardisierte Besprechungs- und Ergebnisprotokolle dokumentieren den Projektverlauf (vgl. Abb. 30).

---

[570] Quelle: In Anlehnung an WOJDA, BURESCH (1997), S. 36.
[571] Vgl. PINKWART, KOLB, HEINEMANN (2005), S. 106.

Firma xy

Projektbezeichnung:	Projektteam:	Projektleiter:	Beginn des Projekts:
Lagerbestandsreduktion	Leiter Logistik, Mitarbeiter Rechnungswesen, Mitarbeiter Einkauf	Leiter Logistik **Projektpate:** Mitglied Turnaround-Team	20.01.2005 **Ende des Projekts:** 30.06.2005

Projektziel:
Reduzierung des Lagerbestands an Roh-, Hilfs- und Betriebsstoffen von durchschnittlich 0,8 Mio. EUR auf 0,6 Mio. EUR

Ergebnis-Protokoll des Treffens:
• Festlegung von Mindest- und Maximalbestand der wichtigsten Rohstoffe
• Anweisung, Bestellungen nur noch zentral durch den Einkauf weiterzugeben

Die nächsten Schritte:
Umfassende Inventur zur Beurteilung der Verwertbarkeit der Waren

Projektfortschritt: Gut X Zufriedenstellend Unzureichend	Wichtige Probleme und deren Ursache: Informationen über Lagerbestand sind unzureichend (eindeutige Artikelbezeichnung, Datum des Zugangs etc.)
Auswirkungen der Probleme auf das Projekt: Planung weiterer Maßnahmen ohne Bewertung des Warenbestands nicht möglich	**Vorschläge zur Problemlösung:** Kurzfristig: Manuelle Inventur Langfristig: Aufbau eines Warenwirtschaftssystems

Datum des Treffens: 20.01.2005	Anfang und Ende des Treffens: 9.00-11.30 Uhr	Termin des nächsten Treffens: 27.01.2005	Uhrzeit und Treffpunkt: 13.30 Uhr, Büro Logistik
Unterschriften Teilnehmer:			Unterschrift des Turn-around-Team-Mitglieds:

Abb. 30: Exemplarisches Projektprotokoll

Ein weiteres Gestaltungselement innerhalb der Motivationsfunktion ist der dominie-
rende **Führungsstil**. Dieser sollte in Abhängigkeit von der jeweiligen Turnaround-
Phase gewählt werden.[572] In der Identifikationsphase (Problemdefinition, -analyse
und Zielbildung) zu Beginn des Turnarounds, bei den Entscheidungen über zu tref-
fende Maßnahmen sowie bei der Kontrolle des Umsetzungsprozesses sollten autoritäre Elemente überwiegen. Dies wird empfohlen, da in diesen Phasen eine zentrale
Willensbildung und Durchsetzungsabsicht klar zum Ausdruck kommen muss. Während der Aufnahme und Verarbeitung von Informationen sowie der Alternativenbeur-
teilung sollen dagegen kooperative Führungselemente dominieren, um das Kreativi-
täts- und Wissenspotenzial der Mitarbeiter für die Konzepterstellung effizient zu nut-

---

[572] Vgl. KRYSTEK (1989a), S. 35; HESS ET AL. (1998), S. 14 f. Auch CLASEN (1992), S. 339 ff. propagiert
ein derartiges Vorgehen. Er schlägt speziell für die von ihm so bezeichnete „Stabilisierungsphase"
das Management by Objectives als adäquates Führungskonzept vor. BERGAUER (2001), S. 111 ff.
überprüfte die präferierten Führungsstile bei erfolgreichen Turnarounds von größeren Unternehmen empirisch. Insgesamt bestätigt sich die Abhängigkeit des Führungsstils von der jeweiligen
Turnaround-Phase. Konform mit KRYSTEKs Vorschlag erfolgt die Identifikation und Kontrolle im
Wesentlichen autonom durch das Turnaround-Management. In der Umsetzungsphase wird ein
stärker kooperativ orientierter Führungsstil gepflegt, wobei zentrale Zielvorgaben gegeben werden,
welche von den Mitarbeitern / Teams eigenverantwortlich umgesetzt werden. Lediglich bei der
Planungsphase konnte kein einheitlicher Trend festgestellt werden: Hier gibt es sowohl Unterneh-
men, die die Mitarbeiter in den Prozess stärker integrieren, als auch solche, die ein unipersonales
Vorgehen propagieren.

zen. Bei der Umsetzung des Konzepts sind beide Alternativen denkbar: Bei der Bearbeitung einzelner Aufgabenstellungen innerhalb von Projektgruppen kann ein kooperatives Vorgehen (z.B. durch Zielvorgaben und eigenverantwortliches Handeln) förderlich sein. Die Projektorganisation kann hier helfen, den geforderten Führungsstil „umzusetzen". Bei der Durchsetzung unternehmensübergreifender sowie kritischer Entscheidungen ist dagegen die Umsetzung durch (erläuterte) Anordnung zu empfehlen.[573]

6.7 Kommunikationsfunktion

Ein maßgeblicher Erfolgsfaktor des Turnarounds ist der Erhalt bzw. die Wiedergewinnung verloren gegangenen Vertrauens der **Turnaround-Akteure** in das Unternehmen und sein Management. Zudem muss eine weitgehende Harmonisierung der häufig divergierenden Zielsysteme der Anspruchsgruppen erreicht werden. Um eine Erosion der Unterstützung und Einsatzbereitschaft der Akteure zu vermeiden, muss das ITM alle relevanten Anspruchsgruppen, Stake- und Shareholder, in die Analyse und die Erstellung des Turnaround-Konzepts sowie den Umsetzungsprozess einbeziehen. Vertrauensbildende Maßnahmen müssen die operativen und strategischen Turnaround-Maßnahmen flankieren. In diesem Kontext kommt der Kommunikation mit den Akteuren eine entscheidende Bedeutung zu.

Eine zielgruppenorientierte Unternehmenskommunikation soll den Vertrauensbildungsprozess unterstützen, d.h. dass die Anspruchsgruppen entsprechend ihres individuellen Informationsbedarfs und ihrer Bedürfnisse und Erwartungen informiert werden.[574] Ziel einer solchen anspruchsgruppenorientierten Kommunikation ist es, offene und wohldosierte Informationen nach innen und außen weiterzugeben.[575] Die Anforderungen an die Informationen bezüglich Aktualität, Richtigkeit und Vollständigkeit sind unbedingt einzuhalten. Zusätzlich bedarf es im Turnaround einer **„gesteuerten" Kommunikation**. Das bedeutet, das Kommunikationsinhalte kontrolliert werden und abgestimmt sein müssen, bevor sie weitergegeben werden. Widersprüchliche Aussagen sind unbedingt zu vermeiden (_„One Voice Policy"_ [576]). Auch der Informationsumfang muss im Vorfeld geklärt werden. Es gilt auf der einen Seite dem Informationsbedürfnis der Anspruchsgruppen nachzukommen, auf der anderen Seite dürfen aber keine Informationen veröffentlicht werden, die dem Unternehmen weiter schaden könnten.[577]

---

[573] Vgl. KRYSTEK (1989a), S. 35.
[574] Vgl. ACHILLES (2000), S. 296 ff.; PORTISCH (2004), S. 56.
[575] Vgl. ZUBERBÜHLER (1986), S. 11.
[576] HARZER (2004), S. 283.
[577] Vgl. BÖCKENFÖRDE (1996), S. 78.

Besonders erfolgskritisch ist die **Information zu Beginn des Turnaround-Prozesses**. Kritische Anspruchsgruppen wie die „Spielmacher"[578] sollten rechtzeitig und konstruktiv in den Prozess eingebunden werden.[579] Dies ist notwendig, um Gerüchten vorzubeugen und die Anspruchsgruppen zur Unterstützung oder zumindest zu einer abwartenden Haltung zu motivieren. Eine individuelle Ansprache der verschiedenen Anspruchsgruppen erhöht die Wahrscheinlichkeit, dies zu erreichen. Ein proaktives Vorgehen ist zu empfehlen, um das Vertrauensverhältnis nicht zu gefährden. Wird den Anspruchsgruppen eine Unternehmenskrise mit ihren Entstehungsgründen von Seiten der Unternehmensführung erläutert, erfordert dies zwar meist das Eingeständnis von Fehlern bzw. Fehleinschätzungen. So lange dies aber rechtzeitig, ehrlich und umfassend erfolgt und Lösungswege aufgezeigt werden, kann es die Position der Unternehmensführung durchaus positiv beeinflussen.[580] Anderenfalls kann es äußerst negativ auf die Beziehung zu den Turnaround-Akteuren wirken. Gerüchte und Halbwahrheiten, die durch Desinformation entstehen, können der Krisenentwicklung sogar weiteren Vorschub leisten.

Es sollten insbesondere diejenigen Gruppen informiert werden, die aufgrund des Krisenfortschritts selbst die Krise wahrnehmen können bzw. von Veränderungen, die durch einen Turnaround initiiert werden, betroffen werden. Dazu zählen in erster Linie die **Mitarbeiter**. Bei der Kommunikation mit ihnen empfiehlt sich ein abgestuftes Vorgehen: Während Führungskräfte bzw. diejenigen Mitarbeiter, die eine verantwortliche Rolle im Turnaround-Management übernehmen sollen, frühzeitig in den Turnaround-Prozess einzubeziehen sind, sollte die restliche Belegschaft detailliert informiert werden, sobald erste Maßnahmen des Turnaround-Managements verabschiedet wurden.[581] Die Vorgabe konkreter Schritte hilft, Unruhe und Verunsicherung zu vermeiden. Werden nur diffuse Informationen ohne Lösungsvorschläge weitergegeben, eröffnet dies dagegen Raum für Spekulationen. In jedem Fall muss den Mitarbeitern aber angekündigt werden, dass eine umfassende Analyse im Unternehmen durchgeführt werden soll. Dazu gehört auch, dass ihnen der Anlass und die Begründung für dieses Vorgehen erläutert wird. Nur so kann sichergestellt werden, dass die Mitarbeiter die Analyse aktiv unterstützen.[582] In akuten Krisenphasen, in denen Verluste und / oder Liquiditätsengpässe drohen, sollten ebenfalls die **Fremdkapitalgeber** informiert werden, die als Spielmacher bei KMU meist eine sehr bedeutende Rolle im Turnaround einnehmen.

---

[578] Vgl. Kap. D.3.1.1.
[579] Vgl. GOLDSTEIN, HAHNE (2004), S. 143.
[580] Vgl. PETERS (2001), S. 747 f.; GOPINATH (1995), S. 88.
[581] Vgl. PORTISCH (2004), S. 57.
[582] Vgl. TSCHEULIN, RÖMER (2003), S. 73.

Im Zuge der Analyse, der Konzepterstellung und der -realisierung muss eine solche **differenzierte Kommunikationsstrategie** weiter verfolgt werden. Zunächst ist die Unternehmensvision und die Turnaround-Strategie an die Mitarbeiter zu kommunizieren. Diese davon zu überzeugen ist von höchster Wichtigkeit, um ihre Unterstützung auch bei den daraus abgeleiteten Maßnahmen zu sichern. Es empfiehlt sich, eine Auswahl an Mitarbeitern zu treffen, die als wichtige „Knotenpunkte" im unternehmensweiten Kommunikationsnetzwerk gelten. Deren Auswahl muss weniger nach hierarchischen Gesichtspunkten erfolgen, als vielmehr auf Basis der Einschätzung ihres informellen Status im Unternehmen. Über diese Mitarbeiter, die als so genannte **„Multiplikatoren"** im Unternehmen fungieren sollen, kann die Informationsverteilung und Kommunikation gezielter erfolgen. Die Meinungsführer im Unternehmen werden als „Medium" genutzt, das die Informationen ins Unternehmen weiter trägt bzw. aus dem Unternehmen ans Turnaround-Team berichtet (vgl. Abb. 31).

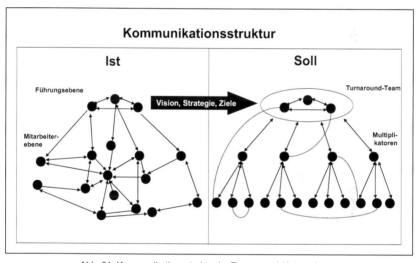

Abb. 31: Kommunikationsstruktur im Turnaround-Unternehmen

Im weiteren Verlauf des Turnarounds unterstützt die Projektorganisation des ITM den Kommunikationsfluss im Unternehmen. Regelmäßige Projektmeetings und Treffen mit den verantwortlichen Mitgliedern des Turnaround-Teams stellen die Informationsverteilung sicher. Um allen Mitarbeitern auch die Informationen derjenigen Projekte zugänglich zu machen, an denen sie nicht unmittelbar beteiligt sind, empfiehlt es sich in regelmäßigen Abständen einen **Jour fix** abzuhalten, an dem das Turnaround-Team und die Projektleiter teilnehmen. Hier wird über den Fortschritt des Turnaround-Vorhabens im Allgemeinen und den Stand der Projekte im Einzelnen berichtet. Die Projektleiter erhalten somit einen umfassenden Überblick und tragen diese Informationen an ihre Teammitglieder weiter. Dieser Informationsfluss kann durch den Aufbau einer IT-gestützten **Infrastruktur** noch effizienter und objektiver gestaltet werden. Alle relevanten Informationen des Turnaround-Prozesses können den Mitarbeitern beispielsweise über eine Intranet-Plattform zur Verfügung gestellt werden. Neben Informationen zu den Turnaround-Projekten können dies auch Unternehmensdaten sein, die den Turnaround-Fortschritt aus finanzieller bzw. Ertragssicht dokumentieren.[583]

Eine solche **offene Form der Kommunikation** verlangt die Bereitschaft der Unternehmensführung, den Mitarbeitern einen umfassenden Einblick in das Unternehmen zu geben. Dies kann eine völlige Umkehr der vorherrschenden Unternehmenskultur erfordern, sofern solche Unternehmensdaten bislang maximal im engeren Führungskreis bekannt waren, was in vielen KMU nicht unüblich ist. Für den Turnaround-Erfolg hat diese Kommunikationspolitik aber den Vorteil, dass sie motivatorische Effekte entfalten kann. Es ist jederzeit für alle Mitarbeiter einsehbar, welche Wirkung die umgesetzten Maßnahmen entfalten. Damit wird auch der individuelle Beitrag eines jeden Mitarbeiters zum Turnaround-Erfolg deutlich. Umgekehrt werden aber auch Misserfolge kommuniziert, was ebenfalls als Anreiz wirken kann.

Auch bei den **externen Turnaround-Akteuren** ist ein differenziertes Vorgehen bei der Informationsweitergabe zu empfehlen. Die Anspruchsgruppen müssen in Abhängigkeit von ihrer Bedeutung für den Turnaround-Erfolg bzw. die Wichtigkeit ihres Turnaround-Beitrags durch die Informationspolitik des Unternehmens mehr oder weniger stark involviert werden. Die Eigen- und Fremdkapitalgeber als erfolgskritische Akteure insbesondere in Erfolgs- und Liquiditätskrisen haben hier höchste Priorität. Investoren und Kreditgebern ist an der Werterhaltung ihrer Anlage bzw. Kredite gelegen. Demzufolge sind für sie Informationen zur Ergebnis- und Cash flow-Entwicklung des Unternehmens von vorrangiger Bedeutung. Soll- und Ist-Vergleiche liefern Indi-

---

[583] Auf der obersten Ebene können z.B. die strategischen Zielen und ihr Zielerreichungsgrad angezeigt werden. Diese Übersicht hat den Charakter eines „Cockpits", mit dem auf einen Blick deutlich wird, welche Ziele voraussichtlich planmäßig erreicht werden und bei welchen Zielen Abweichungen zu erwarten sind; vgl. PRILLER, RATHNOW (2004), S. 104; KAPLAN, NORTON (1997), S. 1 f. Übersichtlichkeit kann beispielsweise durch farbliche Kennzeichnung der Ziele verbessert werden (grün: Ziele, die planmäßig erreicht werden; gelb: neutral; rot: Ziele, bei denen Abweichungen erwartet werden). Darunter können je strategischem Ziel die zu seiner Erreichung initiierten Projekte und Aufgaben angezeigt werden. Ähnlich wie bei den strategischen Zielen sollte auch hier zunächst eine Statusbewertung angezeigt werden. Darüber hinaus können alle die Maßnahmenumsetzung betreffenden Dokumente wie Besprechungs- und Ergebnisprotokolle der Teamsitzungen zur Einsicht bereitgestellt werden. Diese Form der Darstellung ermöglicht eine schrittweise Verfeinerung der verfügbaren Daten und erlaubt es dem Anwender, Informationen entsprechend seines individuellen Informationsbedürfnisses gezielt abzufragen. Die Projektdaten können dezentral von den jeweils Verantwortlichen in das System eingegeben werden, die übergeordneten Unternehmensdaten werden durch das Turnaround-Team aufbereitet. Damit obliegt der Pflegeaufwand eines solchen umfassenden Systems nicht allein einer zentralen Stelle und kann folglich deutlich reduziert werden.

zien über die Qualität des Turnaround-Konzepts und die Managementfähigkeiten. Der Inhalt der Informationen sollte sich aber nicht nur auf finanzielle Eckdaten beziehen. Zunehmend wird auch erwartet, dass Auskunft über die Turnaround-Maßnahmen und ihren Realisierungsgrad gegeben wird, um die Chancen auf einen langfristigen Turnaround besser beurteilen zu können.

Das ITM kann zu einer verbesserten Kommunikation mit den externen Anspruchsgruppen beitragen. Es hält alle für die Unternehmenssteuerung und –kontrolle relevanten Daten vor. Auf oberster Aggregationsebene liefern die Zielerreichungsgrade der strategischen Ziele Indikatoren für den Stand des Turnaround-Fortschritts. Bei Bedarf kann dies bis auf die Projekt- und Aufgabenebene heruntergebrochen werden. Es liegen komprimierte Daten zur Performance der eigentlichen Leistungstreiber (z.B. Markt, Prozess und Mitarbeiter) im Unternehmen vor. Die Daten des quantifizierten Turnaround-Plans ergänzen dieses Informationsangebot um detaillierte finanzielle Plan- und Ist-Größen. Auf Basis dieses Informationspools können externe Anspruchgruppen in Abhängigkeit von ihrem jeweiligen Informationsbedarf und -anspruch über den Turnaround-Verlauf informiert werden.

Vertrauensfördernde Maßnahmen wie ein regelmäßiges, aktuelles und standardisiertes Berichtswesen auf Monats- oder Quartalsbasis können helfen, Informationsasymmetrien abzubauen und das Vertrauen der Anspruchsgruppen zu stärken. Für Anspruchsgruppen, die auf Basis dieser Informationen über das Ausmaß ihrer Turnaround-Unterstützung entscheiden, erhöht sich damit die Qualität ihrer Entscheidungsgrundlagen deutlich. Fremdkapitalgeber, die nach den Basel-II-Richtlinien verpflichtet sind, zunehmend auch qualitative Informationen in ihren Ratings aufzunehmen, können von dieser umfassenden Informationsweitergabe bei der Bonitätsprüfung profitieren.

6.8 Controllingfunktion

Das ITM muss den Turnaround-Prozess gezielt und zeitnah steuern und kontrollieren. Dazu muss ein Turnaround-Controlling aufgebaut werden, das die Analyse, die Turnaround-Konzepterstellung und die Umsetzung miteinander verzahnt. Ein Controllingsystem ist allgemein als Subsystem des Führungssystems zu verstehen. Ihm obliegt die ergebnisorientierte Koordination von Planung, Kontrolle und Informationsversorgung im Unternehmen.[584] Dieser Funktion kommt im Turnaround eine besonders erfolgskritische Stellung zu, so dass dem Turnaround-Controlling eine vorrangige Rolle eingeräumt werden muss. Um dies zu verdeutlichen, sollte diese Control-

---

[584] Vgl. HORVÁTH (2003), S. 843.

lingfunktion auch **institutionell** entsprechend verankert werden.[585] Dies bedeutet nicht, dass eine eigene Stelle dafür geschaffen werden muss, aber das Turnaround-Controlling sollte zumindest organisatorisch an eine Abteilung (z. B. Rechnungswesen) angegliedert und es sollte eine dafür verantwortliche Person benannt werden. Der zeitliche Aufwand, der mit dem Turnaround-Controlling verbunden ist, schwankt im Verlauf des Prozesses. Im Rahmen der Initialisierung und Analyse sowie der Konzepterstellung sind vergleichsweise mehr Controllingaufgaben erforderlich als im Verlauf der Konzeptumsetzung, sobald die notwendigen Informationssysteme installiert sind.[586]

Die größten Schwierigkeiten und Belastungen sind zu Beginn des Turnaround-Prozesses zu erwarten, wenn bislang nicht vorhandene Informationssysteme aufgebaut und vorhandene Systeme auf ihre Aussagefähigkeit überprüft und entsprechend angepasst werden müssen. Um ein Unternehmen überhaupt in die Lage zu versetzen, eine umfassende Analyse der Ausgangssituation vornehmen und den weiteren Turnaround-Prozess erfolgreich gestalten zu können, bedarf es aber unbedingt einer systematischen Verbesserung des Informationsstandes der Unternehmensführung.[587] Neben einer ganzheitlichen Unternehmens- und Umweltanalyse muss parallel der Aufbau und die Pflege eines aktuellen, aussagefähigen Rechnungswesens und Controllings den Informationsstand des Managements fortlaufend sicherstellen. Ein wichtiger Schritt, der direkt zu Beginn des Turnarounds erfolgen sollte und der als Grundvoraussetzung des ITM anzusehen ist, ist daher die **Garantierung einer soliden Datenbasis.**[588] Die Richtigkeit, Integrität und Aktualität der Daten muss gewährleistet sein. Dies ist zum einen zur Verbesserung der Entscheidungsgrundlagen von Relevanz, zum anderen aber auch bedeutsam für den Informationsaustausch mit den Anspruchsgruppen, da die Weitergabe falscher, veralteter und / oder widersprüchlicher Daten die Beziehung zu ihnen negativ beeinflussen kann. Besonderes Augenmerk ist folglich bei vielen KMU auf die Qualitätssicherung des Rechnungswesens zu legen. Minimalanforderung ist die monatliche Erstellung einer betriebswirtschaftlichen Auswertung, aus der das Unternehmensergebnis auf Monatsbasis hervorgeht. Von der **Validität und Aussagefähigkeit dieser Daten** hängt maßgeblich die Qualität der Analyseergebnisse und des darauf aufbauenden Turnaround-Konzepts ab.

Im Verlauf der Realisierungsphase ist das Turnaround-Konzept sowie der quantifizierte Turnaround-Plan die Referenzgröße des Turnaround-Controllings. Es müssen **Messgrößen** definiert werden, mit denen der Zielerreichungsgrad der strategischen

---

[585] Vgl. dazu auch den Aufbau der Projektorganisation in Kap. D.6.6.
[586] Vgl. KALL (1999), S. 317 ff.
[587] Vgl. PINKWART, KOLB (2000), S. 53 f.; PINKWART (2000a), S. 170 f. Vgl. auch die Ausführungen zur Informationsfunktion des ITM in Kap. D.6.4.
[588] Vgl. WLECKE (2004), S. 36.

Ziele bestimmt werden kann. Durch den quantifizierten Turnaround-Plan dürften einige der finanziellen Plangrößen bereits operationalisiert sein. Zusätzlich müssen für alle anderen Maßnahmen (auch diejenigen, die sich nicht unmittelbar finanziell auswirken) Messgrößen und Zielwerte definiert werden. Die Ist-Werte dieser Messgrößen sind der Ausgangspunkt, von dem aus eine Verbesserung angestrebt wird. Der Soll- bzw. Planwert gibt das quantifizierte Ziel vor.

Der Erfolg der Turnaround-Maßnahmen muss zeitnah kontrolliert werden. Die Controllingfunktion darf aber nicht nur rückwärtsgerichtet die Kontrolle der Maßnahmen beinhalten, sondern muss durch die ständige Überprüfung von Planungsprämissen einen **Vorkopplungsprozess** in Gang setzen, d. h. dass einerseits Feedback-Schleifen (Plan-Ist-Vergleiche) einen Abgleich zwischen den festgeschriebenen Zielwerten und der aktuellen Situation herstellen und andererseits in einem Feedforward-Prozess (Plan-Wird-Vergleiche) eine Vorausschau auf Basis aktualisierter Prämissen („Forecast") zu den Planwerten in Relation gesetzt wird.[589] Dazu nimmt das Turnaround-Controlling Informationen auf Gesamtunternehmensebene vom Turnaround-Team und Informationen auf Projekt- bzw. Aufgabenebene von den jeweils Verantwortlichen auf. Durch Aufbereitung und Gegenüberstellung dieser Ist-Werte mit den Plan-Werten des Turnaround-Konzepts kann das Turnaround-Controlling dezidierte Aussagen über den Turnaround-Fortschritt des Unternehmens im Allgemeinen sowie auf Subziel- und Maßnahmenebene treffen. Werden im Verlauf der Umsetzung Planabweichungen bei den relevanten Zielgrößen gemessen bzw. prognostiziert, muss das Turnaround-Management unverzüglich deren Ursachen klären. Diese können beispielsweise in einer Veränderung der Prämissen oder einer zeitlich verzögerten Umsetzung und Wirkung der Maßnahmen begründet sein.[590] Aufbauend auf der Ursachenanalyse sind bei tatsächlichen oder zu erwartenden Planabweichungen entsprechende Konzeptänderungen vorzunehmen bzw. Gegenmaßnahmen zu entwickeln. An dieser Stelle setzt der Turnaround-Prozess mit seinem Problemlösungszyklus quasi erneut an und muss über Alternativensuche, -prognose und -bewertung zu einer Entscheidung führen.

6.9 Dokumentationsfunktion

Die Dokumentationsfunktion ist eng mit den Informations-, Controlling- und Kommunikationsfunktionen verknüpft. Die **Dokumentation der Vorgänge** in allen Phasen des Turnaround-Prozesses wird als hilfreiches Element angesehen, um den Prozess effizienter zu gestalten. Nur eine ausreichende Dokumentation der Methodik und der

---

[589] Vgl. LAFRENZ (2004), S. 30.
[590] Daher bedürfen nicht nur die Maßnahmen der Kontrolle, sondern auch die Prämissen, die als Planungsgrundlage dienen, sind ständig zu überprüfen; vgl. KALL (1999), S. 287.

Ergebnisse bzw. Erfahrungen einzelner Analyse- und Umsetzungsschritte während des Turnaround-Prozesses gewährleistet eine hohe Qualität der Datenbasis. Diese wiederum bestimmt maßgeblich die Qualität der Analyseergebnisse und darauf aufbauend die Belastbarkeit des Turnaround-Konzepts.

Aufgrund der Vielzahl an erhobenen Daten ist zu dokumentieren, auf welcher **Basis** welche Entscheidungen getroffen wurden. Gerade im Bereich der strategischen Entscheidungen ist es wichtig, dass der Diskussionsprozess und das letztlich gemeinsam im Turnaround-Team gefundene Verständnis festgehalten wird. Zusätzlich sollten die Analyseschritte und die Methoden der Datengenerierung protokolliert werden. Bewertungs- und Ermittlungsverfahren (z. B. zur Bewertung halbfertiger Leistungen oder des Lagerbestandes) sind zu dokumentieren und einheitlich fortzuschreiben, damit unterschiedliche Vorgehensweisen Zeitvergleiche nicht verzerren und die Aussagekraft beeinträchtigen.[591] Dies gewährleistet einen intertemporaler Vergleich der Daten und mindert die Gefahr von Fehlinterpretationen. Der Grundsatz, den Turnaround-Prozess in seinen Einzelheiten möglichst genau zu dokumentieren, sollte unbedingt durchgängig eingehalten werden. Nur so kann sichergestellt werden, dass Soll-Ist-Vergleiche aussagekräftig sind und Analysen und Entscheidungen auch im Nachhinein nachvollzogen werden können.

Die Dokumentationsfunktion des ITM hat darüber hinaus für die **Entwicklung des analytischen und strategischen Know-hows** im KMU eine wichtige Bedeutung. Werden Externe in den Turnaround-Prozess involviert, kann auf diesem Wege ihr Spezialwissen zumindest in Ansätzen für die Organisation erhalten bleiben. Das schließt neben turnaround-spezifischem und betriebswirtschaftlichem Know-how auch Branchenkenntnisse und juristisches oder steuerliches Wissen ein.[592]

6.10 Frühaufklärungsfunktion

Um dem Anspruch, strategische Krisen bewältigen zu können, gerecht zu werden, ist es einsichtig, dass das ITM antizipativen Charakter haben bzw. die Fähigkeit zur Frühaufklärung besitzen muss.[593] Es gilt: *„Die nächste Krise kommt bestimmt."*[594] Diese potenzielle Gefahr sollte unbedingt zum Anlass genommen werden, dass die Unternehmensführung (auch nach einem gelungenen Turnaround) der **Frühaufklärung** eine höhere Bedeutung beimisst und sie als elementare Managementaufgabe be-

---

[591] Ähnliches wie bei den Bewertungs- und Ermittlungsverfahren gilt beispielsweise auch für die Zuordnung von bestimmten Kosten und Erlösen auf GuV-Konten oder Kostenstellen.
[592] Vgl. KLAR, ZITZELSBERGER (1996), S. 1869. Dafür müssen Externe allerdings in die Lage versetzt werden, das Konzept als Rahmen für eigene Methoden oder Instrumente zu nutzen.
[593] Vgl. MÜLLER-STEWENS (1989), S. 645.
[594] HÖHN (1974), S. 118.

greift, die unabhängig von einer Krisensituation betrieben werden muss. Das bedeutet, dass idealerweise die Erkenntnisse und Erfahrungen aus dem Turnaround-Prozess für die künftige Unternehmensentwicklung nutzbar gemacht werden. Der Gefahr, dass das Unternehmen nach erfolgtem Turnaround zu alten Mustern und Verhaltensweisen zurückkehrt und damit einen Nährboden für neue Krisenherde schafft, sollte aktiv begegnet werden. Gelingt dies, kann das Unternehmen deutlich an „Krisenfestigkeit" gewinnen.[595] Das ITM muss daher so flexibel gestaltet werden, dass es auf zukünftige Veränderungen zeitnah reagieren kann. Dies ist gleichbedeutend mit der Implementierung eines Frühaufklärungssystems, das krisenhafte Entwicklungen in der Zukunft frühzeitig antizipiert und damit den Handlungsspielraum für Anpassungen in zeitlicher und inhaltlicher Hinsicht erhöht.

Insofern ist die Unternehmens- und Umweltanalyse, die zu Beginn des Turnarounds vorgenommen wird, nicht nur als einmalige Aufgabe zu verstehen. Im Verlauf des Turnarounds sowie nach erfolgreich abgeschlossenem Turnaround muss vielmehr sowohl das Unternehmen als auch seine Umwelt stetig „gescannt" werden. Dies ist notwendig, um Veränderungen, welche die Planannahmen beeinflussen können, im Zuge eines Vor- und Rückkopplungsprozesses frühzeitig wahrzunehmen und entsprechende Anpassungen vorzunehmen.[596] Es bedarf dazu objektiver Kontrollinstanzen (beispielsweise Implementierung von Kennzahlensystemen mit Toleranzwerten oder Installierung von Aufsichtsgremien wie z. B. Beirat), welche die Gefahr einer verzerrten Wahrnehmung der Frühwarninformationen verringern. Die sachlichen und persönlichen Wahrnehmungsbarrieren von Krisenanzeichen können nur nachhaltig überwunden werden, indem ein aussagekräftiges Frühaufklärungssystem installiert wird, das Warnhinweise frühzeitig anzeigt. Eine permanente Beobachtung erfolgskritischer Bereiche im Unternehmen sowie in seiner Umwelt sollten Bestandteil des Managementprozesses eines jeden Unternehmens sein. Dies prononciert die Bedeutung der Frühaufklärung für die Unternehmensführung unabhängig von einer Krisensituation.

MÜLLER-STEWENS stellt die Forderung auf, Managementsysteme zu entwickeln, die im Falle existenzbedrohender Entwicklungen den Charakter eines Krisenmanagements annehmen können. Er ist der Auffassung, dass ein integrierter Krisenmanagementansatz, der bereits in einer frühen Krisenphase zum Einsatz kommt, in der Praxis nur schwer durchsetzbar sei. Er begründet dies damit, dass es untypisch für eine unternehmerische Denkhaltung sei, sich permanent − also auch in erfolgreichen Unternehmensphasen − mit latenten Krisenpotenzialen zu befassen.[597] Die Frühaufklärungsfunktion ergänzt das ITM entsprechend dieser Forderung: Ausgehend von

---

[595] Vgl. SCHARB (1994), S. 341.
[596] Vgl. DEWITT, HARRIGAN, NEWMAN (1998), S. 26.
[597] Vgl. MÜLLER-STEWENS (1989), S. 645.

einer Turnaround-Situation wurde mit dem ITM eine Systematik konzipiert, die zunächst entscheidend dazu beiträgt, den Turnaround erfolgreich zu gestalten und sich anschließend im Zuge einer evolutionären Entwicklung als Managementsystem darstellt, das einerseits antizipativen Charakter für krisenhafte Entwicklungen aufweist, andererseits aber auch jederzeit wieder zur Krisenbewältigung „reaktiviert" werden kann. Das ITM ist somit nicht nur auf die Krisenbewältigung begrenzt und endet mit der Umsetzung der Turnaround-Maßnahmen, sondern dient nach erfolgreichem Turnaround der Krisenprophylaxe (Entwicklung zum **proaktiven Turnaround-Management**).[598] Die nachgelagerten Unternehmensentwicklungsphasen der Stabilisierung und des Wachstums können über die Frühaufklärungsfunktion ebenfalls abgedeckt werden.

6.11 Lern- und Entwicklungsfunktion

Es ist abzusehen, dass sich im Kampf um Märkte, Kunden und Wettbewerbsvorteile diejenigen Unternehmen behaupten werden, die lernfähig sind und sich mit großer Flexibilität, Innovation und Kreativität den sich fortlaufend verändernden Marktbedürfnissen und Prozessen permanent und frühzeitig anpassen können.[599] Die aktuellen Herausforderungen an das Management von Unternehmen liegen vor allen Dingen in der Beherrschung der steigenden Komplexität bei gleichzeitiger Verknappung der zur Verfügung stehenden Zeit oder anders ausgedrückt: bei ständig zunehmender Schnelligkeit.[600] Die zunehmende **Dynamisierung der Umwelt und der Märkte** lässt erwarten, dass sich Unternehmen in immer kürzeren Abständen auf neue Gegebenheiten einstellen müssen. Dies hat zur Folge, dass verstärkt nicht nur repetetive, sondern auch neuartige Prozesse gestaltet und abgewickelt werden müssen. Für die Unternehmensorganisation bedeutet dies, dass herkömmliche Strukturen, die auf die Abwicklung der repetetiven Prozesse ausgerichtet sind, zur Steuerung und Kontrolle neuartiger Prozesse in der Regel nicht ausreichen.[601] Die ureigene Managementaufgabe, **Veränderungsprozesse** zu gestalten, muss in Zeiten permanenten Wandels folglich um zwei Aspekte erweitert werden. Dies ist zum einen die Fähigkeit, Veränderungsbedarf frühzeitig zu erkennen und zum anderen, die Bereitschaft für Veränderungen im Unternehmen zu schaffen.[602] Die Erfüllung dieser erweiterten Managementaufgabe kann ein wichtiger, wenn nicht sogar entscheidender Wettbewerbsvorteil sein.[603] Für das strategische Führungsverhalten bedeutet dies, dass

---

[598] Vgl. KLAR, ZITZELSBERGER (1996), S. 1866.
[599] Vgl. SONNTAG (1998), S. 15; ähnlich ICKS (1997), S. 43.
[600] Vgl. FUEGLISTALLER, HALTER (2002), S. 382; BLEICHER (2004), S. 44 ff.
[601] Vgl. ULRICH (1984), S. 41 ff.
[602] Vgl. STÄHLI (1998), S. 78.
[603] „The ability to learn faster than competitors may be the only sustainable competitive advantage.";
GEUS (1988), S. 71.

nicht nur die Anpassung an veränderte Rahmenbedingungen verbessert werden muss, sondern auch dass, im Hinblick auf zu erwartende zukünftige Veränderungen, die Anpassungsfähigkeit der Organisation gesteigert werden muss.[604]

Insbesondere **kleine und mittlere Unternehmen** müssen sich dieser neuen Anforderungen bewusst sein und diese annehmen, um ihre betriebsgrößenbedingten Nachteile mit ihren Stärken wie Flexibilität oder Markt- und Kundennähe auch weiterhin kompensieren zu können.[605] Für KMU, die eine Krise durchlaufen, bedeutet dies, dass das Management und die Mitarbeiter ihre Fähigkeiten und ihr Know-how während des Turnaround-Prozesses stetig weiterentwickeln müssen. Aus der Not der Krise heraus muss konstruktiv „gelernt" werden. Es muss ein Verständnis in der Unternehmensführung entwickelt werden, das Management als Prozess stetiger Veränderung und Verbesserung begreift.[606] Das ITM muss hierzu einen Beitrag leisten, indem es durch seine Vorgehensweise das Verständnis für unternehmensinterne und –externe Zusammenhänge und Interdependenzen erhöht und damit strategisches, ganzheitliches Denken fördert. Langfristig soll damit die Entwicklung zur „lernenden Organisation" angestrebt werden.

So muss eine Professionalisierung des Managements nicht nur auf instrumenteller Ebene (wie beim Aufbau des Turnaround-Controllings), sondern auch im Bereich der **persönlichen Fähigkeiten** erfolgen. Selbsterkenntnis und die Fähigkeit zur Kritik sind wesentliche Aspekte, die einen Turnaround begünstigen können.[607] Das Management muss selbstkritisch mit der Situation umgehen und einen Lern- und Veränderungsprozess bei sich selbst sowie im Unternehmen insgesamt anstoßen. Daher muss die Analyse auch die Beurteilung der Managementfähigkeiten einbeziehen. Allerdings darf die Ursachenanalyse nicht zur Suche nach einem „Sündenbock" verkommen. Es geht vielmehr darum, aus den Fehlern der Vergangenheit wertvolle Lehren für das künftige, bessere Management des Unternehmens zu ziehen. Insofern ist die Auseinandersetzung mit der Unternehmensvergangenheit als konstruktiver Prozess zu verstehen. Das Management muss bereit sein, jede Gelegenheit zur Verbesserung seiner Managementfähigkeit wahrzunehmen. Neue Vorgehensweisen und Methoden müssen unvoreingenommen auf ihre Eignung für die Unterstützung des Turnaround-Prozesses überprüft werden.[608] Hilfreich ist es, die Unternehmenskrise

---

[604] Vgl. MAUL (1993), S. 718. Vgl. zum organisationalen Lernen von KMU HEINEMANN, WELTER (2006).
[605] Vgl. PINKWART, KOLB (2000), S. 2.
[606] Vgl. MACHARZINA, DÜRRFELD (2001), S. 769.
[607] „Denn das ist, was die Krise fordert: Transparenz, Ehrlichkeit gegenüber sich selbst und einen grundlegenden Wandel der Perspektive."; STELTER (2003), S. 109. SHORT, PALMER, STIMPERT (1998), S. 173 betonen in diesem Zusammenhang die Bedeutung der Wahrnehmung: „Without recognition of a problem, little, if any, organizational learning in turnaround contexts can take place."
[608] Vgl. ALBACH (1984a), S. 193; JENNER (2003), S. 209.

als Chance zu begreifen.[609] Dazu gehört, Krisenphasen als elementare Bestandteile der Unternehmensentwicklung aufzufassen,[610] von denen zwar eine Existenzbedrohung ausgeht, die aber zugleich die Möglichkeit zu einer revolutionären Erneuerung bieten.

7. Kritische Würdigung des Integrierten Turnaround-Managements

Die hier vorgestellten Ansätze für ein ITM lassen einige positive Auswirkungen auf den Turnaround-Prozess vermuten. Einige Aspekte stellen die Praxiseignung dieses Konzepts allerdings auch in Frage und müssen daher ebenfalls in eine kritische Würdigung einbezogen werden. Positiv wirkt, dass der Turnaround-Prozess von Beginn an **systematisch strukturiert** wird. Trotzdem ist ein hohes Maß an Flexibilität gewährleistet, mit dem die individuellen Bedürfnisse und Anforderungen der sehr heterogenen Gruppe der KMU abgebildet werden können.

Die ganzheitliche Unternehmens- und Umweltanalyse liefert umfassende Informationen, mit denen die **kritischen Erfolgsfaktoren** des Unternehmens bestimmt werden können. Die Konzentration auf die veränderungsbedürftigen sowie die für das Unternehmensziel relevanten Faktoren und die damit verbundenen Aktivitäten ermöglicht eine **fokussierte Steuerung des Unternehmens**. Der intensive Analyseprozess kann das Verständnis der Unternehmensführung für die erfolgskritischen Bereiche des Unternehmens wesentlich verbessern.

Die **Unternehmensvision** und die daran orientierte Turnaround-Strategie geben ein klares Unternehmensziel vor, an dem der Turnaround-Prozess konsequent auszurichten ist. Dies ermöglicht eine jederzeitige **Überprüfung der langfristigen Auswirkungen von akuten und operativen Turnaround-Maßnahmen**. Bereits in einem frühen Stadium des Turnaround-Prozesses ist es möglich, die Maßnahmen durch die intensive Diskussion möglicher Auswirkungen im Turnaround-Team auf ihre strategische Konformität zu prüfen. Auch wenn bei bestimmten Maßnahmen keine hundertprozentige Strategiekonformität hergestellt werden kann, weil ihr Einsatz für den Fortbestand des Unternehmens überlebensnotwendig ist, so wird zumindest das Bewusstsein für das daraus resultierende Risiko geschaffen.

Die Einbeziehung qualitativer Faktoren erweitert das Blickfeld der Unternehmensführung auf die den finanziellen Symptomen vorgelagerten Krisenursachenfelder. Die

---

[609] *„Conceiving failure as part of success, different from it but interdependent rather than separate from it, embraces failure as a natural phenomenon integrating it into the discourse. Embracing the duality of success and failure may enable people and organisations to draw more readily from both and recognise their benefits.";* THORNE (2000), S. 312.

[610] Vgl. MAKRIDAKIS (1991), S. 125.

Finanzkennzahlen werden nicht mehr als einzige relevante Steuerungsgröße verstanden. Dies **mindert die Gefahr eines symptomorientierten Turnarounds** deutlich.

Die **flexible Projektorganisation**, welche die eingeschränkten Human- und Kapitalressourcen der KMU berücksichtigt, kann durch Dezentralisation und Arbeitsteilung den Turnaround-Prozess in KMU effizient unterstützen. Die enge Einbeziehung der Mitarbeiter in den gesamten Turnaround-Prozess und die Vorgabe von Zielen eröffnet ein **motivatorisches Potenzial**. Den Mitarbeitern wird die Möglichkeit gegeben, während der Analyse auf Schwachstellen hinzuweisen und in der Realisierung selbst Lösungsansätze zu erarbeiten und damit konstruktiv am Turnaround mitzuwirken. Die Formulierung von Vision und Strategie sowie die Vorgabe darauf abgestimmter Zielgrößen hat darüber hinaus den Vorteil, dass konkret kommuniziert wird, was verändert werden muss, um das übergeordnete Turnaround-Ziel zu erreichen. Damit wird für jeden Mitarbeiter sein individueller Beitrag zum Turnaround transparent.

Das ITM liefert über seine Dokumentationsfunktion eine wertvolle **Kommunikationsgrundlage** für die Information der Anspruchsgruppen. Die relevanten Informationen liegen verdichtet und aktualisiert vor, so dass sie ohne größeren Mehraufwand anspruchsgruppenspezifisch aufbereitet werden können. Neben den finanziellen Informationen werden auch strategische bzw. qualitative Daten vorgehalten, welche die Argumentationsgrundlage der Unternehmensführung deutlich verbessern. Es kann komprimiert über die Unternehmensleistung und den Stand der Turnaround-Projekte berichtet werden. Dies hat positive Auswirkungen auf die Verhandlungsführung der Unternehmensführung, die aufgrund der professionelleren Datengrundlage erheblich an Qualität gewinnt. Es kann gegenüber den Anspruchsgruppen plausibel argumentiert werden, warum bestimmte Turnaround-Maßnahmen notwendig sind und welchen Beitrag sie für einen erfolgreichen Turnaround erwarten lassen.

Die umfangreichen Erkenntnisse der intensiven Analyse bleiben durch die Dokumentationsfunktion des ITM im Unternehmen erhalten. Das ITM als übergeordnetes System führt die für die Unternehmenssteuerung relevanten Informationen zusammen und stellt sie allen Beteiligten zur Verfügung. Auch nach erfolgreich überwundener Unternehmenskrise können die erarbeiteten Erkenntnisse und Strukturen weiter genutzt und fortgeschrieben werden. Das Management und die Mitarbeiter vertiefen somit fortlaufend das Verständnis über das Unternehmen und die internen und externen Zusammenhänge. Damit kann ein Beitrag dazu geleistet werden, dass sich das Unternehmen in Richtung einer „**lernenden Organisation**" entwickelt.

Die Fähigkeit, **krisenhafte Tendenzen frühzeitiger zu erkennen**, wird durch die Frühaufklärungsfunktion des ITM deutlich verbessert. Das ITM versucht, die kreativen und motivatorischen Potenziale einer Unternehmenskrise zu nutzen, um aus dem Managementsystem zur Bewältigung einer akuten Unternehmenskrise im Zuge eines evolutionären Prozesses ein Instrument zur Frühaufklärung zu machen. Damit wird die Möglichkeit des Übergangs von einem zentralen zu einem dezentralen Krisenmanagement geschaffen. Letzteres begreift Turnaround-Management als eine laufend wahrzunehmende Aufgabe und zeichnet sich durch erhöhte Sensibilität für Fehlentwicklungen und eine permanente Einsatzbereitschaft für ein korrigierendes Eingreifen aus.[611]

Die Integration aller Krisenphasen sowie aller Phasen des Turnaround-Prozesses in das ITM wirkt sich positiv auf eine konstruktivere Sichtweise von Unternehmenskrisen aus. Während das klassische Sanierungsmanagement aufgrund seines kurzfristigen Zeithorizonts beispielsweise nicht in der Lage ist, strategische Zielkonflikte von operativen Maßnahmen aufzudecken, deckt das ITM ein breiteres Spektrum operativer und strategischer Fragestellungen ab. Damit wird sowohl in wissenschaftlicher als auch in praktischer Hinsicht eine Entwicklung hin zum **proaktiven Turnaround-Management** initiiert. Ob allerdings der Zeithorizont in akuten Liquiditätskrisen, in denen die Insolvenz droht, ausreicht, um ein solch umfassendes Konzept umzusetzen, erscheint kritisch. Sehr wahrscheinlich muss hier ein abgestuftes Vorgehen gewählt werden, bei dem zunächst die akute Existenzbedrohung beseitigt wird, um darauf aufbauend das ITM umfassend zu implementieren.

Kritisch muss in jedem Fall der ohne Frage **hohe personelle sowie zeitliche Aufwand** gesehen werden, den die Ein- und Durchführung eines ITM verlangt. Dies steht im Kontrast zu der eingangs formulierten Forderung, ein Managementkonzept zu entwickeln, das den beschränkten Ressourcen der KMU Rechnung trägt. Dies führt zu der Erkenntnis, dass eine hohe Einsatzbereitschaft der Unternehmensführung für den Turnaround-Erfolg unerlässlich ist. Der Mehraufwand ist allerdings temporär und ohnehin typisch für jeden Turnaround-Prozess.

Die Erfüllung der weiteren Forderung, Managementkonzepte für KMU möglichst **einfach und verständlich** zu gestalten, muss ebenfalls kritisch gesehen werden. So geht die hohe Flexibilität und Integrationskraft des Konzepts zu Lasten der Einfachheit.[612] Die Komplexität des Turnaround-Managements lässt sich – zumindest auf den ersten Blick resp. für Unerfahrene im Umgang mit Krisensituationen – auch durch das ITM nicht abmildern. Dies ergibt sich erst im Zuge des Entwicklungsprozesses. Dies liegt die Vermutung nahe, dass es zur vollen Entfaltung des Potenzials des ITM professioneller Beratung und Expertenwissens bedarf. Dies steht auch in engem Zusammenhang mit der Annahme, dass das Konzept bei kleineren Unternehmen, die weniger als zwanzig Mitarbeiter beschäftigen, nicht anwendbar sein dürfte. Das ITM

---

[611] Vgl. STAEHLE (1998), Sp. 2463.
[612] Vgl. SEGHEZZI (1997), S. 19.

würde eine zusätzliche Komplexität schaffen, die Organisationen dieser Größe nicht angemessen ist und eher kontraproduktiv wirken dürfte. Zudem scheint ein Mindestmaß an organisatorischem Unterbau für die Vielzahl an Managementaufgaben unerlässlich.

Die Aufrechterhaltung der Umsetzungsdynamik kann zwar durch die Systematik des ITM unterstützt werden, trotzdem ist sie in hohem Maße von der Einsatzbereitschaft der Beteiligten abhängig. Dem Turnaround-Leader kommt die erfolgskritische Aufgabe zu, den **Umsetzungsprozess permanent anzutreiben**. Trotz des motivationssteigernden Potenzials des ITM darf eine enge Führung der Mitarbeiter durch Kontrolle der Turnaround-Projekte nicht vernachlässigt werden. Diese Fähigkeit zur Disziplin und Kontrolle muss auch das Turnaround-Team zeigen. Für die unternehmensinternen Mitglieder des Teams dürfen operative Aufgaben keine Ausrede für eine abnehmende Dynamik des Turnaround-Prozesses sein. Dies bestärkt die Vermutung weiter, dass das ITM ohne die **Unterstützung von externen Experten** nur mit erheblichen Schwierigkeiten durchführbar sein dürfte. Diese verfügen über spezifisches Know-how sowie eine objektive Distanz zum Unternehmen, was für den Turnaround von großem Vorteil ist.

Problematisch könnte speziell in KMU zudem die **schriftliche Fixierung** einer Unternehmensvision und der daraus abgeleiteten Strategie sein, da sie häufig nur implizit in den Köpfen der Unternehmensführung existieren. Unabdingbare Grundvoraussetzung für einen erfolgversprechenden Einsatz der ITM in KMU ist außerdem, dass die Unternehmensführung bereit ist, **Transparenz über die strategischen und finanziellen Größen und Zusammenhänge** im Unternehmen zuzulassen.[613]

Besonders kritisch erscheint, dass nicht bei allen Turnaround-Unternehmen unterstellt werden kann, dass sich die Unternehmensführung einsichtig zeigt und bereit ist, eigene Fehler anzuerkennen und radikale Veränderungen im Unternehmen durchzuführen. Dies kann bereits zu Beginn des Turnarounds den Prozess scheitern lassen: Sofern der Unternehmer nicht bereit ist, den Führungskreis zu erweitern und alternative Meinungen zuzulassen, wird der Turnaround-Prozess nicht nach dem Konzept des ITM erfolgen können, da die Teambildung als wesentliches erfolgskritisches Element angesehen wird. Somit entscheidet sich bereits in diesem frühen Stadium des Turnaround-Prozesses, inwieweit das ITM eine realistische Chance auf Durchsetzung hat. Positiv kann hier externer Druck in fortgeschrittenen Krisenphasen wirken, wenn die Unternehmensführung dazu angehalten wird, das Management personell zu erweitern. Der Initialisierung des Turnaround-Managements ist somit für den Turnaround-Erfolg eine erhebliche Bedeutung beizumessen. Die Positionierung und Etablierung des Turnaround-Teams und seines Vorhabens in der Organisation

---

[613] Vgl. SCHLÜCHTERMANN, POINTNER (2004), S. 38 f.

hat entscheidenden Einfluss auf die Durchsetzbarkeit von Turnaround-Maßnahmen. Aus Motivations- und Akzeptanzgründen ist es daher wünschenswert, dass die Initiative von der Unternehmensführung selbst ausgeht. Fraglich bleibt allerdings, wie die Selbsterkenntnis bzw. Einsicht in diesem frühen Stadium des Turnarounds unterstützt werden kann. Das ITM kann sein Potenzial in dieser Hinsicht erst im Verlauf des Turnaround-Prozesses entfalten. Für das Problem einer **uneinsichtigen und nicht lernfähigen Unternehmensführung** muss demnach einschränkend konstatiert werden, dass das ITM keinen überzeugenden Lösungsansatz anbieten kann. Gelingt es aber zu Beginn des Turnaround-Prozesses ein Turnaround-Team zu bilden und idealerweise auch Externe in den Prozess einzubinden, kann das ITM durch seine ganzheitliche Vorgehensweise auch den Lern- und Entwicklungsprozess des Unternehmers positiv unterstützen.

E. Praktische Relevanz des Integrierten Turnaround-Managements

1. Empirische Prüfung der Praxisrelevanz

Die Grundaussagen und Empfehlungen des ITM, die im Rahmen der Funktionen dargestellt wurden, sind aus einer Vielzahl wissenschaftlicher Untersuchungen (teils empirisch fundiert) sowie umfassendem Praxis- und Expertenwissen theoretisch hergeleitet worden und können damit zum großen Teil als allgemein akzeptierte Empfehlungen zur Bestgestaltung des Turnaround-Managements angesehen werden. Diese Herangehensweise unterliegt allerdings der Schwäche, dass im Prinzip ein „durchschnittlicher Turnaround" betrachtet wird, den es in dieser Form in der Praxis vermutlich nicht geben wird. Das ITM versucht dem zu begegnen, in dem auf einem relativ hohen Abstraktionsniveau Empfehlungen gegeben werden, die zudem für die speziellen Gegebenheiten des konkreten Falls flexibel anpassbar sein sollen. Dass dadurch die Anwendbarkeit des Konzepts in der Praxis gewährleistet wird, wurde nur theoretisch hergeleitet. Wie die kritische Würdigung des ITM jedoch gezeigt hat, weist das Konzept neben den vielen positiven Auswirkungen auf die Krisenbewältigung auch einige Aspekte auf, die einen erfolgreichen, praktischen Einsatz des Konzepts in der KMU-Praxis zumindest in Frage stellen. Zur abschließenden Verifizierung, Konkretisierung und ggf. Ergänzung dieser Annahmen wäre eine empirische Erhebung vonnöten, mit deren Hilfe das ITM durch die (Unternehmens-)Praxis bewertet wird.

Es stellt sich die Frage, wie das **Design** einer solchen **empirische Untersuchung** aussehen könnte. Dazu ist zunächst zu klären, welche konkreten **Fragestellungen** damit beantwortet werden sollen. Fraglich erscheint konkret, ob Unternehmer, die über keinerlei Erfahrung im Umgang mit Unternehmenskrisen verfügen, ein solch umfassendes Konzept mit seiner gesamten Bandbreite an Aufgabenstellungen im Unternehmen ohne externe Unterstützung umsetzen können. Um weitere KMU-spezifische Anpassungen des Konzepts vornehmen zu können, müsste daher erhoben werden, ob (und wenn ja, welche) Probleme und Hindernisse beim Einsatz des ITM festzustellen sind. Dies betrifft auch die Frage, ob der Einsatz des ITM in insolvenznahen Krisenphasen ohne weitere Modifikationen gewährleistet ist. Nicht hinreichend geklärt scheint auch, welchen individuellen Beitrag die einzelnen Funktionen des ITM zur Verbesserung des Turnaround-Prozesses beitragen. Damit ließe sich beantworten, ob die **Gleichwertigkeit der Funktionen**, wie sie hier postuliert wird, in der Praxis tatsächlich gegeben ist.

Empirische Erhebungen, die sich in quantitativer Hinsicht mit dem Untersuchungsgegenstand des Turnarounds auseinandersetzen, unterliegen hinsichtlich ihrer Interpretierbarkeit und Generalisierungsfähigkeit zahlreichen Einschränkungen.[1] Dies dokumentieren die teils divergierenden Ergebnisse einiger quantitativ orientierten Untersuchungen. Es zeigt sich dabei auch, dass Untersuchungen dieser Art in der Regel nur einen Teilausschnitt des Turnaround-Prozesses betrachten und die situativen Faktoren sowie ihre Interdependenzen nicht in ihrer Gesamtheit erfassen. Für die Bewertung eines umfassenden, integrierten Ansatzes scheint dies nicht ausreichend zu sein.

Eine valide Beurteilung des Gesamtkonzepts kann aber letztlich nur im Praxiseinsatz erfolgen. Hierzu würde sich aufgrund der Problematik quantitativer Untersuchungen die qualitative Methode der **Fallstudienanalyse** empfehlen. Mehrere mittelständische Krisenunternehmen, die das ITM zur Gestaltung des Turnaround-Prozesses einsetzen, müssten wissenschaftlich begleitet und die Beobachtungen und Erkenntnisse (z.B. aus (un)strukturierten Interviews oder schriftlichen Befragungen) systematisch ausgewertet werden. Idealerweise müssten die Krisenunternehmen jeweils verschiedene Stadien des Krisenverlaufs repräsentieren, um die Anwendbarkeit in allen Krisenphasen zu testen. Die Fallstudienanalyse als Methode der „verstehenden Forschung" empfiehlt sich besonders, da über das ITM als neuartiges Konzept in seiner Gesamtheit noch keine hinreichenden Erkenntnisstrukturen verfügbar sind.[2] Die Fallstudienmethode eignet sich zudem, komplexe Problemstellungen intensiv zu analysieren und ganzheitliches Verhalten zu verstehen. Sie scheint insbesondere für den Untersuchungsgegenstand des Turnarounds empfehlenswert, da der Turnaround als komplexe, schwierig abzugrenzende Problemstellung mit seiner Vielzahl an Einflussfaktoren über quantitative empirische Erhebungen kaum abbildbar ist.[3]

Allerdings müssen auch die **Grenzen der Fallstudienmethodik** bedacht werden. Dies betrifft vor allen Dingen die Ableitung allgemein gültiger Erkenntnisse: Generalisierungen der bei den Fallstudienunternehmen gefundenen Ergebnisse können nämlich aufgrund des üblicherweise kleinen Untersuchungssamples nur eingeschränkt vorgenommen werden.[4] Hinzu kommt, dass, um die Wirkungen des Gesamtkonzepts erfassen zu können, die Turnaround-Vorhaben über den gesamten Prozess hinweg begleitet und analysiert werden müssten, was als äußerst arbeits- und zeitintensiv anzusehen ist. Um das ITM beurteilen zu können, bedürfte es dabei genauer Protokollierung von Ereignissen und Auswirkungen. Im dynamischen Turnaround-Prozess bedeutet dies praktisch, dass wöchentlich bis nahezu täglich Erfahrungen notiert und ausgewertet werden müssen.

---

[1] Vgl. Kap. C.1.1 und C.2.2 zur Problematik empirischer Untersuchungen des Turnarounds.

[2] Vgl. KALL (1999), S. 145 ff.; WOLF (2003), S. 17.

[3] Vgl. GLESS (1996), S. 120; WOLF (2003), S. 160. Vgl. zur Vorteilhaftigkeit der Fallstudienmethode für den Untersuchungsgegenstand des Turnarounds auch KALL (1999), S. 147 f.

[4] Vgl. CURRAN, BLACKBURN (2001), S. 81 f.; EISENHARDT (1989), S. 547; WOLF (2003), S. 160.

Die Herangehensweise mittels Fallstudienanalyse wirft zudem das Problem auf, **geeignete Untersuchungsobjekte** zu finden. Es ist unabhängig von der zugrunde liegenden Fragestellung grundsätzlich schwierig, relevante KMU für eine Befragung zu identifizieren, da aktuelle Rahmendaten (Umsatz, Ertrag, Betriebsgröße, Ansprechpartner etc.), die das Suchfeld eingrenzen könnten, nicht ohne weiteres öffentlich zugänglich sind. Hinzu kommt, dass Unternehmer in KMU aufgrund ihrer starken Beanspruchung selten bereit sind, Zeit in längerfristig angelegte Forschungsprojekte zu investieren, zumal der Erkenntnisgewinn für sie persönlich nicht immer erkennbar ist und eine gewisse allgemeine Skepsis der Wissenschaft gegenüber existiert.[5] Für KMU in Turnaround-Situationen potenziert sich diese Problematik um ein Vielfaches. Zum einen geben Unternehmer nur selten öffentlich zu, dass sich ihr Unternehmen in einer Krisensituation befindet, so dass schon die **Identifikation mittelständischer Krisenunternehmen** mit erheblichen Problemen verbunden ist. Zum anderen ist eine Turnaround-Situation aufgrund der Existenzgefährdung für Unternehmen und Unternehmer von hoher Brisanz und bietet wenig Raum für „wissenschaftliche Experimente". Die Auskunftswilligkeit der KMU über (eigene) Unternehmenskrisen ist im übrigen bei jeder Art der empirischen Erhebung sehr eingeschränkt, so dass auch quantitativ orientierte Untersuchungen sich häufig auf bereits vorliegendes Datenmaterial oder Expertenaussagen stützen müssen. Diese wiederum sind der Untersuchungsfrage oftmals nicht angemessen oder unterliegen subjektiven Einflüssen. Insgesamt zeigt sich, dass eine umfassende Bewertung der Praxisrelevanz des ITM auf empirischem Wege nur unter großen Schwierigkeiten darstellbar ist.

Demnach müsste ein erster Schritt zur Bewertung der Praxisrelevanz des ITM in der Betrachtung von Teilaspekten liegen, die mit weniger aufwändigen Methoden erhoben und beurteilt werden können. Hierzu bieten sich Expertenbefragungen[6] an, bei denen das ITM hinsichtlich potenzieller Vor- und Nachteile eruiert wird. Auch die Bedeutung der einzelnen Funktionen ließe sich auf diesem Wege zumindest tendenziell abschätzen. Diese Art der Erhebung unterliegt allerdings der Einschränkung, dass subjektive Meinungen über ein Konzept eingeholt werden, das noch keinen Praxistest erfahren hat. Um diese Gefahr abzumildern, müsste eine möglichst große Anzahl von Experten befragt werden, die sich zudem durch reichhaltige Erfahrungen im Umgang mit Krisen in KMU auszeichnen.

Auch wenn das ITM nur mit großem Aufwand empirisch überprüfbar ist, so kann das Konzept selbst doch zur **Bewertung anderer Managementansätze** im Turnaround herangezogen werden. Geht man davon aus, dass das ITM eine Erhöhung der Turn-

---

[5] Vgl. CURRAN, BLACKBURN (2001), S. 59 f.
[6] Potenzielle Ansprechpartner sind z.B. Insolvenzverwalter, auf Krisenmanagement spezialisierte Unternehmensberater, Interimsmanager oder Mitarbeiter in Spezialkreditabteilungen von Kreditinstituten.

around-Erfolgswahrscheinlichkeit bewirkt, kann man die Funktionen des ITM als Sollkonzept verstehen und andere Managementansätze bzw. -instrumente daraufhin überprüfen, wie sie diese Funktionen im Turnaround ausfüllen. Testet man Konzepte, die bereits auf ihre Praxistauglichkeit empirisch untersucht wurden, kann auf diesem Weg eine indirekte Bewertung der Praktikabilität des ITM vorgenommen werden. Im Folgenden soll diese Beurteilung exemplarisch für das Konzept der Balanced Scorecard sowie seine krisenspezifischen Adaptionen vorgenommen werden.

2. ITM als Sollkonzept zur Bewertung von Managementansätzen im Turnaround

2.1 Eignung der Balanced Scorecard für den Einsatz in der Krise

Es wird speziell die BSC betrachtet, da es sich bei ihr um ein ganzheitliches Managementkonzept[7] handelt. Dieses Merkmal wird als wesentliche Anforderung für einen Managementansatz im Turnaround von KMU erachtet. Damit ist zumindest prima vista sichergestellt, dass das gesamte Unternehmen und dessen interne und externe Einflussfaktoren Gegenstand des Konzepts sind. Zudem ist die BSC ein Konzept zur strategischen Unternehmenssteuerung, das sowohl in der Theorie als auch in der Praxis auf positive Resonanz gestoßen ist. Dies schließt auch zahlreiche erfolgreiche Implementierungen in Unternehmen ein, wozu auch einige mittelständische Unternehmen zu zählen sind.[8] Die BSC gilt als *„gelungener Versuch, eine Vielzahl von Erkenntnissen zur Steuerung mit Kennzahlen sowie zur Kopplung von Strategie und operativer Umsetzung zu einem schlüssigen Gesamtkonzept zu verbinden."*[9] Sie ist ein Ansatz, der

(1) sowohl Anforderungen der externen Anspruchsgruppen als auch interne Erfordernisse der Geschäftsprozesse und der Entwicklungsfähigkeit,
(2) sowohl kurzfristig als auch langfristig ausgerichtete strategische Ziele,
(3) und sowohl objektive, quantitative als auch subjektive, qualitative Indikatoren berücksichtigt.[10]

Diese Aspekte, die auf den ersten Blick zwei wesentliche Erfolgsfaktoren des ITM beinhalten – die explizite Berücksichtigung der Anspruchsgruppen sowie einer strategischen Ausrichtung in Verbindung mit darauf ausgerichteter operativer Umsetzung –, lassen ein **Potenzial für den Einsatz der BSC im Turnaround** vermuten. Nicht umsonst hat das Konzept zwischenzeitlich auch Eingang in die Krisen- bzw. Turnaround-Diskussion gefunden. Zunächst soll kurz das Basiskonzept beschrieben und

---

[7] Vgl. Kap. C.4.1.
[8] Vgl. BISCHOF (2002), S. 125 ff.; WIESELHUBER & PARTNER (2002b); ZDROWOMYSLAW, ECKERN, MEIßNER (2003), S. 356 f.
[9] WEBER, SCHÄFFER (2000), S. 3.
[10] Vgl. MÜLLER-STEWENS, LECHNER (2005), S. 708.

an den Anforderungen des ITM gemessen werden, bevor seine krisenspezifische Anpassungen diskutiert werden.

Ausgehend von der Kritik, dass sich traditionelle Unternehmenssteuerungskonzepte nahezu ausschließlich an finanziellen Kenngrößen orientieren und damit auf vergangenheitsorientierten Daten aufbauen und eine strategische, zukunftsgerichtete Steuerung nicht erlauben, entwickelten KAPLAN, NORTON mit der BSC einen Ansatz, der einerseits die strategische Ausrichtung in den Mittelpunkt stellt und andererseits finanzielle Einflussgrößen als oberste Maxime des Unternehmenserfolgs berücksichtigt.[11] Sie gehen von der Annahme aus, dass sich der wirtschaftliche Unternehmenserfolg (und -misserfolg) auf einige **kritische Erfolgsfaktoren** zurückführen lässt, welche daher der Fokussierung durch das Management bedürfen.[12] Diese Faktoren haben ihren Ursprung in der Markt- und Kundenbearbeitung, der Gestaltung der internen Geschäftsprozesse und den Lern- und Entwicklungsfähigkeiten des Managements und der Mitarbeiter. Die Stärken und Schwächen des Unternehmens in diesen so genannten **Perspektiven** finden ihren Niederschlag in der übergeordneten finanziellen Unternehmensperspektive.[13] Auf diese Weise werden die strategischen Konzepte der markt-, ressourcen- und prozessorientierten Unternehmensführung sowie das Führungskonzept des Shareholder Values miteinander verknüpft.[14]

Die BSC setzt konsequent an der **Unternehmensvision und -strategie** an und bricht diese als Zielsystem innerhalb der Perspektiven auf die Unternehmensebenen herunter.[15] Dazu werden strategische Ziele abgeleitet, die wiederum in konkrete Aktivitäten umgesetzt werden. Den Zielen werden Messgrößen zugeordnet, um den Erfolg der Aktivitäten zu quantifizieren. Damit erfüllt die BSC die Funktion eines Performance Measurement-Systems, das die wesentlichen Einflussfaktoren des Unternehmenserfolgs abbildet und messbar macht.[16] Die nicht-finanziellen Kenngrößen werden mit den finanziellen Ergebnisgrößen über Ursache-Wirkungsbeziehungen verknüpft und stellen somit einen Zusammenhang zwischen den strategischen Leistungstreibern der Kunden-, Prozess- und Lern- / Entwicklungsperspektive und deren Auswirkungen in der Finanzperspektive des Unternehmens her. Abb. 32 stellt die Balanced Scorecard in der von KAPLAN, NORTON vorgeschlagenen Struktur dar.

---

[11] Vgl. BAUER (2005), S. 306 f.; KUDERNATSCH (2001), S. 12 f.

[12] Vgl. Kap. D.6.4.

[13] Die von KAPLAN, NORTON vorgeschlagene Perspektiveneinteilung ist jedoch nicht als Dogma zu verstehen, sondern kann bzw. muss im Einzelfall den spezifischen Unternehmensbedürfnissen angepasst werden. Sie hat sich jedoch bei vielen Unternehmen, welche die BSC anwenden, als nützlich und stabil erwiesen; vgl. KAPLAN, NORTON (1997), S. 33 f.

[14] Vgl. HAHN (1998), S. 563 ff.

[15] Vgl. SCHLÜCHTERMANN, POINTNER (2004), S. 35.

[16] Vgl. zu Performance Measurement-Systeme ausführlich KLINGEBIEL (2000), S. 44 ff.

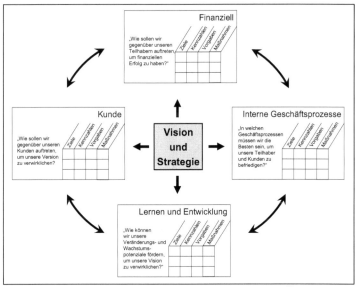

Abb. 32: Originäres Konzept der Balanced Scorecard[17]

Der **Nutzen der BSC** liegt in einer konsequenten unternehmensweiten Implementierung der Unternehmensstrategie und deren Übersetzung in materielle Ziele und dazugehörige Messgrößen.[18] Damit soll eine ausgewogene Abbildung und Steuerung der Unternehmensentwicklung ermöglicht werden, die sowohl quantitative als auch qualitative Parameter berücksichtigt.[19] Zusätzlich funktioniert sie als Ansatz zur Strategierealisierung, indem zunächst ein einheitliches Strategieverständnis im Kreis der Unternehmensführung geschaffen und anschließend den Mitarbeitern kommuniziert wird. Idealerweise wird die BSC dabei mit den Anreizsystemen des Unternehmens verknüpft. Danach wird die BSC in das Planungs- und Budgetierungssystem des Unternehmens integriert, um eine Übereinstimmung zwischen den finanziellen Planvorgaben herzustellen. Schließlich sollen durch strategisches Feedback im Sinne des „double-loop-Lernens" die strategischen Ziele und Planungsprämissen fortlaufend überprüft werden.[20] Dies wird durch die Perspektivenbildung erleichtert, welche die Selbstbeobachtungs- und Feedbackprozesse auf die jeweils wichtigsten strategischen Potenziale fokussiert.[21]

---

[17] Quelle: KAPLAN, NORTON (1997), S. 9.
[18] Vgl. MÜLLER-STEWENS, LECHNER (2005), S. 708.
[19] Vgl. HAGHANI, PIELER (2004), S. 309 f.
[20] Vgl. KAPLAN, NORTON (1997), S. 192 ff.
[21] Vgl. GONSCHORREK, GONSCHORREK (1999), S. 55.

Vergleicht man das Konzept der BSC mit dem **Anforderungsprofil des ITM**, so zeigt sich, dass zahlreiche Aspekte den Turnaround-Prozess eines KMU positiv beeinflussen können. Insbesondere die stringente Ausrichtung der operativen Prozesse an einer übergeordneten Vision und Strategie kommt den Problembereichen der hierarchischen Dimension des Turnarounds entgegen. Die Verknüpfung der finanziellen mit den nicht finanziellen Kenngrößen über Ursache-Wirkungszusammenhänge greift das zentrale Problem der Krisenursachenidentifikation auf. Die Gefahr wird gemindert, nicht die eigentlichen Ursachen zu bekämpfen, sondern nur deren Symptome zu kurieren. Durch die Berücksichtigung vielfältiger unternehmensinterner und -externer Einflüsse und Interdependenzen wird zudem nicht nur der Konzeptions-, sondern auch der Informationsfunktion Rechnung getragen, die auf eine ganzheitliche Betrachtung des Turnaround-Kontexts gerichtet ist. Der Nutzen als Performance Measurement-System kommt dem Kontrollprozess des Turnarounds zugute, weil anhand der Messgrößen der Turnaround-Fortschritt jederzeit zeitnah überprüft werden kann und Veränderungsbedarf frühzeitig angekündigt wird. Abb. 33 listet die potenziellen Wirkungen ausgewählter konzeptioneller Inhalte der BSC auf den Turnaround-Prozess von KMU auf.

Unberücksichtigt bleibt durch die BSC jedoch der **Zeit- und Handlungsdruck**, der von einer Turnaround-Situation ausgeht. Konzipiert als Instrument zur strategischen Unternehmenssteuerung ist es auf längerfristige Umsetzungszeiträume ausgelegt und geht nicht von beschränkten Ressourcen aus. So sind Implementierungszeiten von mehr als einem Jahr keine Seltenheit.[22] Bei strategischen Unternehmenskrisen, die ausreichend Zeit für Analyse-, Planungs- und Umsetzungsaktivitäten bieten, ist ein solcher Zeithorizont noch durchaus realistisch. In akuten Unternehmenskrisen, die durch ein hohes Bedrohungsausmaß gekennzeichnet sind, ist dies dagegen eher kritisch zu sehen. Des weiteren ist in Bezug auf den Turnaround die **Systematisierungsfunktion** nur unzureichend erfüllt. Zwar können über den konsequenten Ansatz an Vision und Strategie sowie an den strategischen Erfolgsfaktoren die Probleme vorgelagerter Krisenphasen mitbetrachtet werden, wodurch eine wesentliche Aufgabenstellung der hierarchischen Turnaround-Dimension erfüllt wird. Allerdings setzt der Prozess der BSC-Entwicklung klassischerweise in einem der Analyse nachgelagerten Stadium an. Die strategischen Erfolgsfaktoren des Unternehmens werden mehr oder weniger als bekannt vorausgesetzt. Damit ist auch die **Informationsfunktion** in Bezug auf ihre analytischen Aufgaben nicht ausreichend erfüllt. Schließlich finden auch die **Organisations- sowie die Dokumentationsfunktion** keine dem Turnaround angemessene explizite Berücksichtigung.

---

[22] Vgl. KAPLAN, NORTON (1997), S. 262 ff. Vgl. zum Modifikationsbedarf der BSC für den Einsatz in der Krise auch PINKWART, KOLB, HEINEMANN (2005), S. 91.

Funktionen des ITM	Balanced Scorecard	
	Konzeptionelle Inhalte	Potenzielle Wirkungen im Turnaround
Systematisierungsfunktion	BSC setzt an Vision und Strategie an, die auf strategische Ziele auf Perspektiven-ebene heruntergebrochen werden	Berücksichtigung der hierarchischen Dimension des Turnarounds; systematische Verzahnung von Unternehmens- und Turnaround-Ziel
Organisationsfunktion	keine expliziten konzeptionellen Inhalte	-----
Informationsfunktion	Berücksichtigung unternehmensexterner und interner / qualitativer und quantitativer Einflussfaktoren	ganzheitlicher Ansatz, der nicht ausschließ-lich die Finanzgrößen fokussiert = Vermeid-ung einer Reparaturkultur, die nur an der Verbesserung finanzieller Größen ansetzt
	explizite Berücksichtigung der Mitarbeiter und Kunden als erfolgsrelevante Anspruchsgruppen	Betonung der Turnaround-Würdigkeit als Erfolgsfaktor des Turnarounds
Konzeptionsfunktion	Fokus liegt auf kritischen Faktoren des Unternehmenserfolgs	Schwerpunktsetzung des Turnaround-Managements auf erfolgsrelevante Aspekte = gezielter Einsatz der beschränkten Managementkapazität in KMU
	Aktivitäten werden aus übergeordneter Vision und Strategie abgeleitet	Zielsetzung des Turnarounds liegt auf einer nachhaltigen Neuausrichtung des Unternehmens; Abstimmung der operativen Maßnahmen auf strategische Konformität
	Verknüpfung der finanziellen und nicht-finanziellen Größen über Ursache-Wirkungszusammenhänge	Differenzierung von (Krisen-)Ursachen und Symptomen = Vermeidung eines symptomorientierten Turnarounds
Motivationsfunktion	Vision und Strategie als handlungsweisendes Zielsystem	Motivierung der Mitarbeiter zum strategie-konformen Handeln; Turnaround-Ziel als gemeinsames Unternehmensziel
	Aktivitäten und Ziele werden mit Messwerten und Zielgrößen verknüpft	Vorgabe quantifizierbarer Ziele; Messbarkeit des Beitrags der Mitarbeiter zum Turnaround-Erfolg; Verdeutlichung der finanziellen Konsequenzen ihres Handelns
Kommunikationsfunktion	offene Kommunikation der Strategie und der erfolgsrelevanten Größen sowie ihrer Zielerreichungsgrade	Motivation der Mitarbeiter (Erhöhung ihres Engagements im Turnaround-Prozess)
	strategische Leistungstreiber aus allen unternehmensrelevanten Bereichen werden beobachtet	umfassende Informationsbasis für die Kommunikation des Turnaround-Fortschritts an die internen und externen Turnaround-Akteure
Controllingfunktion	Messgrößen für quantitative und qualitative Indikatoren als zentrale Elemente des Controllings	Bewertung des Turnaround-Fortschritts in allen Unternehmensbereichen (nicht nur an finanziellen Ergebnisgrößen); Basis für zeitnahe Soll-Ist-Vergleiche
Frühaufklärungsfunktion	zukunftsorientierte Kennzahlen / schwache Signale ergänzen das Steuerungssystem	Reaktionszeit auf Diskontinuitäten steigt
Lern- und Entwicklungsfunktion	explizite Berücksichtigung einer Lern- und Entwicklungsperspektive als kritischer Erfolgsfaktor	Betonung der langfristigen Ausrichtung des Turnarounds / Entwicklungsziel "lernende Organisation"
	Implementierung eines strategischen Feedbacks und Lernprozesses ("double-loop-Lernen")	Fortlaufende Überprüfung der Strategie-effektivität; Erhöhung des Verständnisses für strategische u. operative Zusammen-hänge beim Management
Dokumentationsfunktion	keine expliziten konzeptionellen Inhalte	-----

Abb. 33: Erfüllung des ITM-Anforderungsprofils durch die BSC

2.2 Turnaround-spezifische Anpassungen der Balanced Scorecard

Die BSC weist also einige Aspekte auf, die sie in ihrer originären Form für den Einsatz im Turnaround als unzureichend erscheinen lässt. Dies wirft die Frage auf, ob diese Defizite mit Hilfe entsprechender Modifikationen des Konzepts beseitigt werden können. Die BSC hat bereits viele **Weiterentwicklungen** für unterschiedlichste Problemstellungen erfahren (z. B. Anpassung für bestimmte Branchen oder Funktionsbereiche). So wurde die Eignung der BSC für das Risikomanagement diskutiert. Beispielsweise beabsichtigt PINKWART mit der „Risk-adjusted Balanced Scorecard"[23] die explizite Beachtung der komplexen Risikosituation eines Unternehmens, um den Zusammenhang zwischen Chancen und Risiken besser berücksichtigen zu können.[24] In letzter Zeit ist auch die Unternehmenskrise verstärkt zum Gegenstand der BSC-Diskussion geworden. BAUER prüft z. B. das Potenzial der BSC für die Früherkennung von Unternehmenskrisen und kommt zu dem Ergebnis, dass sie insbesondere aufgrund der Berücksichtigung von Einflüssen, die dem finanziellen Erfolg zeitlich vorgelagert sind, als Frühwarninstrument durchaus geeignet ist.[25] Auch als **Instrument des Turnaround-Managements** wird die Balanced Scorecard mittlerweile diskutiert und in der Praxis angewendet: ZETSCHE, RUSSO, ILG beschreiben beispielsweise, wie der Turnaround der Chrysler Group erfolgreich mit Hilfe der Balanced Scorecard vollzogen wurde.[26] Dieser Ansatz wird hier aber nicht weiter vorgestellt, da es sich bei dem Fallstudienunternehmen um einen Großkonzern handelt, dessen Ausgangssituation für einen Turnaround nicht mit einem KMU vergleichbar ist.

Einen Ansatz zur Steuerung des Unternehmens-Turnarounds, der auch für KMU relevant sein könnte, verfolgen HAGHANI, PIELER mit den so genanntes „Treiber-Scorecards". Wie bei der BSC werden in den Treiber-Scorecards verschiedene Anspruchsgruppen und Perspektiven berücksichtigt. Die Treiber-Scorecards können in Krisensituationen als Instrument zur Visualisierung und Kommunikation von Zielen und Erfolgen eingesetzt werden. Konkrete Turnaround-Maßnahmen werden anhand der Darstellung der Ausgangssituation, der aktuellen Ist-Situation, des angestrebten Soll-Zustandes und der Erläuterung von Umsetzungsstand, Kernproblemen und weiteren Schritten beschrieben. So genannte Effekttreiber werden ähnlich der Kennzahlen einer BSC als Messgrößen für den Umsetzungsfortschritt genutzt.[27] HAGHANI, PIELER liefern mit diesem Ansatz ein für die Beratungspraxis konzipiertes Vorgehen, das über den Weg der Visualisierung größeres Verständnis und Akzeptanz für den Ver-

---

[23] Vgl. PINKWART (2002), S. 73 ff.

[24] BÜSSOW (2003), S. 397 f. erkennt ebenfalls das Potenzial der BSC zur Steuerung des komplexen Unternehmensgeschehens und benennt sie im Ausblick seiner Arbeit zur „Chaostheorie und Unternehmenssteuerung" als möglichen Ansatz für ein ganzheitlich orientiertes Controlling.

[25] Vgl. BAUER (2005), S. 321 ff. und 363. Auch SCHLÜCHTERMANN, POINTNER (2004), S. 37 bestätigen den Nutzen der BSC als Frühwarnsystem.

[26] Vgl. ZETSCHE, RUSSO, ILG (2003), S. 315.

[27] Vgl. HAGHANI, PIEHLER (2004), S. 307 ff.

änderungsbedarf beim Management und den Mitarbeitern sowie externen Beteiligten wecken soll. Insofern bietet diese Methode die Möglichkeit, den Kommunikationsprozess im Turnaround durch anschauliche Reportings zu verbessern. Zudem kann die Nutzung der Effekttreiber als Zielgröße motivatorische Wirkung entfalten und Basis für ein Turnaround-Controlling sein. Die Treiber-Scorecards bieten sich daher als instrumentelle Ergänzung des BSC-Konzepts zur besseren Erfüllung der Controlling-, Motivations- und Kommunikationsanforderungen bei der Umsetzung eines Turnaround-Konzepts an. Für ein eigenständiges Konzept fehlt es den Treiber-Scorecards jedoch an den notwendigen informatorischen und konzeptionellen Grundlagen.

PRILLER, RATHNOW[28] empfehlen die BSC zur Steuerung des Turnaround-Prozesses aufgrund ihres Potenzials als Unterstützung der Strategieimplementierung, ihrer Berücksichtigung nicht-finanzieller Erfolgsfaktoren sowie ihrer Komplexität reduzierenden Funktion (Reduzierung des Geschäftsmodells auf wenige Einflussfaktoren). Ihr Ansatz beginnt mit der Entwicklung und Implementierung der BSC allerdings erst, nachdem die Turnaround-Situation analysiert, die Turnaround-Fähigkeit bewertet und eine strategische Neuorientierung vorgenommen wurde. Die BSC wird insbesondere als Controllinginstrumentarium verstanden, das durch anschauliche Darstellung der kritischen Erfolgsfaktoren, zugehörigen Zielgrößen und Messwerte (so genanntes „Cockpit") eine Zusammenfassung des Turnaround-Vorhabens bietet. Auf einen Blick wird ersichtlich, welche Ziele und Maßnahmen sich im Plan befinden und wo Abweichungen entstanden sind.[29] Ähnlich wie HAGHANI, PIELER streben die Autoren damit eine Verbesserung der Kommunikations- und Controllingfunktion der BSC im Turnaround an. Insofern bietet der Vorschlag von PRILLER, RATHNOW einen Ansatz zur Steuerung und Kontrolle des Turnaround-Umsetzungsprozesses, stellt aber ebenfalls kein phasenübergreifendes Modell dar, das auch die vorgelagerten Prozessschritte abbildet.

PINKWART, KOLB, HEINEMANN[30] haben sich ebenfalls der Frage gewidmet, inwieweit die BSC ein geeigneter Ansatz zur ganzheitlichen Krisenbewältigung ist. Unter Berücksichtigung der charakteristischen Besonderheiten von Unternehmenskrisen modifizierten sie die Balanced Scorecard zur so genannten „Turnaround-Balanced Scorecard" (T-BSC). Diese greift die Vorteile der BSC als Konzept der Strategieimplementierung auf, indem die Turnaround-Strategie bzw. das Turnaround-Konzept

---

[28] PRILLER, RATHNOW (2004), S. 102 konstatieren einen Bedarf an Instrumenten für den Turnaround, die „sowohl die kritischen finanziellen Erfolgsgrößen des Tagesgeschäfts als auch die wichtigsten strategischen Parameter berücksichtigen." In einem früheren Beitrag diskutieren die Autoren die Rolle der BSC in einem Change Prozess, womit sie noch keinen expliziten Bezug zur Unternehmenskrise herstellen; vgl. RATHNOW, PRILLER (2001), S. 375 ff.

[29] Vgl. PRILLER, RATHNOW (2004), S. 102 ff.

[30] Vgl. zu den folgenden Ausführung zur T-BSC ausführlich PINKWART, KOLB, HEINEMANN (2005), S. 91 ff. sowie KOLB, HEINEMANN (2004), S. 683 ff.

handlungs- und richtungsweisend in der BSC-Architektur erfasst werden. Wie bei der BSC werden auch bei der T-BSC aus einer übergeordneten Strategie Ziele, Aktivitäten und Messgrößen abgeleitet. Die Turnaround-Strategie sowie die Maßnahmen bauen auf den unternehmensspezifischen Erfolgsfaktoren auf, die in verschiedenen Perspektiven berücksichtigt werden.

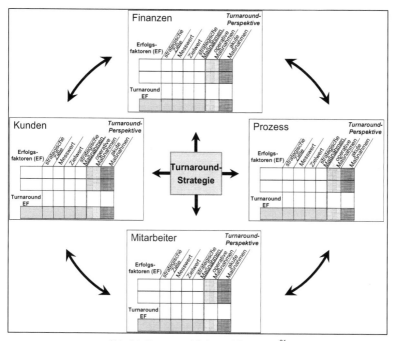

Abb. 34: Turnaround-Balanced Scorecard[31]

Dem Zeit- und Handlungsdruck einer Turnaround-Situation tragen die Autoren explizit Rechnung, indem sie die originären Perspektiven der BSC um eine **zusätzliche Turnaround-Perspektive** ergänzen (vgl. Abb. 34). Diese Querschnittsperspektive beinhaltet die kurz- und mittelfristigen Turnaround-Maßnahmen (operative bzw. akute Maßnahmen), die zur Sicherung der Existenz höchste Bedeutung haben und daher besonders fokussiert werden müssen. Außerhalb der Turnaround-Perspektive werden jene strategischen Ziele und Maßnahmen erfasst, die auf die mittel- bis langfristige Erhaltung bzw. Steigerung der Wettbewerbsfähigkeit gerichtet sind. Die Konzeptumsetzung wird durch genaue Vorgaben zu den strategischen Zielen und entsprechenden Messwerten sowie den strategischen, operativen und akuten Maßnah-

---

[31] Quelle: PINKWART, KOLB, HEINEMANN (2005), S. 97.

men in den einzelnen Perspektiven sichergestellt. Die Ziele und Aktionen werden in der T-BSC mit Terminen und Verantwortungen unterlegt. Insgesamt übernimmt sie so die Funktion eines komprimierten Turnaround-Plans.

Die Autoren sehen einen **gesonderten Analyse- und Planungsbedarf** im Turnaround. Im Unterschied zum originären Konzept der BSC berücksichtigt die T-BSC daher ausdrücklich die Phase der Analyse, in der die Ausgangslage und die Krisenursachen untersucht und die unternehmensspezifischen Erfolgsfaktoren ermittelt werden. Damit erfährt die Informationsfunktion der BSC eine wichtige turnaroundspezifische Erweiterung. Zugleich wird auch die Konzeptionsfunktion angepasst, indem die Zielbildung, die Aufdeckung und Lösung von Zielkonflikten zwischen existenzsichernden Turnaround-Sofortmaßnahmen und der strategischen Neuausrichtung sowie die Planung der Turnaround-Maßnahmen in den Aufgabenumfang der T-BSC integriert werden. Die Autoren sehen das Potenzial der T-BSC, den Analyse- und Planungsprozess entlang der Perspektiven zu strukturieren und die Suche nach den Krisenursachen und den kritischen erfolgsfaktoren des Turnarounds so zielgerichtet durchzuführen (vgl. Abb. 35). Damit bildet die T-BSC den Verlauf des gesamten Turnaround-Prozesses von der Konzepterstellung bis zur Umsetzung ab.

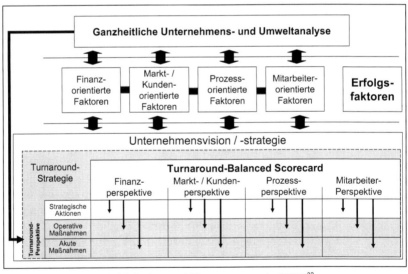

Abb. 35: Analyse- und Planungsprozess der T-BSC[32]

---

[32] Quelle: in Anlehnung an PINKWART, HEINEMANN, KOLB (2005), S. 94.

Den Defiziten der BSC bezüglich der Organisationsfunktion versucht das Konzept der T-BSC in Ansätzen zu begegnen, indem man sich für eine Erweiterung des Führungskreises und Projektstrukturen ausspricht. Konkretere Empfehlungen für die Gestaltung der institutionellen Dimension des Turnarounds fehlen aber. Ähnlich verhält es sich mit der Dokumentationsfunktion: Projektprotokolle sollen die Umsetzung der Turnaround-Maßnahmen dokumentieren, eine darüber hinaus gehende Dokumentationsfunktion wird jedoch nicht thematisiert.

Es zeigt sich, dass die T-BSC einen **Handlungsrahmen** bietet, der eine ganzheitliche, unternehmensweite Steuerung und Kontrolle des Turnaround-Prozesses zum Ziel hat. Sie stellt die weitestgehende Fortentwicklung der BSC für turnaroundspezifische Problemstellungen dar. Es wurde versucht, die Defizite des originären Konzepts in dieser Hinsicht aufzugreifen und durch die Erweiterung des Betrachtungsfeldes sowie strukturelle Anpassungen aufzulösen. Der Nutzen der T-BSC wurde auch empirisch überprüft: Der erfolgreiche Einsatz in einem mittelständischen Krisenunternehmen sowie positive Einschätzungen durch Turnaround-Experten aus der Praxis liefern erste Implikationen, dass die T-BSC auch praktische Relevanz besitzt.[33] Die hohe Kongruenz mit dem Anforderungsprofil des ITM lässt die Vermutung zu, dass dies tendenziell auf das ITM übertragbar ist.

---

[33] Vgl. PINKWART, HEINEMANN, KOLB (2005), S. 118 ff.

F. Fazit und Ausblick

Ziel dieser Untersuchung war die Entwicklung eines Managementkonzepts zur erfolgreichen Gestaltung des Turnaround-Prozesses in KMU. Dazu wurden zunächst die Untersuchungsgegenstände Turnaround-Management und KMU näher analysiert. Es zeigte sich, dass sich **KMU** bei der Bewältigung von Unternehmenskrisen **besonderen Herausforderungen** gegenübersehen, die eine Übertragung von Managementansätzen, die üblicherweise für Großunternehmen konzipiert werden, nicht ohne Anpassungen erlauben.

Der Turnaround ist als Forschungsgegenstand erst in den letzten Jahren verstärkt in den Fokus der deutschsprachigen Literatur gerückt. Es wurde deutlich, dass die theoretische Fundierung sowie die **Definition der relevanten Begrifflichkeiten** noch in vielerlei Hinsicht unzureichend sind. Hier wurde eine Definition vorgestellt, die einen eindeutigen Bezug des Turnaround-Managements zur Unternehmenskrise als Auslöser eines Turnaround-Erfordernisses herstellt und einen nachhaltigen wirtschaftlichen Erfolg als Turnaround-Ziel betont. Des Weiteren wurde eine **begriffliche Abgrenzung des Turnaround-Managements** zu verwandten Disziplinen wie der Unternehmenssanierung oder Restrukturierung vorgenommen. Es wurde gezeigt, dass ein prozessuales Verständnis des Turnarounds, das alle Krisen- und Turnaround-Phasen einbezieht, hilft, den Untersuchungsgegenstand abzugrenzen. Dies schließt auch strategische bzw. latente Krisenphasen ein.

Es wurde darüber hinaus ein theoretischer Bezugsrahmen entwickelt, der mit Hilfe der vier Dimensionen **Kontext, Institution, Prozess und Hierarchie** die Erkenntnisse, Anforderungen und Problembereiche des Turnaround-Managements aufzeigt und systematisiert. Aus der komprimierten Darstellung des aktuellen theoretischen und empirisch gestützten Wissens der Turnaround-Forschung wurden erfolgskritische Aspekte extrahiert. Diese bilden die Grundlage des Integrierten Turnaround-Managements, das als möglicher Lösungsansatz zur Bestgestaltung der Dimensionen präsentiert wird. Es wurden zehn Funktionen als Kern des ITM benannt, die ein erfolgversprechendes Turnaround-Management erfüllen muss.

Das ITM stellt einen Versuch dar, die zahlreichen Schwierigkeiten und Herausforderungen des Turnaround-Prozesses konstruktiv aufzugreifen und in einer **ganzheitlichen Systematik** zu berücksichtigen. Durch eine strukturierte Vorgehensweise soll der Unternehmens- und Beratungspraxis ein Leitfaden für die erfolgreiche Gestaltung eines Turnarounds an die Hand gegeben werden, der Abstand von isolierten Lösungen punktueller Probleme und Krisenursachen nimmt und die einzelnen Analyse-, Konzeptions- und Umsetzungsaufgaben inhaltlich miteinander verknüpft. Das ITM wurde als **Sollkonzept** dem Managementkonzept der Balanced Scorecard sowie seinen krisenspezifischen Anpassungen gegenübergestellt. Hier zeigte sich, dass diese ein deutliches Potenzial zur Bestgestaltung des Turnarounds aufweisen, auch wenn sie nicht alle Aufgabenstellungen, die sich dem Turnaround-Management stellen, hinreichend abbilden können.

Wie die kritische Würdigung des ITM zeigt, kann dem Konzept auf theoretischer Ebene insgesamt deutliches Potenzial zur Strukturierung und Gestaltung des Turnaround-Prozesses bescheinigt werden. Gleichwohl darf das Anspruchsniveau an das Management im Turnaround nicht unterschätzt werden. Die zusammengetragenen Erkenntnisse lassen erahnen, warum Turnaround-Management auch als eine der **„anspruchvollsten Führungsaufgaben"**[1] im Unternehmen bezeichnet wird. Eine Turnaround-Situation ist durch eine spezifische Steuerungsproblematik gekennzeichnet, die höchste Anforderungen an die Führungsqualitäten stellt.[2] Angesichts der Vielzahl an zu beachtenden und beeinflussenden Parametern könnte man zu der Auffassung gelangen, dass ein Turnaround in KMU mit den ihnen verfügbaren Ressourcen gar nicht oder zumindest nicht ausreichend gezielt steuerbar ist. Erfolgreiche Turnarounds dokumentieren jedoch, dass eine Krisenbewältigung möglich ist und zudem die Chance auf eine bessere Unternehmensentwicklung in der Zukunft eröffnet.[3] Demnach darf man zwar nicht dem Glauben an eine vollkommen plan- und steuerbare Unternehmensinwelt und -umwelt verfallen, gleichwohl muss man aber auch nicht vor diesen Anforderungen kapitulieren.[4]

Für die Gruppe der KMU bleibt festzuhalten, dass das nachhaltige Vorantreiben des Turnaround-Prozesses maßgeblich von der **Unternehmerperson** abhängt. Sofern er sich lernbereit und veränderungsfähig zeigt, kann das ITM einen wertvollen Beitrag zur Entwicklung und Professionalisierung des Managements leisten. Die enge Einbindung der Unternehmensführung und der Mitarbeiter in den Turnaround-Prozess begünstigt den Lern- und Entwicklungsprozess auf beiden Seiten. Ist das Management allerdings nicht bereit, alte Denkmuster und Handlungsweisen in Frage zu stellen und auch die eigenen Managementfähigkeiten kritisch zu hinterfragen, verpuffen die positiven Wirkungen des ITM. Es bleibt zukünftiger Forschung überlassen, sich intensiv mit der Unternehmerperson und ihrer Entwicklungsfähigkeit und -bereitschaft im Turnaround auseinander zu setzen. Insbesondere Fragestellungen, die sich mit der Erkennung und Anerkennung von Krisensituationen beschäftigen, dürften in dieser Hinsicht einen Mehrwert für die Fortentwicklung von Managementkonzepten zur Bewältigung von Unternehmenskrisen in KMU bieten.

---

[1] COENENBERG, FISCHER (1993), S. 2.
[2] Vgl. KRYSTEK (1987), S. 6; SCHWEIZER (1990), S. 287.
[3] Vgl. VOGEL (1987), Sp. 1785.
[4] Vgl. SEIDENSCHWARZ (2003), S. 2; BÜSSOW (2003), S. 383 ff.

Der **Bedarf an empirischen Untersuchungen** zur Validierung des hier vorgestellten „Turnaround-Wissens" ist evident. Trotz der Schwierigkeit der Extrahierung genereller Aussagen aus den sehr heterogenen Untersuchungsobjekten sollte die Turnaround-Forschung in ihren Bemühungen nicht nachlassen, Unternehmenskrisen sowie ihre Entstehungs- und Bewältigungsprozesse auf empirischem Wege zu analysieren. Insbesondere eine stärkere Einbeziehung kontextualer Faktoren ist wünschenswert, um zu belastbareren Aussagen zu gelangen. Einer kontinuierlichen, breiten Befassung mit dieser Thematik steht allerdings entgegen, dass es sich beim Turnaround-Management bislang noch um eine sehr der Mode bzw. der Krisenkonjunktur unterworfene Disziplin handelt. Erst steigende Insolvenzzahlen und konjunkturelle Abschwünge erhöhen das Interesse am Krisenmanagement signifikant. In Boomphasen rückt die Thematik dagegen wieder in den Hintergrund. Gerade in ertragreichen Zeiten sollten sich strategisch ausgerichtete Unternehmer und Forscher aber mit potenziellen Risiken auseinander setzen. Gemäß dem Motto „Die nächste Krise kommt bestimmt" ist der Turnaround-Forschung daher zu wünschen, dass sie zukünftig eine stärkere Bedeutung unter den betriebswirtschaftlichen Forschungsdisziplinen einnehmen und kontinuierliche Beachtung finden wird.

Dies könnte möglicherweise auch eine **positive Ausstrahlkraft auf die Unternehmenspraxis** haben und diese stärker für die Notwendigkeit von Krisenantizipation und -prophylaxe sensibilisieren. Es reicht nämlich nicht, „nur" den Turnaround erfolgreich zu gestalten, sondern das Unternehmen muss auch danach auf ständige Veränderungen resp. Bedrohungen vorbereitet sein. *„In today's dynamic business environment, continuous change is required to cope with the pervasive onset of organizational decline."*[5] Der Turnaround-Prozess muss damit als Chance zur Erneuerung gesehen werden und zusätzlich als Initialzündung für eine fortlaufende Weiterentwicklung, die einen permanenten Lern- und Veränderungsprozess auslöst. Für das Unternehmen muss nach erfolgreichem Turnaround die Erkenntnis greifen, dass *„das beste Krisenmanagement ist (...), gar nicht in die Krise zu gelangen, weil man Chancen rechtzeitig erkennt und aktiv aufgreift"*.[6]

---

[5] ARMENAKIS, FREDENBERGER (1998), S. 40.
[6] KROPFBERGER (1999), S. 41.

Literaturverzeichnis

Monographien, Beiträge in Sammelwerken, Zeitschriftenartikel:

ACHILLES, W. (2000): Erfolgreiche Unternehmenssanierung. Kommunikation als Schlüsselvariable, Wiesbaden.

ACHLEITNER, A.-K.; WAHL, S. (2003): Corporate Restructuring in Deutschland. Eine Analyse der Möglichkeiten und Grenzen der Übertragbarkeit US-amerikanischer Konzepte wertsteigernder Unternehmensrestrukturierungen auf Deutschland, Sternenfels.

ACKELSBERG, R.; ARLOW, P. (1985): Small businesses do plan and it pays off, in: Long Range Planning, H. 5, S. 61-67.

AHRWEILER, S.; BÖRNER, C.J. (2003): Neue Finanzierungswege für den Mittelstand, in: Kienbaum, J.; Börner, C.J. (Hrsg.): Neue Finanzierungswege für den Mittelstand. Von der Notwendigkeit zu den Gestaltungsformen, Wiesbaden, S. 5-73.

AHRWEILER, S.; BÖRNER, C.J.; GRICHNIK, D. (2003): Angebot und Nachfrage nach neuen Finanzierungswegen für den Mittelstand, in: Kienbaum, J.; Börner, C.J. (Hrsg.): Neue Finanzierungswege für den Mittelstand. Von der Notwendigkeit zu den Gestaltungsformen, Wiesbaden, S. 373-412.

ALBACH, H. (1976): Kritische Wachstumsschwellen in der Unternehmensentwicklung, in: ZfB, H.10, S. 683-696.

ALBACH, H. (1979): Der Kampf ums Überleben. Der Ernstfall als Normalfall für Unternehmen in einer freiheitlichen Wirtschaftsordnung, in: Albach, H.; Hahn, D.; Mertens, P. (Schriftleitung): Frühwarnsysteme, ZfB-Ergänzungsheft 2/1979, Wiesbaden, S. 9-22.

ALBACH, H. (1983): Die Bedeutung mittelständischer Unternehmen in der Marktwirtschaft, in: ZfB, H. 9, S. 870-887.

ALBACH, H. (1984a): Strategien zur Bewältigung der Wirtschaftskrise mittelständischer Unternehmen, in: Staehle, W.H.; Stoll, E. (Hrsg.): Betriebswirtschaftslehre und ökonomische Krise. Kontroverse Beiträge zur betriebswirtschaftlichen Krisenbewältigung, Wiesbaden, S. 179-194.

ALBACH, H. (1984b): Die Innovationsdynamik in der mittelständischen Industrie, in: Albach, H.; Held, T. (Hrsg.): Betriebswirtschaftslehre mittelständischer Unternehmen. Wissenschaftliche Tagung des Verbandes der Hochschullehrer für Betriebswirtschaftslehre e.V. 1984, Stuttgart, S. 35-50.

ALBACH, H. (1986): Empirische Theorie der Unternehmensentwicklung, Opladen.

ALBACH, H. (1987): Geburt und Tod von Unternehmen, Bonn.

ALBACH, H. (1992): Geleitwort, in: Pinkwart, A.: Chaos und Unternehmenskrise, Wiesbaden, S. VII-IX.

ALBACH, H. (1993): Unternehmenswachstum, -stagnation und -schrumpfung, in: Wittmann, W. (Hrsg.): Handwörterbuch der Betriebswirtschaft, Bd. 3, 5., völlig neu gestaltete Aufl., Stuttgart, Sp. 4417-4436.

ALBACH, H. (2000): Management of learning processes in the firm, in: Albach, H. (Hrsg.): Corporate governance, ZfB-Ergänzungsheft 1/2000, S. 85-95.

ALBACH, H.; ALBACH, R. (1989): Das Unternehmen als Institution. Rechtlicher und gesellschaftlicher Rahmen; eine Einführung, Wiesbaden.

ALBACH, H.; BOCK, K.; WARNKE, T. (1984): Wachstumskrisen von Unternehmen, in: ZfBF, H. 10, S. 779-793.

ALBACH, H.; BOCK, K.; WARNKE, T. (1985): Kritische Wachstumsschwellen in der Unternehmensentwicklung, Stuttgart.

ALBACH, H.; HUNSDIEK, D.; KOKALJ, L. (1986): Finanzierung mit Risikokapital, Stuttgart.

ALDRICH, H.; AUSTER, E.R. (1986): Even dwarfs started small. Liabilities of age and size and their strategic implications, in: Research in Organizational Behavior, S. 165-198.

ALTMAN, E.I. (1968): Financial ratios, discriminant analysis and the prediction of corporate bankruptcy, in: The Journal of Finance, H. 9, S. 589-609.

AMBOISE, G.D.; MULDOWNEY, M. (1986): Zur betriebswirtschaftlichen Theorie der kleinen und mittleren Unternehmung, in: Pleitner, H.J. (Hrsg.): Aspekte einer Managementlehre für kleinere Unternehmen, IGA Sonderheft 1, Berlin/München/St. Gallen, S. 9-31.

AMSTUTZ, M.D. (1997): Turnaround-Management als "normale" Führungsaufgabe, in: Berndt, R. (Hrsg.): Business Reengineering. Effizientes Neugestalten von Geschäftsprozessen, Berlin/Heidelberg/New York, S. 35-39.

ANSOFF, I.H. (1975): Managing strategic surprise by response to weak signals, in: California Management Review, H. 2, S. 21-33.

ARBEITSKREIS „WERTORIENTIERTE FÜHRUNG IN MITTELSTÄNDISCHEN UNTERNEHMEN" DER SCHMALENBACH-GESELLSCHAFT FÜR BETRIEBSWIRTSCHAFT E.V. (2003): Wert(e)orientierte Führung in mittelständischen Unternehmen, in: Finanz Betrieb, H. 9, S. 525-533.

ARGENTI, J. (1976): Corporate collapse. The causes and symptoms, London u. a.

ARMENAKIS, A.A.; FREDENBERGER W.B. (1998): Diagnostic practices of turnaround change agents, in: Ketchen, D.J. (Hrsg.): Turnaround research. Past accomplishments and future challenges, Stamford/London, S. 39-55.

ARPI, B.; WEJKE, P. (1999): International turnaround management. From crisis to revival and long-term profitability, Houndmills/Basingstoke/Hampshire.

AROGYASWAMY, K.; BARKER, V.L. III; YASAI-ARDEKANI, M. (1995): Firm turnarounds. An integrative two-stage model, in: Journal of Management Studies, S. 493-525.

ARTHUR, W.B. (1996): Increasing returns and the new world of business, in: HBR, H. July-August, S. 100-109.

BACHMANN, C.; HINTERHUBER, A.M. (2004): Auf ein Leben nach der Insolvenz, in: io new management, H. 4, S. 41-47.

BALGOBIN, R.; PANDIT, N.R. (2001): Stages in the turnaround process. The case of IBM UK, in: European Management Journal, H. 3, S. 301-316.

BALLARINI, K. (1998): Insolvenzen und ihre Bedeutung hinsichtlich der ordnungspoliti-schen Stellung des Mittelstands, in: Pleitner, H.J. (Hrsg.): Renaissance der KMU in einer globalisierten Wirtschaft. Beiträge zu den Rencontres de St-Gall 1998, St. Gallen, S. 163-176.

BAMBERGER, I.; PLEITNER, H.J. (1988): Strategische Ausrichtung kleiner und mittlerer Unternehmen, IGA Sonderheft 2, Berlin/München/St. Gallen.

BARKER, V.L. III.; BARR, P.S. (2002): Linking top manager attributions to strategic re-orientation in declining firms attempting turnarounds, in: Journal of Business Re-search, H. 12, S. 963-979.

BARKER, V.L. III.; DUHAIME, I. (1997): Strategic change in the turnaround process. Theory and empirical evidence, in: Strategic Management Journal, H. 1, S. 13-38.

BARKER, V.L. III.; MONE, M.A. (1994): Retrenchment: Cause of turnaround or conse-quence of decline?, in: Strategic Management Journal, H. 5, S. 395-405.

BARKER, V.L. III.; MONE, M.A., MUELLER, G.C.; FREEMAN, S.J. (1998): Does it add up? An empirical study of the value of downsizing for firm turnaround, in: Ketchen, D.J. (Hrsg.): Turnaround research. Past accomplishments and future challenges, Stam-ford/London, S. 57-82.

BARKER, V.L. III.; PATTERSON, P.W.; MUELLER, G.C. (2001): Organizational causes and strategic consequences of the extent of top management team replacement during turnaround attempts, in: Journal of Management Studies, H. 2, S. 235-269.

BARROW, C. (1993): The essence of small business, Prentice Hall.

BAUER, M. (2005): Die Konzern-Koordinations-Card. Instrument der Konzernsteue-rung und der Früherkennung von Krisen, Hamburg.

BEA, F.X.; HAAS, J. (1994): Möglichkeiten und Grenzen der Früherkennung von Un-ternehmenskrisen, in: WiSt, H. 10, S. 486-491.

BEA, F.X.; KÖTZLE, A. (1983): Ursachen von Unternehmenskrisen und Maßnahmen zur Krisenvermeidung, in: Der Betrieb, H. 11, S. 565-571.

BECKER, H. (1978): Unternehmenskrise und Krisenmanagement, in: ZfB, S. 672-685.

BECKER, R. (1986): Die Sanierungsfähigkeit der Unternehmung. Ein durch die Kom-mission für Insolvenzrecht aktualisierter Begriff in betriebswirtschaftlicher Sichtweise, Bergisch Gladbach.

BECKMANN, L.; PAUSENBERGER, E. (1961): Gründungen, Umwandlungen, Fusionen, Sanierungen, Wiesbaden.

BEHRINGER, S. (2004): Unternehmensbewertung der Mittel- und Kleinbetriebe. Betriebswirtschaftliche Verfahrensweisen, 3., neu bearbeitete und erw. Aufl., Berlin.

BELLINGER, B. (1962): Unternehmungskrisen und ihre Ursachen, in: Albach, H. (Hrsg.): Handelsbetrieb und Marktordnung, Wiesbaden, S. 49-74.

BERG, C.C. (1979): Theoretische Grundlagen und praktische Anreizpunkte zum Aufbau von Frühwarnsystemen im Bereich der Materialwirtschaft, in: Albach, H.; Hahn, D.; Mertens, P. (Schriftleitung): Frühwarnsysteme, ZfB-Ergänzungsheft 2/1979, Wiesbaden, S. 135-144.

BERG, C.C.; TREFFERT, J.C. (1979): Die Unternehmenskrise. Organisatorische Probleme und Ansätze zu ihrer Lösung, in: ZfB, H. 6, S. 459-473.

BERGAUER, A. (2001): Erfolgreiches Krisenmanagement in der Unternehmung. Eine empirische Analyse, Berlin.

BERKTOLD, K. (1999): Strategien zur Revitalisierung von strategischen Geschäftseinheiten. Eine empirische Untersuchung zur Ermittlung einer Typologie von Unternehmenskrisen und von typischen Strategien zu deren Bewältigung, Frankfurt am Main u. a.

BIBEAULT, D.B. (1982): Corporate Turnaround. How managers turn losers into winners, New York.

BICKHOFF, N.; EILENBERGER, G. (2004): Einleitung, in: Bickhoff, N.; Blatz, M.; Eilenberger, G.; Haghani, S.; Kraus, K.J. (Hrsg.): Die Unternehmenskrise als Chance. Innovative Ansätze zur Sanierung und Restrukturierung, Berlin/Heidelberg/New York, S. 3-12.

BIERACH, B. (1994): Etwas schizoid, in: Wirtschaftswoche, H. 50, S. 80-83.

BINDEWALD, A. (2004): Was können gescheiterte von erfolgreichen Unternehmen lernen: Ergebnisse einer explorativen Datenanalyse von DtA-finanzierten Unternehmen, in: KfW Bankengruppe (Hrsg.): Was erfolgreiche Unternehmen ausmacht. Erkenntnisse aus Wissenschaft und Praxis, Heidelberg, S. 49-87.

BIRKER, K. (2000): Krisenbewältigung. Sanierung, Gesundung des Unternehmens, in: Birker, K.; Pepels, W. (Hrsg.): Handbuch krisenbewusstes Management. Krisenvorbeugung und Unternehmenssanierung, Berlin, S. 339-348.

BISCHOF, J. (2002): Die Balanced Scorecard als Instrument einer modernen Controlling-Konzeption. Beurteilung und Gestaltungsempfehlungen auf der Basis des Stakeholder-Ansatzes, Wiesbaden.

BLEICHER, K. (1979): Unternehmungsentwicklung und organisatorische Gestaltung, Stuttgart/New York.

BLEICHER, K. (1983): Management von Spitzentechnologien, in: zfo, H. 8, S. 403-406.

BLEICHER, K. (2001): Das Konzept integriertes Management. Visionen - Missionen - Programme, 6. Aufl., Frankfurt am Main/New York.

BLEICHER, K. (2004): Das Konzept integriertes Management. Visionen - Missionen - Programme, 7., überarb. u. erw. Aufl., Frankfurt am Main/New York.

BÖCKENFÖRDE, B. (1995): Führungsaufgaben bei Sanierung und Turnaround, in: Kieser, A.; Reber, G.; Wunderer, R. (Hrsg.): Handwörterbuch der Führung, 2., neu gestaltete Aufl., Stuttgart, Sp. 1859-1868.

BÖCKENFÖRDE, B. (1996): Unternehmenssanierung, 2., neu bearbeitete Aufl., Stuttgart.

BOEMLE, M. (1995): Unternehmensfinanzierung. Außenfinanzierung, Innenfinanzierung, Umwandlung, Unternehmungszusammenschlüsse, Sanierung, Kapitalrückzahlung, Liquidation, Zürich.

BÖHRET, C. (1990): Folgen. Entwurf für eine aktive Politik gegen schleichende Katastrophen, Opladen.

BOYLE, R.D.; DESAI, H.B. (1991): Turnaround strategies for small firms, in: Journal of Small Business Management, H. 3, S. 33-42.

BRANDSTÄTTER, J. (1993): Die Prüfung der Sanierungsfähigkeit notleidender Unternehmen. Grundlagen, Durchführung und Unterstützung durch Expertensysteme, München.

BRAUN, E.; UHLENBRUCK, W. (1997): Unternehmensinsolvenz. Grundlagen - Gestaltungsmöglichkeiten - Sanierung mit der Insolvenzordnung, Düsseldorf.

BRETZ, M. (1998): Eigenkapitalausstattung und Insolvenzen im Mittelstand, in: BFuP, H. 3, S. 263-278.

BRETZKE, U. (1984): Der Begriff der "drohenden Zahlungsunfähigkeit" im Konkursrecht. Analyse und Darlegung der Konsequenzen aus betriebswirtschaftlicher Sicht, München/Köln.

BRONNER, R. (1973): Entscheidung unter Zeitdruck, Tübingen.

BRÜCHNER, T. (1999): Reorganisationsstrategien für insolvenzbedrohte Unternehmen, Frankfurt am Main u. a.

BRÜDERL, J.; PREISENDÖRFER, P.; ZIEGLER, R. (1996): Der Erfolg neugegründeter Betriebe. Eine empirische Studie zu den Chancen und Risiken von Unternehmensgründungen, Berlin.

BRÜDERL, J.; SCHÜSSLER, R. (1990): Organizational mortality. The liabilities of newness and adolescence, in: Administrative Science Quarterly, S. 530-547.

BRÜHL, V. (2004): Restrukturierung – Ursachen, Verlauf und Management von Unternehmenskrisen, in: Brühl, V.; Göpfert, B. (Hrsg.): Unternehmensrestrukturierung. Strategien und Konzepte, Stuttgart, S. 3-31.

BUCHELE, R.B. (1967): Business policy in growing firms. A manual for evaluation, San Francisco.

BUCHHART, A. (2001): Insolvenzprophylaxe und Sanierung kleiner und mittlerer Unternehmen. Eine finanzierungstheoretische Analyse unter besonderer Berücksichtigung der InsO, Hamburg.

BUCHMANN, P. (2002): Der Firmenkunde in der Krise aus der Sicht eines Kreditinstituts, in: Betriebswirtschaftliche Blätter, H. 8, S. 358-363.

BURGER, A. (1995): Unternehmenskrise und Unternehmenssanierung. Eine betriebswirtschaftliche Analyse unter besonderer Berücksichtigung der Insolvenztatbestände und der Sanierungsfähigkeit, 2. Aufl., Hamburg.

BURKHARDT, K.; SAGER, O. (1994): Kulturkrisen im Unternehmenswandel, in: zfo, H. 1, S. 42-45.

BURKHARDT, R.; MAIER, F. (1993): Die der Krise trotzen, in: TopBusiness, H. 2, S. 16-20.

BURTSCHER, J.G. (1996): Wertorientiertes Krisenmanagement. Ein integriertes Konzept zur Vermeidung und Bewältigung von Unternehmenskrisen, Bamberg.

BUSCHMANN, H. (2004): Stakeholder-Management als notwendige Bedingung für erfolgreiches Turnaround-Management, in: Bickhoff, N.; Blatz, M.; Eilenberger, G.; Haghani, S.; Kraus, K.J. (Hrsg.): Die Unternehmenskrise als Chance. Innovative Ansätze zur Sanierung und Restrukturierung, Berlin/Heidelberg/New York, S. 197-220.

BUSSIEK, J. (1996): Anwendungsorientierte Betriebswirtschaftslehre für Klein- und Mittelunternehmen, 2., durchgesehene Aufl., Wien.

BÜSSOW, T. (2003): Chaostheorie und Unternehmenssteuerung. Konstruktion zur modellgestützten Entscheidungsvorbereitung, Wiesbaden.

BUTEWEG, J. (1988): Systemtheorie und ökonomische Analyse. Ansätze einer neuen Denkweise vor neoklassischem Hintergrund, Pfaffenweiler.

CEZANNE, M. (1999): Krisenmanagement und Komplexität. Betriebswirtschaftliche Krisentheorien im Kontext multioptionalen Konsumentenverhaltens, Wiesbaden.

CHANDLER, J.S.; SCHÖNBRUNN, N. (1982): Katastrophentheorie und der Going-Concern-Status einer Unternehmung. Eine modelltheoretische Betrachtung, in: ZfbF, H. 6, S. 485-509.

CHARAN, R.; USEEM, J. (2002): Why companies fail, in: Fortune, May 27, S. 36-44.

CHOWDHURY, S.D. (2002): Turnarounds. A stage theory perspective, in: Canadian Journal of Administrative Sciences, H. 3, S. 249-266.

CHOWDHURY, S.D.; LANG, J.R. (1993): Crisis, decline and turnaround. A test of competing hypotheses for short-term performance improvement in small firms, in: Journal of Small Business Management, H. 4, S. 8-17.

CHOWDHURY, S.D.; LANG, J.R. (1994): Turnaround actions, contingency influences and profitability. The case for slack and capital intensity, in: Canadian Journal of Administrative Sciences, H. 3, S. 205-213.

CHOWDHURY, S.D.; LANG, J.R. (1996a): Turnaround in small firms. An assessment of efficiency strategies, in: Journal of Business Research, H. 6, S. 169-178.

CHOWDHURY, S.D.; LANG, J.R. (1996b): The decline of small firms. A preliminary investigation into the concept of complacency, in: Canadian Journal of Administrative Sciences, H. 4, S. 321-331.

CLASEN, J.P. (1992): Turnaround Management für mittelständische Unternehmen, Wiesbaden.

CLASEN, J.P. (1995): Kreditausfallprophylaxe bei mittelständischen Firmenkunden durch Unternehmensberatung, in: Sparkasse, H. 7, S. 325-327.

COENENBERG, A.G.; FISCHER, T.M. (1993): Ansatzpunkte des Turnaround-Managements in Unternehmen, in: Coenenberg, A.G.; Fischer, T.M. (Hrsg.): Turnaround-Management. Finanzielle und strategische Werkzeuge der Restrukturierung, Stuttgart, S. 1-11.

CREDITREFORM (2004): Insolvenzen, Neugründungen und Löschungen. Jahr 2004, Neuss.

CREDITREFORM (2005): Insolvenzen, Neugründungen und Löschungen. Jahr 2005, Neuss.

CROTT, H.; KUTSCHKER, M.; LAMM, H. (1977): Verhandlungen I. Individuen und Gruppen als Konfliktparteien, Stuttgart u. a.

CURRAN, J.; BLACKBURN, R.A. (2001): Researching the small enterprise, London/Thousand Oaks/New Delhi.

DASCHMANN, H.-A. (1994): Erfolgsfaktoren mittelständischer Unternehmen. Ein Beitrag zur Erfolgsfaktorenforschung, Stuttgart.

DAVID, S. (2001): Externes Krisenmanagement aus Sicht der Banken, Lohmar.

DEMOUGIN, D.; JOST, P.-J. (2001): Theoretische Grundlagen der Prinzipal-Agenten-Theorie, in: Jost, P.-J. (Hrsg.): Die Prinzipal-Agenten-Theorie in der Betriebswirtschaft, Stuttgart, S. 45-81.

DEUTSCHE BUNDESBANK (2003): Zur wirtschaftlichen Situation kleiner und mittlerer Unternehmen in Deutschland, in: Monatsbericht, Oktober 2003, S. 29-55.

DEWITT, R.-L.; HARRIGAN, K.R.; NEWMAN, W.H. (1998): Downsizing strategically, in: Ketchen, D.J. (Hrsg.): Turnaround research. Past accomplishments and future challenges, Stamford/London, S. 21-36.

DIEZ, B. (1988): Krisenunternehmen. Empirische Identifikation und Finanzierungsverhalten, München.

DIPPEL, T. (2004): Erfolgswirkungen strategischer Turnaround-Maßnahmen auf Unternehmensziele. Eine empirische Ableitung, in: Bickhoff, N.; Blatz, M.; Eilenberger, G.; Haghani, S.; Kraus, K.J. (Hrsg.): Die Unternehmenskrise als Chance. Innovative Ansätze zur Sanierung und Restrukturierung, Berlin/Heidelberg/New York, S. 169-195.

DI PRIMIO, A. (1988); When turnaround management works, in: The Journal of Business Strategy, H. 1, S. 61-64.

DRAZIN, R.; VAN DE VEN, A.H. (1985): Alternative forms of fit in contingency theory, in: Administrative Science Quarterly, S. 514-539.

DRUCKER, P. (1969): The age of discontinuity, New York.

DSGV (DEUTSCHER SPARKASSEN- UND GIROVERBAND) (2005): Diagnose Mittelstand 2005. Mittelstand stärken - Breitere Basis für Wachstum schaffen, Berlin.

DÜRNHÖFER, A. (1998): Unternehmenskrise und Krisenbewältigung in Brüchen von Wirtschaftssystemen. Eine realtheoretische Untersuchung am Beispiel von Sanierungsfällen im Bezirk Chemnitz 1989-1994, Aachen.

EHLERS, H.; DRIELING, I. (1998): Unternehmenssanierung nach neuem Insolvenzrecht. Eine Einführung mit Modellfall, München.

EICKHOF, N. (1982): Strukturkrisenbekämpfung durch Innovation und Kooperation, Tübingen.

EIDENMÜLLER, H. (1999): Unternehmenssanierung zwischen Markt und Gesetz. Mechanismen der Unternehmensreorganisation und Kooperationspflichten im Reorganisationsrecht, Köln.

EISENHARDT, K.M. (1989): Building theories from case study research, in: Academy of Management Review, H. 4, S. 532-550.

ENDRESS, R. (1979): Insolvenz- und Risikofaktoren im Mittel- und Kleinbetrieb, Frankfurt am Main.

ENGBERDING, A. (1998): Unternehmenskrisen, Sanierung und Industriepolitik. Einzelwirtschaftliche und strukturpolitische Handlungsspielräume beim Wandel von Unternehmen in der Krise, Berlin.

ESCHENBACH, R.; KUNESCH, H. (1996): Strategische Konzepte. Management-Ansätze von Ansoff bis Ulrich, 3., völlig überarb. u. wesentlich erw. Aufl., Stuttgart.

EUROPÄISCHE GEMEINSCHAFTEN (2003): KMU und Zugang zur Finanzierung, Beobachtungsnetz der europäischen KMU 2003, Nr. 2, Brüssel.

EUROPÄISCHE UNION (2003): Kommission nimmt neue Definition für europäische Kleinst-, Klein- und Mittelunternehmen an, Pressemitteilung IP/03/652 vom 08.05.2003.

FAULHABER, P.; LANDWEHR, N. (2005): Turnaround-Management in der Praxis. Umbruchphasen nutzen - neue Stärken entwickeln, 3., aktualisierte Aufl., Frankfurt am Main/New York.

F.A.Z.-Institut (2003): Restrukturierung im Mittelstand. Wege aus der Krise, Finance-Studie, Frankfurt am Main.

FECHNER, D. (1999): Praxis der Unternehmenssanierung. Analyse, Konzept und Durchführung, Neuwied.

FELDBAUER-DURSTMÜLLER, B. (2003): Unternehmenskrisen im Mittelstand. Entwicklung, Symptome, Bewältigung, in: DSWR, H. 5, S. 135-138.

FEUERSTACK, R. (2005): Neue empirische Grundlagen zur qualitativen Bestimmung des Mittelstands, in: Welter, F. (Hrsg.): Der Mittelstand an der Schwelle zur Informationsgesellschaft, Berlin, S. 45-54.

FICHMAN, M.; LEVINTHAL, D.A. (1991): Honeymoons and the liability of adolescence. A new perspective on duration dependence in social and organizational relationships, in: Academy of Management Review, H. 2, S. 442-468.

FIEDLER, S. (1994): Kommunikation zur Krisenvermeidung und –vorsorge, in: Gareis, R. (Hrsg.): Erfolgsfaktor Krise. Konstruktionen, Methoden, Fallstudien zum Krisenmanagement, Wien, S. 211-233.

FIEGENBAUM, A.; KARNANI, A. (1991): Output flexibility. A competitive advantage for small firms, in: Strategic Management Journal, S. 101-114.

FINKIN, E.F. (1985): Company turnaround, in: Journal of Business Strategy, H. 4, S. 14-25.

FISCHER, T.M. (1999): Agency-Probleme bei der Sanierung von Unternehmen, Wiesbaden.

FLEEGE-ALTHOFF, F. (1930): Die notleidende Unternehmung. Krankheitserscheinungen und Krankheitsursachen, Bd. 1, Stuttgart.

FRANCESCHETTI, A. (1993): Der Turnaround aus Sicht der Anteilseigner, der Unternehmungsleitung und der Banken, Bamberg.

FRANKE, R. (1997): Das Management in der Unternehmenskrise, Bad Urach.

FREEMAN, R.E. (1984): Strategic management. A stakeholder approach, Boston u. a.

FREUND, W. (2004): Unternehmensnachfolgen in Deutschland. Neubearbeitung der Daten des IfM Bonn, in: IfM Bonn (Hrsg.): Jahrbuch der Mittelstandsforschung 1/2004, S. 57-88.

FRIEDRICH, W.; ASMUSSEN, J.; BRETZ, M.; MOSER, S.; MUNSCH, M.; SCHULTE, D.; WEIß, B. (1997): Ertragsentwicklung, Eigenkapitalausstattung und Insolvenzen im Bereich des industriellen Mittelstands, Köln/Neuss.

FRÖHLICH, E.; PICHLER, J.H. (1988): Werte und Typen mittelständischer Unternehmer, Berlin.

FRÖHLICH, E.; PICHLER, J.H.; PLEITNER, H.J (2000): Grösse in der Kleinheit, in: Pichler, J.H.; Pleitner, H.J.; Schmidt, K.-H. (Hrsg.): Management in KMU. Die Führung von

Klein- und Mittelunternehmen, 3., überarb. u. erw. Aufl., Bern/Stuttgart/Wien, S. 11-41.

FROMM, R. (2003): Banken als faktische Gesellschafter bei Turnaround-Finanzierungen. Gefahren für Unternehmen und Kreditinstitute, in: GmbH-Rundschau, H. 19, S. 1114-1120.

FUEGLISTALLER, U.; HALTER, F. (2002): Geschäftsmodelle und Kompetenzen im Wandel der Zeit. Eine Diskussion aus der Sicht des strategischen Managements, in: Fueglistaller, U.; Pleitner, H.J.; Volery, T.; Weber, W. (Hrsg.): Umbruch der Welt. KMU vor Höhenflug oder Absturz? Radical change in the world - will SMEs soar or crash? Beiträge zu den Rencontres de St-Gall 2002, St. Gallen, S. 373-384.

GABELE, E. (1981): Ansatzpunkte für ein betriebswirtschaftliches Krisenmanagement, in: ZO, H. 3, S. 150-158.

GÄLWEILER, A. (1987): Strategische Unternehmensführung, Frankfurt am Main/New York.

GANTZEL, K.-J. (1962): Wesen und Begriff der mittelständischen Unternehmung, Köln/Opladen.

GAREIS, R. (1994): Werden Krisen salonfähig?, in: Gareis, R. (Hrsg.): Erfolgsfaktor Krise. Konstruktionen, Methoden, Fallstudien zum Krisenmanagement, Wien, S. 13-33.

GASKILL, L.R.; VAN AUKEN, H.E.; MANNING, R.A. (1993): A factor analytic study of the perceived causes of small business failure, in: Journal of Small Business Management, H. 10, S. 18-30.

GAUGLER, E. (1984): Firmenbeiräte mittelständischer Unternehmen, in: Albach, H.; Held, T. (Hrsg.): Betriebswirtschaftslehre mittelständischer Unternehmen. Wissenschaftliche Tagung des Verbandes der Hochschullehrer für Betriebswirtschaftslehre e.V. 1984, Stuttgart, S. 557-573.

GAUGLER, E. (1995): Information als Führungsaufgabe, in: Kieser, A.; Reber, G.; Wunderer, R. (Hrsg.): Handwörterbuch der Führung, 2., neu gestaltete und erg. Aufl., Stuttgart, Sp. 1175-1185.

GESCHKA, H. (1997): Innovationsmanagement, in: Pfohl, H.-C. (Hrsg.): Betriebswirtschaftslehre der Klein- und Mittelbetriebe. Größenspezifische Probleme und Möglichkeiten zu ihrer Lösung, 3., neu bearbeitete Aufl., Berlin, S. 191-223.

GEUS, A.P. DE (1988): Planning as learning, in: HBR, H. 2, S. 70-74.

GISCHER, H.; HOMMEL, M. (2003): Unternehmen in Krisensituationen und die Rolle des Staates als Risikomanager: Weniger ist mehr, in: Betriebs-Berater, H. 18, S. 945-952.

GLESS, S.-E. (1996): Unternehmenssanierung. Grundlagen, Strategien, Maßnahmen, Wiesbaden.

GOLDSTEIN, A.; HAHNE, A. (2004): Sanierungsmanagement mit Hilfe der Hausbank. Praxisbeispiel, in: Schmeisser, W.; Bretz, M.; Keßler, J.; Krimphove, D. (Hrsg.): Handbuch Krisen- und Insolvenzmanagement. Wie mittelständische Unternehmen die Wende schaffen, Stuttgart, S. 141-169.

GOLDSTON, M.R. (1992): The turnaround prescription. Repositioning troubled companies, New York.

GONSCHORREK, U.; GONSCHORREK, N. (1999): Managementpraxis von A-Z. Leitfaden durch die aktuellen Managementkonzepte, Frankfurt am Main.

GOPINATH, C. (1991): Turnaround. Recognizing decline and initiating intervention, in: Long Range Planning, H. 6, S. 96-101.

GOPINATH, C. (1995): Bank strategies toward firms in decline, in: Journal of Business Venturing, S. 75-92.

GÖSCHE, A. (1985): Insolvenzen und wirtschaftlicher Wandel. Eine wirtschaftsgeschichtliche Analyse der Konkurse und Vergleiche im Siegerland 1951-1980, Stuttgart.

GOTTSCHLICH, W. (1989): Strategische Führung in mittleren Unternehmen. Konzepte, Operationalisierung und Messung, Frankfurt am Main u.a.

GRABOW, H.-J. (1997): Kreditvergabe im Turnaround, in: Kreditpraxis, H. 6, S. 4-7.

GRABOW, H.-J.; ECKERT, W.; KÄMKER, D. (2001): Banker's Scorecard. Bankenreporting im Turnaround, in: Die Bank, H. 7, S. 498-503.

GREENHALGH, L. (1983): Maintaining organizational effectiveness during organizational retrenchment, in: Journal of Applied Behavioral Science, H. 2, S. 155-170.

GREINER, L.E. (1972): Evolution and revolution as organizations grow, in: HBR, H. 4, S. 37-46.

GRENZ, T. (1987): Dimensionen und Typen der Unternehmenskrise. Analysemöglichkeiten auf der Grundlage von Jahresabschlussinformationen, Frankfurt am Main/-Bern/New York.

GRINYER, P.H.; MCKIERNAN, P. (1990): Generating major change in stagnating companies, in: Strategic Management Journal, H. 8, S. 131-146.

GRINYER, P.H.; SPENDER, J.-C. (1979): Recipes, crises, and adaptation in mature businesses, in: International Studies of Management & Organization, H. 3, S. 113-133.

GROß, P.J. (1988): Sanierung durch Fortführungsgesellschaften. Der Weg von der Sanierungsprüfung bis zur Konstituierung und finanziellen Entlastung der Fortführungsgesellschaft in betriebswirtschaftlicher, rechtlicher und steuerlicher Sicht, Köln.

GROß, P.J. (2003): Erkennen und Bewältigen von Unternehmensschieflagen, in: Institut der Wirtschaftsprüfer in Deutschland e.V. (Hrsg.): Die Wirtschaftsprüfung. Wirtschaftsprüfer im Blickpunkt der Öffentlichkeit, Sonderheft 2003, Düsseldorf, S. S128-S141.

GRÖPPER, J.P. (1999): Turnaround-Management. Chancenpotentiale nutzen und Unternehmenskrisen überwinden, Ottobrunn.

GRUBER, M. (2000): Der Wandel von Erfolgsfaktoren mittelständischer Unternehmen, Wiesbaden.

GÜNTERBERG, B., WOLTER, H.J. (2003): Unternehmensgrößenstatistik 2001/2002 - Daten und Fakten -, Bonn.

GÜNTHER, T.; SCHEIPERS, T. (1993): Insolvenzursachen. Zum Stand der empirischen Ursachenforschung, in: DStR, H. 12, S. 447-453.

GUNZENHAUSER, P. (1995): Unternehmenssanierung in den neuen Bundesländern. Eine Branchenuntersuchung des Werkzeugmaschinenbaus, Bergisch Gladbach/Köln.

GUY, M.E. (1989): From organizational decline to organizational renewal. The phoenix syndrome, Westport.

HAAKE, K. (1987): Strategisches Verhalten in europäischen Klein- und Mittelunternehmen, Berlin/München/St. Gallen.

HAGHANI, S.; PIELER, M. (2004): Treiber-Scorecards als Instrument zur Steuerung der Restrukturierung, in: Bickhoff, N.; Blatz, M.; Eilenberger, G.; Haghani, S.; Kraus, K.J. (Hrsg.): Die Unternehmenskrise als Chance. Innovative Ansätze zur Sanierung und Restrukturierung, Berlin/Heidelberg/New York, S. 307-326.

HAHN, D. (1998): Konzepte strategischer Führung. Entwicklungstendenzen in Theorie und Praxis unter besonderer Berücksichtigung der Globalisierung, in: ZfB, H. 6, S. 563-579.

HAHN, D.; GRÄB, U. (1989): Erfolgsfaktoren und Wachstumsstrategien erfolgreicher mittelständischer Unternehmungen in der Bundesrepublik Deutschland und Großbritannien. Ergebnisbericht einer empirischen Studie, in: Bühner, R. (Hrsg.): Führungsorganisation und Technologiemanagement, Berlin, S. 211–230.

HAHN, G. (1958): Ursachen von Unternehmer-Misserfolgen. Ergebnisse von Untersuchungen besonders im rheinischen Industriebezirk, Bergisch Gladbach.

HAMBRICK, D.C. (1985): Turnaround Strategies, in: Guth, W.D. (Hrsg.): Handbook of business strategy, Boston, S. 10-1 - 10-32.

HAMBRICK, D.C.; D'AVENI, R.A. (1988): Large corporate failures as downward spirals, in: Administrative Science Quarterly, H. 3, S. 1-23.

HAMBRICK, D.C.; SCHECTER, S.M. (1983): Turnaround strategies for mature industrial-product business units, in: Academy of Management Journal, H. 2, S. 231-248.

HAMEL, G.; PRAHALAD, C.K. (1995): Wettlauf um die Zukunft. Wie Sie mit bahnbrechenden Strategien die Kontrolle über Ihre Branche gewinnen und die Märkte von morgen schaffen, Wien.

HAMER, E. (1987): Das mittelständische Unternehmen. Eigenarten, Bedeutung, Risiken und Chancen, Stuttgart.

HAMER, E. (1990): Mittelständische Unternehmen – Gründung, Führung, Chancen, Risiken, Landsberg.

HAMMER, M.; CHAMPY, J. (2001): Reengineering the corporation. A manifesto for business revolution, London.

HARENBERG, G.; WLECKE, U. (2004): Businessplan und Maßnahmenmanagement, in: Buth, A.K.; Hermanns, M. (Hrsg.): Restrukturierung, Sanierung, Insolvenz, 2., vollständig neu bearbeitete Aufl., München, S. 347-377.

HARKER, M. (1998): The role of marketing in the company turnaround process, in: Industrial Marketing Management, S. 315-327.

HARRIGAN, K.R. (1994): Management concepts for turnarounds, in: technologie & management, H.1 , S. 14-18.

HARRY, M.J.; SCHROEDER, R. (2001): Six Sigma. Prozesse optimieren, Null-Fehler-Qualität schaffen, Rendite radikal steigern, 2. Aufl., Frankfurt am Main/New York.

HARZER, T. (2004): Erfolgreiche Kommunikation in der Krisensituation, in: Bickhoff, N.; Blatz, M.; Eilenberger, G.; Haghani, S.; Kraus, K.J. (Hrsg.): Die Unternehmenskrise als Chance. Innovative Ansätze zur Sanierung und Restrukturierung, Berlin/Heidelberg/New York, S. 267-285.

HASITSCHKA, W. (1988): Betriebswirtschaftliche Krisenprophylaxe. Theoretische Grundlagen einer Modellierung der Flexiblen Schockabsorption, Stuttgart.

HAUSCHILDT, J. (1983): Aus Schaden klug, in: Manager Magazin, H. 10, S. 142-152.

HAUSCHILDT, J. (2000): Unternehmenskrisen. Herausforderungen an die Bilanzanalyse, in: Hauschildt, J.; Leker, J. (2000) (Hrsg.): Krisendiagnose durch Bilanzanalyse, 2., neu bearbeitete und erw. Aufl., Köln, S. 1-17.

HAUSER, M. (1989): Früherkennung von Krisen industrieller Unternehmungen durch Portfolio-Analyse. Eine kritische Untersuchung der Anwendungsbedingungen und Anwendungsgrenzen dieser Verfahrenstechnik, Freiburg (Breisgau)

HECHTFISCHER, R. (2004): Führung im Mittelstand, in: Schlüchtermann, J.; Tebroke, H.-J. (Hrsg.): Mittelstand im Fokus. 25 Jahre BF/M-Bayreuth, Wiesbaden, S. 307-322.

HEINEMANN, D.; WELTER, F. (2006): Organisationales Lernen in KMU. Kernkompetenzentwicklung mit Zukunft?, im Druck.

HENNINGS, D.; CZAPLINSKY, E. (1998): Die Firmensanierung. Banken als Schrittmacher und Wegbegleiter, in: Kreditpraxis, H. 1, S. 9-12.

HESS, H.; FECHNER, D.; FREUND, K.; KÖRNER, F. (1998): Sanierungshandbuch, 3. Aufl., Neuwied/Kriftel/Berlin.

HESSELMANN, S. (1995): Insolvenzprognose mit Hilfe qualitativer Faktoren, Aachen.

HESSELMANN, S.; STEFAN, U. (1990): Sanierung oder Zerschlagung insolventer Unternehmen. Betriebswirtschaftliche Überlegungen und empirische Ergebnisse, Stuttgart.

HINDERER, M. (1984): Die mittelständische Unternehmung – Selbstverständnis in der Marktwirtschaft, Analyse und Strategie, München.

HOFER, C.W. (1980): Turnaround strategies, in: Journal of Business Strategy, S. 19-31.

HOFMANN, E. (2002): „Neue" Managementkonzepte. Entwicklungszüge, Eigenschaften, Erfolgsausprägungen und Integrationsdimensionen, in: Stölzle, W.; Gareis, K. (Hrsg.): Integrative Management- und Logistikkonzepte, Wiesbaden, S. 3-38.

HOFFMANN, R.C. (1989): Strategies for corporate turnarounds: What do we know about them?, in: Journal of General Management, H. 3, S. 46-66.

HÖHN, R. (1974): Das Unternehmen in der Krise. Krisenmanagement und Krisenstab, Bad Harzburg.

HOMMEL, U.; SCHNEIDER, H. (2004): Die Bedeutung der Hausbankbeziehung für die Finanzierung des Mittelstands. Empirische Ergebnisse und Implikationen, in: Finanz Betrieb, H. 9, S. 577-584.

HORST, M.v.D. (2000): Bewältigung von Unternehmenskrisen, Berlin.

HORVÁTH, P. (2003): Controlling, 9., vollständig überarb. Aufl., München.

HORVÁTH & PARTNER (2000): Balanced Scorecard umsetzen, Stuttgart.

HOWALDT, S.D. (1994): Sanierungsakquisitionen bei Klein- und Mittelunternehmen (KMU), Hallstadt.

HRUSCHKA, E. (1975): Die Besonderheiten der Klein- und Mittelbetriebe, in: IGA, S. 237-249.

HÜBNER, R.C.; THOMAS, C.G. (2003): Krisen- und Insolvenzursachen im deutschen Mittelstand, in: RATINGaktuell, H. 4, S. 26-30.

HUNDT, I.; NEITZ, B. (2001): Businesspläne für kleine und mittlere Unternehmen, München.

HUNSDIEK, D.; MAY-STROBL., E. (1986): Entwicklungslinien und Entwicklungsrisiken neugegründeter Unternehmen, Stuttgart.

ICKS, A. (1997): Trends und Zukunftsperspektiven, in: Icks, A.; Kaufmann, F.; Menke, A. (Hrsg.): Unternehmen Mittelstand. Chancen im globalen Strukturwandel, München, S. 17-43.

JAEGER, H.-G. (1986): Kann Krisenmanagement helfen? Sanierungsmöglichkeiten in mittelständischen Unternehmen - ein Fallbeispiel, in: zfo, H. 1, S. 31-33.

JÄGER, U. (1998): Erhebungskonzepte für ausgewählte Unternehmensentwicklungsmodelle, Frankfurt am Main u. a.

JENNER, T. (2003): Erfolg als Ursache von Misserfolg. Hintergründe und Ansätze zur Überwindung eines Paradoxons im strategischen Management, in: DBW, H. 2, S. 203-219.

KALL, F. (1999): Controlling im Turnaround-Prozess. Theoretischer Bezugsrahmen, empirische Fundierung und handlungsorientierte Ausgestaltung einer Controlling-Konzeption für den Turnaround-Prozess, Frankfurt am Main u. a.

KALL, F.; ROBECK, A. (2004): How to turn a company around. 5 Erfolgsschlüssel der Krisenbewältigung, in: Brühl, V.; Göpfert, B. (Hrsg.): Unternehmensrestrukturierung. Strategien und Konzepte, Stuttgart, S. 69-92.

KANTER, R.M. (2003): So schaffen Sie die Wende, in: Harvard Business manager, H. 9, S. 24-37.

KAPLAN, R.S.; NORTON, D.P. (1997): Balanced Scorecard. Strategien erfolgreich umsetzen, Stuttgart.

KAPPEL, J.A. (2003): Die Unternehmensgrenzen öffnen - Warum und wie ein Beirat nützlich sein kann, in: Stahl, H.K.; Hinterhuber, H.H. (Hrsg.): Erfolgreich im Schatten der Großen. Wettbewerbsvorteile für kleine und mittlere Unternehmen, Berlin, S. 47-62.

KAST, F.E.; ROSENZWEIG, J.E. (1974): Organization and management. A systems approach, 2. Aufl., New York u. a.

KAST, F.E.; ROSENZWEIG, J.E. (1979): Organization and management. A systems and contingency approach. 3. Aufl., Tokio u. a.

KAUFMANN, F. MIDDERMANN, F. (1997): Kapital als Engpaßfaktor mittelständischer Unternehmen? Besonderheiten der Finanzierung, in: Icks, A.; Kaufmann, F.; Menke, A. (Hrsg.): Unternehmen Mittelstand. Chancen im globalen Strukturwandel, München, S. 67-81.

KAUTZSCH, C. (2001): Unternehmenssanierung im Insolvenzverfahren, Lohmar/Köln.

KAYSER, G. (1997): Unternehmensführung, in: Pfohl, H.-C. (Hrsg.): Betriebswirtschaftslehre der Klein- und Mittelbetriebe. Größenspezifische Probleme und Möglichkeiten zu ihrer Lösung, 3., neu bearbeitete Aufl., Berlin, S. 81-102.

KAYSER, G. (1999): Der deutsche Mittelstand und seine Bedeutung in Euroland, in: Zeitschrift für das gesamte Kreditwesen, S. 37-38.

KEISER, H. (1966): Betriebswirtschaftliche Analyse von Insolvenzen bei mittelständischen Einzelhandlungen, Köln.

KELBER, F. (2004): Turnaround Management von Dotcoms, Köln.

KELLER, R. (1999): Unternehmenssanierung – Außergerichtliche Sanierung und gerichtliche Sanierung: Beratungs- und Gestaltungsschwerpunkte, Herne/Berlin.

KEßLER, A.; FRANK, H. (2003): Planung und Controlling in österreichischen KMU der Industrie, in: ZfKE, H. 4, S. 237-253.

KETELHÖHN, W.; JARILLO, J.C.; KUBES, Z.J. (1991): Turnaround management is not rambo management, in: European Management Journal, H. 2, S. 117-120.

KETTUNEN, P. (1998): Healing a sick health center, in: Pleitner, H.J. (Hrsg.): Renaissance der KMU in einer globalisierten Wirtschaft. Beiträge zu den Rencontres de St-Gall 1998, St. Gallen, S. 197-210.

KHANDWALLA, P.N. (2001): Turnaround excellence. Insights from 120 cases, New Delhi.

KHARBANDA, O.P.; STALLWORTHY, E.A. (1987): Company rescue. How to manage a company turnaround, London.

KIERULFF, H.E. (1981): Turnarounds of entrepreneurial firms, in: Frontiers of Entrepreneurship Research, S. 483-495.

KIESER, A. (1996): Moden & Mythen des Organisierens, in: DBW, H. 1, S. 21-39.

KIESER, A; KUBICEK, H. (1977): Organisation, Berlin/New York.

KIESER, A.; WALGENBACH, P. (2003): Organisation, 1. überarb. u. erw. Aufl., Stuttgart.

KIRCHGEORG, M. (2004): Vom Ökocontrolling zum Nachhaltigkeitscontrolling mithilfe der Balanced Scorecard, in: Bensberg, F.; Brocke, J.v.; Schultz, M.B. (Hrsg.): Trendberichte zum Controlling, Heidelberg, S. 371-391.

KIRCHHOF, R. (2003): Ganzheitliches Komplexitätsmanagement. Grundlagen und Methodik des Umgangs mit Komplexität im Unternehmen, Wiesbaden.

KIRSCH, W. (1994): Die Handhabung von Entscheidungsproblemen, 4. Aufl., München.

KLANDT, H. (1999): Gründungsmanagement: Der integrierte Unternehmensplan, München/Wien.

KLAR, M.; ZITZELSBERGER, F. (1996): Corporate Recovery als ganzheitlicher Ansatz zum Krisenmanagement, in: DStR, H. 47, S. 1866-1872.

KLEIN, H. K. (1971): Heuristische Entscheidungsmodelle, Wiesbaden.

KLEIN, U.; POESCH, A. (2003): Handeln in Unternehmenskrisen, in: Wirtschaftspsychologie aktuell, H. 2, S. 64-68.

KLETT, C. (2006): Krisenmanagement in KMU – Maßnahmenkataloge zur Abwendung von Unternehmenskrisen, in: KSI, H. 1, S. 18-22.

KLINGEBIEL, N. (2000): Integriertes Performance Measurement, Wiesbaden.

KOLB, S.; HEINEMANN, D. (2004): Die Turnaround-Balanced Scorecard, in: Controlling, H. 12, S. 683-688.

KÖPPEL, R. (1994): Marketing-Turnaround. Krisenbewältigung aus Marketingsicht, Bamberg.

KOSMIDER, A. (1994): Controlling im Mittelstand, 2., überarb. Aufl., Stuttgart.

KÖTZLE, A.; LAFRENZ, K. (2004): Wertorientierte Sanierung, in: Bickhoff, N.; Blatz, M.; Eilenberger, G.; Haghani, S.; Kraus, K.J. (Hrsg.): Die Unternehmenskrise als Chance. Innovative Ansätze zur Sanierung und Restrukturierung, Berlin/Heidelberg/New York, S. 327-355.

KRAFT, V. (2001): Private Equity-Investitionen in Turnarounds und Restrukturierungen, Frankfurt am Main.

KRÄMER, W. (2003): Mittelstandsökonomik, München.

KRANZ, U.-N.; STEINBERGER, T. (2003): Krisenmanagement ist schmerzhaft, aber unumgänglich, in: Droege & Comp. (Hrsg.): Restrukturierungsmanagement. In der Krise liegt die Chance, Köln, S. 195-207.

KRANZUSCH, P.; MAY-STROBL, E. (2002): Einzelunternehmen in der Krise. Neustart nach einer Insolvenz oder Unternehmenssanierung aus eigener Kraft, Wiesbaden.

KRATZ, T. (1996a): Abgrenzung der klein- und mittelständischen Unternehmen, in: Mayer, H. (Hrsg.): Problembereiche klein- und mittelständischer Unternehmen, Dresden, S. 1-12.

KRATZ, T. (1996b): Krisenmanagement durch den Steuerberater für Mittelständische Unternehmungen, Aachen.

KRAUS, K.-J.; GLESS, S.-E. (2004): Unternehmensrestrukturierung / -sanierung und strategische Neuausrichtung, in: Buth, A.K.; Hermanns, M. (Hrsg.): Restrukturierung, Sanierung, Insolvenz, 2., vollständig neu bearbeitete Aufl., München, S. 115-146.

KREDITANSTALT FÜR WIEDERAUFBAU (2003): MittelstandsMonitor. Jährlicher Bericht zu Konjunktur- und Strukturfragen kleiner und mittlerer Unternehmen, Frankfurt am Main.

KREHL, H. (1985): Der Informationsbedarf der Bilanzanalyse. Ableitung und empirische Validierung eines Fragenkatalogs von Jahresabschlüssen, Kiel.

KRETSCHMER, H. (1984): Praktische Ansätze für das Management tiefgreifender Reorganisationsprozesse, in: Management Forum, Bd. 4, S. 31-46.

KRIMPHOVE, D; TYTKO, D. (2002): Der Begriff "mittelständische Unternehmen" in betriebswirtschaftlicher und juristischer Diskussion, in: Krimphove, D. (Hrsg.): Praktiker-Handbuch Unternehmensfinanzierung. Kapitalbeschaffung und Rating für mittelständische Unternehmen, Stuttgart, S. 3-13.

KRÖGER, F. (1990): Restrukturierung: Entscheidend ist die Realisierung, in: Siegwart, H.; Mahari, J.I.; Caytas I.G.; Böckenförde, B. (Hrsg.): Restrukturierungen & Turnarounds. Meilensteine im Management, Bd. 2, Stuttgart, S. 405-418.

KROPFBERGER, D. (1986): Erfolgsmanagement statt Krisenmanagement. Strategisches Management in Mittelbetrieben, Linz.

KROPFBERGER, D. (1999): Vom reaktiven Krisenmanagement zum proaktiven Chancenmanagement, in: Thommen, J.-P.; Belak, J.; Kajzer, S. (Hrsg.): Krisenmanagement, Maribor, S. 25-42.

KRUEGER, D.A.; WILLARD, G.E. (1991): Turnarounds. A process, not an event, in: Academy of Management, Best paper proceedings, S. 26-30.

KRÜGER, W. (1988): Die Erklärung von Unternehmenserfolg. Theoretischer Ansatz und empirische Ergebnisse, in: DBW, H. 1, S. 27-43.

KRUMMENACHER, A. (1981): Krisenmanagement. Leitfaden zum Verhindern und Bewältigen von Unternehmenskrisen, Zürich.

KRYSTEK, U. (1985): Reorganisationsplanung, in: ZfB, H. 2, S. 583-612.

KRYSTEK, U. (1987): Unternehmungskrisen. Beschreibung, Vermeidung und Bewältigung überlebenskritischer Prozesse in Unternehmungen, Wiesbaden.

KRYSTEK, U. (1989a): Führung in Ausnahmensituationen. Akute Krisen und Chancen als Führungsaufgabe, in: zfo, H. 1, S. 30-37.

KRYSTEK, U. (1989b): Entwicklung und Kultur der Unternehmung werden durch Krisen verändert. Überlebenskritische Prozesse und deren Wirkung auf Entwicklung und Kultur der Unternehmung, in: zfo, H. 3, S. 186-193.

KRYSTEK, U. (1994): Krisen als Chance zur Metamorphose. Schreckgespenst oder Ansatz zur Wandlung?, in: Gablers Magazin, H. 4; S. 24-29.

KRYSTEK, U. (2002): Unternehmenskrisen. Vermeidung und Bewältigung, in: Pastors, P. (Hrsg.): Risiken des Unternehmens. vorbeugen und meistern, München/Mering, S. 87-134.

KRYSTEK, U.; MÜLLER, M. (1995a): Unternehmungskrisen: Wo liegen die Ursachen?, in: Kreditpraxis, H. 3, S. 25-29.

KRYSTEK, U.; MÜLLER, M. (1995b): Am Anfang steht die strategische Krise..., in: Kreditpraxis, H. 4, S. 28-28.

KRYSTEK, U.; MÜLLER, M. (1995c): Managementfehler unter der Lupe, in: Kreditpraxis, H. 5, S. 21-24.

KRYSTEK, U.; MÜLLER, M. (1995d): Krisenauslöser: Intern oder extern?, in: Kreditpraxis, H. 6, S. 17-19.

KRYSTEK, U.; MÜLLER-STEWENS, G. (1993): Frühaufklärung für Unternehmen. Identifikation und Handhabung künftiger Chancen und Bedrohungen, Stuttgart.

KUCHER, A.B.; MEITNER, M. (2004): Entwicklungen von Private Equity für Krisenunternehmen, in: Finanz Betrieb, H. 11, S. 713-719.

KÜCK, M. (1994): Kleine und mittlere Unternehmen in der Krise. Ursachen und Sanierungsstrategien, in: IGA, H. 4, S. 266-273.

KUDERNATSCH, D. (2001): Operationalisierung und empirische Überprüfung der Balanced Scorecard, Wiesbaden.

KUßMAUL, R.; STEFFAN, B. (2000): Insolvenzplanverfahren: Der prepackaged Plan als Sanierungsalternative. Praxisbeispiel einer erfolgreichen Umsetzung, in: Der Betrieb, H. 37, S. 1849-1853.

LAFRENZ, K. (2004): Shareholder-Value orientierte Sanierung. Ansatzpunkte und Wertsteigerungspotenzial beim Management von Unternehmenskrisen, Wiesbaden.

LANGE, I. (2004): Effizienzverbesserungen durch die zunehmende Rationalität der Beteiligten im Insolvenzverfahren, in: Bickhoff, N.; Blatz, M.; Eilenberger, G.; Haghani, S.; Kraus, K.J. (Hrsg.): Die Unternehmenskrise als Chance. Innovative Ansätze zur Sanierung und Restrukturierung, Berlin/Heidelberg/New York, S. 113-138.

LAWRENZ, H. (2003): Strategie und Lösung. Mit Visionen auf Erfolgskurs, in: Creditreform, H. 2, S. 20-23.

LE COUTRE, W. (1926): Krisenlehren für die Unternehmensführung, in: Das Geschäft, H. 4, S. 63-65.

LEHMENT, H.; BLEVINS, C.; SJOVOLL, E. (1997): Gesamtwirtschaftliche Bestimmungsgründe der Insolvenzentwicklung in Deutschland, Kieler Arbeitspapiere Nr. 842, Kiel.

LETMATHE, P. (2002): Flexible Standardisierung. Ein dezentrales Produktionsmanagement-Konzept für kleine und mittlere Unternehmen, Wiesbaden.

LEUPIN, U. (1998): Turnaround von Unternehmen. Von der Krisenbewältigung zur Erfolgssteigerung, Bern/Stuttgart/Wien.

LEY, D.; CRONE, A. (2004): Case Study: Strategische Neuausrichtung und operative Sanierung eines mittelständischen Unternehmens, in: Brühl, V.; Göpfert, B. (Hrsg.): Unternehmensrestrukturierung. Strategien und Konzepte, Stuttgart, S. 93-108.

LINDE, F. (1994): Krisenmanagement in der Unternehmung. Eine Auseinandersetzung mit den betriebswirtschaftlichen Gestaltungsaussagen zum Krisenmanagement, Berlin.

LIPPITT, G.L.; SCHMIDT, W.H. (1967): Crisis in a developing organization, in: HBR, H. 6, S. 102-112.

LÖHNEYSEN, G.V. (1982): Die rechtzeitige Erkennung von Unternehmungskrisen mit Hilfe von Frühwarnsystemen als Voraussetzung für ein wirksames Krisenmanagement, Göttingen.

LOHRKE, F.T.; BEDEIAN, A.G. (1998): Managerial response to declining performance. Turnaround investment strategies and critical contingencies, in: Ketchen, D.J. (Hrsg.): Turnaround research: Past accomplishments and future challenges, Stamford/London, S. 3-20.

LOHRKE, F.T.; BEDEIAN, A.G.; PALMER, T.B. (2004): The role of top management teams in formulation and implementing turnaround strategies. A review and research agenda, in: International Journal of Management Reviews, H. 2, S. 63-90.

LORENZ, P. (1998): Turnaround-Management in kleinen und mittleren Unternehmungen. Erfolge und Hindernisse bei der Krisenbewältigung, St. Gallen.

LUHMANN, N. (1999): Zweckbegriff und Systemvariabilität, 6. Aufl., Frankfurt am Main.

LUKAS, A. (1995): Abschied von der Reparaturkultur. Selbsterneuerung durch ein neues Miteinander, Frankfurt am Main/Wiesbaden.

LURIE, G.D.; AHEARN, J.M. (1990): How companies in trouble got there, in: The Journal of Business Strategy, H. 6, S. 25-29.

Lüthy, M. (1988): Unternehmenskrisen und Restrukturierungen – Bank und Kreditnehmer im Spannungsfeld existentieller Unternehmenskrisen, Bern/Stuttgart.

Maasmeier, M. (1987): Externes Krisenmanagement, München.

Macharzina, K. (1984): Bedeutung und Notwendigkeit des Diskontinuitätenmanagements bei internationaler Unternehmenstätigkeit, in: Macharzina, K. (Hrsg.): Diskontinuitätenmanagement. Strategische Bewältigung von Strukturbrüchen bei internationaler Unternehmenstätigkeit, Berlin, S 1-18.

Macharzina, K. (2003): Unternehmensführung, 4. Aufl., Wiesbaden.

Macharzina, K.; Dürrfeld, H. (2001): Turnaround-Management, in: Bühner, R. (Hrsg.): Management-Lexikon, München/Wien, S. 766-769.

Magnusson, D. (1981): Wanted: A psychology of situations, in: Magnusson, D. (Hrsg.): Toward a psychology of situations. An interactional perspective, Hillsdale, S. 9-32.

Makridakis, S. (1991): What can we learn from corporate failure?, in: Long Range Planning, H. 4, S. 115-126.

Malik, F. (2002): Strategie des Managements komplexer Systeme. Ein Beitrag zur Management-Kybernetik evolutionärer Systeme, 7., durchgesehene Aufl., Bern/Stuttgart/ Wien.

Marx, O. (2003): Trotz Restrukturierung Insolvenz, in: F.A.Z., Nr. 34 vom 10.02.2003, S. 17.

Maul, C. (1993): Der Beitrag der Systemtheorie zum strategischen Führungsverhalten in komplexen Situationen, in: ZfB, H. 7, S. 715-740.

May-Strobl, E.; Paulini, M. (1996): Insolvenzen im Mittelstand: Daten und Fakten. Eine empirische Untersuchung über die Statistik und die Abwicklung von Insolvenzen in den alten Bundesländern, Bonn.

Mayr, A. (1999): Informationspathologien. Eine Hauptursache für das Versagen einer Krisenfrüherkennung im Unternehmen, in: Thommen, J.-P.; Belak, J.; Kajzer, S. (Hrsg.): Krisenmanagement, Maribor, S. 95-108.

Mayr, A. (2002): Insolvenzursachenforschung und –prophylaxe unter besonderer Berücksichtigung der Früherkennungsproblematik, in: Feldbauer-Durstmüller, B.; Schlager, J. (Hrsg.): Krisenmanagement - Sanierung – Insolvenz. Handbuch für Banken, Management, Rechtsanwälte, Steuerberater, Wirtschaftsprüfer und Unternehmensberater, Wien, S. 159-191.

Meffert, H. (2000): Marketing, 9., überarb. u. erw. Aufl., Wiesbaden.

Melin, L. (1985): Strategies in managing turnaround, in: Long Range Planning, H. 1, S. 80-86.

Mellewigt, T.; Witt, P. (2002): Die Bedeutung des Vorgründungsprozesses für die Evolution von Unternehmen: Stand der empirischen Forschung, in: ZfB, H. 1, S. 81-110.

MENSCH, G. (1991): Risiko und Unternehmensführung. Eine systemorientierte Konzeption zum Risikomanagement, Frankfurt am Main u. a.

MEYER, J. (1993): Turnaround durch Qualitätsmanagement, in: Coenenberg, A.G.; Fischer, T.M. (Hrsg.): Turnaround-Management. Finanzielle und strategische Werkzeuge der Restrukturierung, Stuttgart, S. 59-72.

MEYERSIEK, D. (1995): Informationssysteme für Krisenzeiten. Führungsinstrumente für Wirtschaftszweige im Umbruch, in: Hichert, R.; Moritz, M. (Hrsg.): Management-Informationssysteme. Praktische Anwendungen, Berlin, S. 1-12.

MILLER, D.; FRIESEN, P.H. (1984): Organizations: A quantum view, Englewood Cliffs.

MIND (2001): Mittelstand in Deutschland, 2. Studie, Köln.

MINTZBERG, H. (1975): The manager's job: folklore and fact, in: HBR, H. 4, S. 49-61.

MOLDENHAUER, R. (2004): Krisenbewältigung in der New Economy. Sanierungsansätze und Handlungsempfehlungen für Gründungs- und Wachstumsunternehmen, Wiesbaden.

MUCZYK, J.P.; STEEL, R.P. (1998): Leadership style and the turnaround executive, in: Business Horizons, H. 2, S. 39-46.

MUELLER, G.C.; BARKER, V. L. III. (1997): Upper echelons and board characteristics of turnaround and nonturnaround declining firms, in: Journal of Business Research, H. 2, S. 119-134.

MUGLER, J. (1998): Betriebswirtschaftslehre der Klein- und Mittelbetriebe, Bd. 1, 3., überarb. Aufl., Wien/New York.

MUGLER, J.; LAMPE, R. (1987): Betriebswirtschaftliche Beratung von Klein- und Mittelbetrieben. Diskrepanz zwischen Angebot und Nachfrage und Ansätze zu ihrer Verminderung, in: BFuP, H. 6, S. 477-493.

MÜLLER, R. (1986): Krisenmanagement in der Unternehmung. Vorgehen, Maßnahmen und Organisation, 2. überarb. u. erw. Aufl., Frankfurt am Main.

MÜLLER-GANZ, J. (2004): Turnaround. Restrukturierung und Sanierung von Unternehmen, Zürich.

MÜLLER-MERBACH, H. (1977): Frühwarnsysteme zur betrieblichen Krisenerkennung und Modelle zur Beurteilung von Krisenabwehrmaßnahmen, in: Plötzeneder, H.D. (Hrsg.): Computergestützte Unternehmensplanung. Computer Assisted Corporate Planning, Stuttgart, S. 419-438.

MÜLLER-MERBACH, H. (1994): Jahrzehnt des Wandels? Aktivitäten des Turnaround-Managements, in: Technologie & Management, H. 2, S. 51-54.

MÜLLER-STEWENS, G. (1989): Krisenmanagement, in: DBW, H. 5, S. 639-645.

MÜLLER-STEWENS, G. (2003): Krise als Chance, in: Thexis, H. 2, S. 36.

MÜLLER-STEWENS, G.; LECHNER, C. (2005): Strategisches Management. Wie strategische Initiativen zum Wandel führen, 3., aktualisierte Aufl., Stuttgart.

MURPHY, J. (1986): First aid for unhealthy companies, in: Australian Accountancy, H. 5, S. 29-33.

NARR, W.D. (1973): Zur Genesis und Funktion von Krisen. Einige systemanalytische Marginalien, in: Jänicke, M. (Hrsg.): Herrschaft und Krise. Beiträge zur politikwissenschaftlichen Krisenforschung, S. 224-236.

NEUKIRCHEN, K. (1996): Turnaround bei der Metallgesellschaft. Restrukturierung aus Controllingsicht, in: Controlling, H. 6, S. 386-392.

NEUMAIR, U. (1998): A general model of corporate failure and survival. A complexity theory approach, Bamberg.

NEUMAIR, U. (1999): Spotting the losers. Understanding organisational survivability from the study of organisational decline and failure - A complexity theory approach, in: Schwaninger, M. (Hrsg.): Intelligente Organisationen. Konzepte für turbulente Zeiten auf der Grundlage von Systemtheorie und Kybernetik, Berlin, S. 293-300.

NICOLAI, A.; KIESER, A. (2002): Trotz eklatanter Erfolglosigkeit: Die Erfolgsfaktorenforschung weiter auf Erfolgskurs, in: DBW, H. 6, S. 579-596.

NOTHARDT, F. (2001): Corporate turnaround and corporate stakeholders. An empirical examination of the determinants of corporate turnaround on financial stakeholders, Bamberg.

NUENO, P. (1993): Corporate turnaround. A practical guide to business survival, London.

O'NEILL, H. (1986a): Turnaround and recovery: What strategy do you need?, in: Long Range Planning, H. 1, S. 80-88.

O'NEILL, H. (1986b): An analysis of the turnaround strategy in commercial banking, in: Journal of Management Studies, H. 2, S. 165-188.

OELSNITZ, D.V.D. (1994): Prophylaktisches Krisenmanagement durch antizipative Unternehmensflexibilisierung. Theoretische und konzeptionelle Grundzüge der Flexiblen Organisation, Bergisch Gladbach/Köln.

OESTERHELD, N. (2002): Beirat in Familienunternehmen. Eine Untersuchung zur Effizienz des Beirats in Krisensituationen unter besonderer Berücksichtigung des unternehmensfremden Einflusses, Frankfurt am Main.

OLBRICH, M. (2005): Unternehmungsnachfolge durch Unternehmungsverkauf, Wiesbaden.

OSSADNIK, W.; BARKLAGE, D.; LENGERICH, E.V. (2004): Controlling im Mittelstand. Ergebnisse einer empirischen Untersuchung, in: Controlling, H. 11, S. 621-630.

O.V. (2001): Klassenziel klar verfehlt, in: Markt und Mittelstand, H. 11, S. 52-53.

PAFFENHOLZ, G. (1998): Krisenhafte Entwicklungen in mittelständischen Unternehmen. Ursachenanalyse und Implikationen für die Beratung, Bonn.

PANDIT, N.R. (2000): Some recommendations for improved research on corporate turnaround, in: M@n@gement, H. 2, S. 31-56.

PANT, L.W. (1987): Fueling corporate turnaround through sales growth, in: The Journal of Commercial Bank Lending, H. 12, S. 25-32.

PANT, L.W. (1991): An investigation of industry and firm structural characteristics in corporate turnarounds, in: Journal of Management Studies, H. 6, S. 623-643.

PAOLILLO, J.G.P. (1984): The manager's self assessment of managerial roles. Small vs. large firms, in: American Journal of Small Business, H. 3, S. 58-64.

PARKER, B.; KEON, T.L. (1994): Coping with industrial decline. A test of generic strategies used by small firms, in: Journal of Business & Entrepreneurship, H. 1, S. 11-21.

PAUL, S.; STEIN, S.; HORSCH, A. (2002): Treiben die Banken den Mittelstand in die Krise?, in: Zeitschrift für das gesamte Kreditwesen, H. 12, S. 578-582.

PEARCE, J.A. III.; ROBBINS, D.K. (1993): Toward improved theory and research on business turnaround, in: Journal of Management, S. 613-636.

PERLITZ, M.; LÖBLER, H. (1985): Brauchen Unternehmen zum Innovieren Krisen?, in: ZfB, H. 5, S. 424-450.

PERLITZ, M.; LÖBLER, H. (1989): Das Innovationsverhalten in der mittelständischen Industrie. Das Risk / Return Paradoxon, Stuttgart.

PETERS, J.G.H. (2001): Investor Relations in der Unternehmenskrise, in: Achleitner, A.-K.; Bassen, A. (Hrsg.): Investor Relations am Neuen Markt. Zielgruppen, Instrumente, rechtliche Rahmenbedingungen und Kommunikationsinhalte, Stuttgart, S. 745-752.

PFOHL, H.-C. (1997): Abgrenzung der Klein- und Mittelbetriebe von Großbetrieben, in: Pfohl, H.-C. (Hrsg.): Betriebswirtschaftslehre der Klein- und Mittelbetriebe. Größenspezifische Probleme und Möglichkeiten zu ihrer Lösung, 3., neu bearbeitete Aufl., Berlin, S. 1-25.

PICOT, G.; ALETH, F. (1999): Unternehmenskrise und Insolvenz. Vorbeugung, Turnaround, Sanierung, München.

PICOT, A.; DIETL, H.; FRANCK, E. (2002): Organisation. Eine ökonomische Perspektive, Stuttgart.

PICOT, A.; REICHWALD, R.; WIGAND, R.T. (2003): Die grenzenlose Unternehmung, Wiesbaden.

PINKWART, A. (1992): Chaos und Unternehmenskrise, Wiesbaden.

PINKWART, A. (1993): Katastrophentheorie und Unternehmenskrise, in: ZfB, H. 9, S. 873-895.

PINKWART, A. (2000a): Marketing-Strategien für den Unternehmens-Turnaround, in: Meyer, J.-A. (Hrsg.): Marketing in KMU. Jahrbuch der KMU-Forschung 2000, München, S. 165-182.

PINKWART, A. (2000b): Entrepreneurship als Gegenstand wirtschaftswissenschaftlicher Ausbildung, in: Buttler, G.; Hermann, H.; Scheffler, W.; Voigt, K.-I. (Hrsg.): Existenzgründung. Rahmenbedingungen und Strategien, Heidelberg, S. 179-209.

PINKWART, A. (2001a): Förderung von Innovationen in KMU durch Kooperation, in: Meyer, J.-A. (Hrsg.): Innovationsmanagement in kleinen und mittleren Unternehmen, München, S. 191-212.

PINKWART, A. (2001b): Mut zur vorausschauenden Nachfolgeregelung, in: Wirtschaftspraxis, H. 1, S. 12-13.

PINKWART, A. (2002): Die Unternehmensgründung als Problem der Risikogestaltung, in: Albach, H.; Pinkwart, A. (Schriftleitung): Gründungs- und Überlebenschancen von Familienunternehmen, ZfB - Ergänzungsheft 5/2002, Wiesbaden, S. 55-84.

PINKWART, A.; HEINEMANN, D. (2004): Marketingforschung innovativer Gründungsunternehmen, in: Baumgarth, C., (Hrsg.): Marktorientierte Unternehmensführung. Grundkonzepte, Anwendungen und Lehre, Frankfurt am Main u.a., S. 373-393.

PINKWART, A.; KOLB, S. (1999): Alternative Sanierungs- und Beschäftigungskonzepte, Siegen.

PINKWART, A.; KOLB, S. (2000): Turnaround-Management zur Sicherung der Überlebensfähigkeit kleiner und mittlerer Unternehmen, Siegen.

PINKWART, A.; KOLB, S. (2003): Analyse des Insolvenzgeschehens. Entwicklung, Struktur und Ursachen aus regionaler Perspektive, Aachen.

PINKWART, A.; KOLB, S.; HEINEMANN, H. (2005): Unternehmen aus der Krise führen. Die Turnaround-Balanced Scorecard als ganzheitliches Konzept zur Wiederherstellung des Unternehmenserfolgs von kleinen und mittleren Unternehmen, Stuttgart.

PLATT, H.D. (2004): Principles of corporate renewal, 2. Aufl., Ann Arbor.

PLEITNER, H.J. (1995): Unternehmensführung im Mittelstand, in: Corsten, H.; Reiss, M. (Hrsg.): Handbuch Unternehmensführung. Konzepte - Instrumente - Schnittstellen, Wiesbaden, S. 927-939.

PLEITNER, H.J. (1998): Konkurse in Klein- und Mittelunternehmen. Ursachen und Vermeidung, in: Pleitner, H.J. (Hrsg.): Renaissance der KMU in einer globalisierten Wirtschaft, Beiträge zu den Rencontres de St-Gall 1998, St. Gallen, S. 225-237.

PLEITNER, H.J. (1999): Ursache und Prophylaxe von Konkursen in KMU, in: Thommen, J.-P.; Belak, J.; Kajzer, S. (Hrsg.): Krisenmanagement, Maribor, S. 201-216.

POHL, H.-J.; REHKUGLER, H. (1989): Management-Instrumente als Erfolgsfaktoren in mittelständischen Unternehmen, in: IGA, H. 1, S. 1-13.

PORTER, M.E. (1999a): Wettbewerbsstrategie. Methoden zur Analyse von Branchen und Konkurrenten, 10., durchgesehene und erw. Aufl., Frankfurt am Main/New York.

PORTER, M.E. (1999b): Wettbewerbsvorteile. Spitzenleistungen erreichen und behaupten, 5., durchgesehene und erw. Aufl., Frankfurt am Main/New York.

PORTISCH, W. (2004): Die Kraft der Kommunikation, in: Die Bank, H. 10, S. 56-59.

PRAHALAD, C.K.; HAMEL, G. (1990): The core competence of the corporation, in: HBR, H. 3, S. 79-91.

PRILLER, C.; RATHNOW, P. (2004): Die Balanced Scorecard: Instrument zur Steuerung des Unternehmens in stürmischen Zeiten, in: zfo, H. 2, S. 102-106.

PÜMPIN, C.; PRANGE, J. (1991): Management der Unternehmensentwicklung. Phasengerechte Führung und Umgang mit Krisen, Frankfurt am Main/New York.

RAMAKRISHNAN, K.; SHAH, S.K. (1989): A systems approach for corporate turnarounds, in: Business, H. 3, S. 26-31.

RAPPAPORT, A. (1999): Shareholder Value. Ein Handbuch für Manager und Investoren. 2., vollständig überarb. u. aktualisierte Aufl., Stuttgart.

RATHNOW, P.; PRILLER, C. (2001): Die Rolle der Balanced Scorecard in einem Change Prozess, in: controller magazin, H. 4, S. 375-379.

RAUBACH, U. (1983): Früherkennung von Unternehmenskrisen. Dargestellt am Beispiel von Handwerksbetrieben, Frankfurt am Main.

RAUH, M. (1990): Turnaround. Kein Erfolg ohne Vertrauen, in: Siegwart, H.; Mahari, J.I.; Caytas I.G.; Böckenförde, B. (Hrsg.): Restrukturierungen & Turnarounds – Meilensteine im Management, Bd. 2, Stuttgart, S. 381-389.

RECHSTEINER, U. (1994): Desinvestitionen zur Unternehmenswertsteigerung, Bamberg.

REESE, J. (1991): Unternehmensflexibilität, in: Kistner, K.-P.; Schmidt, R. (Hrsg.): Unternehmensdynamik, Wiesbaden, S. 361-387.

REESE, J. (1994): Theorie der Organisationsbewertung, 2. durchgesehene Aufl., München.

REINEMANN, H. (1999): Was ist Mittelstand? Zur Definition der kleinen und mittleren Unternehmen, in: WiSt, H. 12, S. 661-662.

RESKE, W.; BRANDENBURG, A.; MORTSIEFER, H.J. (1978): Insolvenzursachen mittelständischer Betriebe. Eine empirische Analyse, 2. Aufl., Göttingen.

REUTER, A.Y. (2003): Ganzheitliche Integration themenspezifischer Managementsysteme. Entwicklung eines Modells zur Gestaltung und Bewertung integrierter Managementsysteme, München/Mering.

REUTNER, F. (1990): Krisenzonen und Krisenkonzeptionen, in: Siegwart, H.; Mahari, J.I.; Caytas I.G.; Böckenförde, B. (Hrsg.): Restrukturierungen & Turnarounds. Meilensteine im Management, Bd. 2, Stuttgart, S. 295-315.

RIGBY, D. (2001): Management tools and techniques. A survey, in: California Management Review, H. 2, S. 139-160.

RINKLIN, T.H. (1960): Die vergleichsfähige und die konkursreife Unternehmung, Stuttgart.

RIPPERGER, T. (1998): Ökonomik des Vertrauens. Analyse eines Organisationsprinzips, Tübingen.

RITTER, W. (2000): Unternehmenssanierung im neuem Insolvenzrecht. Eine Analyse aus Sicht der Kreditinstitute, Sternenfels.

ROBBINS, K.; PEARCE, J.A. III. (1992): Turnaround: Retrenchment and recovery, in: Strategic Management Journal, S. 287-309.

ROBINSON, R.B.; PEARCE, J.A. (1983): The impact of planning on financial performance in small organizations, in: Strategic Management Journal, S. 197-207.

ROCKART, J.F. (1979): Chief executives define their own data needs, in: HBR, H. 2, S. 81-93.

RÖTHIG, P. (1976): Organisation und Krisen-Management. Zur organisatorischen Gestaltung der Unternehmung unter den Bedingungen eines Krisen-Management, in: ZO, H. 1, S. 13-20.

RUFER, D.; HUBER, H. (2001): Von der rein wirtschaftlichen zur umfassenden Nachhaltigkeit im Unternehmen, in: Wüthrich, H.A.; Winter, W.B.; Philipp, A. (Hrsg.): Grenzen ökonomischen Denkens. Auf den Spuren einer dominanten Logik, Wiesbaden, S. 181-199.

RUHL, S. (2000): Entscheidungsunterstützung bei der Sanierungsprüfung. Ein betriebswirtschaftliches Entscheidungsmodell zur Sanierungsprüfung nach neuem Insolvenzrecht, Sternenfels.

RUNKEL, H. P. (1998): 1x1 des neuen Insolvenzrechts, 3. Aufl., Wuppertal 1998.

SANDFORT, F. (1997): Sanierungscontrolling. Bewältigung von Unternehmenskrisen mit Hilfe des Sanierungscontrollings, Berlin.

SANDNER, K. (1994): Die Definition von Krisen. Ein machtpolitischer Aushandlungsprozeß, in: Gareis, R. (Hrsg.): Erfolgsfaktor Krise. Konstruktionen, Methoden, Fallstudien zum Krisenmanagement, Wien, S. 34-48.

SCHAAF, W. (1993): Sanierung als unternehmerischer Turnaround, in: Coenenberg, A.G.; Fischer, T.M. (Hrsg.): Turnaround-Management. Finanzielle und strategische Werkzeuge der Restrukturierung, Stuttgart, S. 75-97.

SCHANZ, G. (1988): Methodologie für Betriebswirte, 2., überarb. u. erw. Aufl., Stuttgart.

SCHARB, R. (1994): Diagnose, Konzeption, Implementierung: In drei Schritten zum Turn Around, in: Gareis, R. (Hrsg.): Erfolgsfaktor Krise. Konstruktionen, Methoden, Fallstudien zum Krisenmanagement, Wien, S. 325-341.

SCHENDEL, D.; PATTON, G.R. (1976): Corporate stagnation and turnaround, in: Journal of Economics and Business, S. 236-241.

SCHENDEL, D.; PATTON, G.R.; RIGGS, J. (1976): Corporate turnaround strategies: A study of profit decline and recovery, in: Journal of General Management, H. 3, S. 3-11.

SCHERER, H.-W. (2003): Pleiten, Potenziale und Perspektiven. Die Zukunft des Mittelstands in Deutschland, in: Kienbaum, J.; Börner, C.J. (Hrsg.): Neue Finanzierungswege für den Mittelstand. Von der Notwendigkeit zu den Gestaltungsformen, Wiesbaden, S. 141-161.

SCHERRER, P.S. (1989): Turnarounds, in: Management Accounting, H. 3, S. 31-39.

SCHIFFER, J.; WEHNER, S.; PETERS, C.J. (1997): Erfolgsfaktoren der Unternehmenssanierung, in: Bilanzbuchhalter und Controller, H. 3, S. 52-57.

SCHILLER, B.; TYTKO, D. (2001): Risikomanagement im Kreditgeschäft, Stuttgart.

SCHLEBUSCH, D.W.; VOLZ, N.; HUKE, P. (1999): Unternehmenskrisen im Mittelstand. Entwicklung, Symptome, Bewältigung, in: Die Bank, H. 7, S. 452-456.

SCHLÜCHTERMANN, J.; POINTNER, M.A. (2004): Unternehmensplanung und Mittelstand. Strategieumsetzung mit Hilfe der Balanced Scorecard, in: Schlüchtermann, J.; Tebroke, H.-J. (Hrsg.): Mittelstand im Fokus. 25 Jahre BF/M-Bayreuth, Wiesbaden, S. 19-44.

SCHMID-SCHÖNBEIN, O.; RUFER, D.; BRAUNSCHWEIG, A. (2004): Nachhaltigkeit: Von den Zinsen statt vom Kapital leben, in: io new management, H. 5, S. 16-23.

SCHMIDT, A.; FREUND, W. (1989): Strategien zur Sicherung der Existenz kleiner und mittlerer Unternehmen, Stuttgart.

SCHMIDT, R. (1984): Die Bedeutung von Unteilbarkeiten für mittelständische Unternehmen, in: Albach, H.; Held, T. (Hrsg.): Betriebswirtschaftslehre mittelständischer Unternehmen. Wissenschaftliche Tagung des Verbandes der Hochschullehrer für Betriebswirtschaftslehre e.V. 1984, Stuttgart, S. 182-196.

SCHMIEDEL, E. (1984): Die Prüfung der Sanierungswürdigkeit unter betriebswirtschaftlichen Gesichtspunkten, in: ZfB, H. 7/8, S. 761-771.

SCHMÖLDERS, G. (1955): Konjunktur und Krisen, Hamburg.

SCHOPFLOCHER, F. (1995): The turnaround experience. Saving troubled companies, Calgary.

SCHREYÖGG, G. (1995): Führungstheorien. Situationstheorie, in: Kieser, A.; Reber, G.; Wunderer, R. (Hrsg.): Handwörterbuch der Führung, 2., neu gestaltete Aufl., Stuttgart, Sp. 993-1005.

SCHRÖER, E.; FREUND, W. (1999): Neue Entwicklungen auf dem Markt für die Übertragung mittelständischer Unternehmen, Bonn.

SCHULTEN, M.F. (1995): Krisenmanagement, Berlin.

SCHWARZECKER, J.; SPANDL, F. (1993): Kennzahlen-Krisenmanagement. Mit Stufenplan zur Sanierung, Wien.

SCHWEIZER, R.W. (1990): Turnaround-Management im Industrie-Unternehmen, in: Siegwart, H.; Mahari, J.I.; Caytas I.G.; Böckenförde, B. (Hrsg.): Restrukturierungen & Turnarounds. Meilensteine im Management, Bd. 2, Stuttgart, S. 285-294.

SCHWENK, C.R.; SHRADER, C.B. (1993): Effects of formal strategic planning on financial performance in small firms. A meta-analysis, in: Entrepreneurship Theory & Practice, S. 53-64.

SEEFELDER, G. (2003): Unternehmenssanierung, Stuttgart.

SEGHEZZI, H.D. (1997): Notwendigkeit und Realität ganzheitlicher Unternehmensführung, in: Seghezzi, H.D. (Hrsg.): Ganzheitliche Unternehmensführung, Stuttgart, S. 1-24.

SEIDEL, E. (1979): Betriebliche Führungsformen, Stuttgart.

SEIDEMANN, R.S.; SANDS, D.A. (1991): Determing the likelihood of a turnaround, in: DiNapoli, D.; Sigoloff, S.C.; Cushman, R.F. (Hrsg.): Workouts and turnarounds. The handbook of restructuring and investing in distressed companies, New York, S. 44-71.

SEIDENSCHWARZ, W. (2003): Steuerung unternehmerischen Handelns, München.

SHELDON, D. (1994): Recognizing failure factors helps small-business turnarounds, in: National Productivity Review, Autumn, S. 533-541.

SHORT, J.C.; PALMER, T.C.; STIMPERT, J.L. (1998): Getting back on track: Performance referents affecting the turnaround process, in: Ketchen, D.J. (Hrsg.): Turnaround research. Past accomplishments and future challenges, Stamford/London, S. 153-176.

SHUCHMAN, M.L.; WHITE, J.S. (1995): Die Kunst des Turnarounds. Wie Sie ein Unternehmen retten, Düsseldorf.

SIEGWART, H.; CAYTAS, I.G.; MAHARI, J.I. (1988a): Financial Design setzt Energien frei, in: Harvard Manager, H. 1, S. 44-49.

SIEGWART, H.; CAYTAS, I.G.; MAHARI, J.I. (1988b): Turnaround Management. Von quantitativen zu qualitativen Sanierungsstrategien, in: Der Schweizer Treuhänder, H. 1-2, S. 1-8.

SIEMES, A.; SEGBERS, K. (2005): Mittelständische Unternehmen und ihr Kommunikationsverhalten gegenüber der Bank. Ergebnisse einer empirischen Studie (II), in: Finanz Betrieb, H. 5, S. 311-320.

SILVER, A.D. (1992): The turnaround survival guide. Strategies for the company in crisis, Chicago.

SIMON, H. (1997): Die heimlichen Gewinner (Hidden Champions). Die Erfolgsstrategien unbekannter Weltmarktführer, 4. Aufl., Frankfurt am Main/New York.

SIMON, H. (2004): Think!, Frankfurt am Main.

SIRKIN, H.; STALK, G. (1991): Der perfekte Turnaround - eine Fallstudie. Wie eine Papiermühle der Pleite entging, zum Marktführer und zur Goldgrube wurde, in: Harvard Manager, H. 1, S. 22-34.

SLATTER, S. (1984): Corporate recovery, Middlesex.

SLATTER, S.; LOVETT, D. (1999): Corporate turnaround, London.

SLOMA, R.S. (1985): The turnaround manager's handbook, New York.

SONNTAG, W. (1998): Unternehmenserfolg durch permanente Sanierung. Strategien, Wettbewerbsfähigkeit, Innovation, Köln.

SPRINK, J. (1986): Der Staat als Sanierer von Großunternehmen. Ursachen - Ziele - Probleme, Idstein.

STADLBAUER, K. (1991): Der Ablauf erfolgreicher Sanierungen, Graz.

STAEHLE, W.H. (1993): Krisenmanagement, in: Wittmann, W. (Hrsg.): Handwörterbuch der Betriebswirtschaft, Bd. 2, 5. Aufl., Sp. 2452-2466.

STAEHLE, W.H. (1999): Management. Eine verhaltenswissenschaftliche Perspektive, 8. Aufl., München.

STÄGLICH, J. (2003): Eigenkapital für den Mittelstand, in: Kienbaum, J.; Börner, C.J. (Hrsg.): Neue Finanzierungswege für den Mittelstand. Von der Notwendigkeit zu den Gestaltungsformen, Wiesbaden, S. 349-360.

STAHL, H.K. (2003): Unternehmer und Manager. Wie unvereinbar sind die beiden Rollen?, in: Stahl, H.K.; Hinterhuber, H.H. (Hrsg.): Erfolgreich im Schatten der Großen. Wettbewerbsvorteile für kleine und mittlere Unternehmen, Berlin, S. 3-29.

STÄHLI, A. (1998): Change Management in der Management Andragogik, in: Berndt, R. (Hrsg.): Unternehmen im Wandel, Berlin u. a., S. 77-99.

STARBUCK, W. H.; GREVE, A.; HEDBERG, B.L.T. (1978): Responding to crisis, in: Journal of Business Administration, H. 2, S. 111-137.

STARBUCK, W.H.; NYSTROM, P.C. (1995): Führung in Krisensituationen, in: Kieser, A.; Reber, G.; Wunderer, R. (Hrsg.): Handwörterbuch der Führung, 2., neu gestaltete Aufl., Stuttgart, Sp. 1386-1390.

STATISTISCHES BUNDESAMT (div. Jg.): Statistisches Jahrbuch für die Bundesrepublik Deutschland, Stuttgart.

STATISTISCHES BUNDESAMT (2005a): Unternehmen und Arbeitsstätten. Insolvenzverfahren, Fachserie 2, Reihe 4.1, Dezember und Jahr 2004.

STATISTISCHES BUNDESAMT (2005b): Gewerbeanmeldungen im Jahr 2004 um 18 % gestiegen, Pressemitteilung vom 16. März 2005, Wiesbaden.

STAW, B.M.; SANDELANDS, L.E.; DUTTON, J.E. (1981): Threat rigidity effects in organizational behavior: A multilevel analysis, in: Administrative Science Quarterly, H. 12, S. 501-524.

STELTER, D. (2003): Ein Lob auf die Krise, in: Harvard Business manager, H. 8, S. 108-109.

STERNBERG, R.; LÜCKGEN, I. (2005): Global Entrepreneurship Monitor, Länderbericht Deutschland 2004, Köln.

STIEGLER, H. (1994): Überblick zu Krisenmanagement, in: Feldbauer-Durstmüller, B.; Stiegler, H. (Hrsg.): Krisenmanagement. Früherkennung, Sanierung, Insolvenzrecht, Linz, S. 9-23.

STINCHCOMBE, A.L. (1965): Social structure and organizations, in: March, J.G. (Hrsg.): Handbook of organizations, Chicago, S. 142-193.

STÖLZLE, W. (1999): Industrial relationships, München/Wien.

STOPFORD, J.M.; BADEN-FULLER, C. (1990): Corporate rejuvenation, in: Journal of Management Studies, H. 4, S. 399-415.

STRATEMANN, I. (1994): Kreatives Krisenmanagement. Erfahrungen erfolgreicher Spitzenmanager - und was Sie daraus lernen können, Frankfurt am Main/New York.

STRIZIK, P.K. (1988): Sanieren durch Kooperieren - ein Vorgehensrezept, in: IO Management, H. 3, S. 105-109.

STRUCK, U. (1998): Geschäftspläne als Voraussetzung für erfolgreiche Expansions- und Gründungsfinanzierung, 2. Aufl., Stuttgart.

SUDARSANAM, S.; LAI, J. (2001): Corporate financial distress and turnaround strategies: An empirical analysis, in: British Journal of Management, S. 183-199.

SUTTON, R.I. (1983): Managing organizational death, in: Human Resource Management, H. 4, S. 391-412.

SUTTON, R.I. (1990): Organizational decline progresses. A social psychological perspective, in: Research in Organizational Behaviour, S. 205-253.

SUTTON, R.I.; CALLAHAN, A.L. (1987): The stigma of bankruptcy. Spoiled organizational image and its management, in: Academy of Management Journal, H. 3, S. 405-436.

TANNENBAUM, R.; SCHMIDT, W.H. (1973): How to choose a leadership pattern, in: HBR, H. 3, S. 162-180.

TCHOUVAKHINA, M. (2003): Turn-around durch Krisenmanagement? Ergebnisse der Evaluation der DtA-Runde Tische, Bonn.

TEN BERGE, D. (1989): Crash Management. Was wir aus Hyperkrisen großer Firmen lernen können, Düsseldorf/Wien/New York.

THEILE, K. (1996): Ganzheitliches Management. Ein Konzept für Klein- und Mittelunternehmen, Bern/Stuttgart/Wien.

THIELE, A.T.; PEPPMEIER, K. (1999): Haftungsrisiken bei Sanierungen, in: Die Bank, H. 9, S. 42-44.

THIÉTART, R.A. (1988): Success strategies for businesses that perform poorly, in: Interfaces, H. 3, S. 32-45.

THODE, S. (2000): Abgrenzung von Kleine und mittlere Unternehmen (KMU), in: Meyer, J.-A.; Schwering, M.G. (Hrsg.): Lexikon für kleine und mittlere Unternehmen, München, S. 169-170.

THOM, N. (1980): Grundlagen des betrieblichen Innovationsmanagements, 2., völlig neu bearbeitete Aufl., Königstein/Ts.

THOM, N.; ZAUGG, R.J. (2002): Die Unternehmenskrise als Auslöser für Change- und Innovationsmanagement, in: Feldbauer-Durstmüller, B.; Schlager, J. (Hrsg.): Krisenmanagement - Sanierung – Insolvenz. Handbuch für Banken, Management, Rechtsanwälte, Steuerberater, Wirtschaftsprüfer und Unternehmensberater, Wien, S. 351-369.

THOMAS, K.-G. (1994): Die mittelständische Unternehmung im Entwicklungsprozeß, Ludwigsburg.

THORNE, M.L. (2000): Interpreting corporate transformation through failure, in: Management Decision, H. 3, S. 305-314.

TICHY, N.M.; DEVANNA, M.A. (1986): The transformational leader, London/New York.

TÖPFER, A. (1986a): Personalmanagement in der Krise, in: Schimke, E.; Töpfer, A. (Hrsg.): Krisenmanagement und Sanierungsstrategien, Landsberg am Lech, S. 77-84.

TÖPFER, A. (1986b): Analyse von Insolvenzursachen in: Schimke, E.; Töpfer, A. (Hrsg.): Krisenmanagement und Sanierungsstrategien, Landsberg am Lech, S. 158-171.

TÖPFER, A. (1990a): Insolvenzursachen, Turn-around, Erfolgsfaktoren. Über existenzbedrohende Stolpersteine zum Unternehmenserfolg, 1. Teil, in: zfo, H. 5, S. 323-329.

TÖPFER, A. (1990b): Insolvenzursachen, Turn-around, Erfolgsfaktoren. Zehn Grundsätze für erfolgreiche Unternehmensführung, 2. Teil., in: zfo, H. 6, S. 407-414.

TÖPFER, A. (1991): Managementrolle: Krisenbewältiger, in: Staehle, W.H. (Hrsg.): Handbuch Management – Die 24 Rollen der exzellenten Führungskraft, Wiesbaden.

TREUZ, W.; CREUTZBURG, K. (2002): Controlling in KMU. Bericht zur Phase I des Projektes Co-Operatives Controlling (CoC): Feldstudie, in: controller magazin, H. 4, S. 399-405.

TSCHEULIN, D.K.; RÖMER, S. (2003): Die Methodik des Turnaround-Management und deren Umsetzungsprobleme in Mittelständischen Unternehmen, in: Bouncken, R.B. (Hrsg.): Management von KMU und Gründungsunternehmen, Wiesbaden, S. 69-92.

TURK, F. (2002): Der Mittelstand als Beschäftigungsmotor. Fakt oder Fiktion?, in: List-Form für Wirtschafts- und Finanzpolitik, H. 3, S. 254-271.

TURNHEIM, G. (1988): Sanierungsstrategien. Mit strategischer Planung aus der Unternehmenskrise, Wien.

TYTKO, D. (1999): Zukunftsorientierte Kreditvergabeentscheidungen. Eine Untersuchung zu den Einsatzmöglichkeiten der Projektfinanzierung im mittelständischen Firmenkundengeschäft., Frankfurt am Main u. a.

UHLENBRUCK, W. (1998): Neues Insolvenzrecht. Wege aus dem modernen Schuldturm, Deutscher Industrie- und Handelstag, Bonn.

ULRICH, H. (1970): Die Unternehmung als produktives soziales System. Grundlagen der allgemeinen Unternehmungslehre, 2., überarb. Aufl., Bern.

ULRICH, H. (1984): Management, Bern.

ULRICH, H.; KRIEG, W. (1974): St. Galler Management-Modell, 3. verbesserte Aufl., Bern.

VOGEL, D.H. (1987): Führungsaufgaben in der Sanierung, in: Kieser, A.; Reber, G.; Wunderer, R. (Hrsg.): Handwörterbuch der Führung, Stuttgart, Sp. 1785-1794.

VOGELSANG, G. (1988): Unternehmenskrisen. Hauptursachen und Wege zu ihrer Überwindung, in: ZfBF, H. 2, S. 100-111.

VOIGT, S.; ANDERSCH, T. (2003): Unternehmenskrisen und ihre Bewältigung. Die Sicht der Banker, in: Die Bank, H. 3, S. 192-195.

VROOM, V.H.; JAGO, A.G. (1991): Flexible Führungsentscheidungen. Management der Partizipation in Organisationen, Stuttgart.

WAGENHOFER, A. (1993): Unternehmenssanierung, in: Wittmann, W. (Hrsg.): Handwörterbuch der Betriebswirtschaft, Bd. 3, 5., völlig neu gestaltete Aufl., Stuttgart, Sp. 4380-4391.

WALL, F. (2001): Ursache-Wirkungsbeziehungen als ein zentraler Bestandteil der Balanced Scorecard. Möglichkeiten und Grenzen ihrer Gewinnung, in: Controlling, H. 2, S. 65-74.

WATKINS, M.D.; BAZERMANN, M.H. (2003): Kampf dem Unerwarteten, in: Harvard Business manager, H. 6, S. 46-57.

WATSON, J.; EVERETT, J. (1993): Defining small business failure, in: International Small Business Journal, H. 3, S. 35-48.

WEBER, T.A. (2004): Coaching in Krisenzeiten, in: controller magazin, H. 2, S. 173-174.

WEBER, P. (1980): Krisenmanagement, Bern/Frankfurt am Main/Las Vegas.

WEBER, J.; SCHÄFFER, U. (1999): Balanced Scorecard & Controlling, Wiesbaden.

WEBER, J.; SCHÄFFER, U. (2000): Einführung der Balanced Scorecard, in: controller magazin, H. 1, S. 3-7.

WEIDL, B.J. (1996): Ökonomische Krise und Wege der Krisenbewältigung aus der Sicht von Führungskräften. Eine empirische Analyse, Frankfurt am Main u. a.

WEISEL, E. (1982): Ansätze einer Theorie der Verursachung von Unternehmungsinsolvenzen, Thun/Frankfurt am Main.

WELLENSIEK, J. (2002): Übertragende Sanierung, in: Neue Zeitschrift für das Recht der Insolvenz und Sanierung, H. 5, S. 233-239.

WELTER, F. (2003): Strategien, KMU und Umfeld. Handlungsmuster und Strategiegenese in kleinen und mittleren Unternehmen, Berlin.

WHETTEN, D.A. (1980): Sources, responses, and effects of organizational decline, in: Kimberley, J.R.; Miles, R.H. (Hrsg.); The organizational life cycle. Issues in the creation, transformation and decline of organizations, San Francisco/Washington/London, S. 342-374.

WHYTE, G. (1986): Escalating commitment to a course of action. A reinterpretation, in: Academy of Management Review, H. 2, S. 311-321.

WIESELHUBER & PARTNER (2002a): Unternehmenskrisen im Mittelstand. Krisenursachen und Erfolgsfaktoren der Krisenbewältigung, München.

WIESELHUBER & PARTNER (2002b): Mangel an innovativen Führungsinstrumenten im deutschen Mittelstand. Balanced Scorecard Anwendungserfahrungen, München.

WIESELHUBER & PARTNER (2003): Insolvenzen in Deutschland. Insolvenzursachen und Erfolgsfaktoren einer Sanierung aus der Insolvenz, München.

WIESELHUBER & PARTNER (2004): Erfolgsfaktoren der Unternehmenssanierung. Krisentreiber und kritische Erfolgsfaktoren der Krisenbewältigung aus Bankensicht, München.

WILD, J. (1974): Grundlagen der Unternehmungsplanung, Reinbek bei Hamburg.

WILDEN, P. (2004): Praxisorientierte Verfahren zur Früherkennung von Unternehmenskrisen und Insolvenzgefahren, in: Buth, A.; Hermanns, M. (Hrsg.): Restrukturierung, Sanierung, Insolvenz, 2., vollständig neu bearbeitete Aufl., München, S. 97-125.

WIMMER, R. (1992): Die Steuerung komplexer Organisationen. Ein Reformulierungsversuch der Führungsproblematik aus systemischer Sicht, in: Sandner, K. (Hrsg.): Politische Prozesse in Unternehmen, Heidelberg, S. 131-156.

WINN, J. (2002): Strategic turnaround, in: Warner, M. (Hrsg.): International encyclopedia of business and management, Bd. 7, 2. Aufl., London, S. 6085-6095.

WINTER, H. (1999): Managementfehler häufigste Ursache in: Bilanz & Buchhaltung, H. 6, S. 225-230.

WITT, C.D. (1998): Krisen- und Innovationsmanagement in kleinen und mittelständischen Unternehmen des Landes Mecklenburg-Vorpommern, Schwerin.

WITTE, E. (1981): Die Unternehmenskrise: Anfang vom Ende oder Neubeginn?, in: Bratschitsch, R.; Schnellinger, W. (Hrsg.): Unternehmenskrisen. Ursachen, Frühwarnung, Bewältigung, Stuttgart, S. 7-24.

WLECKE, U. (1998): Controlling in der akuten Unternehmenskrise. Besondere Anforderungen für das Controlling in Turnaround-Situationen, in: Meffert, H. (Hrsg.): Unternehmensrechnung und –besteuerung. Grundfragen und Entwicklungen, Festschrift für Dietrich Börner zum 65. Geburtstag, Stuttgart, S. 661-693.

WLECKE, U. (2004): Entwicklung und Umsetzung von Restrukturierungsprojekten, in: Brühl, V.; Göpfert, B. (Hrsg.): Unternehmensrestrukturierung. Strategien und Konzepte, Stuttgart, S. 33-68.

WOESTE, K.F. (1980): Vorbeugende Maßnahmen gegen (finanzielle) Krisen im Unternehmen, in: ZfB, H. 6, S. 620-637.

WOJDA, F.; BURESCH, M. (1997): Gestaltungsansatz zur ganzheitlichen Unternehmensführung, in: Seghezzi, H.D. (Hrsg.): Ganzheitliche Unternehmensführung, Stuttgart, S. 25-45.

WOLF, J. (2003): Organisation, Management, Unternehmensführung. Theorien und Kritik, Wiesbaden.

WOLTER, H.-J; HAUSER, H.-E. (2001): Die Bedeutung des Eigentümerunternehmens in Deutschland. Eine Auseinandersetzung mit der qualitativen und quantitativen Definition des Mittelstands, in: IfM Bonn (Hrsg.): Jahrbuch der Mittelstandsforschung 1/2001, Wiesbaden, S. 25-77.

WOSSIDLO, P.R. (1993): Mittelständische Unternehmungen, in: Wittmann, W. (Hrsg.): Handwörterbuch der Betriebswirtschaft, Bd. 2, 5. Aufl., Sp. 2888-2898.

WOYWODE, M. (1998): Determinanten der Überlebenswahrscheinlichkeit von Unternehmen. Eine empirische Überprüfung organisationstheoretischer und industrieökonomischer Erklärungsansätze, Baden-Baden.

WÜPPING, J. (2003): Restrukturierung im Mittelstand. Chancen zur erfolgreichen Neuausrichtung, in: controller magazin, H. 2, S. 113-116.

ZDROWOMYSLAW, N.; ECKERN, V.V.; MEIßNER, A. (2003): Akzeptanz und Verbreitung der Balanced Scorecard, in: Betrieb und Wirtschaft, H. 9, S. 356-359.

ZELEWSKI, S. (1995): Krisenmanagement, in: Corsten, H.; Reiss, M. (Hrsg.): Handbuch Unternehmensführung. Konzepte - Instrumente - Schnittstellen, Wiesbaden.

ZETSCHE, D.; RUSSO, W.M.; ILG, A.T. (2003): Using the Balanced Scorecard to regain profitability. Reflections and lessons learned after two years of scorecard success at Chrysler Group, in: Controlling, H. 6, S. 315-320.

ZIMMERMANN, F.M. (1991). The turnaround experience. Real-world lessons in revitalizing corporations, New York u. a.

ZUBERBÜHLER, M. (1989): Krisensignale in stagnierenden Märkten. Turnaround-Management ist aktuell, in: Verkauf & Marketing, H. 2, S. 9-15.

ZWICK, A. (1992): Turnaround-Management in Ostdeutschland, Bamberg.

Sammelwerke / Herausgeberbände:[1]

BECK, M.; MÖHLMANN, T. (2000) (Hrsg.): Sanierung und Abwicklung in der Insolvenz. Erfahrungen, Chancen, Risiken.

BERTL, R.; MANDL, D.; MANDL, G.; RUPPE, H.G. (1998) (Hrsg.): Insolvenz, Sanierung, Liquidation, Wien.

BICKHOFF, N.; BLATZ, M.; EILENBERGER, G.; HAGHANI, S.; KRAUS, K.J. (2004) (Hrsg.): Die Unternehmenskrise als Chance – Innovative Ansätze zur Sanierung und Restrukturierung, Berlin/Heidelberg/New York.

BRÜHL, V.; GÖPFERT, B. (2004) (Hrsg.): Unternehmensrestrukturierung. Strategien und Konzepte, Stuttgart.

BUTH, A.K.; HERMANNS, M. (2004) (Hrsg.): Restrukturierung, Sanierung, Insolvenz, 2., vollständig neu bearbeitete Aufl., München.

DROEGE & COMP. (2003) (Hrsg.): Restrukturierungsmanagement. In der Krise liegt die Chance, Köln

HAUSCHILDT, J.; LEKER, J. (2000) (Hrsg.): Krisendiagnose durch Bilanzanalyse, 2., neu bearbeitete und erw. Aufl., Köln.

SCHMEISSER, W.; BRETZ, M.; KEßLER, J.; KRIMPHOVE, D. (2004) (Hrsg.): Handbuch Krisen- und Insolvenzmanagement – Wie mittelständische Unternehmen die Wende schaffen, Stuttgart.

SIEGWART, H.; MAHARI, J.I.; CAYTAS I.G.; BÖCKENFÖRDE, B. (1990) (Hrsg.): Restrukturierungen & Turnarounds – Meilensteine im Management, Bd. 2, Stuttgart.

Internetquellen:

IFM BONN (2006): Mittelstand – Definition und Schlüsselzahlen. http://www.ifm-bonn.org/dienste/definition.htm, gelesen am 13.02.2006.

---

[1] Die Quellen werden insbesondere in Kap. C.2.2 als vertiefende bzw. weiterführende Lesehinweise zitiert.

KMU-Forschung

Herausgegeben von Friederike Welter und Andreas Pinkwart

Band 1 Susanne Kolb: Integriertes Turnaround-Management. Konzept zur nachhaltigen Überwindung von Unternehmenskrisen im KMU. 2006.

www.peterlang.de